On the Move!

Spanish Grammar for Everyday Situations

On the Move!

Spanish Grammar for Everyday Situations

Margarita M. Sánchez

Katica Urbanc

Pablo Pintado-Casas

Enrique Yepes

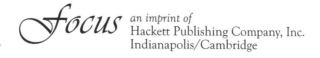
an imprint of
Hackett Publishing Company, Inc.
Indianapolis/Cambridge

A Focus book

Focus an imprint of
   Hackett Publishing Company

22 21 20 19   1 2 3 4 5 6 7

For further information, please address:
   Hackett Publishing Company, Inc.
   P.O. Box 44937
   Indianapolis, Indiana 46244-0937

   www.hackettpublishing.com

Cover design by E.L. Wilson and Rick Todhunter
Interior design by Laura Clark
Composition by Integrated Composition Systems

Though every reasonable effort has been made to trace the owners of the copyrighted materials included in this book, in some instances this has proven impossible. The Publisher will be glad to receive information leading to a more complete understanding of the permissions required for this book and in the meantime extend their apologies for any omissions.

Library of Congress Cataloging-in-Publication Data

Names: Sánchez, Margarita M., author. | Urbanc, Katica, author. |
   Pintado-Casas, Pablo, author. | Yepes, Enrique, 1963– author.
Title: On the move! : Spanish grammar for everyday situations / Margarita M.
   Sánchez, Katica Urbanc, Pablo Pintado-Casas, Enrique Yepes.
Description: Indianapolis, Indiana : Focus, 2019.
Identifiers: LCCN 2019001266 | ISBN 9781585109272 (pbk.)
Subjects: LCSH: Spanish language—Variation. | Spanish language—Grammar.
Classification: LCC PC4074.7.S35 2019 | DDC 468.2/421—dc23
LC record available at https://lccn.loc.gov/2019001266

The paper used in this publication meets the minimum requirements of American National Standard for Information Sciences—Permanence of Paper for Printed Library Materials, ANSI Z39.48–1984.

∞

CONTENTS

PREFACE

Language Learning and Cultural Understanding: A Natural Combination

Learning a new language involves opening up to a different way of viewing the world. We welcome students to embark on a journey that brings together language and culture through the exploration of twelve vibrant Spanish-speaking cities. We begin in Spain, the birthplace of Castilian, and cross the Atlantic to the Americas, where Spanish spread, creating linguistic variations according to regional and cultural particularities. Our journey ends in New York City, home to millions of Spanish speakers in the 21st century. In each chapter students will have the opportunity to consolidate key grammatical points while they discover the beauty of different linguistic variations, accents, and ways of life. Our aim is to build a bridge of knowledge between those who proudly call Spanish their mother tongue and those who are eager to learn it.

You will notice that each chapter of this manual is richly illustrated with an introductory panoramic view of the city as well as colorful drawings of people and places throughout different neighborhoods. Pay close attention to these images as you work your way through the material; they will help bring the grammar exercises to life.

Basic Attitudes Towards Learning a New Language:

1. Even if you are already familiar with some of the grammar explained in this manual, **approach each topic as a new aspect of the language that you now need to master.**

2. **Study with the purpose of using** the knowledge acquired with friends or classmates; read books; listen to songs; find Web pages in Spanish; watch Hispanic films and channels; get a Facebook friend that lives abroad; do everything in your power to have real communication in Spanish.

3. Learning a language involves two steps: a) understanding how it works; and b) developing the skill to make it work in a natural, automatic way. This is only achieved through **attention and practice**. Like sports and arts, learning languages requires

inspiration, a lot of practice, patience, practice, an adventurous spirit, practice, keen attention to details, practice, and the willingness to confront mistakes in order to attain perfection. Oh, and practice, too.

4. Grammar, like math, only becomes difficult or tedious when you go forward without having understood and mastered a previous step. If you get confused, go back to the last point when you were doing all right and find what you did not understand back there. It could be that the meaning of just one word in the explanation is unfamiliar to you. **Focus on owning structures to the point of full confidence**. Finally, keep in mind that language study is most effective when carried out every day.

Study Hints

1. Begin by carefully reading the explanations, making sure you understand the meaning of **every word** you read. Use two dictionaries—both English-English and English-Spanish—to clarify, not only the Spanish, but also those English words that may have an unclear meaning to you. As you go over each part of the explanations, make up your own additional examples to ensure that you really own the material. Mark any questions or doubts you encounter, and get them resolved in class with your professor.

2. After understanding the material, the skill-development phase begins (if you want to become a better swimmer, you have to swim a lot). Complete the exercises, then check the answers provided in the answer key available for download at www.hackett publishing.com/onthemove. Make corrections if needed, **detecting the reason for each error**. Finally, ask yourself in which real-life circumstances you could use this information (for example, if studying the future, you will probably describe your plans for a trip).

This book was a team project in its conception and production. We would like to acknowledge, however, some individual contributions. Most of the grammar explanations were written by Enrique Yepes, as part of his online material "Herramientas de español" (Bowdoin College), which was in turn based on Professor John Turner's excellent course material, "All the Spanish Grammar You Really Need to Know." Pablo Pintado-Casas wrote the sections ¿Sabías que . . .? He also collaborated with Katica Urbanc on the Introduction, the chapters on the Spanish cities and the chapter on San José. Margarita Sánchez wrote most of the chapters on Latin American cities. Those on New York and Buenos Aires were written collaboratively.

We would like to thank Wagner College for providing us with generous research funding to support our work on this project over the past two years.

We are grateful to the readers throughout Spain, Latin America and New York City who enthusiastically participated in the audio recordings of the dialogues in each chapter ("En la ciudad"). Your wonderful accents play tribute to the cultural and linguistic diversity of the Hispanic world. Thank you to the musician Francis Jacob for editing these recordings back in his studio in Brooklyn.

Natalia Pintado

The material in this book was brought to life thanks to the work of our two marvelous illustrators. The Spanish architect and urban planner Patricia Pintado-Casas painted the watercolor panoramic views of each city and designed the book's front cover under the guidance of Katica Urbanc. Jacobo Isaza Correa, a high school student from Colombia, worked under the guidance of Margarita Sánchez on the color drawings that appear throughout the chapters. The Colombian photographer Miguel Suárez took the pictures of Isaza's illustrations. Thank you all for sharing your creative talent.

Finally, we are sincerely grateful to everyone on the Hackett team who contributed to the production of this book. A very special note of gratitude to Rick Todhunter, Laura Clark and Liz Wilson for your insight and unwavering support.

We dedicate this book to our families.

El español es la lengua oficial
en estos veintiún países

el gentilicio	la región	el país	la nacionalidad	la capital
europeos	Europa	España	español	Madrid
norteamericanos	América del Norte Norteamérica	México	mexicano	México
suramericanos sudamericanos	Suramérica Sudamérica América del Sur	Argentina	argentino	Buenos Aires
		Bolivia	boliviano	La Paz / Sucre
		Chile	chileno	Santiago
		Colombia	colombiano	Bogotá
		Ecuador	ecuatoriano	Quito
		Paraguay	paraguayo	Asunción
		Perú	peruano	Lima
		Uruguay	uruguayo	Montevideo
		Venezuela	venezolano	Caracas
centroamericanos	Centroamérica América Central	Costa Rica	costarricense	San José
		El Salvador	salvadoreño	San Salvador
		Guatemala	guatemalteco	Guatemala
		Honduras	hondureño	Tegucigalpa
		Nicaragua	nicaragüense	Managua
		Panamá	panameño	Panamá
caribeños	El Caribe	Cuba	cubano	La Habana
		Puerto Rico	puertorriqueño	San Juan
		República Dominicana	dominicano	Santo Domingo
africanos	África Occidental	Guinea Ecuatorial	ecuatoguineano	Malabo

PREGUNTAS

¿Puede Ud. terminar las siguientes oraciones?

a. La capital de Paraguay es . . .

b. La nacionalidad de los madrileños es . . .

c. Los panameños son de . . .

d. La capital de Argentina es . . .

e. Las personas de Chile son . . .

f. Los bogotanos son de nacionalidad . . .

g. En la ciudad de México vive el presidente de los . . .

h. Los costarricenses son de . . .

i. La capital de Uruguay es . . .

j. Las personas de Puerto Rico son . . .

k. En la ciudad de Guatemala vive el presidente de los . . .

l. La nacionalidad de los limeños es . . .

m. Tegucigalpa es la capital de . . .

n. El gobierno central de los cubanos está en . . .

o. Los quiteños son de nacionalidad . . .

p. La Paz y Sucre son las capitales de . . .

q. La gente de Managua es de nacionalidad . . .

r. Las personas de Venezuela son . . .

s. Los dominicanos nacieron en . . .

t. En San Salvador está el gobierno de . . .

u. Una persona nacida en Malabo es . . .

v. Y usted, ¿cuál es su nacionalidad? ¿Y la de sus padres? ¿Y de sus abuelos?

Los sonidos del español

La **fonética** estudia los sonidos de una lengua. Llamamos **fonemas** a las unidades míni-mas de sonido. En el caso del español tenemos que considerar que hay sonidos vocálicos y consonánticos. Los sonidos vocálicos son cinco y corresponden a cinco **grafemas** o letras. Los sonidos **vocálicos** del español pueden ser abiertos (fuertes) o cerrados (débiles).

las vocales fuertes son: **/a/**, **/e/**, **/o/**

las vocales débiles son: **/i/**, **/u/**

Es importante distinguir las **sílabas** en las palabras para reconocer cómo debemos pro-nunciarlas. El ritmo del español es silábico, por lo tanto es importante saber cuál es la vocal que en cierto modo se impone ante otras. Cuando tenemos una vocal débil junto a otra vocal se forma un **diptongo**, que debe permanecer siempre unido; sin embargo, cuando aparecen dos vocales fuertes juntas se separan los sonidos y denominamos a este proceso **hiato**.

c**iu**-dad, p**ie**, **ai**-re (diptongos)

al-d**e-a**, b**o-a**, pa-s**e-o** (hiatos)

Los sonidos **consonánticos** del español son muchos y muy particulares. Por ejemplo, el sonido de la /b/ corresponde a dos representaciones gráficas: "b" y "v". Aunque hay palabras que se escriben con una "b" y otras con una "v", el sonido que producimos es el mismo. Podemos estudiar los sonidos consonánticos desde el modo de articulación (la **forma** de producir los sonidos); el punto de articulación (el **aparato fonador** que in-cluye la boca y la nariz); la sonoridad (la **vibración** de las cuerdas vocales). Distinguimos entonces entre los modos de articulación oclusivo, fricativo, africado, nasal y líquido. Los puntos de articulación pueden ser diferentes: bilabial, interdental, dental, alveolar, palatal, velar y faríngea.

consonantes oclusivas (sordas): [p], [t], [k]

consonantes oclusivas (sonoras): [b], [d], [g]

sonidos fricativos: [f], [y]

> sonidos africados (sordos): [Č] representada por el dígrafo "ch" como en la palabra "muchacha" [m-u-Č-a-Č-a]
>
> sonidos consonánticos nasales (sonoros): [m], [n], [ñ]
>
> sonidos líquidos (sonoros) laterales: [l] como en "localidad", [ĺ] como en el caso de "sello"
>
> sonidos líquidos vibrantes (sonoros) *simples*: [r] como en la palabra "cara"; o, vibrante *múltiple* que aparece en la palabra "carro"

En algunos casos aunque el sonido debiera ser pronunciado de una manera, los hablantes lo relajan produciendo una **variante**. Por ejemplo, el sonido /b/ corresponde al entorno general y su alófono es [b]; pero en el caso de la palabra "habas" el sonido de la /b/ no se pronuncia juntando totalmente los labios, siendo la posición del punto de articulación algo más relajada. En este caso decimos que su **alófono** es [β]. Denominamos entonces alófonos a la **manera particular** mediante la cual un hablante realiza un sonido concreto. En el caso del sonido /d/ tenemos su grafema "d"; por ejemplo, /d-e-d-o/ que se escribe "d-e-d-o". En el caso de la palabra "hada" el sonido /d/ se produce mediante el alófono [ð], esto es, el sonido /d/ se produce sin posicionar el ápice o la punta de la lengua en los dientes superiores. El sonido quisiera ser dental pero únicamente se aproxima a esto. Como podemos ver por estos ejemplos, algunos sonidos consonánticos del español debieran realizarse de cierta forma particular aunque finalmente los **hablantes** los acaban pronunciando de otra manera, generando variantes de habla como el rotacismo, el yeísmo, y el seseo, fenómenos fonéticos muy particulares que explicaremos a lo largo de este manual de gramática.

En el latín clásico había cinco sonidos vocálicos largos y cinco cortos. Después de la evolución del **latín clásico** (escrito) al **latín vulgar** (hablado por el pueblo) hasta el desarrollo de las lenguas romances, ha habido un largo recorrido en el tiempo. En el caso del español, este acabó consolidando únicamente cinco sonidos vocálicos (/a/, /e/, /i/, /o/, /u/) que coinciden fielmente con sus cinco letras o vocales, respectivamente: "a", "e", "i", "o", "u".

En Europa hoy en día se hablan varias lenguas que han derivado del latín. A estas las llamamos **lenguas romances**, entre ellas: el castellano (español), el catalán, el gallego, el portugués, el francés, el italiano, el rumano, y el romance tardío, que todavía se habla en algunas zonas de Suiza. Muchas de las lenguas procedentes del latín son actualmente habladas en el mundo, siendo muy útiles en instituciones internacionales. Cada lengua romance tiene su propia historia y proceso de evolución. En este manual nos dedicaremos a entender el desarrollo, la evolución y la difusión del castellano que empezó siendo un **dialecto** hablado en una zona pequeña del norte de la península ibérica y ha acabado siendo una lengua internacional con un número de hablantes enorme. El futuro del español es desde luego muy saludable. Las lenguas, cuanto más se utilicen, mejor; cuanto más se usen más florecerán, dando nuevas acepciones o giros lingüísticos. En definitiva las lenguas son útiles y prácticas, siendo vehículos de comunicación de los pueblos y sus gentes.

PREGUNTAS

Diga si las siguientes frases son **V**erdaderas o **F**alsas. Si son falsas, dé la respuesta correcta.

a. Un fonema es la unidad mínima de un sonido. _____

b. Hay tres vocales débiles en español. _____

c. En las palabras *cuidado* y *piedra* hay un diptongo. _____

d. El sonido /b/ de las palabras *vaca* y *bueno* se pronuncia de forma diferente. _____

e. Un alófono es una manera particular de realizar un sonido. _____

f. El latín clásico era la lengua hablada por el pueblo. _____

g. Las lenguas romances vienen del griego. _____

h. El castellano es una lengua romance. _____

i. Los hablantes influyen mucho en el desarrollo de las particularidades de una lengua. _____

j. Las lenguas que provienen del latín ya no se utilizan hoy. _____

k. El español es una lengua con poco futuro. _____

l. Las lenguas son vehículos de comunicación. _____

¿Cómo serán las grandes ciudades en el futuro?

INTRODUCCIÓN

LA VOZ DE LAS CIUDADES

Consonants, Vowels, Stress and Written Accents, Use of Capital Letters

Introducción

¿Qué nos cuentan las ciudades? ¿Qué secretos esconden? De alguna manera las ciudades reflejan los pensamientos, los sueños y las preocupaciones de sus habitantes. Nacen, se expanden, cambian y algunas veces también desaparecen. Cuentan los historiadores y antropólogos que las primeras ciudades surgieron alrededor del año 3.000 a.C. en el Medio Oriente, en Mesopotamia, hoy Irak e Irán. En la época clásica se extendieron por la costa del Mediterráneo con los griegos y los romanos. El siglo XIX se distingue por el crecimiento de las metrópolis debido a la industrialización que atrae a trabajadores del campo hacia los centros urbanos. En el siglo XXI se estima que más del 50% de la población mundial vive en ciudades.

En las ciudades nacen las últimas tendencias en el arte, la música, la arquitectura, el diseño, la moda, la gastronomía . . . Es posible comprar comida de otros países, convivir con culturas diferentes y oír hablar varios idiomas por la calle. La ciudad atrae a músicos, artistas y escritores en búsqueda de inspiración. Se sienten seducidos por las vistas panorámicas y las callejuelas románticas pero también por las luces de neón, los grafitis y la energía contagiosa. Dicen que lo bueno de las grandes ciudades es que casi nadie es de allí: se mezclan tantos acentos, orígenes, razas y nacionalidades que uno nunca se siente rechazado o juzgado. En la ciudad parece que todo es posible. Se puede tomar un café andando por la calle, escuchar un concierto en el parque, pedir una pizza a las tres de la mañana o tomar una copa en la azotea de un rascacielos. Para descubrir una ciudad nueva, quizás lo más agradable sea caminar sin rumbo y perderse por sus calles o sentarse en un café y ver pasar el mundo.

Las ciudades también tienen sus desventajas. Hoy hay demasiados coches, altos niveles de ruido y contaminación, y pocas zonas peatonales con espacios verdes. Frente a estos retos la gente se está preocupando por el futuro de las ciudades para que éstas sean más habitables. En la actualidad los ingenieros, arquitectos, urbanistas y diseñadores trabajan juntos en la idea de una ciudad "inteligente" más sostenible. Se trata de buscar soluciones creativas para mejorar la calidad de vida y el bienestar de todos los ciudadanos. La gente reclama más espacios verdes, jardines comunitarios, paneles solares en los edificios, centros culturales y bibliotecas públicas, carriles para bicicletas y amplias zonas peatonales.

¿Ha pensado alguna vez si el lugar donde vive influye en su calidad de vida? En este manual iremos descubriendo algunas de las ciudades más bellas e interesantes de España y Latinoamérica. Hablaremos de su historia, su cultura, sus barrios, su comida, su gente y sus tradiciones. Terminaremos nuestro recorrido en la ciudad de Nueva York, una ciudad para todos, donde hoy más del 25% de la población habla español.

PREGUNTAS DE COMPRENSIÓN

1. ¿Dónde nació usted? ¿En una ciudad? ¿En un pueblo? ¿En un suburbio?

2. ¿Dónde aparecieron las primeras ciudades?

3. ¿Cuáles son las ventajas que ofrecen las ciudades?

4. ¿Qué tipo de actividades interesantes se pueden hacer en una ciudad?

5. ¿Cuáles son algunos problemas que se ven en las grandes ciudades?

6. ¿Qué tipo de iniciativas existen en las ciudades para preservar el medio ambiente?

7. ¿Dónde le gustaría vivir en el futuro? Explique su respuesta.

8. ¿Ha viajado a alguna ciudad de España o Latinoamérica? ¿Le gustó? ¿Le pareció diferente el ritmo de vida?

9. Si pudiera visitar cualquier ciudad en el mundo, ¿adónde iría? ¿Por qué?

THE SPANISH ALPHABET/ EL ALFABETO EN ESPAÑOL

A	*ah*	Ñ	*en-yeh*
B	*beh*	O	*oh*
C	*seh* (Latin America) or *theh* (Spain)	P	*peh*
D	*deh*	Q	*koo*
E	*eh*	R	*er-reh*
F	*effeh*	S	*es-seh*
G	*heh*	T	*teh*
H	*ah-cheh*	U	*ooh*
I	*ee*	V	*veh* (Latin America) or *ooh-veh* (Spain)
J	*hota*	W	*doh-bleh-veh* (Latin America) or *ooh-veh-doh-bleh* (Spain)
K	*kah*	X	*eh-kis*
L	*el-leh*	Y	*ee-gree-eh-gah*
M	*em-meh*	Z	*seh-ta* (Latin America) or *theh-tah* (Spain)
N	*en-neh*		

I. Consonants / *Las consonantes*

Spanish spelling is pretty consistent: most letters represent a single sound regardless of their position in a word. Note the following peculiarities:

- **H** — *la hache* is never pronounced. Thus, words like ***Honduras***, ***hoy***, ***hola***, ***ahora***, ***helado***, and ***alcohol*** have no aspiration before the /o/ sound.

- **CH** — *la che* is always pronounced as in "cheers": ***coche***, ***ocho***, ***leche***, ***chicos***, ***Chile***.

> *La hache* is not combined with any other consonants: There is no th, sh, ph, gh, etc. English "ph" often translates to "f": ***Filadelfia***, ***física***, ***fantasma***.

- **C** — *la ce* is pronounced /k/ (as in "case") in most positions:

  caso, ***cosa***, ***frecuente***, ***cristal***, ***cacao***.

  Before ***-e***, ***-i***, *la ce* is pronounced /s/ (as in "sin") in Latin America

  or /th/ (as in "thin") in Spain: ***cielo***, ***acento***, ***cien***.

Before *-e*, *-i*, the /k/ sound (as in "kiss"), is spelled "*qu*" (mute "u"): *queso*, *quince*, *quiero*, *Quito*.

- **G** — *la ge* is pronounced /g/ (as in "go") in most positions: *gala*, *gota*, *guante*, *globo*.

  Before *-e*, *-i*, it is pronounced almost like English /h/ (as in "hen"): *general*, *gitano*, *gemelo*, *geografía*.

  Before *-e*, *-i*, the /g/ sound (as in "get"), is spelled "gu" (mute "u"): *guerra*, *guitarra*, *guía*, *Guernica*.

> If the letter "u" is to be pronounced in a "gue/gui" combination, it is marked with a diaeresis: *pingüino*, *nicaragüense*, *bilingüe*, *vergüenza*.

- **Q** — *la ku* is used only in the *que/qui* combinations. The "u" is always mute in this position. Therefore, the word *quinteto* has no /u/ sound, and English "quota" and "frequent" translate to *cuota* and *frecuente*.

- **Z** — *la zeta* is pronounced /s/ in Latin America and /th/ in Spain. Spanish avoids the *ze/zi* combination and prefers *ce*, *ci*: *lápiz* → *lápices*, *cebra*, *cenit*.

Only **four** consonants can be duplicated in Spanish to represent specific sounds:

- **cc** — only used before *-e*, *-i* — sounds /ks/ in Latin America, /kth/ in Spain:

  acción, *acceso* but *acento*, *ocurrir*

- **ll** sounds /y/:

  calle, *llama* but *ilegal*, *aludir*, *inteligente*

- **rr** represents the "rolling r" between vowels only:

  perro, *carro* vs. *pero*, *caro*

- **nn** is used only when a prefix ending in **-n** is added to words that begin with **n-**:

  innecesario, *connotación* but *anual*, *anotación*, *conexión*.

> → No other consonants are duplicated in Spanish:
> *efectivo*, *común*, *oportunidad*, *imposible*, *adición*.

SUMMARY / RESUMEN

Never pronounce the letter **H** (*hache*): ***ahora, almohada, hombre, humano, huracán, Haití***

Hard C sound: /k/ as in kiss	*ca **que qui** co cu*	*bus**c**ar, bus**qué***
Soft C/Z sound: /s/ or /th/ as in sink/think	*za **ce ci** zo zu*	*reali**z**ar, reali**cé***
Hard G sound: /g/ as in get	*ga **gue gui** go gu*	*pa**g**ar, pa**gué***
Soft G sound: /h/ as in hen	*ja je ji jo ju **ge gi***	*hi**j**a, **gi**gante*
No double consonants except rr, ll, cc for specific sounds. (nn rarely)		~~ph~~ **f** : ***filosofía***

PRÁCTICA

0.1 Escriba en español el equivalente de las siguientes palabras (consulte el diccionario si es necesario), teniendo en cuenta la ortografía (*spelling*):

a. connection _____
b. different _____
c. occur _____
d. frequency _____
e. possible _____
f. recommend _____
g. committee _____
h. difficult _____
i. intelligent _____
j. zebra _____

k. accuse _____
l. accent _____
m. photograph _____
n. chemistry _____
o. intellectual _____
p. immigrant _____
q. bilingual _____
r. architecture _____
s. physical _____
t. questionnaire _____

II. Vowels / *Las vocales*

Spanish has five vowel sounds, each of which is always pronounced the same way:

a	like the "a" sound in "ah!"	***casa, alma***
e	like the "e" sound in "let"	***dedo, cena***
i	like the "ea" sound in "leap"	***mil, mito***
o	like the "aw" sound in "lawn"	***son, hoja***
u	like the "oo" sound in "loom"	***tú, Honduras***

- **i** and **u** are called "weak" vowels (***débiles o cerradas***) because, in combination with another vowel, they are generally pronounced as one syllable. Thus ***Ruiz***, ***fue***, ***dio*** have only one syllable. These are considered **diphthongs** in Spanish, two vowels in one syllable, as in <u>***trau·ma***</u>, <u>***vien·to***</u>, <u>***pie***</u>, or <u>***ciu·dad***</u>.

- **a**, **o**, and **e** are called "strong" vowels (***fuertes o abiertas***). Two strong vowels are pronounced as two syllables: ***po·e·ma*** has three syllables, ***ca·os*** has two. These are not diphthongs, since the vowels belong in different syllables.

PRÁCTICA

0.2   Pronuncie **despacio** las siguientes palabras. ¿Cuáles tienen un **diptongo**?

mar	idea	leer	hacer	ayer
amiga	mente	Lima	ciudad	bien
caos	cooperar	social	aldea	serie
sociedad	cariño	variable	azul	sueños
agua	viento	actuar	luz	belleza
oeste	veinte	Buenos Aires	guante	paseo
Eduardo	cuidado	Dios	boa	puente

III. Stress and Written Accents / *Los acentos*

Every word has a stressed syllable (***sílaba tónica***). For example, the word ***español*** stresses the last syllable. Word endings (***terminaciones***) and written accents (***tildes***) provide a predictable guide to stress syllables in Spanish, allowing you to read any word correctly.

A. Basic Accent Rules

- Words that end in a vowel, [**n**] or [**s**] stress the **next-to-last** syllable (penultimate). If they don't, an accent mark indicates which syllable is stressed:

    <u>***cla***</u>*se*, <u>***e***</u>*xamen*, <u>***me***</u>*sas*, <u>***an***</u>*tes* — ***café***, ***exámenes***, ***camión***, ***Bogotá***

- Words that end in any consonant **other than [n] or [s]** stress the **last** syllable. If they don't, an accent mark indicates which syllable is stressed:

*espa**ñol**, bon**dad**, pa**pel**, can**tar** — **ár**bol, **Juá**rez, **már**tir, di**fí**cil*

For example, the word *re·**gión*** needs an accent because
  a) it ends in -n   **and**   b) the penultimate syllable is not stressed.

But the plural *re·**gio**·nes* does not need an accent because
  a) it ends in -s   **and**   b) the penultimate syllable is stressed.

PRÁCTICA

0.3   Las siguientes palabras **no** necesitan tilde. Subraye la sílaba tónica (*stressed syllable*):

e·li·mi·nar *(cuatro sílabas)*   co·ci·na *(tres sílabas)*

gra·cias *(dos sílabas)*   va·rios *(dos sílabas)*

fies·ta *(dos sílabas)*   al·co·hol *(tres sílabas)*

pa·cien·cia *(tres sílabas)*   ai·re *(dos sílabas)*

ciu·dad *(dos sílabas)*   fre·cuen·te *(tres sílabas)*

ra·cial *(dos sílabas)*   suer·te *(dos sílabas)*

cue·llo *(dos sílabas)*   so·cie·dad *(tres sílabas)*

i·de·a *(tres sílabas)*   eu·ro·pe·os *(cuatro sílabas)*

0.4   ¿Ha pensado alguna vez en la idea de una ciudad ideal?

En el dibujo a continuación, la ciudad es un lugar donde la gente cultiva sus alimentos en las terrazas de los edificios y en jardines comunitarios. Las personas tienen tiempo para conversar, pueden dejar de usar sus teléfonos móviles para conocer a otros. Los jóvenes hablan con las personas mayores y aprenden de ellas. Podemos imaginar a personas de diferentes razas, nacionalidades, clases sociales, religiones y orientación sexual. Esta ciudad tiene muchos árboles y la gente se desplaza a pie y en bicicleta.

La siguiente lista incluye palabras relacionadas con el dibujo. Primero, <u>subraye</u> la sílaba tónica; luego explique la relación entre la palabra y el dibujo.

Modelo: árboles: *árboles. Hay muchos árboles en esta ciudad. Algunos están en las terrazas de los edificios.*

a.	jardín	**f.**	balcón
b.	cultivar	**g.**	vecinos
c.	bicicleta	**h.**	niños
d.	edificios	**i.**	feliz
e.	verdes		

0.5 Divida la palabra en sílabas y escriba la tilde si es necesaria. La sílaba tónica (*stressed syllable*) está subrayada (*underlined*).

po**e**ma	can**ción**	or**í**genes	natu**ral**
po**é**tico	can**cio**nes	**ú**til	espa**ño**les
fuerte	in**dí**gena	su**til**	in**glés**
fe**liz**	es**tán**	Pana**má**	pasa**por**te
buena	ver**dad**	or**í**gen	natu**ra**les
so**fá**	**o**jos	a**mor**	**ín**timo
tango	**á**gil	**luz**	**o**las
es**cue**la	pa**pá**	**pa**pa	universi**dad**
éxito	e**xa**men	**cuen**to	e**xá**menes
pe**lí**cula	man**tel**	pen**sión**	**eu**ro
empa**na**da	Ca**ra**cas	merme**la**da	**tí**pico
Málaga	**plá**tano	ameri**ca**nas	**Mé**xico

B. Other Uses of the Written Accent

- The written accent also indicates stress on a weak vowel (i, u) that is followed or preceded by a strong vowel (a, e, o):

  dí·a   Ma·rí·a   o·í·do   a·hí   ra·íz   mí·o   dú·o   Ra·úl

  BUT: **democracia** (the weak vowel "i" is not stressed, so rule 1 above applies).

- A written accent is not used for one-syllable words (**fe**, **te**, **tres**, **Dios**), except to distinguish between certain words that are otherwise spelled identically, such as:

  si quiero, **puedo** (if I want, I can)   vs.   **sí, claro** (yes, of course);

  el problema (the problem)   vs.   **él cree** (he believes);

  tu país (your country)   vs.   **tú creas** (you create);

  mi vida (my life)   vs.   **detrás de mí** (behind me);

  se ven (they see themselves)   vs.   **lo sé** (I know that);

  quieren, mas no pueden (they want to, but they can't)   vs.   **quieren más** (they want more)

Another common group of such pairs are words like *que*, which have a written accent if used as part of direct or indirect questions and in exclamations:

¿Cómo estás?	vs.	*Como quieras*
<u>How</u> are you?		<u>as</u> you want
Sabe dónde está	vs.	*Está donde te dije*
She knows <u>where</u> it is		It is <u>where</u> I told you
¿Qué dices?	vs.	*Dije que hace calor.*
<u>What</u> are you saying?		I said <u>that</u> it's hot.

PRÁCTICA

0.6 Escriba A, B o C junto a las siguientes palabras, según la razón por la cual necesitan tilde.

A: termina en **consonante**—ni [n] ni [s]—y la sílaba tónica no es la **última**.
B: termina en **vocal**, [n] o [s], y la sílaba tónica no es la **penúltima**.
C: hay una vocal **cerrada tónica** junto a una vocal **abierta**.

así: _____	también: _____	pájaro: _____	economía: _____
aún: _____	Inés: _____	día: _____	sábado: _____
carácter: _____	nación: _____	país: _____	raíz: _____
túnel: _____	fútbol: _____	héroe: _____	Sánchez: _____
miércoles: _____	últimos: _____	Cancún: _____	matemática: _____
jabón: _____	olímpico: _____	árboles: _____	cómic: _____

0.7 En esta lista de palabras la sílaba tónica está subrayada. Pronuncie las palabras y escriba la tilde si es necesaria:

A<u>me</u>rica	fe<u>liz</u>	cone<u>xion</u>	<u>fri</u>o
luminosi<u>dad</u>	<u>mas</u> (*more*)	cuali<u>dad</u>	ha<u>ci</u>a (*used to do*)
ca<u>rac</u>ter	pa<u>is</u>	dife<u>ren</u>te	liber<u>tad</u>
¿<u>co</u>mo? (*how?*)	tam<u>bien</u>	di<u>fi</u>cil	Jo<u>se</u>
<u>co</u>mo . . . (*as . . .*)	transi<u>cio</u>nes	¿<u>que</u>? (*what?*)	<u>ti</u>a

demo**cra**cia	**tu** (*you*)	fotogra**fi**a	¿**cual**? (*which?*)
ele**gan**cia	**mo**vil	**la**grima	**la**grimas

En el dibujo a continuación, vemos una ciudad utópica donde los medios de transporte ayudan a preservar el medio ambiente. La estación de tranvía eléctrico (*electric tram station*) es un espacio donde la gente puede sacar un libro para leer. Las personas toman tiempo para caminar con sus familiares y amigos. En esta ciudad utópica la gente se traslada en bicicleta o en un medio de transporte público.

0.8   Escriba la tilde donde sea necesaria; luego identifique a las personas en el dibujo.

  a.   Jose, el señor con la camiseta azul, siempre va al trabajo en bicicleta; es medico.

  b.   Maria busca un libro en la estacion antes de ir a la universidad; estudia frances y cine.

  c.   Hoy Ana lleva un vestido rosa; cada miercoles su hermano Martin toma el tranvia con ella.

   d. Sofia trabaja en un cafe y siempre va al centro en bicicleta. Hoy lleva un nuevo vestido amarillo que fue un regalo de su mama.

0.9   Escriba la tilde donde sea necesaria:

   a. Creo que perdi mi pasaporte en Cordoba. ¡Que problema!
(*I think I lost my passport in Cordoba. What a problem!*).

   b. El abuelo dice que de niño el se divertia mas que nosotros ahora.
(*Grandfather says that as a child he had more fun than we do now*).

   c. Mi vida mejorara si tengo fe en mi mismo.
(*Mi life will get better if I have faith in myself*).

   d. No quiero estar mas con el, mas el si quiere estar conmigo. ¿Que hago?
(*I don't want to be with him anymore, but he does want to be with me. What do I do?*)

   e. Deje el telefono movil en el cafe y ahora no se que hacer.
(*I left my cell pone at the café and now I don't know what to do.*)

   f. ¿Donde estan las flores que compre esta mañana en el mercado?
(*Where are the flowers that I bought this morning at the market?*)

   g. Nuestro viaje a España empezara en Madrid y terminara en la costa del Mediterraneo, en Valencia. ¡Que maravilla!
(*Our trip to Spain will begin in Madrid and end on the Mediterranean coast, in Valencia. How wonderful!*)

   h. ¿Cuantas veces has estado en Peru? ¿Tienes un pais preferido en America Latina?
(*How many times have you been to Peru? Do you have a favorite country in Latin America?*)

IV. Use of Capital Letters / *El uso de las mayúsculas*

- Not used for days, months, or religions:
  lunes, martes,
  octubre, noviembre,
  el budismo, un católico, los judíos

- Used for geographical names such as rivers, countries, cities (**Amazonas, Bolivia, San Juan**), but not for the adjectives:
  venezolano, norteamericano, española, guatemalteco, caribeña.

- In titles (of books, movies, etc.), only the **first word** and any **proper nouns** are capitalized:

  La última niebla (María Luisa Bombal)
  Don Quijote de la Mancha (Miguel de Cervantes)
  Los funerales de la Mamá Grande (Gabriel García Márquez)
  Mujeres al borde de un ataque de nervios (Pedro Almodóvar)
  Cuentos de Eva Luna (Isabel Allende)
  El invierno en Lisboa (Antonio Muñoz Molina)
  Historia de un abrigo (Soledad Puértolas)
  La mujer sin cabeza (Lucrecia Martel)

PRÁCTICA

0.10 Escriba tres oraciones completas utilizando palabras que sí necesitan mayúsculas en inglés y no en español.

En el dibujo a continuación, estamos en una ciudad utópica donde la gente pasa tiempo en el parque, escucha música, conversa. Se aprecia el arte hecho con objetos reciclables. Hay muchos espacios verdes y la gente aprovecha la compañía para ser creativa. También hay personas que disfrutan de su soledad, observan y escriben.

0.11   Incluya las **mayúsculas** y las **tildes** en las siguientes frases; luego identifique a las personas en el dibujo.

    a.   clara y su esposo antonio pasan la tarde del sabado en el parque. clara es fotografa y tambien da clases de filosofía en la universidad; tiene una fascinacion por las esculturas hechas con materiales reciclados.

    b.   El senor hernandez ha venido al parque en bicicleta. Es pintor y siempre busca inspiracion en la naturaleza. Piensa que los arboles son muy poeticos.

    c.   jose luis viene al parque para estar solo y leer. Le encantan los poemas de la escritora argentina alfonsina storni. Algun dia le gustaria viajar y descubrir paises nuevos, como turquia y grecia.

    d.   eduardo, miguel y sebastian son amigos de la universidad. Aunque estudian ingenieria mecanica (*mechanical engineering*), les encanta la musica. sebastian canta en espanol, arabe y portugues. Los sabados dan conciertos en un bar llamado la esquina.

0.12   Incluya las **mayúsculas** y las **tildes** en el siguiente texto cuando sean necesarios:

Querida Monica,

     el miercoles llegue a esta maravillosa ciudad. Al principio todo me parecia extraño: el ruido, los olores desconocidos, el trafico, la gente que caminaba tan rapido por la calle . . . ¡Que caos! Despues, poco a poco, me fui acostumbrando a su ritmo. Delante de mi pension hay un kiosko que vende periodicos y revistas. Cada mañana compro el periodico local y me siento en la terraza de un cafe a leer y escribir. Tambien descubri una pequeña libreria en mi barrio y compre una novela buenisima; se titula *leonora* y es de la escritora mexicana elena poniatowska. Habla sobre la vida de la pintora surrealista leonora carrington. ¿La conoces? ¡cuanto me gusta! Por las tardes camino mucho y asi descubro barrios nuevos cada dia. Ayer encontre un restaurante que sirve platos tipicos a muy buen precio. El camarero se llamaba jose y estudia filosofia, como tu. Quiero visitar una galeria de arte cerca de mi pension, pero hoy es lunes y esta cerrada. Esta noche ire a ver la ultima pelicula de juan jose campanella, porque ya sabes que me fascina el cine argentino. Bueno, mañana ire al mercado despues de desayunar y te comprare un plato de ceramica tipico de aqui. Se que te va a encantar. ¡Nos vemos en agosto!

     Un fuerte abrazo,
     Andres

V. ¿Sabías que . . .? Origen, desarrollo y presencia del español en el mundo

El español tiene una historia amplia y compleja. Aunque es difícil señalar el momento exacto del nacimiento de una lengua, sabemos que el lugar donde se originó el castellano fue en el norte de la península ibérica como un dialecto hablado por unos 10.000 hablantes. Aunque ahora nos referimos al "español", esta lengua tiene sus orígenes en el castellano, una lengua romance. Todas las lenguas romances surgieron cuando el latín clásico perdió su hegemonía frente al latín vulgar, hablado por el pueblo. El gallego, catalán, portugués, francés, italiano y rumano son algunas de las lenguas romances que tienen vigencia en la actualidad. Hablar de la historia de la lengua española es hablar de los orígenes, evolución y difusión del castellano por el mundo; ha llegado a expandirse por muchos lugares diferentes, creando así una lengua rica, flexible y útil para más de **570 millones** de habitantes hoy en día.

El castellano evolucionó a partir del latín. Hubo sonidos iniciales en las palabras que se perdieron (aféresis); en otros casos se perdió un sonido al final o en medio de la palabra (apócope); en algunas palabras apareció un sonido al comienzo de esta (prótesis). Un caso de prótesis es "scholam" que ha derivado en la palabra "escuela". En otras palabras los sonidos se mantuvieron pero cambiaron de lugar (metátesis simple o metátesis recíproca). Por ejemplo, de la palabra latina "parábola" tenemos la castellana "palabra". También se obstaculizaron parcialmente la producción de algunos sonidos (fricatización): de la palabra "filium" se derivó "hijo", omitiendo un sonido dentro de la palabra y haciendo una "h" silenciosa. A este proceso lo denominamos síncopa. Por el contrario, la epítesis consiste en agregar un sonido que no existía dentro de la palabra: del latín "tonum" tenemos la palabra "trueno". Otras variaciones lingüísticas importantes procedentes del latín son las siguientes:

a.	la disimulación	"factum" — "hecho"
b.	la centralización	"boticam" — "bodega"
		"altum" — "alto"
c.	la monoptongación	"paucum" — "poco"
d.	la diptongación	"novum" — "nuevo"
		"semper" — "siempre"
e.	la sonorización	"escopan" — "escoba"
f.	la palatalización	"lacte" — "leche"
g.	la privatización	"caelum" — "cielo"
h.	la vocalización	"apsentia" — "ausente"
i.	la analogía	"auscultare" — "escuchar"
j.	cultismo	"pluvian" — "lluvia"

¿Quién pudiera pensar hace 500 años que el desarrollo del español podría llegar a ser lo que es hoy? En 1492 el español Antonio Elio de Nebrija redactó la primera de las gramáticas del arte del habla castellano. En sus estudios comparativos entre el latín y el castellano estableció las bases gramaticales de la lengua que hablamos hoy. La *Gramática de la lengua castellana* de Nebrija se considera como la primera gramática moderna, tanto por su estructura de contenidos como por su utilidad. Incluyó además un capítulo dedicado a la enseñanza del castellano como segunda lengua. En su prólogo, Nebrija dedica este estudio a la reina Isabel I de Castilla, mencionando las enormes posibilidades que tendría esta lengua en el mundo como de igual manera lo tuvo el latín en su época.

Es también importante señalar otros dos libros claves que contribuyeron a consolidar el español: *Tesoro de la lengua castellana o española* (1611) de Sebastián de Covarrubias y *Gramática de la lengua castellana destinada al uso de los americanos* (1847), escrito por el gran humanista venezolano Andrés Bello.

Una de las instituciones históricas dedicada a estudiar y preservar el español es la Real Academia Española (RAE) que tiene por lema "limpiar, fijar y dar esplendor" a la lengua. Fundada en 1716 por Juan Manuel Fernández Pacheco Marqués de Villena, entre otros, fue patrocinada desde sus comienzos por el rey borbón Felipe V. En la actualidad agrupa a los académicos de número y los asociados (cada uno/a correspondiendo a una de las letras del alfabeto, mayúsculas y minúsculas) que se reúnen habitualmente para discutir acerca de la lengua española, su desarrollo y las novedades lingüísticas más recientes. La institución tiene a su vez muchos proyectos, entre ellos la constante actualización del *Diccionario de la Real Academia Española* (DRAE) y la *Gramática Pan Hispanoamericana*. Además, en todo el mundo hispanohablante existen Reales Academias asociadas que recogen los cambios de la lengua, por ejemplo: Academia Colombiana de la Lengua, Academia Mexicana, Academia Peruana y Academia Norteamericana de la Lengua Española. Además de la Real Academia Española debemos mencionar también El Colegio de México, El Instituto Caro y Cuervo, Fundación La Casa de Bello y el Instituto Cervantes, siendo estas instituciones fundamentales en el estudio, la difusión y la promoción del español en el mundo.

El español funciona como lengua internacional, oficial, de contacto, mayoritaria y minoritaria. Decimos que una lengua es mayoritaria cuando la hablan la mayoría de los hablantes de un lugar. Frecuentemente la lengua **mayoritaria** puede ser a su vez lengua **oficial** de un país o un estado. Por el contrario, una lengua **minoritaria** es hablada por un grupo reducido o minoritario de personas. Las lenguas también pueden denominarse **"de contacto"** cuando se utilizan en situaciones multilingües. En algunas ocasiones dos hablantes no se pueden comunicar en su propia lengua y, por ello, deben utilizar una lengua de contacto para poder entenderse. Decimos que una lengua es **internacional** cuando tiene al menos los cinco rasgos siguientes:

a.   Se habla en una gran mayoría de países del mundo.

b.   Se utiliza en los cinco continentes.

c.   Tiene una gran representación institucional y administrativa en las instituciones más importantes, como las Naciones Unidas, la UNICEF, la Unesco, etc.

d.   Se usa frecuentemente en la internet o en las fuentes tecnológicas más recientes.

e.   Se utiliza en relación a la Ciencia, la Literatura y las Ciencias Humanas.

Hoy en día la gente prefiere referirse a este tipo de lenguas como "lenguas del mundo" (en inglés, "world languages") o "lenguas globales". Por todos estos motivos, se dice que el español es una lengua internacional, muy hablada y escrita en el mundo. A diferencia del francés, por ejemplo, que es fundamentalmente una lengua monocéntrica, el español es una lengua pluricéntrica puesto que son muchos los lugares en los que se desarrolla e innova: España, Cuba, Argentina, Colombia, México, Estados Unidos . . .

Hay 23 países en los que se habla comúnmente el español: México, Nicaragua, Guatemala, El Salvador, Honduras, Costa Rica, Panamá, Cuba, República Dominicana, Puerto Rico, Colombia, Venezuela, Ecuador, Perú, Chile, Bolivia, Paraguay, Uruguay, Argentina, Guinea Ecuatorial, Filipinas, España y los Estados Unidos. Según los datos estadísticos más recientes, en los próximos años el español seguirá creciendo en el mundo. Hacia el año 2050 lo hablarán aproximadamente 121 millones de habitantes en México, 50 millones en Estados Unidos, 47 millones en España, 46 millones en Colombia y 41 millones en Argentina. En total se espera que unos 754 millones de hablantes lo hablen en todo el mundo. Como lengua oficial lo harán 472 millones de habitantes, 73 millones como segunda lengua y 22 millones lo habrán aprendido en las escuelas.

Como podremos comprobar, "el estado de salud" del español es excelente. Se utiliza tanto en instituciones y centros culturales internacionales como en la red y en los medios de comunicación. Es una lengua rica, diversa, amplia y flexible. Como dijo el escritor mexicano Octavio Paz: "El español del siglo XX, el que se habla y se escribe en Hispanoamérica y en España es muchos españoles, cada uno distinto y único, con su genio propio; no obstante, es el mismo en Sevilla, Santiago, La Habana. No es muchos árboles, es un solo árbol pero inmenso, con un follaje rico y variado, bajo el que verdean y florecen muchas ramas y ramajes. Cada uno de nosotros, los que hablamos español, es una hoja de ese árbol. ¿Pero realmente hablamos nuestra lengua? Más exacto sería decir que ella habla a través de nosotros. Los que hoy hablamos castellano somos una palpitación en el fluir milenario de nuestra lengua". Brindemos por esta lengua que vamos a conocer y recorrer a través de doce magníficas ciudades hispanohablantes.

PREGUNTAS

Diga si las siguientes frases son **V**erdaderas o **F**alsas. Si son falsas, dé la respuesta correcta.

a. La historia del español es muy sencilla. _____

b. El castellano se originó en el sur de la península ibérica. _____

c. El castellano evolucionó a partir del latín. _____

d. El rumano no es una lengua romance. _____

e. La palabra "nuevo" viene del latín "novum". _____

f. Según Antonio de Nebrija, el castellano no tenía mucho futuro. _____

g. Los miembros de la Real Academia Española se reúnen para discutir acerca de las últimas novedades lingüísticas en torno al castellano. _____

h. El gran humanista español Andrés Bello escribió *Gramática de la lengua castellana destinada al uso de los americanos.* _____

i. El español se considera una lengua internacional. _____

j. Se habla español en Brasil. _____

k. El país donde más se hablará el español en el año 2050 es España. _____

l. Hoy en día hay unos 567 millones de hablantes de español en el mundo. _____

m. El español es una lengua flexible. _____

n. El escritor mexicano Octavio Paz compara el español con un árbol inmenso. _____

o. Desgraciadamente el español no tiene mucho futuro. _____

VI. Lectura: "La ciudad desconocida", incluido en la antología *Regreso al centro* (2014)

Gustavo Arango (Colombia 1964) es escritor, periodista y profesor de español y literatura latinoamericana en SUNY Oneonta, Nueva York. Nació en Medellín, Colombia. Ganó el Premio B Bicentenario de Novela en México por su novela *El origen del mundo.* Recibió el Latino Book Award por su novela histórica *Santa María del diablo.* El tema del viaje es una constante en la vida y la obra del escritor colombiano Gustavo Arango. Sus desplazamientos geográficos, desde el primer desarraigo de su ciudad natal hasta su último viaje a Sri Lanka, han enriquecido su escritura y se reflejan en la distancia estilística y temática frente a otros escritores colombianos contemporáneos.

LA CIUDAD DESCONOCIDA

Cuando uno llega a una ciudad desconocida parece tener escrita en todas partes la palabra **forastero**. Los pies se mueven inseguros. Uno ignora si los autos les dan paso a los **peatones**. Uno falla al calcular las distancias y termina improvisando **carrerones**

indecorosos. Uno se **vuelve un lío** cuando danza con los que vienen en sentido contrario, porque no sabe cómo darles paso o seguir de largo.

Incluso cuando en la ciudad desconocida se habla la lengua que uno mejor conoce, uno siempre es consciente de la diferencia, de la falta de recursos para hacerse invisible con el habla. Uno **suelta** expresiones que lo delatan, intenta sin éxito decir las cosas que los demás dicen con naturalidad.

Uno **falla** al leer los signos y códigos que todos interpretan y respetan sin pensar. Uno se siente en una **selva** cargada de vida y de peligros, cuando los otros parecen caminando en pijama por la sala de su casa y hasta ponen el piloto automático al **desplazarse**.

Pero tanta **zozobra** viene siempre acompañada con algo que los locales rara vez tienen: la frescura en la mirada, la sorpresa constante, el **descubrimiento** de miles de cosas interesantes que la monotonía hace invisible para quienes siempre han vivido en ese lugar. Unos días más tarde la sensación de **extrañeza** se **mitiga**. Uno aprende pronto las costumbres de la gente, las maneras de hablar y hasta la insensibilidad.

Todas estas sensaciones de que hablo se vuelven más intensas cuando la ciudad que uno visita es su propia ciudad.

Después de que uno ha decidido—o la vida decidió por uno—dejar el lugar de la tierra donde empezó su vida, uno deja para siempre de ser de alguna parte. Jamás llegas a ser de la tierra que elegiste y jamás recuperas la tierra que perdiste.

Uno vuelve cargado de nostalgia, convencido de que vuelve al lugar que dejó, y descubre que la vida ha seguido **transcurriendo** en su ausencia, que el tiempo se ha instalado en la gente que conoce, que hay palabras nuevas, que hay preocupaciones o chistes que uno ya no comparte.

Cuando uno vuelve a su ciudad y descubre que en su rostro se dibuja la palabra forastero, cuando uno siente que sus pasos vacilan y su lengua no es la misma que la de todos, entiende al fin el viejo **aforismo** de **Heráclito**, sobre el río en el que nadie se baña dos veces.

Uno ya no es el mismo, uno tiene en su sangre minerales de otras tierras, y la ciudad es otra, muy distinta, como si una **conjura** hubiera desmantelado el poblado que había en ese valle y en su lugar hubiera puesto a otra gente, con otras vidas y otras **almas**.

Si uno vuelve a su ciudad cada cierto tiempo termina por resignarse a que se la cambien cada vez que vuelve, deja de resistirse al **ímpetu** del tiempo, y disfruta, mientras dura, durante esas primeras horas misteriosas, del **hallazgo** de un planeta de criaturas insólitas, de la extraña sensación de ser extraño en todo el mundo.

VOCABULARIO

forastero: *stranger*

peatones: *pedestrians*

carrerones: *races*

indecoroso: *unseemly*

volverse un lío: *to become a mess*

soltar: *to let loose*

fallar: *to fail*

selva: *jungle*

desplazarse: *to move around, to travel*

zozobra: *anxiety*

descubrimiento: *discovery*

extrañeza: *strangeness*

mitigar: *to mitigate, alleviate*

transcurrir: *to go by, to pass*

aforismo: *aphorism, saying*

Heráclito: *Heraclitus, a Greek philosopher*

conjura: *conspiracy*

almas: *souls*

ímpetu: *ímpetus, force*

hallazgo: *discovery*

PREGUNTAS

Conteste **V**erdadero o **F**also a las siguientes preguntas. Si son falsas, dé la respuesta correcta.

a. Uno se mueve con mucha inseguridad en una ciudad desconocida. _____

b. Es fácil hablar la lengua del lugar con naturalidad. _____

c. La ciudad desconocida es un lugar peligroso, como una selva. _____

d. Pronto uno aprende las costumbres de la gente. _____

e. El narrador del cuento regresa a su ciudad natal. _____

f. Cuando vuelve nota que no ha cambiado nada. _____

g. El narrador compara su experiencia con las palabras del filósofo Heráclito. _____

h. La ciudad ha cambiado y el narrador también. _____

i. El narrador se siente cómodo en todas partes. _____

j. El tono de este cuento es nostálgico y filosófico. _____

VII. Repaso general

0.13 Piense en su ciudad ideal. ¿Es grande o pequeña? ¿Cómo son los edificios? ¿Los restaurantes? ¿La gente? ¿Hay muchos espacios verdes? ¿Qué tipo de actividades interesantes se pueden hacer?

Escriba una composición de una página explicando su respuesta con detalles precisos. Puede describir un lugar real o imaginario. Mientras escriba el texto, preste mucha atención al uso de las **tildes.**

0.14 ¿Sería capaz de dejar su tierra natal y vivir en otro país? ¿Adónde se iría a vivir?

Escriba una composición de una página explicando su respuesta.

Vista panorámica del centro de Madrid, con el edificio Metrópolis (a la izquierda) y el inicio de la calle Gran Vía

CAPÍTULO UNO

"DE MADRID AL CIELO"

Subject Pronouns, Gender of Nouns, Plural Forms, Definite and Indefinite Articles

Introducción

Hablemos de Madrid. La ciudad de Madrid es la capital del reino de España y su historia es muy amplia. Madrid fue villa y corte durante el reinado de los Austrias. A lo largo de su desarrollo ha sido importante por los numerosos acontecimientos de la historia del país. Es una ciudad con una arquitectura ecléctica, con barrios muy distintos y edificios que responden a las diferentes etapas de su desarrollo urbanístico. Se diferencian las cuatro estaciones, pero en general el clima es bastante agradable durante todo el año, aunque en verano hace mucho calor y los madrileños aprovechan para irse a veranear a las playas de las costas del sur o del norte del país.

Por la ciudad de Madrid pasa el río Manzanares, que le da al lugar cierto toque de distinción. Madrid está repleta de plazas, como la Plaza Mayor, Chueca o Santa Ana; de glorietas como la de Bilbao, Salamanca o la rotonda de la estación de tren de Atocha; de fuentes majestuosas, como por ejemplo la dedicada a la diosa Cibeles o al dios Neptuno; y de muchos parques: El Retiro o el inmenso de la Casa de Campo. A la gente—al madrileño o madrileña—le gusta pasear por sus calles, disfrutar de una buena conversación en sus terrazas, acudir a los cafés (Gijón, Espejo, Comercial o de Oriente), o a las variadas y pintorescas cafeterías para desayunar un buen café con leche y una tostada con mantequilla y mermelada. A los madrileños se les llama cariñosamente "gatos", porque viven la ciudad tanto por el día como por la noche; es una ciudad en constante brío.

Los fines de semana la gente suele visitar los distintos museos. Hay tanto que ver que no queda tiempo . . . El Museo Nacional del Prado es entre todos los museos el más

23

conocido e internacional, puesto que alberga la pinacoteca más importante de la historia de la pintura española. Siempre se llena de turistas que se quedan fascinados con *Las meninas* de Diego de Velázquez, o las obras de Goya o El Greco. Sin embargo, el famoso cuadro *Guernica* de Pablo Picasso se encuentra ubicado en el Museo Reina Sofía, que además contiene muchas obras de Joan Miró, Salvador Dalí, María Blanchard, Juan Gris y, en general, los artistas más recientes.

No todo es arte en Madrid; también es conocida su pasión por el fútbol. Los dos equipos más seguidos y admirados son el Real Madrid y el Atlético de Madrid. A la gente le gusta mucho el deporte, las actividades al aire libre, ir al cine o el teatro, los toros de la feria de abril y salir a la calle. Para el madrileño cualquier excusa es buena para salir de casa, ir de compras al Corte Inglés, mirar los escaparates de las lujosas tiendas de la calle Serrano, visitar librerías, pasear por mercados, o, quizás, simplemente ir de tapas por sus bares, mesones y tascas. Es muy típico de Madrid el cocido madrileño, los bocadillos de calamares o de jamón serrano, las croquetas, tortilla de patata, patatas bravas o gambas rebozadas, también llamadas *a la gabardina*.

En Madrid se encuentra la elegante Biblioteca Nacional, el Museo Arqueológico, el Palacio Real, la Catedral de los Jerónimos, la Puerta de Alcalá, el mercadillo de El Rastro, la estatua *El Oso y el Madroño*, que aparece en el escudo de la ciudad; o la famosa chocolatería de la calle San Ginés, donde se prepara el mejor chocolate tradicional con churros de la ciudad. Aunque la ciudad ha crecido mucho con sus edificios y rascacielos de diferentes estilos, el centro sigue siendo la Puerta del Sol, donde se encuentra el *kilómetro cero* de la península ibérica. Madrid es a la vez una ciudad histórica y moderna. Es muy querida por su gente y descrita frecuentemente en obras literarias y cinematográficas.

En realidad, uno no sabe exactamente dónde comienza y termina Madrid, pero para muchos es un destino final donde vivir el resto de su vida. Dicen popularmente, quizás de forma algo exagerada, "De Madrid al cielo . . .", puesto que para el madrileño solamente es comparable con el paraíso. Definitivamente, el madrileño guarda siempre Madrid en su corazón por su luz tan especial, su singular forma de vida y sus lugares emblemáticos. "Madrid, ¡claro que sí! Y . . . nada más", como dice la canción popular. Coordenadas geográficas de Madrid: latitud: 40.4167, longitud: -3.70325 40° 25' 0" Norte, 3° 42' 12" Oeste.

En este capítulo vamos a repasar los pronombres de sujeto, el género y el número de los sustantivos y los artículos definidos e indefinidos. Hablaremos de la utilización del *vosotros* en España e iremos descubriendo algunos de los lugares más bellos de Madrid: el mítico Café El Espejo, el Museo del Prado, la Plaza Mayor y el Parque del Buen Retiro.

PREGUNTAS DE COMPRENSIÓN

1. ¿Cómo se llama una persona originaria de Madrid?

2. ¿Qué hacen los habitantes de Madrid durante el verano? ¿Por qué?

3. ¿Por qué se les llama "gatos" a los madrileños?

4. ¿Qué tipo de actividades culturales ofrece la ciudad?

5. ¿Quién pintó el famoso cuadro *Las meninas?* ¿Lo ha visto usted alguna vez?

6. ¿Qué puede hacer el madrileño cuando no está en su casa?

7. ¿Dónde se puede ir de tapas en Madrid?

8. ¿Qué se prepara en la chocolatería San Ginés?

9. ¿Dónde está el *kilómetro cero?*

10. ¿Qué significa el dicho popular: "De Madrid al cielo"?

11. ¿Conoce Ud. la ciudad de Madrid? ¿Le gustaría visitarla? ¿Por qué?

12. ¿Conoce otra ciudad que se parezca un poco a Madrid? ¿Cuál?

I. Subject Pronouns / *Los pronombres de sujeto*

The verbs **hablar** (speak), **comer** (eat) and **vivir** (live) are "regular" or predictable in their endings. Here is their conjugation in the present indicative with the corresponding subject pronouns:

Subject Pronouns		hablar	comer	vivir
I	*yo*	*hablo*	*como*	*vivo*
you (familiar, singular)	*tú*	*hablas*	*comes*	*vives*
you (formal, singular)	*usted* (*Ud.*)			
he	*él*	*habla*	*come*	*vive*
she	*ella*			
we	*nosotros/as*	*hablamos*	*comemos*	*vivimos*
you (fam. in Spain, plural)	*vosotros/as*	*habláis*	*coméis*	*vivís*
you (formal in Spain, pl.)	*ustedes*			
they	*ellos*	*hablan*	*comen*	*viven*
	ellas			

- Since the verb endings contain clues as to the speaker, subject pronouns are only used when required for clarity or emphasis (although ***usted*** is often used as a courtesy):

Vivimos cerca de la calle Castelló.	We live near Castelló Street.
No hablo inglés.	I don't speak English.
Vienen el sábado.	They're coming on Saturday.
Ella vive en un piso, él no.	She lives in an apartment; he doesn't.

- When addressing friends, children, animals, and God, the form of ***tú*** is used. The form ***usted*** (commonly abbreviated to ***Ud.***), which uses third-person verb forms, is used for polite address to people you do not know well or wish to express respect for. ***Ustedes*** is used as plural for both forms in America, while in Spain the plural of ***tú*** is ***vosotros/vosotras***.

- Note that Spanish does not capitalize ***yo*** but uses a capital for the abbreviation ***Ud.***

- The subject pronoun **it** is indicated by the verb form in Spanish, so it is not translated:

Es posible.	(It) is possible.
Está disponible.	(It) is available.
¿Quién es?	Who is (it)?
Soy yo.	(It)'s me / (It) is I.

PRÁCTICA

1.1 ¿Por qué no usa el español los pronombres de sujeto con frecuencia? Escriba **cuatro** ejemplos.

1.2 Indique el pronombre adecuado para los siguientes verbos. En algunos casos existe más de una posibilidad:

_____ viajo	_____ van	_____ venden
_____ camináis	_____ hace	_____ podéis
_____ oyen	_____ cocina	_____ busco
_____ eres	_____ leemos	_____ estás
_____ miramos	_____ exploráis	_____ ahorramos

_____ explicas	_____ pido	_____ llaman
_____ sigue	_____ dicen	_____ sentimos
_____ bebo	_____ sales	_____ duermes
_____ visitáis	_____ adoro	_____ gastamos

1.3   Escriba el presente de **yo** y de **Ud.** para los verbos siguientes:

a. comprar
b. andar
c. intentar
d. escoger
e. asistir
f. distinguir
g. ayudar
h. conocer
i. hacer
j. ser
k. tener
l. pedir
m. amar
n. soñar
o. entender

1.4   Traduzca las frases siguientes al español:

a. They are coming to Madrid on Friday.

b. It is impossible.

c. He lives near the Prado Museum.

d. I am not Spanish.

e. They do not speak English.

f. It is you!

g. Do you (*use the "vosotros" form*) understand Spanish well?

1.5 Conjugue en presente el verbo entre paréntesis según el pronombre indicado.

Modelo: (vosotros-tomar) *Vosotros siempre **tomáis** tortilla de patatas en el barrio de Chamberí.*

a. (tú-comprar) _____un bocadillo de jamón serrano en El Museo del Jamón.

b. (ella-conocer) _____muy bien el barrio de Salamanca en Madrid.

c. (vosotros-tomar) _____chocolate con churros el domingo por la mañana.

d. (él-vender) _____ camisetas del Real Madrid en la Puerta del Sol.

e. (nosotros-caminar) Siempre _____ por las calles de la ciudad en vez de tomar el autobús.

f. (yo-querer) _____ visitar el Palacio de Congresos en el Paseo de la Castellana.

g. (tú-buscar) _____ la novela *Nada* de Carmen Laforet.

h. (mi hermana-hacer) _____ compras en El Corte Inglés cada fin de semana.

i. (nosotros-descansar) _____ en la Plaza de Santa Ana después del trabajo.

j. (Ud.-estudiar) ¿_____ historia del arte en la Universidad Autónoma de Madrid?

k. (vosotros-querer) ¿_____ ver la última película de Pedro Almodóvar en el cine Renoir Retiro?

l. (tú-ir) Los sábados _____ a La Casa del Libro en la calle de Fuencarral.

II. Gender of Nouns / *El género de los sustantivos*

A. General Guidelines

1. Nouns referring to males and/or ending in *-o* are masculine: *el hombre, el teléfono, el bolso, el bolígrafo, el cuadro, el brazo, el espectáculo*

2. Those referring to females and/or ending in *-a -ción -sión -tad -dad -tud* are feminine: *la mujer, la risa, la educación, la tensión, la libertad, la ciudad, la actitud, la virtud*

3. Different endings can be of either gender: *la clase, la parte, la paz, la imagen, el lápiz, el golpe, el final, el examen, el avión*

4. To refer to females, many nouns change the last vowel or add *-a* to the last consonant: *el compañero, la compañera, el profesor, la profesora*

5. Many nouns have the same form and differ only by the article: *el/la estudiante, el/la artista, el/la deportista, el/la turista*

6. *Mano*, *foto(grafía)* and *moto(cicleta)* are feminine: *la mano*, *la foto*, *la moto*
7. *Día*, *mapa*, *sofá* and *planeta* are masculine: *el día*, *el mapa*, *el sofá*, *el planeta*
8. Many nouns ending in *-ma* are masculine: *el programa*, *el problema*, *el sistema*, *el idioma*, *el clima*, *el poema*, *el tema*, *el dilema* (BUT: **la** *fama*, **la** *llama* and others words ending in *-ma* are feminine)
9. The names of days, colors, languages and cardinal points are masculine: *el lunes*, *el sábado*, *el blanco*, *el gris*, *el español*, *el portugués*, *el norte*, *el sur*
10. Compound nouns, formed by combining a verb and a noun, are also masculine: *el salvavidas* (lifeguard / life jacket), *el paracaídas* (parachute), *el parabrisas* (windshield), *el abrelatas* (can opener), *el pintalabios* (lipstick), *el rompecabezas* (puzzle)

PRÁCTICA

1.6 Escriba el artículo correcto (**masculino** "el" o **femenino** "la") y anote al frente de cada sustantivo el número de la "pista" correspondiente (1–10 en la lista "General Guidelines").

Modelo: _el_ *barrio*: **1** (casi todos los sustantivos que terminan en **-o** son masculinos)

a. ____ malva (*mauve*)
b. ____ dama
c. ____ planeta
d. ____ tapa
e. ____ región
f. ____ mano
g. ____ turista
h. ____ educación
i. ____ tema
j. ____ artista
k. ____ país
l. ____ español
m. ____ origen
n. ____ sociedad
o. ____ problema
p. ____ colegio
q. ____ dentista
r. ____ miércoles
s. ____ madrileńa
t. ____ lavacoches

B. Certain Gender Peculiarities

- Feminine nouns that begin with a stressed *a* or *ha* use a masculine article in the singular only (to avoid cacophony), but remain feminine in every respect:
  El agua but *las aguas* and *el agua limpia*
  El hambre but *el hambre es eterna*.
  el águila, el área, el arma, el alma, el hacha

- The meaning of some nouns changes according to their gender:
  el capital (money) vs. *la capital* (city)
  el cuento (short story) vs. *la cuenta* (check, bill)
  el mañana (future) vs. *la mañana* (morning)
  el orden (order, not disorder) vs. *la orden* (command)
  el policía (policeman) *la policía* (policewoman, police force)
  el Papa (Pope) vs. *la papa* (potato)

- The words *persona* and *víctima* are always feminine even when referring to men. The word *individuo* is always masculine even when referring to a woman.

PRÁCTICA

En el siguiente ejercicio nos encontramos en el famoso Café El Espejo. Los madrileños pasan mucho tiempo en los cafés. Es un lugar perfecto para leer, escribir, charlar con amigos o mirar a la gente. Cuando hace buen tiempo, es agradable sentarse al aire libre para tomar el sol. El Espejo tiene una magnífica decoración Art-Nouveau, al estilo de los cafés en París de principios del siglo veinte. Desde que abrió en 1978 ha sido un lugar de encuentro muy popular para escritores, artistas e intelectuales. Hoy en día, es el sitio ideal para tomar un buen café con leche afuera en una mesa de la terraza.

Café El Espejo, en el Paseo de Recoletos

1.7 Elija el artículo correcto.

Estamos en **la/el** famoso Café El Espejo. **La/el** domingo por **la/el** mañana, muchos madrileños vienen a este lugar histórico a leer **la/el** periódico o reunirse con amigos. **La/el** edificio tiene una arquitectura muy interesante, con enormes paneles de cristal que dejan entrar mucha luz. **La/el** ambiente en el interior del café es cálido y elegante. Cuando hace buen tiempo, **la/el** gente se sienta en **la/el** terraza para tomar algo de beber o de comer. **La/el** menú es muy variado y **la/el** café es excelente. En el dibujo, vemos que **la/el** camarero le sirve una bebida al señor. En **la/el** esquina de **la/el** derecha, **la/el** hombre con **la/el** camisa roja está charlando con su amigo. **La/el** señora con la chaqueta verde pistacho espera a su madre para tomar **la/el** desayuno con ella. Es un domingo típico en **la/el** capital española.

1.8 Escriba el artículo correcto (masculino **el** o femenino **la**).

Modelo: *Debemos explorar **la** capital de Madrid.*

    a.   _____ agua de Madrid es especialmente buena.

    b.   ¿A qué hora se levantan los estudiantes madrileños por _____ mañana?

    c.   ___ rojo y ___ amarillo gualda son los colores de la bandera de España.

d. No necesitamos ___ mapa para viajar de Madrid a Toledo porque ya tenemos un GPS en el coche.

e. En el parque Madrid Río, ___ gente puede ir en bicicleta al borde del río Manzanares.

f. Después de desayunar en el Café Comercial, el camarero nos trae ___ cuenta.

g. La Torre de Cristal es ___ rascacielos más alto de Madrid.

h. ___ domingo muchos madrileños van al cine, al parque o al museo.

i. En Madrid ___ clima es agradable todo el año, aunque en ___ invierno hace frío a veces.

j. Se ven muchos grafitis interesantes en ___ barrio de Malasaña.

k. ___ Universidad Autónoma de Madrid fue fundada en 1968.

l. ___ negro es un color popular entre adolescentes.

m. Antes la moneda de España era ___ peseta, pero desde que ___ país se integró a la Comunidad Europea, es ___ euro.

n. En todas las grandes ciudades de España, los estudiantes toman ___ metro o ___ autobús para ir al colegio.

o. Matadero Madrid es ___ espacio preferido de muchos artistas que quieren exponer sus obras.

p. ___ tráfico es un gran problema en el centro de Madrid.

III. Plural Forms / *Formación del plural*

* Ending in a vowel, add –**s**:

  *la man**o** → las mano**s**, el problem**a** → los problema**s***

* Ending in a consonant or an accented vowel, add –**es**:

  *el pape**l** → los pape**les**, la re**d** → las red**es***
  *el rub**í** → los rub**íes**, la image**n** → las imág**enes***

* Ending in an unstressed vowel plus s, no change:

  *el lune**s** → los lune**s**, la crisi**s** → las crisi**s***
  but stressed vowel + s add -es:
  *el inter**és** → los intere**ses***

- Ending in **z** → **ces**:

  el lápiz → *los lápices, la vez* → *las veces*

  Following the written accent rules, some words will lose or gain an accent in the plural:

  reacción → reacciones
  camión → camiones
  alemán → alemanes
  examen → exámenes
  imagen → imágenes

PRÁCTICA

1.9 Cambie **al plural** los siguientes sustantivos y añada el artículo correcto (**los** o **las**) (¡cuidado con el acento ortográfico!).

Modelo: *luz* → *__las luces__*

vez:	ciudad:	coche:
alma:	clase:	examen:
análisis:	voz:	día:
sistema:	imagen:	parte:
cualidad:	portugués:	región:
lápiz:	acción:	invención:
actitud:	dólar:	euro:
paraguas:	viernes:	actriz:
universidad:	flor:	cruz:
dosis:	limón:	joven:
ley:	croqueta:	café:

En el siguiente ejercicio vamos a explorar uno de los museos más importantes del mundo: el Museo Nacional del Prado. Inaugurado en 1819, el museo contiene más de 27.000 objetos, con una de las mejores colecciones de pintura europea. Allí se encuentran las obras maestras de grandes pintores españoles como El Greco, Francisco de Goya, Diego de Velázquez y Joaquín Sorolla. Si uno quiere ver obras más modernas, muy cerca del Prado se pueden visitar los museos Reina Sofía y Thyssen-Bornemisza. Madrid es un centro artístico muy importante, con museos y galerías de arte para todos los gustos.

El Museo Nacional del Prado

1.10   Escriba en plural los sustantivos entre paréntesis.

a.   En el Museo Nacional del Prado hay muchas (obra) _____ de arte importantes.

b.   Los (cuadro) _____ de Diego de Velázquez son famosos.

c.   En su obra maestra *Las meninas*, Velázquez pinta a los (rey) _____ de España.

d.   El arte del pintor El Greco se caracteriza por el retrato de (figura) _____ religiosas.

e.   En muchas (ciudad) _____ de España se pueden visitar (museo) _____ importantes y descubrir (pintor) _____ nuevos.

f.   En el dibujo, hay dos (padre) _____ que han ido al Prado con su hija pequeña.

g.   Hay que subir muchas (escalera) _____ para llegar a la puerta del museo.

h. El señor con la chaqueta amarilla ha ido al Prado muchas (vez) _____ porque le fascina el arte.

i. ¿Cuántas (persona) _____ están sentadas en el banco del dibujo?

j. Los (viernes) _____ el Prado abre a las diez de la mañana y siempre es gratis para los (estudiante) _____.

IV. The Definite Article / *El artículo determinado*

There are four forms: *el*, *la*, *los*, *las*.

A. Usage of the Definite Article

Spanish uses it more often than English:

- Before nouns intended in a general sense and all abstract nouns:

Los españoles adoran la naturaleza.	Spaniards love nature.
La gente piensa que el arte es vital.	People think that art is vital.
La cultura es esencial en la vida.	Culture is essential in life.
Me encantan los conciertos de jazz.	I love jazz concerts.
Me interesa la historia de Madrid.	I am interested in Madrid's history.

- Before languages, illnesses, sports, sciences and other fields of knowledge:

El inglés es difícil.	English is difficult.
Nos interesa el flamenco.	We are interested in flamenco.
Guillermo lucha contra el asma.	Guillermo is fighting asthma.
Les encanta el fútbol.	They love soccer.
Me fascina la gastronomía española.	I love Spanish cuisine.

BUT:

The article is often omitted after the prepositions *en* and *de* and after the verbs *hablar*, *estudiar*, *tener* and *saber*:

La novela está en italiano.	The novel is in Italian.
Hay una clase de dibujo a las cinco.	There is a drawing class at five.
No hablo ruso.	I don't speak Russian.
¿Estudias cine?	Do you study film?
Tenemos tiempo para un cafecito antes de la clase.	We have time for coffee before class.
¿Sabes español?	Do you know Spanish?

Before most titles when speaking *about* someone:

El escritor *Miguel de Cervantes escribió* Don Quijote de la Mancha.
The writer Miguel de Cervantes wrote *Don Quijote de la Mancha.*

La señora García *está hablando con* **el doctor Santos***.*
Mrs. García is speaking to Dr. Santos.

But not when the person is addressed by their title: ***"Buenos días, señora García."***

- Unlike English, before common words such as ***cama***, ***escuela***, ***trabajo***, ***guerra***, ***cárcel***, ***ciudad***, ***iglesia***, and ***clase*** (except in stock phrases such as "at war": ***en guerra***, or "in class": ***en clase***):

  Pedro no piensa en **el trabajo** *cuando está de vacaciones.*
  Pedro doesn't think of work when he's on vacation.

  El niño está en **la cama** *con fiebre.*
  The child is in bed with a fever.

  Estáis en contra de **la guerra***.*
  You are against war.

  Estos vecinos están **en guerra***.*
  These neighbors are at war.

  Leen para **la clase***.*
  They read for class.

  Vais a **la iglesia** *juntos.*
  You go to church together.

  Comemos en **el trabajo***.*
  We eat at work.

- Apart from the names of a few countries and cities (***La República Dominicana***, ***Los Ángeles***, ***La Paz***, ***El Salvador***, etc.), the article is also used when the name of a country is qualified by an adjective: ***la España turística***, ***el Perú moderno***. But: ***Vivo en España.***

B. Contractions *al* and *del*

The prepositions *a* and *de* contract with the masculine singular article to form the only two written contractions in Spanish, *al* and *del*. These two contractions are mandatory (except when the article is part of a title: "Me gustó la música de *El padrino*").

al norte (a + el) • del planeta (de + el) • del niño (de + el)

PRÁCTICA

1.11   Añada el artículo determinado cuando sea necesario.

Modelo: *Me gustan **los** libros en **X** español.*

- **a.** En El Espejo, ____ gente puede tomar un café con churros afuera en ____ terraza.
- **b.** A veces los chicos no tienen ____ tiempo para almorzar cuando están estudiando mucho.
- **c.** Me gusta ____ política, pero no ____ economía. También adoro ____ música jazz.
- **d.** Ana está en ____ Madrid porque quiere estudiar ____ arquitectura en la Universidad Complutense.
- **e.** Queremos tomar ____ clase de literatura que enseña ____ profesora Moreno.
- **f.** A veces ____ vida puede ser completamente imprevisible.
- **g.** ¿Te gustan los cuadros de ____ pintor El Greco o prefieres el arte moderno?
- **h.** ____ fútbol es ____ deporte favorito de muchos madrileños.
- **i.** Nos encantan ____ tapas españolas, sobre todo ____ croquetas de pollo y ____ tortilla de patatas.
- **j.** Vivo en ____ Estados Unidos, pero viajo a ____ España todos los veranos.
- **k.** ____ amor debería ser algo simple.
- **l.** Ahora no tenemos ____ tiempo para ir a ____ museo Reina Sofía porque ya es tarde.
- **m.** ¿Vais a ____ cine en la Plaza de los Cubos esta noche? ¿Puedo ir con vosotros?
- **n.** Estudio ____ español porque me interesan ____ culturas diferentes.
- **o.** ____ arroz con leche es un postre típico de Asturias, en ____ norte de España. ¿Lo ha probado alguna vez?
- **p.** No tengo ____ dinero para ir al partido de fútbol, pero lo puedo ver en ____ bar con mis amigos.
- **q.** Voy a comprar ____ ingredientes que necesito para esta receta en el supermercado del Corte Inglés, en la calle Goya.

V. The Indefinite Article / *El artículo indeterminado*

- English "a" or "an" is expressed in Spanish by ***un/una***:
  un cuaderno, ***una pluma***, ***un rotulador*** *(marker)*.

  The plural, *unos/unas*, is used for symmetrical objects, meaning "a set of" or "a pair of":

Necesito unas tijeras.	I need a pair of scissors.
Bajas por unas escaleras.	You go down a stairway.
Busco unos zapatos de baile flamenco.	I am looking for a pair of flamenco dance shoes.

- Spanish does not use the indefinite article before words denoting occupations, religions, political affiliation or nationality; they are treated as adjectives:

Es inglés.	He is English, an Englishman.
Mi abuela es socialista.	My grandmother is a socialist.
Soy budista.	I am a Buddhist.
¿Eres estudiante?	Are you a student?
Su madre es escritora.	His/her mother is a writer.

  But when such words are qualified by an adjective, the article is used:

Es una escritora muy prolífica.	She is a very prolific writer.
No soy un norteamericano típico.	I am not a typical North American.

- Spanish uses the indefinite article less frequently than English. Since *un/una* also means *one*, the article is redundant for things normally encountered one at a time:

Tengo fiebre.	I have a fever.
¿Tienes familia?	Do you have a family?
¿Se necesita visa para viajar a España?	Is a visa needed for traveling to Spain?
El individuo llevaba sombrero.	The individual was wearing a hat.
Habla con acento extranjero.	He/she speaks with a foreign accent.
No puedes manejar sin carnet de conducir.	You cannot drive without a driver's license.

  Pay attention to these differences as you read. Note that the indefinite article is used to emphasize the individuality of a noun modified by an adjective (as seen also in the case of professions and nationalities):

  Tiene una familia gigantesca. He/she has a very large family.

Never use **un/una** before the word **otro/a**:

otro ejemplo:	another example
otra situación:	another situation
otra vez:	another time

- Other common expressions not requiring the indefinite article in Spanish:

¡Qué día!	What a day!
Medio kilo de azúcar.	Half a kilogram of sugar.
Es para cierta persona.	It's for a certain person.
¡Qué día tan largo!	What a long day!
¡Qué aventura!	What an adventure!
Media vida.	Half a life.
Cierto encanto.	A certain charm.

PRÁCTICA

1.12 Añada (*add*) el artículo indefinido cuando sea necesario:

Modelo: *Hoy tengo **un** examen difícil, y tengo **X** otro examen mañana.*

a. Teresa fue al Museo Sorolla hoy. ¡Qué _____ día más bonito!

b. La madre de Sandra es _____ diseñadora; hoy tiene _____ día muy ocupado en el centro de Madrid.

c. Yo soy _____ amante de los libros porque tuve _____ buen profesor en la escuela secundaria.

d. Jorge y sus amigos viajaron por toda España este verano. ¡Qué _____ aventura!

e. Soledad tiene _____ futuro como _____ abogada: sabe debatir con mucha creatividad.

f. Guillermo es _____ chico muy responsable, pero no encuentra _____ trabajo.

g. Tengo _____ otra pregunta: ¿La palabra "café" necesita _____ acento?

h. Natalia toma clases de alemán y es _____ estudiante muy dedicada.

i. Emilio fue al Corte Inglés y compró _____ botines (*booties*) de cuero hechos en Valencia.

j. Necesitamos _____ medio kilo de harina para preparar este bizcocho (*cake*).

k. Ana es _____ española y su esposo es _____ canadiense.

l. Compré _____ postales de Madrid en el aeropuerto de Barajas.

m. Necesito _____ tijeras para quitar la etiqueta (*tag*) de esta falda que compré en Zara.

n. Tengo que ver esta película con Javier Bardem _____ otra vez porque me encantó.

Other Peculiarities in the Use of Articles

Articles, either definite or indefinite, are not used when there is an idea of amount or quantity (if the words *any* or *some* can be inserted in English):

Hay gente que no come carne.
There are (some) people who do not eat (any) meat.

Pedimos sangría pero nos dan agua.
We ask for (some) sangria but they give us (some) water.

Vivís sin libertad, pero con dinero.
You live without (any) freedom but with (some) money.

Leo libros de viaje con frecuencia.
I read (a number of) travel books frequently.

Quieren churros para el desayuno.
They want (some) churros for breakfast.

Tenéis éxito sin esfuerzo.
You succeed without (any) effort.

Note that **hay** (there is/are) always indicates quantity, so it is never followed by the definite article:

A veces hay problemas en la ciudad.
Sometimes there are problems in the city.
Hay un problema con este teléfono.
There is a problem with this phone.

- Occasionally, **unos/as** expresses *some* when it means "a few," "a number of" or "about" (but **algunos/as** is a more common way to express *some*).

Todavía tengo unos euros.   I still have some (a few) euros.
Hay unas diez personas en la pastelería.   There are some (about) ten people in the pastry shop.

- Spanish has a neuter article, **lo**, used with an adjective (masculine, singular) to express abstract concepts. Its meaning is very much like the English "the+adjective+thing":

*Eso es **lo interesante**.*	That is the interesting thing.
***Lo malo** es que nos gusta.*	The bad thing about it is that we like it.
***Lo bueno**, **lo malo y lo feo** de la vida.*	The good, the bad, and the ugly in life.
***Lo difícil** de los idiomas es la gramática.*	The difficult part of languages is grammar.

En el siguiente ejercicio vamos a viajar al centro de Madrid para descubrir uno de los lugares más visitados en la ciudad: la Plaza Mayor.

En España las plazas mayores (*main squares*) son espacios urbanos donde se celebran toda clase de actos culturales y sociales. En Madrid, la Plaza Mayor se sitúa en el centro de la ciudad. En la época medieval, esta plaza se llamaba la Plaza de Arrabal. Allí se encontraba un mercado popular a finales del siglo XV. Su construcción empezó en 1617 bajo el rey Felipe III, quien le pidió al arquitecto Juan Gómez de Mora que crease un espacio con edificios más uniformes.

Hoy la Plaza Mayor es un importante punto turístico y es atravesada por miles de personas cada día. En los locales comerciales situados bajo los soportales (*arcades*) hay tiendas muy antiguas donde se venden sellos, monedas, paraguas, sombreros y boinas (*berets*). También hay muchos restaurantes típicos con terrazas. Es muy común pararse a tomar un bocadillo de calamares con una cerveza. Uno de los restaurantes más antiguos del mundo, Casa Botín (1725), se encuentra muy cerca de la Plaza Mayor, en la calle Cuchilleros. Cruzar la Plaza Mayor por la noche, cuando no hay mucha gente y no se oye el ruido de la ciudad, es uno de los paseos más poéticos en Madrid. En el año 2017 la Plaza Mayor cumplió 400 años y fue una celebración importante para la capital.

La Plaza Mayor, en el centro de Madrid

1.13 Traduzca las frases siguientes al español. Cuidado con la utilización de los artículos definidos e indefinidos.

    a.   In the Plaza Mayor, people can eat outside.

    b.   The good thing about the Plaza Mayor is that it never closes!

    c.   The group wants (some) croquetas.

    d.   Mr. Gómez and Mr. Fernández take a stroll together.

    e.   The Plaza Mayor has a certain charm.

    f.   The man with the beard is wearing a pair of glasses.

    g.   In the drawing, there are some (about) eighteen people in the square.

    h.   Yesterday I bought some (a few) postcards of the Plaza Mayor.

1.14 Complete el texto con los artículos (**el/la/los/las**) o las contracciones (**del/al**) según el caso:

María Luisa vive muy cerca de **a.** _____ Plaza Mayor. Los fines de semana, se reúne con sus compañeros de **b.** _____ trabajo para tomar un bocadillo de calamares en un restaurante debajo de **c.** _____ soportales (*arcades*). A las dos de la tarde, la luz de **d.** _____ sol es muy fuerte y en invierno es agradable sentarse afuera si no hace demasiado frío. Es bonito relajarse en la plaza y ver pasar a **e.** _____ gente de **f.** _____ barrio.

En general, los madrileños caminan rápido porque tienen prisa, pero los turistas se paran para sacar fotos de **g.** ____ fachadas (*facades*) de **h.** ____ edificios, de **i.** ____ artistas pintando y de **j.** ____ estatua de **k.** ____ rey Felipe III a caballo que está en **l.** ____ centro de la plaza. Después de despedirse de sus amigos, María Luisa cruza la Plaza Mayor para ir a **m.** ____ mercado San Miguel. Allí siempre compra algunas cosas especiales para **n.** ____ cena, como unos pimientos de padrón. Cuando vuelve a **o.** ____ barrio donde vive, pasa el resto de **p.** ____ día en casa leyendo, organizando sus cosas, escuchando música o charlando con Doña Carmen, **q.** ____ vecina de **r.** ____ cuarto piso.

VI. ¿Sabías que . . .? La forma del *vosotros* en España

El uso de **vosotros** es muy generalizado en España. Este pronombre personal se emplea para *la segunda persona del plural*. Es decir, el hablante emite una expresión lingüística en la que él mismo se *excluye* del resto del grupo. Este uso es tan antiguo que se relaciona con la expresión "vuestra merced" (*your grace*), que guarda cierto tratamiento social. A diferencia del habla de América Latina, donde se utiliza el pronombre personal "ustedes", el hablante del español de la península usa casi siempre el "vosotros"—en femenino, "vosotras"—de manera común entre familiares, amigos o en contextos informales o de confianza. Ocasionalmente, la forma del "vosotros" se encuentra todavía en textos bíblicos y legales de algunos países latinoamericanos.

Ejemplos en el presente del indicativo

Subject Pronouns		comprar	vender	escribir
I	*yo*	*compro*	*vendo*	*escribo*
you (familiar, singular)	*tú*	*compras*	*vendes*	*escribes*
you (formal, singular)	*usted* (*Ud.*)			
he	*él*	*compra*	*vende*	*escribe*
she	*ella*			
we	*nosotros/as*	*compramos*	*vendemos*	*escribimos*
you (fam. in Spain, plural)	***vosotros/as***	***compr - áis***	***vend - éis***	***escrib - ís***
you (formal in Spain, pl.)	*ustedes*			
they	*ellos*	*compran*	*venden*	*escriben*
	ellas			

PREGUNTAS

Conteste **V**erdadero o **F**also a las siguientes preguntas. Si son falsas, dé la respuesta correcta.

a. La forma del "vosotros" es la segunda persona del singular.

b. El "vosotros" proviene del castellano antiguo.

c. En América Latina se utiliza el pronombre "Uds." en vez de "vosotros".

d. En España solamente la gente mayor utiliza el "vosotros".

e. La forma del "vosotros" para el verbo **entender** en el presente del indicativo es: "entendéis".

PRÁCTICA

1.15   Cambie los verbos siguientes utilizando el pronombre **vosotros**.

Modelo:

Uds. comen (*"you all" eat / Latin America*) → **vosotros coméis** (*"you all" eat / Spain*)

Verbos en -ar	**Verbos en -ir**	**Verbos en -er**
cantan:	deciden:	son:
abrazan:	descubren:	tienen:
andan:	abren:	hacen:
admiran:	oyen:	pueden:
almuerzan:	sirven:	comer:
aman:	consiguen:	saben:
arreglan:	mienten:	quieren:
ayudan:	permiten:	deben:
buscan:	reciben:	ponen:
celebran:	piden:	conocen:

1.16   En el siguiente diálogo, Guillermo se encuentra con sus amigos Alejandro y Elena en el metro de la Puerta del Sol. Cambie todos los verbos en **negrita** utilizando el pronombre **vosotros**.

a.   ¡Hola chicos! ¿Qué **hacen** por aquí en la Puerta del Sol?
     ¿Qué tal, Guillermo? Hemos venido al centro para tomar unas cañas (*draft beer*) y charlar un poco. ¿Quieres acompañarnos?

b.   ¡Vale, gracias! ¿**Van** a picar (*to eat something light*) algo también?
     Sí, unas tapitas, quizás.

c. ¿Y luego **regresan** a casa o **van** a dar un paseo?
Queremos ir a La Casa del Libro, en Gran Vía.

d. ¿Ah sí? ¿**Buscan** algo en particular o solo **van** a mirar libros?
Bueno, Elena quiere comprar un libro sobre cine español.

e. A mí me fascina el cine. ¿**Han** visto el documental sobre el pintor Antonio López en los Cines Verdi?
Todavía no, pero pensamos ir este fin de semana.

f. Si **quieren** vamos juntos, porque la quiero ver otra vez. Después **pueden** venir a casa y así **conocen** mi barrio.
¡Vale, fenomenal!

Estanque en el corazón del Parque del Buen Retiro

VII. En la ciudad: Un domingo en el Parque del Buen Retiro

Situado en pleno corazón de Madrid, el Parque del Buen Retiro, o El Retiro, es uno de los lugares más emblemáticos de la ciudad. Igual que el *Central Park* en Nueva York, es el "pulmón verde" de Madrid, con más de 170 especies de árboles. Es sin duda el parque predilecto de los madrileños para pasear con niños y reunirse con amigos y familiares.

Jaime, Leticia, Jorge, Inés y Cristina estudian Bellas Artes en la Universidad Complutense de Madrid. De vez en cuando se reúnen en La Terraza de Florida, en el Retiro, para **tomar el aperitivo** y charlar.

Lea el siguiente diálogo en voz alta y fíjese en la utilización del ***vosotros*** y de expresiones coloquiales:

Jaime: **¿Qué tal**, chicos?

Leticia: **Oye,** Jaime, ¡qué guapo estás con esa camiseta del Real Madrid!

Jorge: ¿Fuiste al Bernabéu a ver el partido de anoche?

Jaime: Sí, fui con mi hermano. El estadio estaba **repleto**.

Inés: **¿Y qué tal**?

Jaime: **Buah** . . . **menudo** partido. Ronaldo hizo dos **golazos** de impresión contra el Barça y al final el Real ganó 4 a 2.

Camarero: ¿Qué os pongo?

Cristina: ¿Tenéis hambre? ¿Queréis **picar** algo?

Jaime: **Venga**, ¿por qué no pedimos una **ración** de jamón ibérico y unas **croquetas** de pollo?

Jorge: ¿Y unas **bravas**?

Inés: **Vale, fenomenal.**

Camarero: ¿Qué vais a **tomar**?

Jaime: ¿Unas **cañas** fresquitas?

Leticia, Inés, Jorge y Cristina: ¡**Venga**!

Camarero: Muy bien.

Inés: Oye, Cristina, ¿qué tal va el trabajo en la galería?

Cristina: Pues acabamos de montar una exposición preciosa sobre Juan Gris. Mira, aquí tengo el catálogo.

Leticia: **¡Qué chulada!** Tenemos que ir a verla.

Jorge: **Buff** . . .Hace **mogollón** que no voy al museo. ¿Podéis ir el próximo sábado?

Leticia, Inés y Jaime: ¡Vale!

Cristina: **Guay**, os puedo dar una vuelta por la galería.

Inés: Sí, **en plan** turistas . . .¡**Cómo mola!**

Jaime: Yo **flipé** cuando fui a la exposición de Picasso en el Reina Sofía la semana pasada. Estaba lleno de turistas. La verdad es que el **tío** era un genio.

Cristina: Oye, estas croquetas están riquísimas . . . ¿Pedimos más?

Leticia: ¿No será demasiado?

Jorge: ¡**No te rayes**! Tenemos que aprovechar el día, que mañana es lunes y tenemos que **currar.**

Leticia: Es verdad . . . **¡qué rollo!**

Vocabulario y expresiones coloquiales

tomar el aperitivo: *In Spain, "tomar el aperitivo" ("to have a drink/snack") is a very popular tradition. "El aperitivo" is a light savoury snack taken before lunch or supper. It usually consists of tapas, among which the most popular are green olives, potato omelette, croquettes, thinly sliced salt cured ham, and fried squid rings. During the "aperitivo" people usually drink wine, beer or vermut. It is very common for Spaniards to enjoy this tradition at a small local bar or an outside terrace.*

¿Qué tal?: *This does not mean "what's up?" but "how are you?" It is the most common expression used by Spaniards when they greet each other. It can also be used when talking about a specific thing or event. For example, in the dialogue when Inés asks ¿**Y qué tal**?, she is asking how the soccer game went.*

Oye: *hey*

repleto: *full, packed*

Buah . . . : *interjection meaning "wow"*

menudo: *In this context, the word "menudo" is used for emphasis: "menudo partido" can be translated as "what a game."*

golazo: *an impressive goal*

picar: *to snack, to eat something light*

¡Venga!: *interjection meaning "come on," "alright"*

ración: *a portion, usually intended to be shared*

croquetas: *An absolute favorite among Spaniards, this is a small roll of minced meat or fish (usually Serrano ham, chicken or cod), bound with béchamel sauce, covered with breadcrumbs and fried. Commonly served as a tapa in bars and restaurants throughout the country.*

bravas: *the full name for this dish is "patatas bravas," which literally translates as "angry potatoes." This dish consists of white potatoes that are lightly boiled, deep fried and served covered in a spicy tomato and red pepper-based sauce.*

Vale: *OK, sounds good*

Fenomenal: *great, super*

tomar: *in this context, it does not mean "to take" but "to drink." The expression "tomar algo" means to have something to eat or drink.*

caña: *a small, cheap glass of draft beer*

Qué chulada: *How cool, what a nice thing. The word "chulada," used only in informal situations, derives from "chulo," which in Spain means beautiful, awesome, cool, hip.*

Buff: *interjection meaning "wow . . ."*

mogollón: *a colloquial expression meaning "a big amount of something"*

guay: *a colloquial expression, used in the same way as "chulo"*

en plan: *used frequently among young people, "en plan" is a filler expression that functions similarly to "like" in English*

¡Cómo mola!: *How cool!*

flipar: *to be astounded*

tío: *in this context it doesn't mean "uncle," but "guy," "dude"*

No te rayes: *Don't worry*

currar: *to work*

Qué rollo: *What a pain, how boring*

VIII. Lectura: "Madrid" (2018)

Alejandro del Río Herrmann trabaja como editor. Es doctor con una tesis sobre la filósofa francesa Simone Weil, a la que ha dedicado una docena de publicaciones, en español y en francés. Ha traducido textos de F. Nietzsche, I. Kant, P. L. Landsberg, F. Rosenzweig, M. Merleau-Ponty y E. Falque, entre otros. Es aficionado, entre otras artes, a la tauromaquia. Nació y vive en Madrid.

MADRID

A la memoria de mi padre, José Luis del Río Cabañas

Madrid es una **Puerta tendida al Sol**, ancha y generosa, de abriles y mayos de **proclamación** y **acampada**.

Madrid es una **Gran Vía** como un torrente de luces de **candilejas**, como un tráfico de gentes **sinnúmero** y sin destino.

Es la «ch» de **Chamberí** y **Carabanchel**, de churro, chocolate, **chulapa** y **chotis**.

Madrid son los **solaces** de **Felipe IV** en su **Retiro** y es la fiesta del pueblo que un buen día visitó los jardines y se plantó en ellos.

Madrid es un **Río improbable** a cuyas **orillas** se afanaban **lavanderas** y hoy se ocultan **tribus** acechando la noche.

Madrid son terrazas sin cuento a la hora del **vermut** y a la hora del café y a la hora del *gin*.

Madrid es la luz y el aire que Velázquez soñó en ***Las Hilanderas***.

Son Puertas, Prados, Paseos, Palacios por los que sopla el viento.

Madrid es un **Paraninfo** de estudiantes, un **ton ni son** de **botellón** y concierto.

Madrid era bajar a la calle en verano a jugar y **"la manga riega que aquí no llega"**.

Madrid es un **Rastro** de **quincallas** y tesoros.

Son **corralas** de **zarzuela**, **pasodoble** y **salsa**.

Son **Torres** como un eco del **Guadarrama** y de más allá.

Madrid son **Caprichos** y **Desastres**.

Madrid es un bar en cada esquina.

Es una **pululación** de iglesias sin catedral que las entienda.

Es la **Montera** de las **meretrices** y de las glorias nocturnas.

Es una canción y un beso en **El Penta**.

Madrid es el arte preciso del **natural** una tarde en **Las Ventas**.

De Madrid al cielo se va en metro.

Vocabulario

Puerta tendida al Sol: *"La Puerta del Sol" is Madrid's busiest public square. The words "tendida al sol" literally mean "stretched out under the sun."*

proclamación: *the proclamation of Spain's Second Republic took place in the Puerta del Sol on April 14, 1931.*

acampada: *camping trip; here it refers to the social and political demonstrations that take place in the Puerta del Sol, where activists sometimes camp out.*

Gran Vía: *one of Madrid's main shopping streets; it literally means "the great way."*

candilejas: *row of spotlights*

sinnúmero: *countless*

Chamberí: *lively residential neighborhood*

Carabanchel: *the jail of Carabanchel was built by political prisoners during the dictatorship of Francisco Franco (1939–1975), after the Spanish Civil War. It closed in 1998. Today Carabanchel is one of the most diverse neighborhoods in Madrid, home to many immigrants and artists.*

chulapa: *traditional form of clothing that includes a white blouse, a polka dot skirt, a head scarf with carnations, and a shawl*

chotis: *traditional dance*

solaces: *plural form of "solaz"; solace, relaxation*

Felipe IV: *King of Spain between 1621–1640, known for his impressive art collection*

Retiro: *The Buen Retiro Park was built for Philip IV in the 1630s and later became a public park in the XIX century.*

Río improbable: *refers to the Manzanares river, which often has very little water during the dry season; it literally means "an improbable river."*

orilla: *shore*

lavanderas: *women who used to earn a living by washing clothes in the river*

tribus: *refers to young people who socialize in what is now called "Madrid Río," a linear park that runs along the bank of the Manzanares river*

vermut: *aromatic wine, usually had as a cocktail*

"Las Hilanderas": *"The Spinners" is an allegorical painting by Spanish artist Diego de Velázquez. It is housed at the Prado Museum in Madrid.*

Paraninfo: *university auditorium in which ceremonious acts take place.*

ton ni son: *colloquial expression meaning "for no reason at all"*

botellón: *from the word "botella," this refers to street drinking among students.*

"La manga riega que aquí no llega": *children's game that involves splashing others with a hose ("manga").*

El Rastro: *popular flea market dating back to the XVIII century*

quincallas: *trinkets*

corralas: *typical Spanish building with balconies overlooking a courtyard*

zarzuela: *Spanish operetta that mixes opera, popular music and dance*

pasodoble: *Spanish dance that incorporates the movements of a bullfight*

salsa: *dance that originated in the Caribbean. Today Madrid is home to many Latin American immigrants.*

torres: *refers to the skyscrapers in Madrid's business district*

Guadarrama: *mountain range outside Madrid*

"Caprichos" y "Desastres": *famous etchings by Spanish artist Francisco Goya.*

pululación: *abundance*

La Montera: *Madrid's red light district*

meretrices: *prostitutes*

El Penta: *legendary bar that became famous in the 1980s during Spain's democratic transition, after the death of Francisco Franco in 1975. It was often frequented by Spanish film director Pedro Almodóvar.*

natural: *refers to "el pase natural," a bullfighting move.*

Las Ventas: *La Plaza de Toros de Las Ventas is a famous bullring in Madrid.*

PREGUNTAS

a. ¿Qué es la Puerta del Sol? ¿Por qué es tan importante?

b. ¿Qué tipo de calle es la Gran Vía? ¿Conoce usted calles parecidas en los Estados Unidos? ¿Cuáles?

c. ¿Qué son los "churros"? ¿Los ha probado alguna vez? ¿Dónde? ¿Le han gustado?

d. ¿Para quién fue creado el Parque del Buen Retiro? ¿Quiénes van al Retiro hoy?

e. ¿Quiénes trabajaban a las orillas del río Manzanares en el pasado?

f. Según el poema, ¿qué toman los madrileños en las terrazas? ¿Por qué cree usted que la gente pasa tanto tiempo en las terrazas durante el verano?

g. ¿A qué jugaba el autor del poema cuando era pequeño? ¿Usted también jugaba en la calle de niño/a? ¿Qué hacía?

h. ¿Dónde se pueden encontrar quincallas y tesoros en Madrid?

i. ¿Cómo se llama el bar que menciona el autor? ¿Por qué es tan famoso?

j. ¿Entiende la referencia que hace el autor en la última línea del poema?

k. ¿Cuál es el tono de este poema? ¿melancólico? ¿alegre? ¿sentimental? ¿romántico? Explique su respuesta.

l. El poeta hace un retrato de la ciudad de Madrid a través de los sentidos (*senses*). Busque algunas alusiones a la vista (*sight*), al gusto (*taste*) y al oído (*sound*).

m. El autor de este poema nació en Madrid. ¿Tiene usted una relación especial con la ciudad o el pueblo donde nació? Explique su respuesta.

IX. Repaso general

Durante los meses de verano la alpargata (*espadrille*) es el calzado (*footwear*) estrella en España. Desde niños pequeños que recién han aprendido a caminar hasta abuelos octogenarios, todos estrenan un nuevo par de alpargatas en cuanto llega el calor. La palabra alpargata proviene del árabe "alpargat". Dicen que el origen de este zapato proviene del antiguo Egipto y que a partir de los romanos se extendió su uso por todo el Mediterráneo. Llegó a España (Cataluña) hacia el año 1322. Desde entonces ha sido un zapato popular tanto entre soldados, campesinos y artistas o actores famosos como Pablo Picasso, Salvador Dalí y Penélope Cruz.

La alpargata es un zapato sencillo, cómodo y fresco para el clima caliente. Se fabrica con lona (*canvas*), una tela muy fuerte, y una suela trenzada (*braided*) hecha de yute (*jute*), una fibra natural. Se hacen alpargatas de todos los colores, con tacón alto o plano. Aunque hoy en día las grandes casas de moda como Gucci y Chanel fabrican alpargatas de lujo, las más tradicionales se venden a muy buen precio. En Madrid existen varias alpargaterías muy antiguas, entre ellas Casa Vega, Antigua Casa Crespo y Casa Hernanz. Por menos de diez euros, un par de alpargatas es un recuerdo (*souvenir*) ideal.

Une alpargatería típica en el centro de Madrid

1.17 Complete las frases siguientes con el artículo **determinado** o **indeterminado** apropiado y **la forma plural de los sustantivos** (*nouns*). Luego diga si las frases son **F**alsas o **V**erdaderas. Si son falsas, dé la respuesta correcta.

a. La alpargata es _____ zapato muy cómodo. V / F

b. Casa Hernanz es _____ alpargatería famosa en Barcelona. V / F

c. La palabra "alpargat" es _____ palabra árabe. V / F

d. Diego de Velázquez, Francisco Goya y Pablo Picasso son pintor _____ españoles. V / F

e. _____ río Manzanares tiene muchísima agua. V / F

f. _____ madrileños pasan poco tiempo en _____ terrazas. Prefieren quedarse en casa todo _____ día y mirar _____ televisión. V / F

g. El Penta es _____ bar histórico. V / F

h. El pasodoble y el chotis son dos baile _____ mexicanos. V / F

i. En _____ mercados se pueden encontrar regalo _____ interesantes. V / F

j. _____ bares de Madrid cierran siempre muy temprano. V / F

k. _____ patatas bravas, _____ tortilla de patatas y _____ croquetas son tapas típicas. V / F

l. ____ chicos jóven ____ van al Estadio Santiago Bernabéu para ver ____ partido de fútbol con el Real Madrid. V / F

m. Muchas veces hay manifestacion ____ en ____ Puerta del Sol. V / F

n. Se pueden ver cuadro ____ importantes en ____ Museo del Prado. V / F

o. Carabanchel es ____ barrio típico madrileño. V / F

p. Según ____ poema "Madrid," la gente va de Madrid a ____ cielo en avión. V / F

q. ____ expresión "guay" no se utiliza mucho en Madrid. V / F

r. ____ españoles utilizan ____ forma del "vosotros". V / F

s. ____ Plaza Mayor es ____ lugar poco conocido en Madrid. V / F

t. En Madrid ____ veranos son fríos y lluviosos. V / F

u. El Retiro es ____ parque muy popular entre ____ madrileños. V / F

v. Madrid es ____ ciudad triste con poca gente, pocas actividades culturales y ____ ritmo de vida aburrido. V / F

1.18 Reescriba las siguientes frases añadiendo el artículo **determinado** o **indeterminado** apropiado (**el/la/los/las/un/una/unos/unas**); luego conjugue el verbo utilizando el pronombre **"vosotros/as"**.

Modelo:

Uds. van a preparar ____ sangría para la fiesta → ***Vosotros vais*** *a preparar **la** sangría para la fiesta.*

a. Uds. necesitan ____ tijeras para cortar ____ cartón.

b. Uds. quieren ____ café después de la comida.

c. Uds. compran ____ mapa para viajar a Galicia, en el norte de España.

d. Uds. preparan ____ imágenes para la presentación en clase.

e. Uds. buscan ____ par de alpargatas cómodas para ____ verano.

f. Uds. no hablan ____ inglés en la clase de español.

g. Uds. piensan que ____ arte da mucho placer.

h. Uds. opinan que lo bueno de Madrid es ____ clima, ____ comida y ____ gente.

i. Uds. saben que ____ familia de Fernando tiene un piso precioso en ____ calle Goya.

j. Uds. están seguros de que ____ señora en la librería es ____ escritora.

k. Uds. todavía tienen ____ cien euros para terminar ____ viaje.

l. Uds. van a ____ casa de campo de Martín este fin de semana.

m. Uds. están en ____ casa porque no tienen que trabajar hoy.

n. Uds. no comen ____ carne, sin embargo, comen pescado y mariscos.

o. Ud. piensa que ____ de los mejores platos en España es la paella.

1.19   Incluya las **mayúsculas** y las **tildes** en el siguiente texto cuando sean necesarios **(véase la Introducción para repasar las reglas).**

Cuando Lily llego a Madrid en septiembre, nunca penso que iba a enamorarse tanto de la ciudad. Al principio fue un poco dificil adaptarse al ritmo de vida. Los madrileños comen tarde, se acuestan tarde . . . Ademas durante los primeros dias tuvo que acostumbrarse al acento español y a la utilizacion del "vosotros". Ahora despues de casi un año, tiene la sensacion de pertenecer a la ciudad. Conoce muchos barrios y sabe tomar el metro y el autobus para ir a La Latina, malasaña, chueca y chamberí. Le encanta la comida española, sobre todo las tapas del mercado de san miguel y las meriendas del café comercial. Un dia, mientras iba a la plaza mayor, entro a la pequeña Libreria de Mujeres y descubrio las obras de soledad puertolas, laura freixas y belen gopegui. Su amiga española natalia le enseño la alpargateria casa hernanz, en la calle toledo, y alli se compro tres pares de alpargatas tipicas. Los fines de semana pasa horas en el museo del prado y en el reina sofia, pero tambien le gusta mucho ir a la casa museo del pintor español joaquin sorrolla. Una vez al mes toma el tren en la estacion de atocha para visitar otros lugares cerca de madrid, como san lorenzo de el escorial, toledo y segovia. Ahora que tiene que volver a canada, piensa que va a echar de menos muchas cosas de madrid: el azul intenso del cielo, la luz del atardecer, las plazas llenas de gente a todas horas del dia y de la noche, los sabados en el cine y los domingos en el parque del retiro, el primer cafe de la mañana en un pequeño bar, las croquetas, la tortilla de patatas y los churros de san gines a las tres de la mañana. Ahora Lily entiende bien la expresion "De madrid al cielo".

1.20   Imagine que es la primera vez que viaja fuera de su país y acaba de llegar a Madrid. Escriba un correo electrónico a su mejor amiga/o describiendo sus primeras impresiones de la ciudad. ¿Cómo es diferente de su ciudad natal? ¿Qué le parece la gente, la comida y el ritmo de vida? ¿Hay algo en la ciudad que no le gusta?

1.21   Ha pasado un semestre académico estudiando en Madrid y ahora habla como un auténtico madrileño. Escriba una postal (*postcard*) a su profesor/a de español para contarle su experiencia de la ciudad. Utilice **expresiones coloquiales** típicas de la ciudad.

Vista panorámica de Sevilla: la Giralda (a la izquierda) y la Catedral (a la derecha)

CAPÍTULO DOS

"SEVILLA TIENE UN COLOR ESPECIAL"

Adjectives, Adverbs
Negative and Indefinite Words: *nunca*, *nada*, *nadie*, *ningún*,
algún, *cualquier*, *ni*

Introducción

Hay una famosa canción que dice: "Sevilla tiene un color especial". Es cierto, Sevilla es una ciudad llena de luz y alegría, ¡quizás porque tiene más de 3.000 horas de sol al año! Situada en el sur de España, es la capital de la comunidad de Andalucía, donde también se encuentran las ciudades de Granada, Córdoba y Málaga. Sevilla no tiene playa, pero es cruzada por el río Guadalquivir. El invierno es suave y agradable, en cambio el verano es muy caluroso, con temperaturas de más de 104ºF en la sombra. Gracias a su clima mediterráneo, crecen árboles y flores bellísimas que le dan un aire de fiesta; pocos lugares en el mundo son tan conocidos por su buen olor. Sin duda el mejor momento del año para visitar Sevilla es en la primavera, cuando la ciudad es una explosión de aromas. Se distingue sobre todo el olor a azahar, una delicada flor blanca que florece del naranjo. En los parques, los jardines, los balcones y los patios abundan también otras flores coloridas: gitanillas, claveles, geranios, rosas, jazmines . . . Muchos artistas sevillanos encontraron su inspiración en esta ciudad, entre ellos el gran pintor Diego de Velázquez y los poetas Antonio Machado, Luis Cernuda y el Premio Nobel de Literatura Vicente Aleixandre.

Sevilla tiene una historia muy rica debido al paso de varias civilizaciones que dejaron sus huellas en la ciudad. Fue dominada por los romanos y los visigodos antes de la llegada de los árabes por el norte de África en el año 711 d.C. La cultura española debe mucho a la influencia de los árabes, cuya presencia duró ocho siglos, hasta el año 1492. La época musulmana en Sevilla dejó un legado importante en el campo de la agricultura, la botánica, la medicina, las matemáticas, el arte, la arquitectura y, por supuesto, la lengua. En el castellano actual, hay alrededor de 4.000 palabras que provienen directamente del árabe. Sabemos que los árabes trajeron naranjos para embellecer los patios de las mezquitas y las casas de la ciudad. Estos árboles se utilizan todavía hoy para la producción de licores, mermeladas y perfumes delicados.

El rico pasado cultural de Sevilla se puede observar a través de su arquitectura y de su famoso centro histórico, uno de los más grandes de Europa. Allí encontramos la majestuosa Catedral de Santa María. Cuando el rey católico Fernando III de Castilla reconquistó Sevilla en 1248, se empezaron planes para convertir la mezquita árabe en una catedral. Afortunadamente se conservó la Giralda, la torre que correspondía a la antigua mezquita. El Real Alcázar es también una joya en la arquitectura de la ciudad. En este castillo se alojaban reyes y personas importantes que visitaban Sevilla. Como fue construido durante varias épocas, es una mezcla de estilos diferentes, con bellísimos jardines. La Torre de Oro es otro monumento emblemático; situada junto al río Guadalquivir, dicen que su nombre se debe al brillo de color dorado que refleja en el río cuando se pone el sol. Aunque Sevilla goza de un pasado histórico importante, es también una ciudad que mira hacia el futuro. La Sevilla del siglo XXI tiene excelentes medios de transporte, como el AVE, un tren español de alta velocidad que comunica Sevilla con Madrid. Disfruta también de uno de los mejores sistemas de carriles para bicicletas en el mundo. En arquitectura existen hoy diseños modernos y estilizados, como el Metropol Parasol, inaugurado en el año 2011.

Para entender a los sevillanos, lo mejor es asistir a una de sus celebraciones. Como en toda Andalucía, en Sevilla se mantienen muchas tradiciones. Cada año hay fiestas populares, folclóricas y religiosas, como la Feria de Abril o la Semana Santa. Sevilla es también especial por sus distintos barrios, y cada uno tiene su personalidad. En las calles del centro se encuentra una multitud de tiendas que ofrecen lo más típico de la ciudad: abanicos sevillanos, cerámicas, aceitunas, aceite de oliva, guitarras flamencas . . . Triana es uno de los barrios más lindos de la ciudad, situado a la orilla del río Guadalquivir. Es popular por sus bares, restaurantes, tiendas y plazuelas. La Alameda de Hércules es un barrio de artistas, lleno de flores y de pequeñas calles estrechas. Los barrios de Santa Cruz y San Bartolomé forman parte del antiguo barrio judío de la ciudad; tienen un encanto especial con sus callejuelas y patios sevillanos. Son barrios ideales para pasear tranquilamente "entre tapa y tapa".

Hablando de tapas . . . Este aperitivo se suele tomar en un bar o un restaurante antes de la comida principal. Aunque las tapas son típicas en toda España, "ir de tapas" proviene originalmente de Andalucía, donde tiene un importante carácter social: es un momento para reunirse con amigos o familiares y disfrutar de su compañía. En Sevilla es común ir a varios lugares distintos para tomar tapas, porque cada sitio tiene su especialidad. Entre las tapas más populares se distinguen el pringá, un sándwich o *montadito* hecho con varios tipos de carne. También es común tomar gazpacho (una sopa fría de color anaranjado), solomillo de cerdo en salsa de whisky, frituras de pescado, y para los vegetarianos, espinacas con garbanzos. Las tapas se suelen tomar con cerveza o manzanilla, un vino blanco seco.

Finalmente, es imposible hablar de Sevilla sin mencionar la presencia de los toros y del flamenco. Aunque en los últimos años las corridas de toros han creado polémicas en algunas partes de España, para muchos andaluces las fiestas de los toros forman una parte integral de su cultura. La Plaza de Toros de la Maestranza es la más antigua de la ciudad. Otra tradición típica que nació en Andalucía es el flamenco, un arte que incorpora el baile, el canto y la guitarra. Cada dos años se celebra en Sevilla la prestigiosa Bienal del Flamenco, donde se reúne a los mejores cantantes, bailadores y guitarristas para espectáculos a través de la ciudad. En los últimos años los andaluces José Mercé, Sara Baras, Estrella Morente y el sevillano "Farruquito" han tenido mucho éxito.

En Sevilla descubrirán el espíritu de Andalucía a través de su arquitectura, sus fiestas, su rica gastronomía, su buen clima, sus olores, sus vistas coloridas, su baile y su música. Podrán vivir la calle y disfrutar del buen humor de los sevillanos. En este capítulo iremos repasando los adjetivos, los adverbios, las palabras negativas e indefinidas. Nos acercaremos a los encantos de Sevilla y exploraremos la influencia del árabe en la lengua española.

PREGUNTAS DE COMPRENSIÓN

1. ¿En qué parte de España está Sevilla? ¿Por qué dice la canción que "tiene un color especial"?

2. ¿Cuál es la mejor época del año para visitar esta ciudad? ¿Por qué?

3. ¿Cuánto tiempo duró la presencia árabe en la península ibérica? ¿Fue importante para el país? ¿Por qué?

4. En el castellano actual, ¿cuántas palabras provienen directamente del árabe?

5. ¿De dónde vienen los naranjos sevillanos? ¿Para qué se utiliza el azahar hoy?

6. ¿Dónde está situada La Torre de Oro? ¿Por qué se llama así este monumento?

7. ¿Qué barrio de Sevilla le gustaría visitar? ¿Por qué?

8. ¿Qué quiere decir "ir de tapas"? ¿Existe esta tradición en los Estados Unidos?

9. ¿Cómo se toma el gazpacho, frío o caliente?

10. ¿Cuál es el instrumento que se utiliza en el flamenco?

I. Adjectives / *Los adjetivos*

A. Formation and Agreement

Adjectives must agree with the noun they refer to (that is, if the noun is feminine plural, then the adjective must be, too). They can be next to the noun or separated from it:

> *Los barrios **diversos**. Los barrios de Sevilla son muy **diversos**.*
> *Hay gente **simpática**. Hay gente que es siempre muy **simpática**.*

- Most adjectives ending in **-a** or **-o** have four forms to agree with a noun if it's masculine (**-o**), feminine (**-a**), or plural (**-os**, **-as**):

> *día **largo**, clase **larga**, días **largos**, clases **largas**.*

- Adjectives which end in **-sta**, **-ta**, like **idealista**, **egoísta**, **idiota**, etc., are the same in the masculine and the feminine:

> *un niño **idealista** • las sociedades **capitalistas** • los políticos **demócratas***

- Most adjectives ending in **-e** or a consonant also have only two forms, singular and plural:

> *una profesora **inteligente** • un poema **difícil***
> *dos ensayos **útiles** • muchas novelas **importantes***

A small group of adjectives ending in consonants do have separate feminine forms. The commonest of these are adjectives of nationality and those ending in **-or**:

> *una estudiante **alemana** • dos novelas **españolas***
> *una ciudad **inglesa** • una mujer **trabajadora***

- Adjectives that qualify nouns of mixed gender are masculine:

> *El flamenco y la paella son **españoles**.*
> *Las novelas y los poemas son **artísticos**.*

- The adjectives **bueno** and **malo** are shortened to **buen** and **mal** before masculine singular nouns:

  *un **buen** año • un **mal** día* (but: *los **buenos** años, los **malos** días*)

- **Grande** shortens to **gran** before a singular noun, masculine or feminine:

  *un **gran** país • una **gran** mujer* (but: ***grandes** países, **grandes** mujeres*)

PRÁCTICA

2.1   Dé la terminación correcta para los adjetivos siguientes cuando sea necesario:

    a.   una arquitectura interesant ____
    b.   los palacios grand ____
    c.   el gran ____ palacio
    d.   los patios colorid ____
    e.   las tradiciones español ____
    f.   el pasado históric ____
    g.   los barrios turístic ____
    h.   las temperaturas elevad ____
    i.   las flores bellísim ____
    j.   la sangría fresquit ____
    k.   las bebidas fresquit ____
    l.   una cerámica delicad ____
    m.   los abanicos frágil ____
    n.   las guías útil ____
    o.   la gente idealist ____
    p.   el señor idealist ____
    q.   un buen ____ vino
    r.   un clima caluros ____
    s.   las tradiciones típic ____
    t.   el agua frí ____
    u.   el mar calient ____
    v.   las calles animad ____
    w.   el estilo gótic ____
    x.   la torre dorad ____
    y.   los jardines bonit ____
    z.   una plazuela romántic ____

2.2 Dé la forma correcta en español para los adjetivos entre paréntesis. Use un **diccionario** cuando sea necesario.

Modelo: *los sevillanos **amables*** (friendly)

a. los árabes   _____   (brilliant)

b. la capital   _____   (Spanish)

c. la gente   _____   (open)

d. los bailes   _____   (passionate)

e. las tapas   _____   (delicious)

f. los turistas   _____   (curious)

g. un palacio   _____   (interesting)

h. el río   _____   (wide)

i. un individuo   _____   (curious)

j. los problemas   _____   (typical)

k. el clima   _____   (hot)

l. las flores   _____   (colorful)

m. los barrios   _____   (animated)

n. el naranjo   _____   (Sevillian)

o. las artistas   _____   (creative)

p. los parques   _____   (sunny)

q. el guitarrista   _____   (talented)

r. la mezquita   _____   (impressive)

s. las escritoras   _____   (famous)

t. el edificio   _____   (historic)

u. las naranjas   _____   (bitter)

v. los perfumes   _____   (delicate)

En este ejercicio vamos a hablar de flamenco. Andalucía es la capital de este arte expresivo que incluye el baile, el cante (*flamenco singing*) y la guitarra. Hay muchas teorías sobre el origen del flamenco pero se sabe que fue influido por muchas culturas, entre ellas la árabe, la judía y la de los gitanos. Los gitanos, en particular, aportaron al flamenco su pasión, su sentido trágico de la vida y su talento rítmico y musical. Algo muy característico del baile flamenco es el movimiento de los brazos y el ritmo rápido de los pies, llamado "zapateado".

Escena de un baile flamenco

2.3   Complete el párrafo siguiente dando la terminación correcta para los adjetivos:

En esta escena **a.** bonit ___ vemos un flamenco **b.** típic ___ de Andalucía. Juan-Andrés es un guitarrista de origen gitano. Es un músico muy **c.** apasionad ___. A la derecha Joaquín y Antonio marcan el ritmo **d.** rápid. ___ del baile con las palmas de las manos. De vez en cuando gritan ¡Olé! para animar a la bailarina, Candela. Ésta lleva un **e.** precios ___ vestido **f.** larg ___ color rosa. Hace gestos **g.** elegant ___ y **h.** delicad ___ con los brazos, mientras da taconazos (*heel taps*) **i.** vibrant ___ en el suelo. Interpreta la música con los movimientos **j.** fluid ___ de su cuerpo. A su lado están los dos cantaores (*flamenco singers*), Antonio y Manuel. Tienen un papel (*role*) muy **k.** valios ___ porque transmiten toda la emoción del cante (*flamenco singing*), que es la esencia del flamenco. Los dos expresan sentimientos **l.** human ___ con una técnica vocal **m.** únic ___; algunas veces improvisan las palabras, como ocurre también en la **n.** famos ___ música "gospel". Mientras cantan "Que te quise con locura, mira qué cariño fue . . .", Carmen, vestida con un traje **o.** negr ___, escucha con atención y da palmadas **p.** rítmic ___ con las manos. ¡Viva el flamenco, Olé!

B. Placement

- Descriptive adjectives that distinguish one noun from another tend to follow the noun:

  *Es una tapa **deliciosa**.*
  *Un baile **nacional***
  *El clavel **rojo** y la rosa **blanca***

- When modified by an adverb, adjectives almost always follow:

  *Un guitarrista **muy bueno***
  *Un baile **increíblemente apasionado***

- The adjective ***grande*** means "great" when used before the noun, "large" when used after:

  *Sevilla es una **gran** ciudad.*   Seville is a great city.
  *Es también una ciudad **grande**.*   It is also a large city.

- Adjectives of quantity (***cantidad***), which do not stress difference, precede the noun:

  ***muchos** amigos* • ***tres** hermanos* • ***algunos** individuos*
  ***demasiados** problemas* • ***ambas** manos* • ***varios** temas* • ***ninguna** solución*

PRÁCTICA:

2.4 Reemplace el sustantivo subrayado en cada oración por el que aparece entre paréntesis, haciendo todos los cambios necesarios:

Modelo: *Los <u>naranjos</u> sevillanos son famosos. (**jeréz**)*
El jeréz (sherry) sevillano es famoso.

   a. Todas las <u>jóvenes</u> sevillanas conocen el pasado de su ciudad. (**niños**)

   b. Esta obra de teatro de Federico García Lorca incluye muchos <u>temas</u> profundos. (**ideas**)

   c. Es una <u>canción</u> popular en Andalucía. (**baile**)

   d. El <u>artista</u> sevillano Diego de Velázquez hizo un cuadro magnífico llamado *Vieja friendo huevos*. (**pintor**)

e. En el siglo XX se hicieron muchos <u>cambios</u> importantes para modernizar la ciudad de Sevilla. (**reformas**)

f. Los pestiños, las tortas de aceite y las torrijas son ejemplos de <u>postres</u> sevillanos típicos. (**delicia**)

g. En el casco antiguo de la ciudad, se pueden comprar <u>abanicos</u> coloridos. (**cerámica**)

h. La <u>tortilla de patatas</u> es una tapa muy común en los bares sevillanos. (**pescadito frito y las aceitunas**)

i. La <u>contribución</u> de los árabes en Andalucía es impresionante. (**los monumentos**)

j. En el Museo Bellas Artes de Sevilla hay <u>cuadros</u> bellísimos de Bartolomé Esteban Murillo y muchos otros artistas importantes. (**obras**)

k. Hay muchas <u>zonas</u> lindas y llenas de historia que se pueden descubrir en la ciudad. (**barrios**)

l. En las tiendas del centro se pueden comprar recuerdos (*souvenirs*) típicos. (**especialidades**)

C. Nominalization (" . . . the green one," " . . . the old ones")

- While English usually avoids repeating nouns by the use of the word *one*, Spanish simply leaves out the noun, keeping the **article**, which in such cases acts as a pronoun (*artículo pronominal*):

*El futbolista español y **el** italiano.*	The Spanish soccer player and the Italian one.
*Los días buenos y **los** malos.*	Good days and bad ones.
*La casa de la ciudad y **la** del campo.*	The house in the city and the one in the countryside.

- Similarly, with the possessive expressions rendered in English with **'s** (John's books) and in Spanish with **de**, the article is used to avoid repetition:

Los libros de Juan y los de Pedro.   Juan's books and Pedro's.

PRÁCTICA

2.5   Complete las oraciones con las terminaciones y los artículos adecuados:

Modelo: *En el restaurante los estudiantes eligen el plato barato, no **el** caro.*

a.   Hugo adora ____ clase de arte porque es interesant ____, pero detesta ____ de negocios porque el profesor es demasiado exigent ____.

b.   Las botas de cuero que compró Paula en un taller (*workshop*) sevillan ____ son de mejor calidad que ____ que compró su amiga Carmen en una tienda del centro.

c.   ____ vino de naranja es muy dulce, pero ____ de manzanilla es más sec ____.

d.   Lola tiene dos bicicletas: ____ viej ____ para ir al trabajo y ____ nuev ____ para hacer excursiones en la montaña.

e.   ____ monumentos de Sevilla son más antigu ____ que ____ de Nueva York.

f.   ____ jardines del Real Alcázar son más famos ____ que ____ del Parque de Alamillo.

2.6   Traduzca las frases siguientes al español:

a.   Maria's souvenirs are very original.

b.   Gonzalo's favorite Spanish guitarist is Andrés Segovia.

c.   The orange perfume and the rose one are very different.

d.   Silvia's flamenco shoes were expensive.

e.   The red fan and the green one are beautiful.

D. Compound Nouns (***coffee cup***, ***Spanish book***, ***writing paper***)

Spanish cannot put two nouns together in this way. Link them with a preposition, usually ***de***:

el papel para escribir writing paper	***los zapatos de cuero*** leather shoes
las clases de español Spanish classes	***las vacaciones de verano*** summer vacation
las horas de oficina office hours	***un/a productor/a de cine*** film producer

PRÁCTICA

2.7   Traduzca al español:

a. the paper cup

b. the Arabic book

c. a flamenco concert

d. a great film director

e. a soccer game

f. spring vacation

g. April showers

h. the cup of tea

i. the cotton pants

j. a haircut

k. summer hours

l. the bus stop

II. Adverbs / *Los adverbios*

A.   General Use

- Adverbs provide more information about verbs or adjectives by describing how an action is performed, how often it is done, how intense a quality is, etc.:

*Habla **bien**.*	He/she speaks well.
*Es **bastante** difícil.*	It is very difficult.
*No estudiamos **demasiado**.*	We don't study very much.

- Adverbs have no feminine or plural forms, and are placed as close to the verb as possible:

*Son **bastante** difíciles.*	They're quite difficult.
*Las peras están **demasiado** maduras.*	The pears are too ripe.
*Me gustan **mucho** las tradiciones.*	I like traditions a lot.

Some adverbs, however, are also adjectives. Like all other adjectives, thus, these must agree with the noun in number and gender:

*José tiene **muchos** amigos, **bastantes** oportunidades pero **demasiadas** responsabilidades.*
José has a lot of friends, quite a few opportunities but too many responsibilities.

PRÁCTICA

2.8 Complete las frases con una forma lógica de **bastante(s)**, **mucho(a/s)**, **poco(a/s)** o **demasiado(a/s)** (existen varias posibles respuestas):

a. Estudio _____ porque tengo _____ clases.

b. Mis clases son _____ difíciles, pero hay _____ amigos que me ayudan.

c. _____ de mis profesores dicen que me preocupo _____.

d. Quiero aprender para tener _____ oportunidades en el futuro.

e. Como soy estudiante, tengo _____ dinero, pero vivo _____ bien.

f. En general, pienso que mi vida de estudiante es _____ buena porque tengo _____ tiempo para hacer las cosas que me interesan.

2.9 Traduzca las siguientes frases al español:

a. They live near María Luisa Park.

b. Paco went out for tapas and he ate too much!

c. Isabel lives far from the city because she likes nature a lot.

d. Pablo drives quite well but he thinks there is too much traffic downtown.

e. Where did you learn Spanish? You speak so well!

B. Formation of Adverbs from Adjectives

- To form an adverb from an adjective add **-mente** to the *feminine* form of an adjective:

  lento → **lentamente**
  rápido → **rápidamente**
  feliz → **felizmente**
  difícil → **difícilmente**

When used in a series, only the last adjective will add the suffix **-mente**:
Trabaja rápida y eficazmente. He works quickly and efficiently.

The suffix *–mente* is rarely used with adjectives ending in *–nte*. Use adverbial phrases instead:

de manera interesante	interestingly
con frecuencia	frequently
con inteligencia, de forma inteligente	intelligently
con elegancia	elegantly
lo que es más importante	more importantly

• The common adjectives *bueno* and *malo* have their own corresponding adverbial forms:

(good) *bueno* → *bien* (well)   (bad) *malo* → *mal* (badly)

Ella habla bien el italiano, pero canta mal.

PRÁCTICA

2.10 Dé la forma correcta del adverbio:

Modelo: *lento* → *lentamente*

a. suave:
b. melancólico:
c. frecuente:
d. fuerte:
e. tranquilo:
f. débil:
g. expresivo:
h. pobre:
i. fácil:
j. seguro:
k. astuto:
l. delicado:
m. grave:
n. difícil:
o. amable:
p. rápido:

2.11   Termine las oraciones con los adverbios o las expresiones adverbiales correspondientes:

    a.   Pilar tiene una mente rápida. Piensa _____ .

    b.   Macarena es muy cuidadosa. Actúa _____ .

    c.   José Antonio es un hombre lento y cauteloso. Procede _____ y _____ .

    d.   Fernando tiene un estilo muy elegante. Viste _____ .

    e.   Rafael e Inés son personas liberales. Viven _____ .

    f.   La película tiene un final feliz. Termina _____ .

    g.   Tenemos problemas sociales y políticos. Necesitamos mejorar _____ y _____ .

    h.   Nuestros abuelos hacen visitas frecuentes. Nos visitan _____ .

En el siguiente ejercicio vamos a hablar de la Plaza de España, situada en el centro del Parque de María Luisa. La plaza fue construida en el año 1929. Está bordeada por un canal atravesado por cuatro puentes, simbolizando los cuatros reinos de España (Castilla, León, Navarra, Aragón). Esta plaza es uno de los lugares más románticos de la ciudad donde se puede pasear por el canal en barca de remos o tomar un agradable paseo por el parque. En este lugar se rodaron las películas *Lawrence de Arabia* (1962) y *La guerra de las galaxias. Episodio II: El Ataque de los Clones* (2002).

La Plaza de España

2.12   Complete el párrafo siguiente con la forma correcta del adverbio que corresponde a las palabras entre paréntesis:

Hoy es domingo y mucha gente ha venido a la Plaza de España. Antonio y Elsa han viajado a Sevilla en el AVE desde Madrid para su luna de miel (*honeymoon*). Los dos miran la bonita vista de la plaza **a.** _____ (con alegría). Después de dar un paseo por el parque, irán a almorzar **b.** _____ (con tranquilidad) a un buen restaurante de la zona. Les interesa mucho visitar Sevilla pero quieren hacerlo **c.** _____ (con serenidad). Javier, en cambio, tiene mucha prisa . . . Su mejor amiga Alma le espera **d.** _____ (con paciencia) en un bar del centro para ir de tapas. Ya es la una y Javier todavía está cruzando la plaza. **e.** _____ (con seguridad) llegará tarde a la cita, por eso camina **f.** _____ (con rapidez). Sofía y sus dos hijos han decidido hacer un paseo por el canal en barca. Sergio y su hermano Juan Manuel quieren remar (*to row*) **g.** _____ (con velocidad) pero Sofía prefiere ir **h.** _____ (con lentitud) por el canal para apreciar el paisaje de la plaza.

III. Negative and Indefinite Words /
Palabras negativas e indefinidas

A. Nunca, nada, nadie

nunca	*una vez*	*a veces*	*muchas veces*	*siempre*
never	once	at times	often	always

nada	*algo*	*cualquier cosa*	*todo*
nothing	something	anything	everything

nadie	*alguien*	*cualquiera*	*todo el mundo*
nobody	somebody	anybody	everybody

- Negative pronouns and adverbs may precede the verb; but if they follow, a negative article (usually "*no*") must precede:

Nadie aquí estudia historia medieval.	**Nobody** here studies medieval history.
Nunca salimos los lunes.	We **never** go out on Mondays.
No quiero nada.	I want **nothing**. (I don't want anything.)
Aquí no hay nadie.	There is **no one** here.
Nadie viene nunca.	**Nobody** ever comes.

- Negatives do not cancel each other in Spanish:

Nunca mando nada a nadie.	I **never** send **anything** to **anyone**.
No tengo dinero ni trabajo.	I do **not** have money **or** a job.
No queremos nada.	We want **nothing**. (We don't want anything.)

- Spanish does not usually express "any" or "a" in negative expressions such as:

No tengo idea(s).	I don't have any idea(s).
No necesito coche.	I don't need a car.

PRÁCTICA:

2.13   Conteste negativamente a las siguientes preguntas:

Modelo: ¿Aceptas cualquier cosa? ***No acepto nada.***

a. ¿Quieres algo de la heladería?   **b.** ¿Alguien ha visto mi cartera?

c. ¿A veces usas el teléfono en clase?   **d.** ¿Siempre llueve en Sevilla en verano?

e. ¿Tienes algo en la mano?   **f.** ¿Alguien tiene miedo aquí?

g. ¿Cualquiera tiene razón?   **h.** ¿Coméis cualquier cosa?

i. ¿Tenéis un recuerdo para mí?   **j.** ¿Tuviste que cocinar varias veces durante
                                                      tus vacaciones?

B.   Ningún, algún, cualquier

Ningún tema es bueno.	***Algunos temas son buenos.***	***Cualquier tema es bueno.***
No topic is good.	Some topics are good.	Any topic is good.

- *Ninguno/a* (none, no) shortens to ***ningún*** before a masculine, singular noun. When it follows the verb, a double negative is required:

  *No hay **ningún** problema.*   There is **no** problem.
  ¿Tenéis amigos en Sevilla?   Do you have any friends in Seville?
  *No tenemos **ninguno**.*   We don't have any.
  ***Ninguna** ciudad es perfecta.*   **No** city is perfect.

  Ninguno/a is never used with plural nouns (with some unimportant exceptions):
  *No tienen **ningún** pariente. No tienen parientes.*   They have **no** relatives.
  *No hay **ninguna** dificultad. No hay dificultades.*   There are **no** difficulties.

- *Alguno* (some, any) shortens to ***algún*** before a masculine, singular noun, and varies in gender and number according to the noun it refers to: ***alguno, alguna, algunos, algunas***:

  *¿Hay **algún** museo en la ciudad?*   Is there **any** museum in the city?
  Necesito un cajero automático.   I need an ATM machine. Do you
  *¿Ve Ud. **alguno**?*   see **any**?
  ***Algunas** ciudades son más verdes.*   **Some** cities are greener.

- *Cualquiera* (any at all) shortens to *cualquier* before any noun, and normally occurs in the singular:

*Llámenme si hay **cualquier** problema.*   Call me if there are **any** problems.
*Necesito un taxi. ¡**Cualquiera**!*   I need a taxi. **Any one at all**!
***Cualquier** ciudad de España sirve tapas.* **Any** city in Spain serves tapas.

PRÁCTICA

2.14 Traduzca las siguientes frases al español. Utilice un buen diccionario cuando sea necesario:

a. This restaurant has no vegetarian dish.

b. Are there some difficult words in this guide? None.

c. Any neighborhood in Seville has some pretty areas.

d. We never buy bottled water on the street. It's too expensive.

e. Everybody admires Seville's history.

f. Does somebody know if there is a museum downtown?

g. Are there any shoe stores on this street? I don't have any idea!

h. Do you always travel alone?

i. Thank you, but I don't need anything right now.

j. Do you know something about this flamenco show?

En el siguiente ejercicio vamos a descubrir el Metropol Parasol, un verdadero ícono en la ciudad de Sevilla. Este diseño innovador es un símbolo de modernidad en medio del casco antiguo de la ciudad, en la Plaza de la Encarnación. Inaugurado en el año 2011, el Metropol Parasol impresiona por su tamaño gigantesco, siendo además la estructura de madera más grande del mundo. Consiste en seis parasoles (*parasols*) en forma de enormes setas (*mushrooms*), de modo que los sevillanos lo han bautizado afectuosamente "Las Setas de la Encarnación". En el sótano del complejo está el Museo Antiquarium, donde se encontraron restos de la época romana y árabe. En los demás pisos hay un mercado, tiendas y restaurantes. También se puede tomar un ascensor que sube a un mirador y apreciar, desde las alturas, una bellísima vista panorámica de la ciudad.

El Metropol Parasol, en la Plaza de la Encarnación

2.15 Complete el párrafo siguiente con la palabra negativa o indefinida entre paréntesis:

Todos los sevillanos conocen el Metropol Parasol pero para **a.** _____ (*some*) españoles es algo completamente nuevo. Pau y Amaya son arquitectos de Barcelona y **b.** _____ (*never*) habían estado en Sevilla. Llegaron esta tarde en tren, dejaron sus maletas en el Hotel Murillo y vinieron inmediatamente a la Plaza de la Encarnación. Piensan que la arquitectura de "Las Setas" es impresionante y que **c.** _____ (*some*) día deberían volver a Sevilla con sus dos hijos. El señor Ramírez es de Madrid y ha venido a Sevilla para visitar a su amigo Raúl. Por la mañana los dos han estado en el Museo Antiquarium y a las tres iban a comer **d.** _____ cosa (*anything*) antes de subir al mirador, pero se separaron y ahora no encuentra a Raúl en **e.** _____ parte (*anywhere*). El señor Gómez no conoce **f.** _____ (*anything*) de Sevilla. Es la primera vez que deja su pueblo en Asturias, en el norte de España, para venir a Andalucía. Tiene mucho calor con su camisa de cuadros con mangas largas. **g.** _____ (*no*) aspecto del Metropol Parasol le gusta . . . Lo encuentra demasiado grande y moderno. Además

h. _____ (*never*) lleva gorro (*hat*) y le está dando mucho el sol en la cabeza. Busca un bar para tomar una cerveza o **i.** _____ (*some*) bebida fresca y descansar **j.** _____ (*some*) horas antes de seguir con su visita de la ciudad.

C. (N)either, (n)or

<table>
<tr><td>ni nor</td><td>o or</td></tr>
<tr><td>ni . . . ni . . . neither . . . nor</td><td>o . . . o . . . either . . . or</td></tr>
<tr><td>tampoco neither, not . . . either</td><td>también also, too</td></tr>
</table>

Ni (nor, not even) often translates into English "or" in negative sentences:

A esta hora no hay taxis ni autobuses.	There are **no** taxis **or** buses at this time.
No queremos estudiar ni dormir.	We **don't** want to study **nor** sleep.
Ni la mejor ciudad es perfecta.	**Not even** the best city is perfect.
Nunca escribe, ni siquiera para mi cumple.	He never writes, **not even** for my birthday.

- *Ni . . . ni . . .* is the Spanish equivalent for English "neither . . . nor . . ." Note the verb in plural when the subject includes two items, as well as the usual need of a negative word before the verb:

No tengo ni frío ni calor.	I'm **neither** cold **nor** hot.
Ni Juan ni Pedro tien<u>en</u> hambre.	**Neither** Juan **nor** Pedro <u>is</u> hungry.

In negative phrases, English "either . . . or . . ." translates into *ni*:

Está en Europa sin familia ni amigos.	He's in Europe without **either** family **or** friends.

When no negative articles are involved, "either . . . or" translates into *o*:

Podemos comer carne o pescado.	We can eat **either** meat **or** fish.

To emphasize choices, *o . . . o . . .* may be used:

Tienes que elegir: o trabajas o estudias.	You have to choose: **either** you work **or** you study.

- ***Tampoco*** (neither, not . . . either) is used in any negative phrases as the opposite of ***también*** (also):

*Quiere café y **yo también**.*	She wants some coffee and **so do** I.
*No quiere café. **Yo tampoco**.*	She doesn't want any coffee. **Neither do** I.
*No vais al cine esta noche **tampoco**.*	You are not going to the movies tonight **either**.
*Vosotros **tampoco** sabéis la respuesta.*	You do not know the answer **either**.

PRÁCTICA

2.16 Haga negativas las siguientes afirmaciones:

Modelo: *Tengo un mapa y una guía de Sevilla.*
  → ***No tengo ni un mapa ni una guía de Sevilla.***

a. Hay tortas de aceite y tortas de San Lorenzo para postre.

b. Amaya y su esposo David tienen mucha hambre.

c. Tú y yo vamos a subir al mirador.

d. El señor Gómez también se compra un gorro para el sol.

e. Queremos andar mucho y sacar fotos.

f. El señor Ramírez quiere una cerveza y su amigo Raúl también.

g. Hoy también vamos a visitar muchos barrios en la ciudad.

h. Queréis comprar una guitarra y unas castañuelas (*castanets*).

i. Quiero claveles rojos para la casa y mi madre también.

j. Tenemos hambre y sed.

2.17 Cambie el orden de las siguientes oraciones incluyendo "no" antes del verbo:

Modelo: *Ni la madre ni el padre viven en España.*
→ ***No viven en España ni la madre ni el padre.***

a. Ni la hermana ni el hermano estudian.

b. Ni la abuela ni el abuelo están en Sevilla.

c. Ni tú ni yo tenemos cien euros para el tren.

d. Ni en Sevilla ni en Granada hace frío.

e. Ni en el hotel ni en el café hay aire acondicionado.

f. Ni en esta calle ni en la otra encuentro el mercado de Triana.

IV. ¿Sabías que . . . ? La influencia del árabe en el español

El castellano antiguo incorporó más o menos **4.000** palabras procedentes de la lengua árabe hablada en el **Al-Ándalus**, o la España musulmana (711–1492). Hoy en día nos referimos a ella como **mozárabe**, y los préstamos de esta lengua se llaman **arabismos**. La mayoría son **topónimos** (nombres de lugares) de ciudades y pueblos, aunque hay otros relacionados con la agricultura, la botánica, la jurisprudencia y la ciencia. Aunque muchos arabismos se han dejado de utilizar, todavía encontramos palabras en el español actual que proceden de aquella época. El español debe su estructura lingüística al latín, pero adoptó pronto palabras del mozárabe puesto que se referían a cosas, invenciones e innovaciones de la época traídas por los árabes de tierras lejanas, entre ellas: adobe (*sun-dried brick*), azotea (*terrace roof*), alcantarilla (*sewer*), atalaya (*watchtower*), alfiler (*pin*), almohada (*pillow*), alcoba (*bedroom*), alfombra (*rug*), almacén (*store*). Los cristianos asimilaron entonces estas palabras, acomodándolas a su lengua. Muchas de estas comienzan con el prefijo "**al-**", el artículo definido árabe.

Algunos ejemplos de palabras que hacen referencia a **lugares** o **ciudades** son los siguientes: Alicante, Albacete, Almadén, Almería, Guadalajara, Guadalupe, Gibraltar.

De la **agricultura**: aceite (*oil*), aceituna (*olive*), alfalfa (*alfalfa*), alcachofa (*artichoke*), azúcar (*sugar*), remolacha (*beet*), naranja (*orange*), limón (*lemon*) azafrán (*saffron*), arroz (*rice*), zanahoria (*carrot*), zarzamora (*blackberry*), azahar (*orange blossom*), azucena (*lily*).

De la **jurisprudencia**: alcalde (*mayor*), aguacil (*sheriff*), aval (*endorsement/co-signer*).

De la **ciencia** y la **medicina**: jarabe (*syrup*), jaqueca (*migraine*), álgebra (*algebra*), algoritmo (*algorithm*), cenit (*zenith*), y el concepto del cero (*zero*) que llegó a la península ibérica traído por los árabes del lejano Oriente. A pesar del gran número de arabismos utilizados en el castellano actual, el español nunca incorporó ningún fonema del árabe, conservando siempre su estructura latina.

Por otra parte, el **judeoespañol**, que era la lengua hablada por los **judíos** en la España del siglo XV, quedó fosilizado en los lugares a los que llegaron expulsados de España; tuvieron que establecerse en Portugal, Italia, Holanda, los Balcanes y el norte de África. A esta modalidad del castellano se la denominó **sefardí**, o ladino, porque era el nombre con el que los judíos nombraban a la península ibérica: **Sefarad**.

En Andalucía se habla el **dialecto andaluz**. Aunque debemos diferenciar entre el dialecto del Andaluz de oriente y el de occidente—además de sus posibles sub-áreas— en general en toda Andalucía se comparte el *yeísmo* (la "ll" y la "y" tienen la misma representación fonológica), como en el caso de "halla" y "haya"; el seseo (la "s", la "c" y la "z" tienen la misma representación fonológica), como por ejemplo "cazar" y "casar". Por todo esto, si comparamos a un hablante de Sevilla y otro de la ciudad de Medellín (Colombia) en la forma de hablar, nos fijaríamos muy pronto que guardan muchos parecidos e influencias.

PREGUNTAS

Diga si las siguientes frases son **V**erdaderas o **F**alsas. Si son falsas, dé la respuesta correcta.

a. Existen más o menos 4.000 palabras en español que provienen del árabe.

b. Los arabismos son préstamos del mozárabe.

c. Los cristianos rechazaron todas las palabras mozárabes.

d. Muchas palabras españolas con el prefijo "**el-**" son de origen mozárabe.

e. Las palabras "azahar" y "álgebra" son arabismos.

f. El judeoespañol era la lengua hablada por los árabes en España durante el siglo XV.

g. Los judíos fueron expulsados de España y tuvieron que establecerse en Portugal, Italia, Holanda, los Balcanes y el norte de África.

h. El andaluz es un dialecto; no es una lengua.

i. Con el *seseo* las letras "s", "c" y "z" se pronuncian de manera diferente.

j. La influencia del árabe en el español es muy importante.

V. En la ciudad: De tapas en El Rinconcillo

Estamos en El Rinconcillo (*the little corner*), el bar más antiguo de la ciudad de Sevilla. Inaugurado en el año 1670, hoy muchos sevillanos siguen acudiendo a este lugar icónico para reunirse con amigos y tomar tapas en la barra (*the bar counter*) o en las pequeñas mesas de mármol con sillas de madera. El ambiente del Rinconcillo es típico de muchos bares andaluces, con estanterías (*shelves*) llenas de jarros y botellas antiguas, jamones ibéricos colgando (*hanging*) del techo y paredes decoradas con azulejos (*porcelain tiles*) antiguos. En la segunda planta del Rinconcillo hay un restaurante decorado al estilo de una típica casa sevillana, con grandes ventanas y lámparas elegantes.

En este diálogo estamos en verano y dos viejos amigos sevillanos se reúnen para charlar y tomar algo en la barra.

El Rinconcillo, fundado en 1670

Lea el diálogo en voz alta y fíjese en la utilización de expresiones típicas de Andalucía.

Manuel: "**¡Buenas**!"

Javier: "¡Buenas!"

Manuel: Estoy **apalancao** . . . ¡Qué **caló**!

Javier: Qué **pesao** con **la caló**. Eso es así, **compadre**, como debe ser, frío en invierno y caló en verano.

Manuel: Me voy a comprar un **lorito** para la casa . . .

Javier: Ni lorito ni **na**, **Manué**, mejor una **cervecita**. **Heje** . . . (*dirigiéndose al camarero*) ¿Nos pones unas cervecitas ?

Manuel: ¿Qué hay de **tapita** hoy?

Javier: Creo que tienen **pescaito**, **bravas** y **albóndigas**.

Manuel: **Y qué** . . . ¿Qué tal tu hijo?

Javier: **Por allí** . . . **currando** en Nueva York. Está muy ocupado y tiene que hacer todo **a carajo sacao**.

Manuel: **Asín** no se puede vivir . . .

Javier: **Fíte tú**, a mí me gustaría ir a Nueva York un día.

Manuel: **Hombre,** ¡te veo hablando inglés en Nueva York!

Javier: ¡Si todo el mundo entiende castellano allí!

Manuel: Claro, entienden castellano **no ni ná.** Además, ya no eres un **zagalón** para ir solito por las calles de Nueva York.

Javier: ¿Y por qué no, compadre?

Manuel: ¡Vas a estar más **perdío que el barco del arroz**! (*Llegan las dos cervezas*)

Javier y Manuel: **¡Olé!**

VOCABULARIO Y EXPRESIONES COLOQUIALES

buenas: *very common greeting, short for "buenas tardes" or "buenas noches"*

apalancáo: *coloquial expression meaning "too tired to move"*

caló: *contraction for "calor"*

pesao: *contraction for "pesado," meaning "what a pain" in this case*

la caló: *in the South of Spain, some people refer to **la calor** instead of **el calor**.*

compadre: *Sevillians use this expression often to refer to a good friend.*

lorito: *small electric fan*

na: *contraction for "nada"*

Manué: *diminutive for the name "Manuel"*

cervecita: *diminutive for "cerveza" (beer)*

¡Heje!: *popular way to call a waiter's attention*

tapita: *diminutive for "tapa"*

pescaito: *diminutive for "pescadito," fried fish; literally, "little fish"*

bravas: *diminutive for "patatas bravas," which translates as "angry potatoes." This popular dish consists of white potatoes that are lightly boiled, deep fried and served covered in a spicy tomato and red pepper-based sauce.*

VOCABULARIO Y EXPRESIONES COLOQUIALES

albóndigas: *meatballs*

Y qué . . . : *expression meaning "So . . ."*

por allí: *expression used to refer to other places or countries, in this case, the United States*

currar: *coloquial expression meaning "to work"*

a carajo sacao: *coloquial expression meaning "very quickly"*

asín: *coloquial expression for "así," "in this way"*

Fíte tú: *contraction for "fíjate," meaning "listen," "hey"*

Hombre: *although this literally means "man," in Spain it is commonly used to strengthen what a person is saying or to imply "Yeah right"*

no, ni, ná: *this coloquial expression comes from "no, ni, nada"; it is used to express sarcasm ("Really?").*

zagalón: *a young person*

más perdío que el barco del arroz: *this expression literally means "more lost than the rice boat." It refers to an Argentinian ship bringing rice to the South of Spain (Cádiz) that lost its cargo in the ocean. This typical expression used in Andalucía refers to something or someone being completely lost.*

¡Olé!: *exclamation of approval or encouragement, often heard at bullfights and flamenco performances*

VI. Lectura: "Cindy y el dron" (2018)

Fernando Castanedo estudió filología en la Universidad Autónoma de Madrid, por la que también se doctoró, y ha enseñado literaturas española e inglesa en instituciones como Duke University, Wellesley College y la Universidad Carlos III de Madrid. En la actualidad es profesor en la Universidad de Alcalá (Madrid). Ha escrito *Triunfo y muerte del general Castillo*—finalista del Premio Tigre Juan de novela en 1999—y las obras de teatro *Don Federico*, *¡Baco!* y *Que lloren ellos*. Finalista también del premio Museo Thyssen de relato por "Conviene desayunar", ha publicado cuentos, crónicas, ensayos y artículos. En 2002 y 2014 vieron la luz sus traducciones para Editorial Cátedra de *El matrimonio del cielo y el infierno* y de *Una isla en la luna*, de William Blake.

CINDY Y EL DRON

Para Natalia Pintado

Llegué a Sevilla en tren. Había **quedado** con mi madre a las once en la **terraza** de un bar junto a la Giralda. "Por una vez sé puntual", me había dicho, "que estaré allí con Pepe y su hijo, no me **desacredites**".

Mi madre habla así. Usa palabras como "desacredites", y a veces te suelta **dichos** como este que me ha repetido toda la vida: "**puntualidad**, virtud de príncipes". Siempre llego tarde, y por eso me insistía con aquella frase, hasta que un día le dije: "Mamá, somos americanos. Aquí no hay príncipes, así que olvídate".

–No entiendes nada, hija –me contestó–. El dicho quiere decir que los príncipes, es decir, la gente con más privilegios, tienen el deber de respetar **escrupulosamente** a los demás. Lo que más amamos los hombres es la vida, y la vida, ¿de qué está hecha?

–Pues no sé . . .–dije– ¿de viajes?

–**Cariño,** pareces **lerda**: tiem-po. La vida está hecha de tiempo . . .

–Ah, pues es verdad.

– . . . y si no respetamos el tiempo de los demás, o porque llegamos tarde o porque les **damos plantón**, entonces estamos robándoles vida, ¿comprendes?

Mi madre es muy lista. Estudió en Wellesley College, habla muchos idiomas y trabaja como abogada. Pero voy a presentarme. Me llamo Cindy, Cindy Smith, y soy de California. Estoy estudiando mi *Junior Year Abroad* en Granada, y a mí **se me dan bien** los novios. En Granada he tenido uno, pero ya lo hemos **dejado**, por eso estoy un poco triste. Pensándolo bien, en realidad soy bastante **torpe** para las relaciones, aunque he ligado mucho. No sé, me gustan los chicos, los veo tan vulnerables . . . me dan pena y les **hago caso**; quizá por eso en seguida **rompemos**. Un día, después de decirle a mi madre que tenía un novio nuevo, me contestó: "¿Otro, Cindy? ¿Por qué no descansas?" Creo que ahora voy a descansar, al menos eso le he dicho a ella.

El caso es que aquel día llegaba a Sevilla con tiempo para **acudir** puntualmente a mi **cita**. Nada más salir de la estación del **AVE** noté un olor dulce y misterioso. Era tan intenso que me **mareé** y creí que me iba a desmayar, como me pasa a veces. Cerré los ojos un momento y me pareció oír que me decían "¡Hola!" Era un chico de unos veinte años, pelo negro y **rizado**, ojos verdes y una **cicatriz** pequeña por debajo del ojo derecho. "¿Es la primera vez que vienes a Sevilla?" "Sí", contesté, sonriendo, me tomó de una mano y me tiró con fuerza hacia arriba.

¿Cómo describir lo que sentí? ¿Sorpresa, miedo, **vértigo**, un nudo en la garganta, un **revoloteo** en el estómago? No sabría decirlo, pero el caso es que me veo volando. Miro atrás hacia la estación, el aire me revuelve el pelo, noto una **ligereza** por todo el cuerpo y entonces el chico me dice:

–No **temas**.

–¡Mi maleta! –digo, señalando el suelo.

–Hablas un español divino, pero eres **guiri**, ¿verdad?

–Sí, soy estadounidense.

–¡Oh, Estados Unidos! Dicen que allí todo es a lo grande: las hamburguesas, los centros comerciales, los gorditos, los suburbios . . .

–No intentes distraerme. ¿A dónde me llevas?

–Quería enseñarte la magia de Sevilla. ¡Mira qué **belleza**! –exclama mientras me señala la ciudad que se extiende bajo nosotros. Entonces me sonríe y siento una sensación extraña y agradable. No entiendo nada. ¿De verdad estoy volando de la mano de un chico-**dron**?

–¿Ves el río? Es el Guadalquivir –dice, señalando una curva de agua entre las casas–; y mira, ¿ves aquel parque? Es la Plaza de España; y ahí están la universidad y los Reales Alcázares, más bonitos que la **Alhambra**.

Luego me enseña la Catedral, la Giralda y el Patio de los Naranjos. "¿Lo hueles?", pregunta, y vuelvo a sentir el mismo aroma dulce de antes. "Es el **azahar**, los naranjos están en flor". Y un poco más adelante me señala un palacio con patios y jardines: "se llama Casa Pilatos y dicen que se hizo copiando el palacio de Poncio Pilatos en Jerusalén". Mi angelito sin alas sigue contándome curiosidades hasta que le pregunto:

–¿Qué significa eso que está escrito por todas partes, "**NO8DO**"?

–¡Ah, el **lema** de la ciudad! Es una historia triste. Nos lo dio un rey sabio, Alfonso X, que escribió muchos libros y fundó la universidad, pero el dinero se le daba mal y se estaba arruinando, así que un hijo le fue quitando todos los territorios hasta que al final solo le quedó Sevilla, que nunca le abandonó.

–¿Pero por qué las letras y el ocho?

–Jajaja, no es un ocho, es una **madeja** de lana.

–¿Una madeja?

–Sí, el rey sabía mucho de magia y de jeroglíficos, así que hizo un lema que dice "no madeja do", es decir, "no me ha dejado", refiriéndose a Sevilla, claro.

–Es un cuento muy lindo –él me mira, sonríe, y yo me **enamoro** del todo. Así que allí, flotando en el aire, le digo–: Tú vas a ser mi Nodo, porque como me dejes me caigo y me mato.

–¡Jajaja, y tú mi Noda! Ven, vamos a la Giralda.

Entonces me lleva hasta la torre. Entramos **esquivando** una de las **campanas** y allí vuelvo a tocar el suelo con los pies. Mi guía me suelta la mano y me entristezco. Él me mira, yo le miro, nuestras cabezas se acercan cuando de repente dan las doce. ¡Mi madre lleva una hora esperándome! "¡Adiós!", le digo, y bajo las escaleras de la torre corriendo hasta que de repente pienso: "¡horror, ni siquiera le he pedido el número de teléfono!" Subo de nuevo hasta arriba pero no le veo por ninguna parte. Ha desaparecido.

–¡Noodo, Noodo! –grito, pero solo consigo que unos turistas me miren como si estuviera loca.

Bajo las escaleras de nuevo, a toda prisa. Pienso: "¡ay, nunca volveré a ver a mi guapísimo dron, volador lleno de historias, sevillano **encantador**, mi mágico Nodito!" Me echo a llorar pensando que ni siquiera sé su verdadero nombre . . . "¡Ay, sí que me ha dejado!"

–Señorita, ¿se encuentra bien? –de repente me despierta la voz de un hombre, arrodillado junto a mí. Estoy en el suelo, delante de la estación. El hombre me ayuda a levantarme y una mujer me dice: "**Chiquilla**, para mí que ha sido un **síncope**, ¿te has hecho daño?" "No ha sido nada, gracias", le contesto y en ese preciso momento dan las doce, esta vez de verdad y no en mi sueño. ¡Mi madre! Paro un taxi y mientras me lleva a la Giralda me lamento y hasta se me escapa una lágrima, "¡era demasiado bonito!" Llego a mi destino y ya la veo, sentada en la terraza del bar junto a un hombre. **De espaldas**, en la misma mesa, hay otra persona, "será el hijo", pienso.

–¡Cindy! –dice mi madre nada más verme–, te acabas de perder una maravillosa disertación sobre Sevilla de mi amigo Pepe.

–Lo siento, Mamá –me disculpo mientras saludo a su amigo–, evidentemente no consigo ser una princesa.

–Mira, este es el hijo de Pepe.

Me doy la vuelta y veo un pelo rizado, unos ojos verdes, una cicatriz debajo del ojo derecho. Nos miramos **atónitos**. "¿Noda?", me dice, y yo le digo: "¡Nodo!", y mientras nos **abrazamos** oigo: "¡Cindy, por favor!"

Vocabulario

quedar (con alguien): *to plan to meet up with someone*

terraza: *terrace*

desacreditar: *discredit*

dicho: *a saying*

puntualidad: *punctuality*

escrupulosamente: *scrupulously*

cariño: *sweetheart*

lerdo/a: *silly*

dar plantón: *to stand someone up*

dársele bien (a uno): *to be good at something*

lo hemos dejado: *we are no longer together*

torpe: *clumsy, awkward at something*

hacerle caso (a una persona): *to pay attention to someone*

romper (con alguien): *to break up with someone*

acudir: *to go (someplace)*

cita: *appointment (or date in the romantic sense)*

AVE: *stands for Alta Velocidad Española; high-speed train in Spain*

marearse: *to feel dizzy*

rizado/a: *curly*

cicatriz: *scar*

vértigo: *dizziness*

revoloteo: *fluttering*

ligereza: *lightness*

temer: *to be afraid*

guiri: *colloquial term used by Spaniards to refer to foreign tourists*

belleza: *beauty*

dron: *drone*

Alhambra: *palace and fortress of the Moorish monarchs of Granada*

azahar: *orange blossom*

NO8DO: *this official motto for Seville is found throughout the city. According to popular legend, King Alfonso X created the emblem before his death as a form of gratitude towards Seville for not having abandoned him. The secret to the puzzle is that the middle number eight resembles a loose coil of yarn. Since the Spanish word for this is "madeja," the sentence can be read "No Madeja Do," which sounds like "No me ha dejado": "[the city] has not abandoned me."*

lema: *motto*

madeja: *a length of yarn or thread that is loosely coiled and knotted*

enamorarse: *to fall in love*

esquivar: *to avoid*

campana: *bell*

encantador/a: *charming*

chiquilla: *affectionate term for "girl"*

síncope: *blackout*

de espaldas: *to have one's back turned*

atónito: *astonished*

abrazarse: *to hug*

PREGUNTAS

a. ¿Quién está contando la historia?

b. ¿Qué le dice la madre a su hija acerca de la puntualidad?

c. ¿Para Cindy es importante ser puntual? ¿Y para usted? ¿Suele llegar tarde o temprano a los sitios?

d. ¿De dónde es Cindy? ¿Por qué está en España?

e. ¿Por qué se siente un poco triste?

f. ¿Qué tipo de olor notó cuando llegó a Sevilla y bajó del tren?

g. ¿Cómo es el chico que le dice "hola"?

h. ¿Qué tipo de ideas tiene el chico acerca de Estados Unidos? ¿Es verdad o son estereotipos? ¿Cuáles son algunos de los estereotipos que tienen los americanos acerca de los españoles?

i. ¿Qué le quiere enseñar el chico a Cindy? ¿Se lo enseña caminando?

j. ¿Qué ven en la ciudad?

k. ¿Cuál es el olor dulce que se nota?

l. ¿Cuál es el lema de Sevilla?

m. ¿Quién le quitó todos los territorios al rey Alfonso X?

n. ¿Con qué ciudad se quedó al final?

o. Al final del cuento ¿quién es el hijo de Pepe?

p. ¿Qué hacen Cindy y el chico cuando se ven?

q. ¿Usted piensa que el viaje de Cindy con el dron fue solo un sueño? Explique su respuesta.

r. ¿Cree que en el futuro Cindy será abogada como su madre? Justifique su respuesta.

s. En este cuento vemos que Sevilla es una ciudad mágica donde todo puede pasar. ¿Hay algún lugar que tiene magia para usted? ¿Cuál?

t. En el cuento el chico no tiene nombre. ¿Qué nombre le daría? Piense en algo original.

VII. Repaso general

2.18 Identifique todos los **adjetivos** en la siguiente canción del dúo Los del Río, "Sevilla tiene un color especial" (1992). ¡A continuación puede escuchar la canción en la internet!

1-
Sevilla, tan sonriente, yo me lleno de alegría cuando hablo con su gente
Sevilla enamora al cielo, para vestirlo de azul, capazo duerme en Triana
Y la luna en Santa Cruz

Estribillo (*chorus*)

Sevilla tiene un color especial, Sevilla sigue teniendo, su duende
Me sigue oliendo a azahar, me gusta estar con su gente (bis)

2-
Sevilla, tan cariñosa, tan morenita, gitana, tan morena y tan hermosa
Sevilla enamora al río y hasta San Lucas se va, y a la mujer de mantilla
Le gusta verla pasar

Estribillo

3-
Sevilla, tu eres mi amante, misteriosa reina mora, tan flamenca y elegante
Sevilla enamora al mundo por su manera de ser, por su calor, por sus ferias
Sevilla tuvo que ser

Estribillo

El Real Alcázar

2.19 En el siguiente párrafo faltan **acentos** y letras **mayúsculas**. Haga todas las correcciones necesarias (véase el **capítulo introductorio** si necesita repasar las reglas).

En el dibujo vemos uno de los mejores ejemplos de la convivencia (*coexistence*) de culturas cristiana y arabe en España: el Real alcazar (*Royal Palace*). Este magnifico palacio ha pasado por muchas etapas distintas a traves de los siglos. Se construyó sobre un asentamiento (*settlement*) romano y mas tarde visigodo. A partir del año 720 d.C. fue utilizado como la residencia de los gobernantes arabes. Despues de la Reconquista de sevilla por los catolicos (1247–1248), fue ocupado por el rey fernando III. El Alcazar es de una belleza excepcional, con numerosos patios, jardines coloridos y fuentes. El famoso Patio de las Muñecas lleva este nombre porque hay nueve caras de muñecas talladas en las columnas de los arcos. Segun la tradición, si uno las encuentra va a tener mucha suerte. El alcazar es un testigo unico del pasado de sevilla y de su gran diversidad cultural.

2.20 Complete las siguientes frases con un adjetivo original:

    a. Sevilla es una ciudad . . .

    b. Las tapitas sevillanas son . . .

    c. El río Guadalquivir es . . .

    d. La influencia de los árabes en Sevilla es . . .

    e. El Rinconcillo es un bar . . .

    f. Los bailadores de flamenco son . . .

    g. Cindy (el personaje del cuento) es una chica . . .

    h. El dron de Cindy es . . .

    i. El Real Alcázar es un palacio . . .

    j. Los sevillanos son . . .

2.21 Si tuviera la oportunidad de hacer un viaje a Sevilla, ¿con quién iría? ¿Qué harían juntos en la ciudad? Escriba una composición de una página sobre su experiencia en la ciudad con una persona muy especial.

2.22 Usted es el dueño de un pequeño bar en el centro de Sevilla. Prepare un menú de **ocho tapas españolas típicas**. No se olvide de incluir los precios.

2.23 Tiene que preparar una campaña publicitaria para promover la ciudad de Sevilla. Escriba **cinco eslóganes** (*slogans*) turísticos creativos que capten la esencia de la ciudad.

Vista panorámica de Barcelona con la Sagrada Familia al fondo

CAPÍTULO TRES

BARCELONA, PUERTA DEL MEDITERRÁNEO

Demonstratives, Asking Questions, Telling Time,
Dates, Seasons, Weather, Numbers (0–100)

Introducción

Dicen que Barcelona está en continua creación. Es una ciudad innovadora, cosmopolita, elegante, coqueta, multicultural y colorida. Situada en Cataluña, en la costa noreste de la península ibérica, tiene una ubicación geográfica privilegiada frente a las aguas turquesas del mar Mediterráneo. Tiene varias playas, todas comunicadas entre ellas por un agradable paseo marítimo. Los turistas suelen visitar la playa de la Barceloneta, la más famosa, aunque también hay otras mucho más tranquilas al norte de la ciudad, como Nova Mar Bella y Llevant. Entre los meses de abril y octubre, la gente acude a los famosos chiringuitos a pie de playa para tomar una bebida fresca o comer unos calamares frente al mar.

Cuando se piensa en Barcelona, una de las primeras imágenes que surge en la mente es su arquitectura. Hablar de Barcelona es hablar del modernismo catalán, un estilo que surgió a finales del siglo XIX y que tuvo un enorme impacto en el diseño de la ciudad. Los modernistas rechazaban la monotonía de la arquitectura industrial a favor de un estilo mucho más creativo y lleno de color, inspirado en la belleza del mundo natural. Así, muchos edificios históricos del centro de la ciudad muestran preciosas fachadas con animales, hojas y flores. Entre los arquitectos catalanes que se asocian con la renovación de Barcelona figuran Antoni Gaudí y Lluís Domènech i Montaner, cuyos proyectos transformaron la imagen de la ciudad y le dieron un aire moderno y refinado. Los que visitan Barcelona por primera vez recorren "La ruta del modernismo", un camino a través de la ciudad que pasa por delante de los edificios más emblemáticos del modernismo catalán. En la famosa avenida Passeig de Gràcia, en el elegante barrio del Eixample, se encuentran algunos de los edificios más famosos, como la Casa Batlló. El nombre de Gaudí se asocia también con el Parque Güell, un enorme jardín lleno de monumentos, fuentes hechas con mosaicos vibrantes, figuras de animales míticos y hasta un enorme banco en forma de serpiente. La última creación de este gran arquitecto fue la Sagrada Familia, una catedral majestuosa que combina muchos estilos diferentes. Gaudí murió trágicamente en 1926, atropellado por un tranvía en Barcelona. Como no había terminado su obra maestra, la construcción de la Sagrada Familia siguió después de su muerte y, según dicen, será terminada en el año 2026.

Es importante apreciar que a diferencia de Madrid y Sevilla, Barcelona es una ciudad bilingüe con dos lenguas oficiales: el castellano y el catalán. En sus calles se oye decir "buenos días" y "bon dia", "adiós" y "adéu". La gastronomía catalana tiene una reputación a nivel mundial y pocas ciudades en el mundo tienen tantos mercados como Barcelona. En el famoso Mercado de la Boquería se encuentran frutas exóticas, deliciosos zumos naturales, mariscos frescos y cantidades de productos locales. Los numerosos restaurantes en Barcelona ofrecen algo para todos los gustos; las especialidades incluyen el arroz negro, el pan tumaca (pan con tomate fresco y aceite de oliva), la butifarra con mongetes (una salchicha acompañada de judías blancas), los canelones, la crema catalana, los croissants y la cava (un vino espumoso). Como en muchos pueblos y ciudades de España, los horarios de comida en Barcelona son muy amplios: se suele almorzar entre las dos y las tres de la tarde y cenar muy tarde por la noche. En los meses cálidos, la noche es el momento preferido de los barceloneses para reunirse con amigos y tomar un vermut en las muchas terrazas al aire libre que hay en la ciudad. En Barcelona la noche es muy larga . . .

La mejor manera de descubrir los secretos de Barcelona es andar por sus diferentes barrios, puesto que cada uno tiene una personalidad distinta. Les Corts es la zona universitaria, con parques y pequeñas plazas tranquilas, pero muy cerca está la caótica Avenida Diagonal, famosa por sus tiendas de lujo. El Barrio Gótico, con sus calles estrechas, es el núcleo más antiguo de la ciudad; allí se alza la magnífica Catedral de Barcelona, conocida como la Seu, construida en el siglo XIV. También es posible perderse en las calles laberínticas de los barrios del Born y de la Rivera, con sus plazuelas, sus pequeños bares y tiendas de ropa vintage. En la Rivera se encuentra el Museo Picasso, con más de 4.000 obras del pintor. El joven Picasso llegó con su familia a Barcelona desde Málaga en 1895 y allí encontró la inspiración para algunas de sus mejores creaciones. Finalmente, uno puede contemplar la ciudad de Barcelona desde las alturas de la montaña de Montjüic, donde se celebraron los Juegos Olímpicos en 1992.

Entre mar y montaña, Barcelona seduce a sus visitantes por su gente, su modernidad, su gastronomía, su intensa vida cultural, sus tradiciones únicas y su luminosidad frente al Mediterráneo. Es una ciudad en la cual conviven de forma armónica el pasado histórico con las últimas tendencias en el mundo del arte, de la moda y del diseño. No es de sorprender que sea una de las ciudades con la calidad de vida más alta de todo el mundo. En este capítulo vamos a repasar los demostrativos, las preguntas, la hora y la fecha, las estaciones del año, el clima y los números de 0 a 100. Hablaremos de la lengua catalana, de mercados, restaurantes y playas, de la famosa calle de Las Ramblas y del mágico Parque Güell. ¡Bienvenidos a Barcelona! ¡Benvinguts a Barcelona!

PREGUNTAS DE COMPRENSIÓN

1. ¿Por qué es tan buena la situación geográfica de Barcelona?

2. ¿Quién es Antoni Gaudí? ¿Cuáles son algunas de sus obras más conocidas?

3. ¿Qué hay en el Parque Güell? ¿Tiene Ud. un parque preferido? ¿Dónde está? ¿Cómo es?

4. ¿Cuándo dicen que será terminada la Sagrada Familia? ¿Le gustaría ir a visitarla?

5. ¿Cuántas lenguas se hablan en Barcelona? En su opinión, ¿es bueno que una ciudad sea bilingüe? ¿Por qué? ¿Conoce otra ciudad bilingüe?

6. ¿Qué es el pan tumaca? ¿Qué tipo de comida le gustaría probar en Barcelona?

7. ¿Cómo se llaman algunos de los barrios más populares en Barcelona? ¿Cuál le gustaría visitar?

8. ¿Conoce Ud. la ciudad de Barcelona? ¿Qué haría en Barcelona si pudiera pasar un día allí? ¿Con quién iría?

I. Demonstratives / *Los demostrativos*

near the speaker		not too far, often near the person being addressed		remote	
this	**these**	**that**	**those**	**that**	**those**
este	*estos*	*ese*	*esos*	*aquel*	*aquellos*
esta	*estas*	*esa*	*esas*	*aquella*	*aquellas*
esto	—	*eso*	—	*aquello*	—

Este edificio de Gaudí es impresionante.
This building by Gaudí is impressive.

Pienso llevar esta toalla a la playa de la Barceloneta.
I'm planning to take **this** towel to Barceloneta beach.

Compré estas alpargatas en una tienda en la Avenida Diagonal.
I bought **these** espadrilles at a store on Diagonal Avenue.

¿Qué te parecen esos edificios modernistas?
What do you think about **those** modernist buildings?

*¿Quién es **aquel** chico en el otro lado de la calle?*	Who is **that** boy on the other side of the street?
*¿Por qué no váis a **aquella** tienda en el barrio Gótico?*	Why don't you go to **that** store in the Gothic neighborhood?
***Aquellos** turistas son franceses.*	**Those** tourists over there are French.

- The same words are used as pronouns (accent marks can be used to indicate they are pronouns in cases of potential misunderstanding):

***Esa** foto de Jordi es buena, pero prefiero **ésta**.*	**That** photo of Jordi is good, but I prefer **this one.**
***Este** chiringuito está cerrado, pero **aquel** no.*	**This** beach bar is closed, but **that one** (over there) isn't.

- The neuter pronouns ***esto**, **eso** and **aquello** are invariable. They are used to refer to unidentified objects (gender unspecified), ideas or situations in a general sense:

*¿Qué es **eso** que tienes en la mano?*	What's **that** (thing) you have in your hand?
*¿**Esto**? Es un móvil súper chulo.*	**This?** It's a really cool cell phone.
*No estoy de acuerdo con **eso**.*	I do not agree with **that.**

- Spanish uses definite articles for expressions like "those who . . . ":

***Los** que leen mucho, aprenden.*	**Those** who read a lot, learn.
***El** que busca, encuentra.*	**The one** who seeks, will find.

- English "like this/that" is usually expressed by ***así***:

*un problema **así***	a problem **like this**
*¿Siempre habláis **así**?*	Do you always speak **like that?**

PRÁCTICA

3.1 Escriba el demostrativo correcto para cada palabra:

a. ____ turistas (those, remote)   n. ____ pan tumaca (this)

b. ____ calle (this)   o. ____ playas (those, remote)

c. ____ barrio (that)   p. ____ color (this)

d. ___ ciudades (these)

q. ___ mosaicos (those)

e. ___ catedral (that, remote)

r. ___ restaurantes (those, remote)

f. ___ universidad (this)

s. ___ plazas (these)

g. ___ tiendas (those)

t. ___ avenida (this)

h. ___ señor (that, remote)

u. ___ señoras (those, remote)

i. ___ frutas (these)

v. ___ calamares (those)

j. ___ parque (that, remote)

w. ___ catalanes (these)

k. ___ arquitecto (this)

x. ___ diseñadores (those)

l. ___ cuadros (those, remote)

y. ___ librería (that, remote)

m. ___ fuente (this)

z. ___ pasteles (these)

3.2 Complete las frases siguientes con el demostrativo correcto:

a. ___ granizado de limón (*iced lemon drink*) es delicioso. (cerca)

b. ___ edificios forman parte de la ruta del modernismo. (distancia media)

c. ___ mercado vende productos catalanes, como la butifarra. (lejos)

d. ___ plaza tiene un pequeño bar que sirve arroz negro. (dist. media)

e. ___ catedral es la más linda del barrio. (lejos)

f. ___ tiendas se especializan en sandalias de cuero. (cerca)

g. ___ chico estudia literatura en la Universidad Autónoma de Barcelona. (lejos)

h. ___ sala de cine pone la última película de la directora catalana Isabel Coixet. (cerca)

i. ___ montaña está nevada. (lejos)

j. ___ librería tiene muchas novelas de escritoras catalanas, como Ana María Matute y Montserrat Roig. (dist. media)

k. ____ es la ciudad de mis sueños. (cerca)

l. ____ niños chiquitos hablan perfectamente el castellano y el catalán. (dist. media)

3.3 Conteste las frases siguientes según el modelo:

Modelo: *¿Te gusta **este** perfume de rosas? (distancia media / violeta) Sí, pero **prefiero ese** de violetas.*

a. ¿Te gusta esta playa cerca de la ciudad? (lejos / en el norte)

b. ¿Te impresionan estos cuadros de Juan Gris? (cerca / Joan Miró)

c. ¿Os interesa visitar esta catedral? (dist. media / barrio Gótico)

d. ¿Le interesa a Sebastián visitar este pueblo? (lejos / en la Costa Brava)

e. ¿Te gusta esta librería en el centro? (lejos / en el barrio Raval)

f. ¿Os apetece tomar una horchata (*tiger nut milk*) en esta terraza del centro? (dist. media / chiringuito cerca del mar)

3.4 Traduzca al español:

a. Do you like this store? Yes, I like it more than the one we saw last night (far away).

b. We don't understand these maps!

c. Are you planning (use *pensar*) on going to this restaurant in the Gothic neighborhood? No, I prefer the one on Aribau Street (far away).

d. What is that? This is an ultra-modern electronic watch. It works (*funciona*) like this.

e. Do you see that building? The Spanish writer Carmen Laforet lived there after the Civil War.

f. I love this artist (f); those paintings that we saw last week are also hers.

g. Many of these streets lead (use *van*) to the sea.

h. That mountain over there is Montjüic (far away).

i. This dish (use *plato*) of white beans is delicious with a glass of cava.

j. Those who know (*conocen*) Barcelona are very lucky.

II. Asking Questions / *Hacer preguntas*

A. Word Order

- The simplest way to form a question is to change the intonation:
  Los catalanes hablan español y catalán. → *¿Los catalanes hablan español y catalán?*

Note that written Spanish warns the reader that a question or exclamation is coming up by using an inverted question or exclamation mark at the beginning of the phrase.

- Changes in word order are also common in more formal Spanish:

  Ellas estudian. → *¿Estudian ellas?*
  Sergio tiene veinte euros. → *¿Tiene veinte euros Sergio?*
  Los arquitectos crean obras magníficas. → *¿Crean obras magníficas los arquitectos?*

B. Question Words

¿Qué?	What?, Which (+noun)?
¿Quién? ¿Quiénes?	Who? [notice plural option]
¿Cuál? ¿Cuáles?	Which (one/s)? What (+be)?
¿Dónde? ¿Adónde?	Where? To where?
¿Cuándo?	When?
¿Cómo?	How? What . . . like?
¿Por qué?	Why? (For what reason?)
¿Para qué?	Why? (With what aim? What for?)
¿Cuánto/a/os/as?	How much, how many?

- Interrogative words have a written accent because they are used, unaccented, in other ways:

Cuando salgo, me divierto.	I have fun when I go out.
Ese es el edificio donde vivo.	That is the building where I live.
Hablan como políticos.	They speak like politicians.

- Accented forms are also used in indirect questions and exclamations:

Me pregunta quién soy.	She asks me who I am.
No sé dónde vive.	I do not know where he lives.
No importa cuándo llames.	It does not matter when you call.
¡Qué película!	What a film!
Me interesa saber cómo vive la gente en Barcelona.	I'm interested in knowing how people live in Barcelona.

¿QUÉ? vs. ¿CUÁL? CUÁLES?

- Most of the time, *Qué* is equivalent to "what," and *Cuál/cuáles* is equivalent to "which (one/s)":

¿Qué buscáis?	**What** are you looking for?
¿Qué significa eso?	**What** does that mean?
¿Cuál de los programas es bueno?	**Which** of the programs is good?
De estos diseñadores, ¿cuál prefieres?	Among these designers, **which one** do you prefer?
No sé cuáles elegir.	I don't know **which ones** to choose.

- Next to a noun, both *qué* and *cuál(es)* can be used to choose among a group (just like English uses "which"), but *qué* is much more common:

*¿De **qué manera** actuamos?*	**Which** way should we act?
*¿**Qué autobuses** hay?*	**Which** buses are there?
*¿**Cuál oración** no entendéis?*	**Which** sentence don't you understand?

Next to the verb *ser* (to be), however:

- *Qué* + *ser* is used to ask for a <u>definition</u> (to identify something) or after a preposition:

¿Qué es esto?	What is this?
No sabía qué era una paella.	He didn't know what a paella was.
¿Qué es "envolver"?	What is "to wrap"?
¿Sobre qué es esta novela?	What is this novel about?

- ***Cuál*** + ***ser*** is used to ask for information (English often uses "what"):

¿Cuál era el problema?	What was the problem?
¿Cuáles son las opciones?	What are the options?
¿Cuál es la dirección?	What is the address?
¿Cuál es la capital de España?	What is the capital of Spain?

To a question like "*¿Qué es la capital?*" a speaker of Spanish will respond with a **definition** of what the capital of a country is.

PRÁCTICA:

3.5　Complete las frases con la palabra interrogativa correcta:

a. ¿ _____ se dice "te quiero mucho" en Catalán? T'estimo molt.

b. ¿ _____ es uno de los jugadores de fútbol más famosos en El Barça? Lionel Messi.

c. ¿ _____ murió Antoni Gaudí? En Barcelona. ¿Y _____? Fue atropellado por un tranvía en la calle.

d. ¿ _____ hay tantos turistas en Barcelona? Pues, porque es una ciudad interesante.

e. ¿ _____ utilizáis ese diccionario? Para aprender algunas palabras en catalán.

f. ¿ _____ van los barceloneses los fines de semana? Van a la playa, al campo o a la montaña.

g. ¿ _____ está el Museo Picasso? Está en la calle Montcada.

h. ¿ _____ playas hay en Barcelona? Hay diez playas.

i. ¿ _____ buscáis? Buscamos un buen sitio para tomar un granizado de limón.

j. ¿ _____ es el mejor momento para visitar Barcelona? En otoño o en primavera, cuando hay menos turistas y hace buen tiempo.

k. ¿ _____ podemos comprar zapatos originales? En la tienda Camper, en la calle Passeig de Gràcia.

l. ¿ _____ se llama una de las librerías más populares en Barcelona? Se llama La Central.

m. ¿ _____ es Antoni Tàpies? Es un pintor catalán muy famoso.

n. ¿ _____ cuesta tomar el metro en Barcelona? Cuesta 2.15 € (euros).

En el siguiente ejercicio nos encontramos en el famoso restaurante "7 Portes", fundado en el año 1836. Es sin duda uno de los establecimientos más emblemáticos de Barcelona, y a través de los años ha sido un lugar de encuentro para artistas, escritores e intelectuales. Es conocido por sus platos de comida catalana (arroces, pescado), pero también por sus croquetas, sus canelones y su famoso postre *Pijama*, hecho con flan, bolas de helado, frutas en almíbar (*fruits in syrup*) y nata (*cream*).

**Restaurante 7 Portes, en la calle Passeig D'Isabel II,
abierto todos los días hasta la una de la mañana**

3.6   Silvia y Pons, sentados en la mesa en el centro del dibujo, han venido a 7 Portes
para celebrar su quinto aniversario de bodas. Complete el siguiente diálogo con la
palabra interrogativa correcta.

Camarero: Buenas noches, bienvenidos a 7 Portes.

Silvia y Pons: Muchas gracias.

Camarero: ¿_____ puedo servirles?

Pons: ¿_____ es el mejor vino que tenéis?

Camarero: Tenemos muchos vinos excelentes pero os recomiendo una botella de
cava Anna Codorníu.

Silvia: Muy bien. Y ¿_____ nos recomienda para comer?

Camarero: El arroz Parelleda es la especialidad de la casa.

Pons: ¿_____ se prepara?

Camarero: Es una receta muy antigua, con ingredientes frescos del mercado.

Silvia: ¿_____ la inventó?

Camarero: Ha sido la idea de Juli Parelleda, un barcelonés con mucho dinero que
quería una paella preparada solo para él de manera especial.

Silvia: ¿Hace _____ tiempo que se prepara aquí?

Camarero: Hace muchísimo tiempo, desde el siglo XIX.

Pons: ¡ _____ interesante!

Silvia: Sí, me encanta saber _____ han empezado las recetas famosas.

Camarero: ¿Entonces queréis probar el famoso arroz Parelleda?

Pons y Silvia: ¡Por supuesto!

3.7   Complete las frases siguientes con **qué**, **cuál** o **cuáles**:

a.   ¿_____ queréis hacer esta tarde? Queremos ir al Parque Güell.

b.   Hay varias maneras de ir a Montjuïc. Necesitamos decidir _____ vamos a elegir.

c.   ¿_____ es el tema de este documental? Es sobre la construcción de la Sagrada Familia.

d.   ¿_____ de las dos camisas desea Ud. comprar? Ninguna. ¡Las dos son muy caras!

e.   ¿ _____ son algunas de las características de Barcelona? Es cosmopolita y elegante.

f.   ¿ _____ es la razón de tu visita a Cataluña?

g.   No sé _____ pienso de ese cuadro de Pablo Picasso. No lo entiendo muy bien.

h.   Hay varios postres en el menú: ¿_____ te gusta más? La crema catalana.

i.   ¿_____ es el prefijo telefónico (*code*) para llamar a Barcelona? Es el 93.

j.   ¿_____ queréis hacer esta noche? ¿Ir al cine o pasear por la playa?

k.   ¿_____ es tu dirección en Barcelona? ¿En _____ calle vives?

l.   ¿_____ prefieres tomar? ¿Pan con tumaca o la tortilla de patatas?

III. Telling Time / *La hora*

- The basic formula is:

¿Qué hora es? Son las dos.	What time is it? It's two o'clock.

- Other expressions:

Es la una de la mañana.	It is 1:00 am.
Son las tres y media de la tarde.	It is 3:30 pm.
¿A qué hora cenan los barceloneses?	At what time do the people of Barcelona have dinner?

- For time after the hour, use *y*:

Son las dos y cuarto.	It's 2:15.
Son las cinco y veinticinco.	It's 5:25.
a la una y media	at 1:30

- For time before the hour, use *menos* (more used in Spain), or *faltan . . . para* (more common in Spanish America).

  Son las cuatro menos veinte.
  Faltan veinte para las cuatro. It's twenty to four (3:40).

- For *am* and *pm* use *de la mañana, de la tarde* and *de la noche*.

- **Note** also the following expressions:

por la mañana	in the morning	*al mediodía*	at midday, at noon
por la tarde	in the afternoon	*a (la) medianoche*	at midnight
por la noche	at night		

  → Note that the word *tiempo* refers to time as duration:

¿Tenéis tiempo ahora?	Do you have time now?
Nos queda poco tiempo.	We have little time left.
Cree que mejorará con el tiempo.	He thinks he'll get better in time.
¿Cuánto tiempo dura la peli?	How long (How much time) does the film last?
Al mismo tiempo.	At the same time (simultaneously).

PRÁCTICA

3.8 Exprese en español:

a. It's 4:30 pm.

b. At 6:45 pm

c. At 8.30 pm

d. After midnight

e. At 11:20 am

f. It's 2:50 pm.

g. 7 Portes closes at 1 am.

h. At 11:45 pm

i. Lunch is at 3 pm.

j. At 6 am sharp

k. Breakfast is at 7 am.

l. The bank opens at 10 am.

m. At noon

n. At 4:15 pm

o. At 9:45 pm

p. It's 5:40 pm.

q. It's 1:15 pm sharp.

r. It closes at 11pm.

3.9   Conteste las preguntas siguientes con frases completas:

    a.   ¿A qué hora cierran los restaurantes en su ciudad?

    b.   ¿Cuándo empieza su clase de español?

    c.   ¿A qué hora se despertó esta mañana?

    d.   ¿A qué hora se acuesta por la noche?

    e.   ¿Cuándo le gusta almorzar?

    f.   ¿A qué hora almuerzan los barceloneses?

    g.   ¿A qué hora cierran las tiendas el sábado?

    h.   ¿A qué hora abren los supermercados?

    i.   ¿Cuánto tiempo necesita para prepararse por la mañana?

    j.   ¿A qué hora desayuna los fines de semana?

IV. Dates, Seasons / *Fechas, estaciones*

Los días	Los meses		Las estaciones	
el lunes	*enero*	*julio*	*la primavera*	spring
el martes	*febrero*	*agosto*	*el verano*	summer
el miércoles	*marzo*	*septiembre*	*el otoño*	autumn, fall
el jueves	*abril*	*octubre*	*el invierno*	winter
el viernes	*mayo*	*noviembre*		
el sábado	*junio*	*diciembre*		
el domingo				

la semana pasada	last week
el domingo que viene	next Sunday
Voy a Figueras el viernes.	I'm going to Figueras on Friday.
Nunca trabajo los sábados.	I never work on Saturdays.
el martes por la mañana	on Tuesday morning
Tenemos vacaciones en enero.	We have a vacation time in January.
Vamos a la playa el junio que viene.	We're going to the beach next June.
Fuimos a la Costa Brava el sábado.	We went to the Costa Brava on Saturday.

- Remember that Spanish **does not** use capitals for days of the week, months or seasons.

- Referring to days, note the use of the definite article in the singular to express "on."

But: ***Hoy es domingo, mañana es lunes.***

Spanish never uses ***en*** with days of the week.

- The definite article is not needed when referring to seasons in a generic way:

El verano es caluroso en España.
Los estudiantes trabajan en (el) verano.
En Argentina es verano cuando en Barcelona es invierno.
Es un lindo día de otoño.
Aquí no hay primavera.

Dates:

El primero de septiembre de 1929: 01/09/29
Nací el quince de mayo de 2001.
Mi cumpleaños es el once de octubre.
¿Cuál es la fecha? Hoy es (el) quince de agosto.
Barcelona, 6 de enero de 2019.

After the first of the month, Spanish uses cardinal (regular) numbers for dates. The definite article is needed except to state the current date, or when the date alone is given, such as in a letter or in a school exercise.

PRÁCTICA

3.10   Escriba las siguientes fechas según el modelo:

Modelo: *06/01 = **el seis de enero***

  a.   10/10 =
  b.   07/08 =
  c.   23/02 =
  d.   01/01 =
  e.   15/05 =
  f.   10/03=
  g.   18/06 =
  h.   25/12 =
  i.   02/04 =

j.   30/11 =

k.   01/05 =

l.   12/03 =

m.   29/07 =

n.   03/09 =

o.   31/12 =

3.11   Conteste las preguntas siguientes:

a.   ¿Cuándo es su cumpleaños?

b.   ¿Cuál es la fecha hoy?

c.   ¿Cuál es su estación preferida?

d.   ¿Cuándo fue de vacaciones la última vez?

e.   ¿Qué día de la semana prefiere?

f.   ¿Cuándo llegó a esta universidad?

g.   ¿Cuál es la fecha del año más importante para Ud.? ¿Por qué?

h.   ¿Cuál es el mes del año que menos le gusta? ¿Por qué?

i.   ¿Qué hace normalmente los sábados por la noche? ¿Qué hizo el sábado pasado?

3.12   Las fiestas en Barcelona. ¿Puede adivinar cuál es la fecha de las siguientes celebraciones en Barcelona?

a.   el primero de enero: _____ Día del Trabajo

b.   el seis de enero: _____ Navidad

c.   el primero de mayo: _____ Día de Todos los Santos

d.   el veintitrés de abril: _____ Día de los Reyes Magos

e.   el once de septiembre: _____ Día Nacional de Cataluña

f.   el veinticinco de diciembre: _____ Año Nuevo

g.   el uno de noviembre: _____ Fiesta de Sant Jordi (conmemoración del día de la muerte del Patrón de Cataluña, San Jorge. Es muy común regalar rosas y libros.)

V. The Weather / *El clima*

- Some weather conditions are expressed with ***hace*:**

¿Qué tiempo hace hoy?	What's the weather like today?
Hoy hace sol.	It's sunny today.
Ayer hizo viento.	It was windy yesterday.
Hace buen tiempo.	The weather is good.
La semana pasada hizo mal tiempo.	Last week the weather was bad.
Hace mucho calor en verano.	It's very hot in the summer.
Está haciendo demasiado frío.	It's too cold.
Hizo fresco el miércoles.	It was cool on Wednesday.

  Note that *frío, calor, viento,* etc. are nouns. "Very" will have to be expressed with the adjective ***mucho/mucha*:**
  Hizo mucho calor. but *Fue un día muy caliente (caluroso).*

- Other weather expressions:

llueve, está lloviendo	it rains, is raining
Se espera lluvia.	Rain is expected.
nieva, está nevando	it snows, is snowing
Nevará mañana.	It will / is going to snow tomorrow.
Está nublado.	It's cloudy.
un día soleado	a sunny day
¿Cuál es el pronóstico del tiempo?	What's the weather forecast?

En el siguiente ejercicio estamos en la famosa Playa de la Barceloneta, la más antigua de la ciudad de Barcelona.

**Playa de la Barceloneta, con el famoso Hotel W Barcelona
(conocido como el Hotel Vela) en el fondo**

PRÁCTICA

3.13 Traduzca las siguientes frases al español:

a. What is the weather like today at the beach? Is it windy?

b. It's a sunny day on the Barceloneta beach.

c. Last week it was too cold for the beach.

d. Rain is expected in the afternoon.

e. We never go to this beach in the winter; it's too windy.

f. It's too cold for the children.

g. It's raining! Now we can't go swimming.

3.14   Conteste las preguntas siguientes con frases completas:

a.   ¿En qué parte de España hace muchísimo calor en verano?

b.   ¿Qué tiempo hace en su ciudad hoy?

c.   ¿En qué ciudad hace mucho viento en invierno?

d.   ¿Sabe si se espera lluvia mañana?

e.   ¿Prefiere cuando hace frío o calor?

f.   ¿En qué estación del año hace mal tiempo?

g.   ¿Se puede ir a la playa en el otoño?

h.   ¿Qué ropa hay que ponerse cuando está nublado?

VI. Numbers: 0–100 / *Los números*

0 cero	10 diez	20 veinte	30 treinta
1 uno/a	11 once	21 veintiuno/a, veintiún	31 treinta y uno/a, un
2 dos	12 doce	22 veintidós	32 treinta y dos
3 tres	13 trece	23 veintitrés	43 cuarenta y tres
4 cuatro	14 catorce	24 veinticuatro	54 cincuenta y cuatro
5 cinco	15 quince	25 veinticinco	65 sesenta y cinco
6 seis	16 dieciséis	26 veintiséis	76 setenta y seis
7 siete	17 diecisiete	27 veintisiete	87 ochenta y siete
8 ocho	18 dieciocho	28 veintiocho	98 noventa y ocho
9 nueve	19 diecinueve	29 veintinueve	100 cien

Note: All numbers ending in *-uno* shorten to *un* before masculine nouns (e.g. *un dólar*, *veintiún libros*, *treinta y un alumnos*, etc.), and change to *una* when referring to feminine nouns: *noventa y una mujeres. Sí, noventa y una*.

3.15   Escriba el número que corresponda a la operación matemática:

Modelo: *17+2+10 = veintinueve*

7+7+7 =   30+4+7 =

19-3 =   9x9 =

24+10 =   60÷3 =

9+9-1 =   4x7 =

70+4 =	47+7 =
47+2-3 =	89-5 =
50+50 =	99-2-6 =
54+7 =	27x2 =
68+0 =	24x2 =
15+4 =	10x5 =
40÷4 =	81-8 =
2x2x2x2x2x2 =	76+13 =

3.16 Conteste las preguntas siguientes con frases completas:

> **Modelo:** *¿Cuánto cuesta un café con leche en Barcelona? Cuesta **dos o tres** euros.*

a. ¿Cuánto cuesta un frappuccino en Starbucks?
b. ¿Cuánto cuesta ir al cine el sábado por la noche?
c. ¿Cuánto cuestan las palomitas? (*popcorn*)
d. ¿Cuánto cuesta una buena cena en su restaurante preferido?
e. ¿Cuánta propina (*tip*) se deja para una cena de cincuenta dólares?
f. ¿Cuánto es lo máximo que pagaría (en euros) por un buen almuerzo en Barcelona?
g. ¿Cuántos estudiantes hay en esta clase?
h. ¿Cuántos buenos amigos tiene?
i. ¿Cuántos amigos tiene en Facebook?
j. ¿Cuántos años tiene?

VII. ¿Sabías que . . . ? Barcelona: una ciudad bilingüe

En España se hablan diferentes lenguas romances procedentes del latín: el **castellano**, el **catalán** y el **gallego**. En el norte de la península, en Euskadi (El País Vasco), se habla **vascuence**, que no es una lengua latina, aunque tuvo contactos con el latín debido al proceso de romanización de la provincia de Hispania. España presenta por lo tanto una realidad lingüística plural que es recogida en la Constitución Española del año 1978. El castellano a su vez tiene **catorce dialectos** muy diferenciados unos de otros.

En Cataluña se habla el catalán y el castellano. Casi todos sus habitantes son bilingües y se expresan diariamente tanto en una como en otra lengua. El catalán no solamente se habla en Cataluña; también se utiliza en las Islas Baleares y en la Comunidad Valenciana como una forma dialectal distinta. A pesar de lo que la gente piensa, el bilingüismo ha sido mucho más frecuente de lo que parece, tanto desde un punto de vista histórico como en la actualidad. Resulta frecuente que los ciudadanos hablen o conozcan varias lenguas que utilizan cada día en sus trabajos, en la calle o en la familia. Aunque durante la dictadura de Francisco Franco el catalán estuvo prohibido, hoy en Cataluña cada uno elige libremente qué lengua hablar en cada momento y ocasión.

En muchos países del mundo se adoptan políticas lingüísticas bilingües para armonizar una particularidad social. En el caso de España, su constitución recoge diferentes normas que tratan de desarrollar una realidad política y educativa. El catalán tiene así

mismo una gran historia literaria desde el siglo XI. Los escritores clásicos más destacados son Ramón Llull, Ausiàs March y Joanot Martorell, que escribió el conocido libro
Tirante el Blanco en el año 1490. También hay muchos otros escritores contemporáneos importantes que podemos mencionar: Jacinto Verdaguer, Josep Pla, Joan Maragall,
Mercè Rodoreda, Salvador Espriu y el poeta Pere Gimferrer que escribe sus obras literarias indistintamente en castellano y catalán.

Aunque a veces se reivindica el uso de una sola lengua como forma de identidad
nacional para reclamar la soberanía de un pueblo, debemos señalar que son muchos los
países que viven una realidad bilingüe normalizada política y socialmente. Las ventajas
del bilingüismo son muchas, tanto desde el punto de vista global como en el desarrollo
del individuo, que desde niño aprende a utilizar dos lenguas en contextos sociales diferentes según le resulte más conveniente.

La riqueza y la creatividad de Cataluña no solamente se ha manifestado en las letras
sino también en las artes. Algunas ciudades como Barcelona expresan excepcionalmente
esta enorme creatividad tanto en su arquitectura como en la gastronomía, la música e incluso el fútbol. Suele decirse que una lengua viene siempre acompañada por su cultura,
siendo por esto que en muchos casos además de hablar de la realidad lingüística bilingüe
de un país se tiene que mencionar su realidad **bicultural**. A continuación, incluimos
algunas palabras en catalán y su traducción en castellano:

català	catalán	home	hombre	cero	zero
espanyol	español	dona	mujer	u/un/una	uno/una
Bon dia	Buenos días	amic	amigo	dos/dues	dos
Bona tarda	Buenas tardes	blau	azul	tres	tres
Bona nit	Buenas noches	verd	verde	quatre	cuatro
Adéu	Adiós	vermell	rojo	cinc	cinco
Si us plau	Por favor	ciutat	ciudad	sis	seis
Moltes gràcies	Muchas gracias	país	país	set	siete
De nes	De nada	tot	todo	vuit	ocho
Com estàs?	¿Cómo estás?	molt	mucho	nou	nueve
Molt bé	Muy bien	poc	poco	deu	diez

PREGUNTAS

Diga si las siguientes frases son **F**alsas o **V**erdaderas. Si son falsas, dé la respuesta
correcta.

a. En España se hablan tres lenguas romances que vienen del latín: _____

b. El castellano no tiene dialectos: _____

c. En Cataluña se habla catalán y castellano: _____

d. El catalán solo se habla en Cataluña: ____

e. Durante la dictadura de Francisco Franco, el catalán estuvo prohibido: ____

f. Hay pocos escritores que escriben en catalán: ____

g. Muchos países viven una realidad bilingüe: ____

h. La lengua y la cultura de un país son dos cosas separadas: ____

i. La palabra catalana para "adiós" es "adéu": ____

j. España es un país multilingüe: ____

PRÁCTICA

3.17 Lea las siguientes frases en voz alta, primero en castellano y luego en catalán:

a.	¿De dónde eres?	D'on ets?
b.	Soy de los Estados Unidos.	Jo sóc d'estats units.
c.	Soy americano.	Sóc americà.
d.	Soy estudiante.	Sóc estudiant.
e.	¿Me puedes ayudar?	Em pots ajudar?
f.	No entiendo.	No entenc.
g.	Hasta luego.	Fins després.
h.	Hasta la vista.	A reveure.

¿Ahora puede adivinar lo que quieren decir las siguientes frases en catalán?

i. Podria usar el seu telèfon, si us plau? _____

j. He perdut la meva maleta. _____

k. Parles Anglès? _____

l. Quants anys tens? _____

m. Molta sort! _____

VIII. En la ciudad: paseando por Las Ramblas

Calle de Las Ramblas

La Rambla de Barcelona, también llamada "Las Ramblas", es una de las calles más conocidas de la ciudad. Empieza en la Plaza de Cataluña y baja directamente hasta la Plaza de Colón, en dirección al mar. A cualquier hora del día o de la noche, esta famosa calle en el corazón histórico del centro de la ciudad está llena de turistas y barceloneses. Un paseo por Las Ramblas es un recorrido lleno de vida y color.

Al comienzo se encuentra la fuente de Canaletas, y según cuenta la leyenda "aquel o aquella que beba de su agua volverá a Barcelona". Es típico pasear tranquilamente por Las Ramblas, sentarse en un banco para ver pasar a la gente o curiosear en los numerosos quioscos a ambos lados de la calle. Allí se venden hermosas flores, comida de todo tipo, artesanía local, periódicos, souvenirs, juguetes y hasta pequeños animales como tortugas, canarios y conejos. Entre los lugares más emblemáticos de Las Ramblas figuran la famosa pastelería Escribà, fundada en 1906, el prestigioso Gran Teatro del Liceu y la Boquería, un mercado de productos frescos y un verdadero paraíso para los sentidos.

En el dibujo de Las Ramblas, **Montserrat**, **Jordi** y **Pau** (en primer plano a la izquierda), tres amigos de la Universidad Autónoma de Barcelona, están paseando después de las clases un viernes por la tarde. Hace mucho calor y Montserrat lleva un vestido blanco y amarillo sin mangas.

Lea el siguiente diálogo en voz alta y fíjese en la utilización de expresiones coloquiales.

Montserrat: ¡Qué **bochorno**!

Pau: Sí, son las siete de la tarde y todavía hace calor.

Montserrat: ¿Vais a la playa este fin de semana?

Pau: No puedo, tengo **entradas** para el **Palau** el sábado y el domingo **me toca currar** para un examen de economía.

Jordi: Pues yo estaré cerca de la Barceloneta porque voy a **Can Paixano** con Laura.

Pau: ¡**Apa!** ¿Has vuelto con Laura?

Montserrat: No seas **cotilla**, Pau . . .

Jordi: Nos vimos la semana pasada en el Museo Picasso y empezamos a hablar . . . y luego . . . pues la invité a un **vermut**.

Pau: ¿Y qué tal?

Jordi: Bien . . . hablamos mucho. Creo que esta vez vamos a tomar las cosas con calma.

Montserrat: Claro, hay que **tener seny**, Jordi.

Pau: Oye, tengo hambre. ¿Tomamos un **bikini**?

Jordi: **Tío**, **no tengo ni un duro**.

Pau: Venga, te presto diez **pavos** y tomamos algo.

Jordi: Guay, gracias.

Montserrat: Tengo que pararme en este quiosco para comprarle unos **chupa-chups** a mi sobrino. Cumple cinco años mañana.

Pau: Oye, **Montse**, ¿qué tal si después de comer nos metemos en el cine? Allí no hará tanto calor.

Jordi: Tío . . .

Pau: No **seas un angustias**, Jordi. Te invito.

Montserrat: ¿Le mando un **whatsapp** a Nuria para ver si quiere venir con nosotros?

Pau y Jordi: ¡Vale, guay!

Vocabulario y expresiones coloquiales

Montserrat: *a popular female name in Catalonia, after the Virgin of Montserrat. Commonly abbreviated to "Montse"*

Jordi: *the Catalan version of the masculine name "Jorge"*

Pau: *a masculine name of Catalan origin, it corresponds to "Pablo" in Spanish*

bochorno: *hot, humid weather*

entrada: *an admission ticket for a movie or other cultural events*

Palau: *El Palau de la Música Catalana is one of Barcelona's most impressive concert halls, known for its spectacular modernist architecture.*

Me toca currar: *colloquial expression meaning "I need to work"*

Can Paixano: *Also known as "La Champañería," this is an old bar in the Barceloneta neighborhood; it's famous for its "cava," a typical Catalonian white or rosé sparkling wine.*

¡Apa!: *Interjection used in Barcelona meaning "No way!" or "Come on!"*

cotilla (m): *gossip*

vermut: *a slightly sweet aromatic wine. Before the Spanish Civil War (1936-1939), this drink was associated with Barcelona's elite, but after the war it became popular among the working-class. Today the city is known for its trendy Vermut*

bars, and the Catalán expression *"fer un vermut"* (literally *"to do a vermut"*) means *"to go out for a drink."*

tener seny: *Catalan expression meaning "to show wisdom"*

bikini: *In Barcelona, this refers to a popular grilled ham and cheese sandwich. In Madrid, it is known as a "mixto."*

tío: *As seen in the chapter on Madrid, in this context it doesn't mean "uncle," but "guy," "dude."*

No tengo ni un duro: *colloquial expression meaning "I'm broke." The "duro" was the nickname for the old five peseta coin in Spain, before the euro.*

pavo: *In this context, the word "pavo" is used colloquially to refer to money; the word "pavo" also means "turkey."*

Chupa-chups: *Spain's famous lollipop brand. In 1969 its logo was designed by Catalan surrealist artist Salvador Dalí.*

Montse: *common abbreviation for the name Montserrat*

ser un angustias: *colloquial expression meaning "to be a worrier"*

WhatsApp: *a popular free application used to send text messages*

**El Mercat de Sant Josep de la Boquería, conocido como La Boquería, está situado
en La Rambla, en el barrio del Raval. Fue inaugurado en 1840.**

IX. Lectura: Fragmentos de *Amor o lo que sea* (2005)

Laura Freixas nació en Barcelona en 1958. Ha sido editora, crítica literaria, periodista y
traductora. Ha publicado libros de relatos, novelas, una autobiografía y dos volúmenes
de su diario. Sus últimos libros publicados son *Todos llevan máscara. Diario 1995-1996*
y la reedición de su novela *Los otros son más felices*, ambos en 2018. Paralelamente a su
obra narrativa, ha desarrollado una intensa labor como estudiosa y promotora de la
literatura escrita por mujeres. Ha sido profesora, conferenciante o escritora invitada
en numerosas universidades españolas y extranjeras, especialmente de Estados Unidos.
Vive en Madrid desde 1991.

En la novela *Amor o lo que sea*, Blanca es una joven escritora que trabaja en una
editorial en Barcelona a finales de los años 70 y principios de los años 80.

En los dos fragmentos a continuación, la protagonista describe su nueva vida al ins-
talarse en un pequeño apartamento en el **Raval**, un barrio situado en el **casco antiguo**
de Barcelona.

En Barcelona cada barrio ofrece una experiencia diferente. En el pasado El Raval tenía la reputación de ser un lugar peligroso, pero hoy es un barrio lleno de vida, multicultural, con calles estrechas llenas de excelentes cafés y tiendas locales. Allí se encuentran también los dos mercados más famosos de Barcelona: La Boquería y el Mercado de San Antonio.

AMOR O LO QUE SEA

Fragmento # 1:

Yo era muy joven. Acababa de empezar la vida adulta: había acabado la carrera, encontrado trabajo y alquilado un apartamento.

Me encantaba mi nuevo hogar: una de esas construcciones rudimentarias, casi de juguete: cuatro paredes encaladas, dos ventanas y un tejado, como el dibujo de un niño, que hay encima de muchas **azoteas** de Barcelona. Me había seducido nada más verla: era todo paz y luz. Las ventanas daban al cielo; era como vivir en una **nube**.

Mucho más abajo estaba el barrio, el Raval. Era un barrio pequeño y contrahecho, encerrado en sí mismo: en sus calles, altas y angostas, reinaba una **penumbra** eterna, un vago olor a **cloaca**. Las **fachadas** eran **pardas**, con plantas lacias, marchitas, que parecían brotar de las paredes; con viejas **persianas** de listones verdes y ropa **tendida** bajo hules mugrientos, acartonados. En los **escaparates** de las tiendas—tiendas modestas, intemporales, diminutas: una lechería, una **casquería**, una **alpargatería** . . . —protegidos por celofán amarillo, los objetos parecían flotar, amnésicos, como en formol; si se abría la puerta, sonaba una campanilla y el **tendero**, sobresaltado, sacudía la cabeza; le brillaban los ojos de un chispazo, en las tinieblas, y por unos momentos hablaba y se movía, antes de regresar al limbo. Desde alguna **jaula** colgada sobre los barrotes de un balcón, un canario soltaba un trino perpetuo, cansino, **quejumbroso**, como una pregunta repetida una y otra vez en vano.

Era un barrio perfectamente delimitado, como una isla mortecina entre cuatro grandes ríos: al norte las Ramblas, al sur la Ronda San Antonio, al este la calle Hospital, al oeste la plaza de la universidad. Durante cinco años, yo había pasado las mañanas en los claustros neo-románicos de la universidad, e innumerables noches en Las Ramblas y **aledaños**—el Barrio Gótico, el Borne, barrios estudiantiles, con restaurantes baratos y bares de copas. La Ronda San Antonio era una plácida avenida bordeada por tiendas de muebles, **ferreterías** con escaparates repletos de **ollas** y **sartenes**, corseterías que exhibían castos pijamas calentitos, cómodos, baratos; desembocaba en el Mercado de San Antonio que los domingos se convertía en mercadillo de libros de segunda mano. La calle Hospital marcaba la frontera de ese barrio familiar y adormilado con el Chino, el barrio de los ladrones y las putas.

Entre esos cuatro puntos cardinales, el Raval parecía detenido, **fosilizado**, congelado en una indecisión perpetua. Era un barrio que se escondía de la vida, que no quería elegir, que envejecía en una eterna infancia.

VOCABULARIO

editorial: *publishing house*

Raval: *a lively, multicultural neighborhood in Barcelona*

casco antiguo: *historic center*

azotea: *rooftop*

nube: *cloud*

penumbra: *penumbra, half-shadow*

cloaca: *sewer*

fachada: *facade*

pardo/a: *brownish-grey*

persianas: *blinds*

tendida: *hung*

escaparate: *shop window*

casquería: *type of butcher store that sells mainly tripe and other waste meat*

alpargatería: *small shoe store that sells typical Spanish espadrilles*

tendero: *shopkeeper*

jaula: *cage*

quejumbroso/a: *complainer*

aledaños: *surrounding area*

ferretería: *hardware store*

olla: *large pot*

sartén: *frying pan*

fosilizado/a: *fossilized*

PREGUNTAS

a. ¿Cómo describe Blanca su nuevo apartamento? ¿Por qué le gusta tanto?

b. ¿Cómo son las calles del barrio Raval? ¿Hay mucha luz?

c. ¿Qué tiendas menciona Blanca? ¿Son tiendas grandes? ¿Tiendas de lujo?

d. ¿Qué había en el barrio Gótico y en el Borne para los estudiantes?

e. ¿Dónde se podían comprar libros de segunda mano los domingos?

f. ¿El Raval era un barrio que cambiaba mucho? ¿Cuáles son las palabras que utiliza la escritora para describir este barrio en el último párrafo del fragmento?

g. ¿A usted le gustaría vivir en un barrio como El Raval? ¿Por qué? ¿Qué tipo de barrio le gusta?

Fragmento # 2:

Había llegado el otoño. Los días se hacían frescos, meditativos, de sombras **afiladas**. Era un tiempo como para comprarse un **vestido de angora**, ir al cine, ponerse botas altas, pasear por las plazas de Gracia, recónditas y desproporcionadas como **plazuelas toscanas**, para tomar té mientras afuera llueve. Pequeños placeres, modestos y accesorios; placeres para antes, mientras llega el futuro—un **relámpago**, un terremoto, una revelación: ¿no era eso el futuro?—, o para después, placeres de **jubilado**, de cuando ya pasó todo. Pero ahora no era antes ni después; ahora era ahora, era el por fin, era mi juventud, era el momento . . . ¿de qué? Lo que fuera, no llegaba.

VOCABULARIO

afilado: *sharp*

vestido de angora: *angora dress*

plazuela: *small square in a village, town or city*

toscano/a: *Tuscan, relating to the Italian region of Tuscany*

relámpago: *lighting*

jubilado/a: *retired*

PREGUNTAS

h. ¿Cuál es la estación que se describe en este fragmento?

i. ¿Cuáles son los "pequeños placeres" que menciona la autora?

j. ¿Blanca sabe lo que le va a pasar en el futuro? ¿Es normal tener miedo al futuro? ¿Usted piensa mucho en el futuro?

k. ¿Cuál es su estación preferida? ¿Por qué? ¿Qué tipo de actividades le gusta hacer durante esa época?

X. Repaso general

3.18   Para este ejercicio de repaso nos encontramos en el famoso Parque Güell (*Park Güell* en catalán), diseñado por el arquitecto Antoni Gaudí y construido entre 1900-1914. El parque fue encargado (*commissioned*) por Eusebi Güell, un rico industrial catalán que tenía un gran amor a la cultura. Situado en el monte Carmelo, ofrece una vista impresionante de la ciudad y del mar Mediterráneo. El Parque Güell es una verdadera maravilla, inspirado por las formas de la naturaleza. Pasear por sus jardines es como entrar en un cuento de hadas (*fairy tale*).

Banco de serpiente de mosaico en el Parque Güell

Complete el párrafo con la expresión entre paréntesis:

Estamos en el maravilloso Parque Güell. Hoy es _____ (*Friday*) y _____ (*it's five-fifteen in the afternoon*). Estamos en el _____ (*fall*), en el mes de _____ (*October*). El día está _____ (*sunny*) pero aún así hace un poco _____ (*chilly*). Hay _____ (*thirteen*) personas sentadas en el banco serpiente. Pau, con la gorra roja, le está mandando un whatsapp a su amigo Jordi para ver si puede ir a cenar _____ (*at nine-thirty in the evening*). Sabe que Jordi nunca tiene dinero, pero le va a prestar _____ (*twenty-five*) euros para la cena. En la esquina del lado izquierdo, vemos a Silvia y Pons. Están enamorados . . . Silvia todavía no lo sabe, pero Pons ha reservado una mesa en 7 Portes para el próximo _____ (*Saturday*), a las _____ (*ten-thirty at night*). Va a pedirle matrimonio. _____ (*How*) romántico, ¿no? _____ (*Last week*) le compró un anillo de compromiso en una pequeña joyería en el barrio Gótico. El próximo mes, en _____ (*November*), Silvia tendrá que viajar a Londres para su trabajo, así que quiere preguntárselo antes de que se vaya. ¿Veis _____ ("*that*" / remote) hombre en el fondo con las gafas de sol y la camiseta con rayas? Se llama Andreu y trabaja en el mercado de la Boquería vendiendo mariscos. Los viernes solo tiene que trabajar hasta _____ (*noon*), así que ha venido a reunirse con sus amigos. Están planeando un viaje a Valencia para las vacaciones de _____ (*winter*). Finalmente, ¿veis _____ ("*that*"/ not too far) hombre solo en el lado derecho, con los brazos cruzados? Se llama Enric y está enfadado. Hace más de _____ (*forty-five*) minutos que espera a su novia Clara. A veces se pregunta _____ (*why*) está con ella pero _____ (*at the same time*) la quiere muchísimo. Bueno, por lo menos _____ (*the weather is good*) y el parque es precioso.

3.19 Complete las frases con la palabra interrogativa correcta, luego **respóndalas**:

a. ¿ _____ se llaman los habitantes de Barcelona?

b. ¿ _____ se llaman los habitantes de Madrid?

c. ¿ _____ se llaman los habitantes de Sevilla?

d. ¿ _____ diseñó el Parque Güell?

e. ¿ _____ van a terminar con la construcción de la Sagrada Familia?

f. ¿ _____ se puede comer en el restaurante 7 Portes?

g. ¿ _____ van los habitantes de Barcelona durante el fin de semana?

h. ¿A _____ hora se toma el almuerzo en España? ¿Y la cena?

i. ¿ _____ es un plato típico de Barcelona?

j. ¿ _____ se pueden comprar productos de comida frescos en Barcelona?

k. ¿ _____ es la escritora Laura Freixas? ¿De Sevilla?

l. ¿ _____ lenguas se hablan en Cataluña?

m. ¿ _____ se dice *adiós* en catalán?

n. ¿ _____ es bueno ser bilingüe?

o. ¿ _____ podemos comprar en la calle Las Ramblas?

p. ¿ _____ vive Blanca, la protagonista de *Amor o lo que sea*?

q.   ¿ _____ es la playa preferida de los turistas en Barcelona?

r.   ¿ _____ es importante viajar a otros lugares?

s.   ¿ _____ es su opinión sobre la ciudad de Barcelona?

t.   ¿ _____ le gustaría pasar un mes? ¿En Madrid, Sevilla o Barcelona?

3.20 Incluya las **mayúsculas** y las **tildes** en el siguiente párrafo cuando sean necesarios **(véase el capítulo introductorio si necesita repasar las reglas)**:

Cada verano, en el mes de julio, pedro e irene organizan una barbacoa en el jardin de su casa. pedro es un cocinero excelente y siempre prepara muchas carnes diferentes: panceta, morcilla, chorizo, pinchos de pollo y butifarra blanca, un embutido (*sausage*) tipico de cataluna. irene y su hija natalia preparan el gazpacho, las ensaladas y la sangria. Los invitados llegan a las dos de la tarde, porque en espana es comun almorzar tarde. hugo siempre llega el primero. Es un chico muy gracioso y su alegria es contagiosa. Las tias suelen llevar un postre delicioso y el tio jorge lleva cervezas. Tintín, el perro, esta feliz porque sabe que le van a dar huesos. Despues de comer, todos ayudan a recoger los platos e irene prepara un buen cafe. Hacia las seis, los ninos se van a banar en la piscina y los adultos descansan en el jardin. En espana, los largos dias de verano son ideales para romper con la rutina del trabajo y disfrutar de la familia.

3.21 Usted trabaja en un centro de información en el centro de Barcelona. Cada día, tiene que ayudar a turistas de todo el mundo que llegan con preguntas acerca de la ciudad. Haga una lista de diez preguntas típicas, utilizando la palabra interrogativa correcta.

3.22 Hasta ahora hemos visitado Madrid, Sevilla y Barcelona. Según lo que ha leído, ¿cuál de estas tres ciudades le parece más interesante? Escriba una composición de una página explicando su respuesta con detalles precisos.

**Vista panorámica desde el Castillo del Morro. Se observa el malecón
al lado de la bahía y en el fondo el casco histórico de La Habana.**

CAPÍTULO CUATRO

LA HABANA: AL RITMO DEL CARIBE

Uses of *ser* and *estar*, Common Expressions with *tener*, *deber* and *haber, saber* and *conocer*

Introducción

La Habana es ambigua. Conserva rastros del período colonial en sus fortificaciones y en sus edificios deteriorados, está tatuada con lemas revolucionarios, y rodeada de un mar que la aísla y la amenaza. Fidel Castro estuvo en el poder desde el triunfo de la revolución cubana en 1959 hasta que le cedió el lugar a su hermano Raúl Castro en 2006. La era Castro terminó en 2018. Cuba ha sobrevivido a pesar del bloqueo norteamericano, se ha recuperado de momentos muy duros como el período especial en los años noventa (después de la caída del bloque soviético), y hoy en día atraviesa por cambios económicos significativos y se abre lentamente a la modernidad.

A La Habana Vieja se llega por el malecón desde donde se ve el Morro, fortaleza construida en el siglo XVI para proteger la ciudad de piratas y corsarios. La torre y el faro del Morro han servido de guía a navegantes. Cerca del Museo de la Revolución se encuentra el Paseo de Martí o Paseo del Prado, una larga alameda resguardada por ocho esculturas de leones. Dicen que estos leones han sido testigos de muchos eventos históricos y políticos. El Paseo de Martí es un lugar ideal para observar a los habaneros: allí, con letreros escritos a lápiz, ofrecen casas para la venta o cuartos para rentar. Hay niños que juegan, jóvenes en sus patinetas, pintores, enamorados, vendedores del periódico Granma y muchas personas que conversan y descansan.

En este sector de la ciudad se encuentran cuatro plazas: la de Armas (donde se pueden comprar libros y afiches antiguos), la de San Francisco de Asís (donde está el Museo Del Ron), la de la catedral (donde una santera vestida de blanco fuma tabaco y lee la fortuna) y la Plaza Vieja (la primera en ser restaurada cuando la ciudad fue declarada patrimonio histórico de la UNESCO).

En algunos restaurantes del casco histórico un plato puede costar más de veinte dólares, el equivalente al salario mensual promedio de un cubano. Desde la apertura al turismo en los años noventa, La Habana se ha ido transformando para adaptarse a los gustos de extranjeros que visitan la ciudad. Algunos de los platos cubanos más conocidos son la ropa vieja, el arroz de moros y cristianos, los tostones (plátanos fritos), el picadillo de carne y el lechón (puerco frito). La influencia española y africana se mezclan para darle una sazón especial a la cocina cubana. En el bar Floridita preparan el daiquirí como le gustaba a Ernest Hemingway y en La Bodeguita del Medio, el tradicional mojito. Por supuesto que hay muchos otros sitios donde estos cocteles son más baratos. Solo las personas que reciben remesas o que trabajan para el turismo tienen acceso a lo que ofrece este barrio.

Los habaneros tienen una libreta para el control de alimentos básicos que reciben los cubanos gratuitamente. Visitan la bodega (tienda) de su barrio cada mes para reclamar el arroz, el café, los frijoles, la sal, el aceite y el azúcar que les corresponde. Si quieren algún tipo de carne o pescado, lo pueden conseguir en el mercado negro donde se vende ilegalmente. El barrio ideal para experimentar la vida de los habaneros es Centro Habana, lugar sobrepoblado que ha inspirado a escritores contemporáneos como Pedro Juan Gutiérrez y Leonardo Padura. Sus calles vibran con música, con los gritos de personas que se comunican a través de las ventanas, con los motores ruidosos de los carros, y con las voces de jóvenes que juegan al béisbol o al fútbol en las calles.

Los automóviles coloridos (los almendrones), Cadillacs de los años cincuenta, son el medio de transporte principal y se puede atravesar la ciudad por cinco pesos cubanos (cuarenta centavos de dólar). Subirse en un almendrón colectivo es una oportunidad para interactuar con los habitantes de la ciudad y escuchar sus historias. Hay también almendrones que han sido adaptados para los recorridos turísticos desde La Habana Vieja hasta el tradicional barrio del Vedado.

Algunos de los sitios más emblemáticos de la ciudad están ubicados en el Vedado: la heladería Coppelia, las casas de escritores como Alejo Carpentier y Dulce María Loynaz, la sede de la UNEAC (Unión de Escritores y Artistas de Cuba), la Plaza de la Revolución, la Universidad de La Habana, el Hotel Nacional y el Habana Libre. Se puede caminar desde La Habana Vieja hasta el Vedado a través del malecón. Este famoso bulevar, donde revientan olas de seis metros de altura, es el corazón de la ciudad. Durante el día hay pescadores, turistas y gente local que disfruta de la cercanía al mar. En las noches el malecón se convierte en el escenario donde los habaneros muestran sus destrezas musicales. Bailan ritmos tradicionales como el son, la rumba y la guaracha, y tocan instrumentos como las maracas, el bongo, el güiro y el tres. La gente bebe ron de la botella, los vendedores ofrecen maní, y las jineteras y los jineteros (personas dedicadas a la prostitución) buscan a extranjeros.

A pesar de las dificultades, los cubanos mantienen una dignidad y un orgullo difíciles de encontrar en otros lugares del Caribe y de América Latina. En Cuba la atención médica y la educación (incluyendo la universidad) son gratis y el índice de mortalidad infantil es uno de los más bajos del mundo. De Cuba han salido los mejores peloteros y algunos han sido estrellas en el béisbol norteamericano. El ballet nacional de Cuba tiene reputación internacional y hay una gran tradición cinematográfica. Otros escritores cubanos conocidos son Gertrudis Gómez de Avellaneda, José Lezama Lima, Virgilio Piñera, Guillermo Cabrera Infante, Reinaldo Arenas, Ena Lucía Portela, y los poetas José Martí, Nancy Morejón y Nicolás Guillén. La ausencia de recursos es el motor para la creatividad de artistas y de escritores cubanos.

En este capítulo estudiaremos los usos de los verbos **ser** y **estar**, **saber** y **conocer**, de las expresiones con el verbo **tener** y las expresiones de tiempo al mismo tiempo que visitamos La Habana al ritmo del Caribe.

PREGUNTAS DE COMPRENSIÓN

1. ¿Cómo es La Habana?

2. ¿En qué año fue el triunfo de la Revolución Cubana?

3. ¿Quién es Fidel Castro?

4. ¿Cuáles son algunos lugares importantes de la ciudad?

5. ¿Qué hacen las personas que visitan el Paseo de Martí?

6. ¿Cómo son los automóviles en La Habana?

7. Describa el malecón.

8. ¿Cuál es el deporte más importante de Cuba?

9. ¿Cuáles son algunos de los ritmos musicales de Cuba?

10. ¿Cuesta mucho la atención médica en Cuba?

11. Mencione a tres escritores cubanos.

I. Uses of *ser* and *estar* / *Los usos de ser y estar*

A. **SER**, from the Latin *essere* associated with the word **essence**, is used:

- to identify, describe or define a subject (to say *what* something is):

  *El hermano **es ingeniero**. **Es a ella** a quien busco.*
  The brother is an engineer. She is the one that I am looking for.

  ***Esto es** un problema. Este poema **es para** mi abuelo.*
  This is a problem. This poem is for my grandfather.

  *El programa **es sobre** arte. **Es** muy **fácil**.*
  The program is about art. It is easy.

- with *de* to denote origin, material, or ownership:

  ***Es de** madera. **Es de** Cuba.*
  It is made of wood. It is from Cuba.

  ***Es de** Juan. **Son de** la clase alta.*
  Is Juan's. They are upper class people.

- only with adjectives that denote inherent, characteristic qualities, including (somewhat surprisingly): ***pobre***, ***rico***, ***joven***, ***viejo***.

  *La Habana **es hermosa**.*   Havana is beautiful.
  *Voy a **ser rico**.*   I am going to be rich.

- in expressions of time and for quantities:

  ***Son las tres** y media. Hoy **es jueves**.*   It is three-thirty. Today is Thursday.
  ***Son treinta** dólares.*   It is thirty dollars.

- in impersonal expressions:

  ***Es posible** saber eso.*   It's possible to know that.
  *La salud **es importante**.*   Health is important.

B. ESTAR, from the Latin *stare* associated with the words **state** and **station**, is used:

• to express location [*ubicación*] (to say *where* something is):

> *El profesor no **está aquí.***
> *El problema **está en** tu actitud.*
> *Panamá **está al sur** de Centroamérica.*

BUT: Use *ser* to describe where an event is taking place: ***El concierto es aquí.***

• with some adjectives and all adverbs, to describe states and conditions or a change in a characteristic:

> ***Está bien. Están tristes** porque el perro **está muerto.***
> ***Estamos interesados** en el tema.*
> *El país **está en una situación** difícil.*
> *El rojo **está de moda** (in fashion).*

• with a gerund to express a continuing action:

> ***Estamos comiendo.***
> ***Van a estar durmiendo.***

• with the past participle to express a resultant state:

El reloj está roto.	The watch is broken.
Las ventanas están cerradas.	The windows are closed.

Some adjectives have quite different meanings when used with the two verbs:

estar listo/a	to be ready	*¿Estás lista, María?*
ser lista/o	to be bright, quick, intelligent	*María es muy lista.*
estar aburrido	to be bored	*Estoy aburrido con esta novela.*
ser aburrido	to be boring or dull	*Esta novela es muy aburrida.*

PRÁCTICA

4.1   Complete las oraciones con la forma apropiada de **ser** o **estar**:

a.   Mi amigo _____ en la Habana ahora. _____ estudiante. No _____ muy rico.

b.   Ese edificio _____ verde, _____ deteriorado. Ahora _____ abandonado.

c.   Todos los jugadores _____ hombres. _____ perdiendo (*losing*). _____ tristes.

d.   ¿Qué _____ esto? _____ ropa vieja. ¿_____ un plato típico de la Habana? Sí, _____ famoso en Cuba.

e.   ¿Dónde _____ Santiago de Cuba?

f.   ¿Cuál _____ la capital de Cuba?

g.   ¿Dónde _____ el concierto?

h.   Mi amiga _____ rubia. Tu amiga _____ morena, pero hoy _____ muy pálida.

i.   Las ventanas aquí _____ muy grandes. Todas _____ abiertas.

j.   Estos ejercicios _____ muy aburridos, pero ya _____ hechos.

k.   _____ importante estudiar mucho. Yo _____ estudiando ahora. _____ (yo) muy listo/a.

l.   Nosotros no _____ listos para decidir, porque _____ indecisos sobre el plan de hoy.

m.   Este espectáculo _____ para turistas. _____ (yo) viendo cómo bailan los cubanos.

El Malecón de la Habana es uno de los lugares más populares de la ciudad. Hay personas que están descansando, caminando o pescando. Hay músicos, parejas de enamorados, turistas y vendedores. Desde la parte del malecón que aparece en el dibujo podemos observar el Castillo del Morro, construido en el siglo XVI para defender San Cristóbal de La Habana, antiguo nombre de la ciudad. La construcción tomó treinta años y fue terminada en el siglo XVII. Hoy se puede visitar el museo y aprender sobre la historia de Cuba. Desde allí se ven bellos atardeceres.

El Malecón y el castillo de El Morro en el fondo

4.2   Esta historia es sobre Pedro, el hombre de camiseta de rayas. Llene los espacios con la conjugación correcta de los verbos ser y estar.

Pedro **a.** _____ de Trinidad, un pueblo que **b.** _____ a cuatro horas de La Habana. Pedro **c.** _____ un cantante de son cubano. No **d.** _____ fácil conseguir trabajo en La Habana. A veces encuentra a un guitarrista en el malecón y juntos tocan y cantan para los turistas. Hoy no **e.** _____ su día de suerte. Desde hace dos horas **f.** _____ buscando músicos, pero solo ve pescadores o personas que caminan tranquilamente. Afortunadamente, Pedro **g.** _____ hermano de Vivian, la dueña de un paladar (restaurante) localizado cerca del Castillo del Morro y puede comer allí. Pedro **h.** _____ pensando que la vida en su ciudad **i.** _____ más tranquila que en La Habana. Trinidad también **j.** _____ turística pero no hay tanta gente como en La Habana. **k.** _____ listo para tomar la decisión de regresar si no consigue un trabajo estable.

4.3 Carmen y Julia hablan sobre sus hijos que viven en Miami desde hace dos años. Complete su conversación. Debe incluir las preguntas o las respuestas que faltan.

a. Carmen: Oye Julia, ¿_____?
    Julia: Mi hija está bien. Vive en Hialeah con una amiga.
    Carmen: ¿Cuál es la profesión de tu hija?

b. Julia: _____.
    Carmen: Mi hijo es doctor pero está trabajando en construcción en Miami. ¿Cómo es Hialeah?

c. Julia: _____.

d. Carmen: ¿_____?
    Julia: Mi hija está trabajando durante el día y está tomando clases de inglés por las noches.

e. Carmen: La verdad es que yo prefiero la vida en La Habana. ¿_____ _____?
    Julia: Yo estoy bien aquí pero quiero estar con mi hija en los Estados Unidos.
    Carmen: Pero, chica, tú estás casada. ¿Cómo es tu esposo Carlos?

f. Julia: _____.

g. Carmen: ¿_____?
    Julia: Estamos viviendo en Centro Habana.
    Carmen: ¿Tú eres hermana de Víctor? Él y yo somos muy amigos.

h. Julia: _____.
    Carmen: ¿Qué hora es? Tengo que regresar a casa a las doce y media.

i. Julia: _____.
    Carmen: Bueno, Julia, nos vemos pronto, un beso.
    Julia: Chao Carmen, me encantó verte.

4.4 Construya frases con los elementos de la columna A y B. Incluya el verbo ser o estar y conjúguelo según el contexto.

	A	**B**
a.	Los hombres en el malecón	tranquilo hoy
b.	El malecón	deteriorados
c.	El Castillo del Morro	pescando
d.	Los edificios cerca del malecón	un sitio popular de La Habana
e.	Carmen y Julia	cerrado hoy
f.	La señora con la camiseta negra	amigas
g.	El Museo del Castillo	un lugar histórico de la ciudad
h.	El mar	la mamá del niño

II. Common Expressions with *tener* /
Expresiones comunes con tener

¿Cuántos años tienes?	How old are you?
Tengo veinte años.	I am twenty.
Ella tiene frío.	She is cold.
¿Tenéis sed?	Are you thirsty?
La gente tiene hambre.	People are hungry.
Tengo calor.	I am hot.
Tenemos sueño.	We are sleepy.
Tienen miedo (de . . .)	They are afraid [of . . .]
No tengo mucha *suerte.*	I am not very lucky.
Tienes razón.	You are right.
¡Ten cuidado!	Be careful!
Tengo que viajar a otro país.	I have to travel to another country.
Tengo muchas cosas *que* hacer.	I have a lot of things to do.

- Since the literal meaning of these phrases is "I have hunger," etc., Spanish uses adjectives where English needs adverbs such as "very":

Tenemos mucho sueño.	We are very sleepy.
Tengo demasiada hambre.	I am too hungry.

PRÁCTICA

4.5 Complete las oraciones lógicamente, con una de las expresiones anteriores.

a. No juego en los casinos
porque _____.

b. Mi hermana es muy joven; solamente _____ años.

c. Quiere una cobija [*blanket*] adicional porque _____.

d. Necesito un poco de agua porque _____.

e. Vamos a dormir ahora porque _____.

f. Muchos niños _____ a la oscuridad.

g. ¿_____? Prefiero no revelar mi edad.

h. No puede ir a la fiesta porque _____ trabajar.

i. Necesitas _____ al cruzar la calle.

j. No quiero comer ahora porque no _____.

k. ¿Puedes poner el aire acondicionado? _____.

- Many expressions using **tener** refer to physical sensations:

tener frío to be cold	**tener calor** to be hot	**tener hambre** to be hungry	**tener sed** to be thirsty
tener sueño to be sleepy	**tener dolor de . . .** (**cabeza, estómago, etc.**) to hurt or be sore, etc.		**tener salud** to be healthy

- Many expressions using **tener** refer to psychological sensations:

tener prisa to be in a hurry	**tener miedo a** to be afraid of something	**tener miedo de** to be afraid to do something	**tener celos /** **envidia** to be jealous
tener confianza to be confident	**tener cuidado** to be careful	**tener vergüenza** to be ashamed	**tener interés** to be interested
tener pereza to be lazy	**tener esperanza** to have hope	**tener ganas de** to feel like . . .	**tener energía** to be energetic

- There are other idiomatic expressions with **tener** as well:

tener razón to be right	**tener éxito** to be successful	**tener la culpa** to be guilty	**tener suerte** to be lucky
tener . . . años to be . . . years old	**tener sentido** to make sense	**tener lugar** to take place	**tener en cuenta** to take into account

El Paseo de Martí, conocido también como el Paseo del Prado, está en La Habana Vieja. Allí se reúnen personas de todas las edades para conversar y jugar. Es también un lugar ideal para ofrecer apartamentos que se alquilan o se venden. Hay además artistas que ofrecen sus obras.

Paseo del Prado

PRÁCTICA

4.6 De acuerdo con la información de cada frase, haga un comentario en el que incluya una expresión con el verbo **tener**:

    a. Olga es vendedora del periódico Granma. _____.

    b. La temperatura está en ochenta grados. Teresa y Cecilia _____.

    c. Hortensia fuma mucho tabaco. Ella no _____.

    d. Francisco piensa que Rosa es muy bonita. Él _____ en ella.

    e. Hace mucho calor, ellos quieren beber agua, _____.

    f. Es domingo, ellos no _____.

    g. Javier abraza a su amigo y le dice que está feliz porque _____ en su trabajo.

h. Me encantan estas fotografías. Yo _____ de ir a Cuba.

i. Alberto va al doctor. El _____.

j. Teresa y Cecilia son jóvenes, ellas _____.

4.7 Traduzca las siguientes frases del inglés al español:

a. Alberto has a headache.

b. Teresa and Cecilia are hopeful about their future.

c. Hortensia feels like eating.

d. They are hot.

e. I am jealous.

f. It makes sense to go to El Paseo de Martí on Sundays.

g. The conversation takes place at El Paseo de Martí.

III. Obligation: *se debe, hay que* (must be)
La obligación: se debe, hay que

- A general sense of obligation is often expressed impersonally. Where English says **you should**, **one ought to**, etc., Spanish would typically use an expression with *se*:

Se debe seguir las instrucciones con cuidado.	One (You) should follow directions carefully.
Se necesita tener experiencia.	One (You) need to have experience.

- *Hay que* is a common way to express obligation, both formally and informally. It can be used in all tenses, and is always followed by the infinitive:

Hay que saber qué pasa en el mundo.	One should know what happens in the world.
Había que atravesar la región a pie.	You had to go across the region on foot.
Habrá que esperar hasta mañana.	We'll have to wait until tomorrow.
Hay que tener en cuenta la historia.	One ought to keep history in mind.

La Plaza de la Revolución es un lugar histórico que rinde homenaje a dos héroes de la Revolución Cubana: Ernesto Che Guevara y Camilo Cienfuegos. Al mando de Fidel Castro, los tres líderes llegaron a La Habana el 26 de julio de 1959. Ese día cambió la historia de Cuba y del mundo. A partir de ese año muchas personas pensaron que Cuba era un ejemplo para otros países porque había menos diferencias de clase. A pesar de todas las críticas al régimen cubano por haberse convertido en una dictadura de izquierda, los cubanos tienen acceso a la educación y a la salud de forma gratuita. El tema de la Revolución Cubana es complicado y hay opiniones muy diversas al respecto.

Plaza de la Revolución

PRÁCTICA

4.8 En el dibujo aparece Javier, el conductor de un almendrón que trabaja con turistas. Mientras pasa por la Plaza de la Revolución, Javier reflexiona sobre sus deberes. Use las expresiones impersonales "hay que" o "se debe" según las ideas que pasan por la mente de Javier.

a. Tengo hambre y comienzo a trabajar en diez minutos.

_____

b. Muchos conductores conducen muy rápido en el malecón.

_____

c. El motor de mi almendrón no funciona (*works*) bien.

_____

d. Las personas cruzan la avenida sin mirar, es peligroso.

_____

e. Estoy muy cansado.

_____

f. Los turistas no saben quiénes son el Che Guevara y Camilo Cienfuegos.

_____

g. Es diciembre y tengo frío.

_____

h. Debo buscar al grupo de turistas a las ocho de la mañana, pero no tengo suficiente gasolina.

_____

i. Mi familia tiene razón, trabajo mucho.

_____

j. Quiero descansar (*to rest*) la próxima semana.

_____

IV. The Verbs *saber* and *conocer* / *Los verbos* saber y conocer

Spanish thinks of *knowing* in two ways.

- The verb ***conocer*** indicates familiarity or recognition and is mostly used for people and places:
  Conozco un lugar magnífico en el barrio chino.
  I know a great place in Chinatown.

  No conocemos al presidente. (personal *a*)
  We don't know the president.

¿Conoces **Santiago de Cuba***?*
Do you know Santiago de Cuba?

- **Saber** means to be aware of facts or information, to know things by heart, and also to "know how to."

Ellos no saben nadar. ¡No sé qué decir!	They don't know how to swim. I don't know what to say!
No conozco el museo, pero sé dónde está.	I don't know the museum, but I know where it is.
Conozco la canción, pero no sé la letra.	I know the song, but I don't know the words (by heart).

Two useful rules:　　One cannot **saber** people
　　　　　　　　and **conocer** cannot be immediately followed by **que**.

Conozco _a_ esa mujer.	I know that woman.
Sé _que_ vive en Nueva York.	I know she lives in New York.

PRÁCTICA

4.9　　Complete las oraciones con la forma correcta de **conocer** o **saber**. Añada también la **a** personal cuando sea necesaria:

a. Carmen _____ tocar las maracas y _____ muchos músicos.

b. Vamos a _____ La Habana algún día, ni tú ni yo _____ cuándo.

c. ¿Ustedes _____ poeta cubano Nicolás Guillén?

d. Nadie _____ por qué somos así.

e. Yo _____ varios revolucionarios cubanos.

f. El conductor del almendrón _____ qué hacer en estos casos.

g. Yo no _____ la respuesta. ¿La _____ tú?

h. Los perros _____ encontrar cualquier cosa por el olor, y _____ su dueño.

i. Es importante _____ otras culturas para _____ comunicarse con su gente.

j. Juan no _____ alcalde, pero _____ que es honesto.

La heladería Coppelia es conocida por la calidad de sus helados. Aunque no siempre tienen todos los sabores (*flavors*), siempre hay un par de opciones para los clientes. El lugar es tan conocido que aparece incluso en películas importantes como *Fresa y chocolate* (1993), dirigida por Tomás Gutiérrez Alea, uno de los cineastas más importantes de

Cuba y de América Latina. Es una película que explora el tema de la homosexualidad en Cuba después del triunfo de la Revolución. A pesar de que tienen que hacer fila (*wait in line*), Coppelia es uno de los lugares preferidos de los habaneros, tanto por el precio de los helados como por el diseño del lugar que tiene mesas al aire libre o en el interior.

Heladería Coppelia

4.10 Ana y Julieta hablan con su compañero Benjamín sobre el nuevo dueño del restaurante donde trabajan. Llene los espacios con la conjugación correcta del verbo **saber** o **conocer**. Debe también usar la "a" personal cuando sea necesario:

a. Ana: Oye, Benjamín, ¿_____ nuevo dueño del restaurante?

b. Benjamín: No, pero _____ que no es cubano.

c. Julieta: ¿_____ de dónde es?

d. Benjamín: No recuerdo, la verdad es que no _____ su historia.

e. Ana: Es de Miami, yo _____ sus padres que son cubanos.

f. Julieta: ¿_____ si es simpático?

g. Ana: La verdad es que no _____. Se llama Willie y está en Cuba desde hace un año.

h. No me gusta mucho porque no _____ hablar muy bien español y no _____ la comida típica cubana.

i. Benjamín: Hay que tener paciencia, Ana. Tú _____ que no es fácil entender nuestro acento.

j. Julieta: ¿_____ si quiere cambiar el menú?

k. Ana: Creo que sí. Habla de hamburguesas y de pizzas. Yo no _____ cuál es la receta de las pizzas y no me gustan las hamburguesas.

l. Benjamín: Eres muy impaciente, Ana. No _____ ninguna persona que se adapte fácilmente a nuestra cultura. Necesita tiempo.

m. Ana: Ok, hablemos de otra cosa. ¿_____ qué helado van a pedir?

n. Benjamín: Ustedes _____ cuál es mi sabor favorito, quiero helado de fresa.

o. Julieta: Siempre pido el de vainilla, no _____ el de chocolate.

4.11 Complete el siguiente diálogo con preguntas y respuestas lógicas.

David: ¿Conoces los helados de Coppelia?

a. Esteban: _____.

b. David: ¿_____?

Esteban: Sé que el helado de fresa es el más popular.

David: Mmmm, ¿Conoces la historia de Coppelia?

c. Esteban: _____.

d. David: Castro creó la heladería en 1960. La idea principal era crear una heladería para el pueblo cubano. ¿_____
_____?

Esteban: No, no sé quién es el arquitecto que construyó el edificio de Coppelia.

David: Se llama Mario Girona.

Esteban: Bueno, hablemos de los helados. ¿Sabes cuál es el mejor sabor?

e. David: _____.

Esteban: Ok, entonces voy a pedir un helado de chocolate.

V. ¿Sabías que . . . ? El español del Caribe

Para estudiar las diferencias y semejanzas entre las distintas formas de habla, los lingüistas tratan de elaborar mapas o atlas lingüísticos que recogen las **variantes** propias de cada lugar. Los lugares más interesantes del trabajo de campo de un lingüista son las **zonas fronterizas** entre países; allí se ve cómo se mezclan las formas de habla debido al tránsito o al desplazamiento de habitantes por motivos comerciales o de inmigración. Es importante distinguir entre el término "**lengua**" y "**dialecto**". Mientras que una lengua es totalmente diferente de otra y tiene su propia estructura lingüística, un dialecto es simplemente una variante de una lengua.

Hay tres **zonas geolectales** claramente diferenciadas que representan las variantes de habla del español en el mundo:

    a.   La zona castellana peninsular (España)

    b.   La zona bajeña, que comprende las zonas de las **costas** del continente americano

    c.   La zona alteña, que comprende las **tierras altas** o **montañosas** del interior del continente americano

Según la teoría andalucista, los primeros exploradores que llegaron a las **costas** de América (la zona bajeña) eran gentes de Al-Ándalus (el sur de España) y posteriormente de Extremadura; los que llegaron a las **zonas altas montañosas** fueron principalmente de Castilla. Esto explica muchas de las diferencias de habla que existen hoy entre la zona bajeña y alteña de América Latina. Por ejemplo, una de las características más notables del español de la zona bajeña es la aspiración del fonema /s/: la palabra "esta" se pronuncia [éh-ta]. En otras ocasiones se produce una pérdida total de la /s/: la palabra "esta" se pronuncia [é-ta]. Este fenómeno de la **aspiración** y pérdida del fonema /s/ es también típico del sur de España, en Andalucía.

A pesar de estas importantes diferencias de habla, el español *de* América es mucho más homogéneo si lo comparamos con el español peninsular, con sus catorce dialectos. Sin embargo, si dejamos de lado el español hablado en España y nos enfocamos en las múltiples variantes de habla que hay entre los países latinoamericanos, entonces debemos referirnos al español *en* América.

El español caribeño, por ejemplo, comprende el habla de los países del Caribe: Cuba, Puerto Rico y República Dominicana. Aunque en general las formas de habla de estos tres países guardan muchas similitudes, también podemos encontrar rasgos diferenciadores particulares. Algunas características principales del habla del Caribe son las siguientes:

    a.   el seseo, que consiste en pronunciar los sonidos de la "c" y la "z" como si fueran una "s"

    b.   el yeísmo, que se produce al pronunciar la "ll" igual que la "y"

    c.   la relajación de la articulación de las consonantes, como la pérdida del sonido /s/ en la palabra "este", que se pronuncia /e-t-e/

    d.   la vocalización de la "r", como en la palabra "verde", que se pronuncia /béide/

    e.   el debilitamiento y la asimilación de la "r", como en la palabra "comer", que se pronuncia [komé]

    f.   la velarización del sonido nasal al final de las palabras, como en la palabra "pan", que se pronuncia /pã/

    g.   el rotacismo, que consiste en el intercambio de la /r/ por la /l/, como en la palabra "Puerto Rico", que se pronuncia /p-u-e-l-t-o-r-i-c-o/

    h.   la lambdaización, que consiste en el intercambio de la /l/ por la /r/, como en la palabra "soldado", que se pronuncia /s-o-r-d-a-d-o/

    i.   la aspiración de la "s" como si fuese una "h", como en la palabra "basta", que se pronuncia /b-a-h-t-a/

Desde un punto de vista sintáctico, existen muchas expresiones típicas del Caribe, como por ejemplo "más nada", "todo mundo", "¿Qué tú quieres?", "¿Qué es lo que tú quieres?"

En Cuba, particularmente, se utilizan coloquialmente frases como las siguientes: "Acere, ¿qué bolá?" (*"Amigo, ¿cómo estás?"*); "a todo meter" (*a toda velocidad*); "Estás detrás del palo" (para alguien que anda despistado); "Sigue durmiendo de ese lado" (para referirse a alguien que no escucha).

Otros cubanismos incluyen:

ajiaco (*caldo*)	camello (*autobús*)
bemba (*labios de la boca*)	fula (*dólar*)
guaguancó (*baile típico*)	bachata (*broma, juerga*)

Se usan también muchos **indigenismos**, es decir, palabras que provienen de lenguas indígenas:

manjuarí (*pez de agua dulce*)	cacique (*jefe*)
mamey (*tipo de fruta*)	caney (*choza*)
guanajo (*gallo*)	caguairán (*árbol cubano*)

Finalmente, es importante señalar que a Cuba llegaron algunas lenguas procedentes de África, habladas por los esclavos que fueron llevados a la isla para trabajar en plantaciones. De la influencia de estas lenguas provienen muchas palabras relacionadas con la música, el baile y la comida:

bongo (*nombre de un instrumento*)
mambo (*nombre de un baile*)
samba (*nombre de un baile*)
conga (*canto*)
cumbancha (*fiesta*)
banana (*banana*)

PREGUNTAS

Diga si las siguientes frases son **V**erdaderas o **F**alsas. Si son falsas, dé la respuesta correcta.

a. En las zonas fronterizas entre países se mezclan las formas de habla.

b. Las palabras "lengua" y "dialecto" son sinónimas.

c. Existen dos zonas geolectales que representan las variantes de habla del español en el mundo.

    d. Las zonas alteña y bajeña se encuentran en Europa.

    e. Una característica de la zona bajeña es la aspiración del fonema /s/.

    f. El español peninsular es homogéneo.

    g. En el Caribe los sonidos de la "c" y la "z" se pronuncian de manera diferente.

    h. La aspiración de la "s" es típica en los países caribeños.

    i. La palabra "bemba" es un ejemplo de cubanismo.

    j. La influencia de lenguas africanas nunca llegó a Cuba.

VI. En la ciudad: En la Casa de la Música de Miramar

El siguiente diálogo es entre dos amigos que van a la Casa de la Música en el barrio Miramar. El invitado de hoy es el tecladista del grupo los Van Van, reconocido grupo a nivel internacional. Angel y Caridad están muy emocionados porque les encanta la salsa. Ellos conversan sobre el concierto y sus vidas.

    Lea el siguiente diálogo en voz alta y fíjese en la utilización de expresiones coloquiales cubanas.

Caridad: ¿Qué me cuentas, socio?
Ángel: Aquí, **ganándome los frijoles**, Caridad.
Caridad: Oye **mi yunta**, estás **hecho un monstruo** en tu nuevo trabajo.
Ángel: Sí, ahora estoy en la Casa de las Américas.
Caridad: ¿Eh? No te escuché. Ya empezó el concierto.
Ángel: En la Casa de las Américas, Cari.
Caridad: ¿Todavía está Ana María en la dirección?
Ángel: Sí, pero **no pinta nada** allí. Es muy conflictiva. La verdad es que a mí **me importa un pito**.
Caridad: Claro . . . ese no es tu **maletín**, Ángel.
Ángel: No, tienes razón. Oye, ya salió Boris . . . el tecladista de los Van Van, es **un duro**.
Caridad: **Hazme la pala**, baila conmigo que hay un turista que me está **echando el ojo**.
Ángel: Dale, vamos al frente para oír mejor a la banda.
Caridad: Te invito a un mojito, hoy me dieron una buena propina en el restaurante.
Ángel: Ahora sí se puso buena la cosa.

ganándome los frijoles: *working*

mi yunta: *my friend*

estar hecho un monstruo: *to do something very well*

no pinta nada: *do not have any importance*

Me importa un pito: *I couldn't care less*

maletín: *problem*

duro: *the person is great in what he does*

hacer la pala: *to help a friend*

echar el ojo: *to flirt*

VII. Lectura: "La Habana aire y sol" (Inédito)

Margarita Mateo (Cuba, 1950) es novelista, profesora de literatura y crítica. Ha obtenido en seis ocasiones el Premio Nacional de la Crítica Literaria. En 1989 obtuvo mención de ensayo en el Premio de Crítica Mirta Aguirre y en 1991 se doctoró con una tesis sobre *Mito y nueva novela caribeña.* Es miembro del Consejo Científico de la Facultad de Artes y Letras, del Consejo Asesor de la Cátedra José Lezama Lima de Literatura Iberoamericana y de la Unión Nacional de Escritores y Artistas de Cuba. Fue profesora en la Facultad de Artes y Letras de la Universidad de La Habana. Hoy en día colabora con diferentes instituciones culturales de la isla como Ludwig Foundation y sigue escribiendo ensayos y ficción desde su casa del Vedado, lugar donde se reúne frecuentemente con jóvenes escritores y artistas de la isla.

LA HABANA AIRE Y SOL

Rodeada por los muros de antiguas fortalezas diseñadas para la defensa de corsarios y piratas, protegida aún por castillos levantados sobre las rocas, **asediada** por el mar en su incesante batir, se alza la ciudad cuyo nombre ha quedado asociado para siempre al de la planta voluptuosa y aromática, cuyo humo levanta catedrales en el aire y evoca los ritos **embriagantes** de los antiguos pobladores de la isla mayor del Mar Caribe. Desde entonces, La Habana comenzó a forjarse su lenguaje, siempre en diálogo con la naturaleza que la asedia y la **cobija**. La bahía cerrada la hizo sitio predilecto de los navegantes cuando arribaban al continente recién descubierto: lugar de encuentro, pórtico del Nuevo Mundo, **umbral** de la aventura, pero también, centro de reunión de navíos, lugar de confluencias, último puerto antes de emprender la larga travesía de regreso a través del Atlántico, sitio del adiós y de la despedida.

El diálogo constante del entorno citadino con la naturaleza adopta diferentes formas y se manifiesta a través de un lenguaje que se renueva al pasar de los años, manteniendo su modo peculiar de expresión. El aire—sus variaciones, su más levísimo **soplo**, el batir de la brisa o la ausencia de circulación del viento—adquiere un relieve particular en la capital de Cuba, donde el calor del clima tropical parece **regir** todos los gestos de sus habitantes. Las fluctuaciones y los movimientos del aire constituyen uno de los ejes alrededor del cual gira la vida de La Habana, atenta a sus más leves **vaivenes**, adiestrada para percibir sus mínimas variaciones. Es el dios del viento quien parece regir el destino de los habitantes de una ciudad subordinada a sus caprichos, construida según sus imperativos, plegada a sus poderes, atenta a sus más delicados **giros**, abierta a su poder refrescante. Mas ese viento que en ocasiones abandona a la población sedienta de brisas se manifiesta en todo su esplendor y poder destructivo a través de la violencia del ciclón, la deidad más venerada por los **primigenios** habitantes de la isla. El dios Huracán, con sus ráfagas avasalladoras, trastoca abruptamente el suave fluir de la conversación del hombre con el viento para desencadenar la **querella**, disputa que convierte el diálogo en canto funerario, lenguaje que se transmuta en fatídico anuncio de la proximidad del meteoro.

El diálogo de la ciudad con el implacable sol del trópico precisa otro lenguaje. La potencia con que este lanza sus **rayos** ardientes sobre la isla parece responder, en determinadas horas del día, a una perversa voluntad de **castigar** al hombre, replegarlo sobre sí mismo, llevarlo al límite de su cordura. Hay que defenderse del relumbre que hiere la retina, avasalla la pupila, lesiona la mirada: apoteosis de luz, fulgor excesivo que, en punzante ironía, lejos de facilitar la visión, obliga a cerrar los ojos en busca de oscuridad.

Los rayos saturan la atmósfera de calor, **avivan** el fuego adormecido en el interior de los objetos. La resolana parece apropiarse del universo. Se hace necesario diseñar estrategias para presentar batalla a la claridad sofocante con una variedad incalculable de prendas: sombreros, gorras, viseras, boinas, pañuelos, sombrillas, quitasoles, y escoger los caminos contra el enemigo destello que parece apropiarse de todo. La ciudad de las columnas está asociada con esta necesidad de amortiguar el castigo solar y brindar al caminante un pasadizo resguardado del sol. En el interior de las casas habla el sol a través del medio punto cubano con sus **vitrales** coloridos, transmutando la radiación excesiva en reflejos que atenúan la violencia abrasadora de los rayos, fiesta de tonalidades que ilumina delicadamente la **penumbra** interior. Al atravesar los cristales se produce la metamorfosis: milagro de un sol fragmentado en arcoíris que, al rendir su monótona soberbia, se abre a lo diverso, multiplicando alegremente la gama de tintes que jaspea los objetos.

En diálogo constante con la naturaleza y la historia, con las construcciones y la imaginación de los seres humanos que la habitan va forjándose el lenguaje de esta ciudad marinera, azotada por el viento, bañada por la luz hiriente de un sol tropical que no concede **tregua** a sus habitantes. Las creaciones del hombre, superpuestas y modificadas a lo largo del tiempo, van dejando **huellas** de sus aspiraciones y sus padecimientos, de sus leyendas y deseos, guardando testimonio, en fin, del lenguaje en que se **tejen** los sueños de esta ciudad frente al mar.

VOCABULARIO

asediada: *besieged*

embriagantes: *intoxicating*

cobija: *shelters*

umbral: *threshold*

soplo: *breath*

regir: *to govern*

vaivenes: *ups and downs*

giros: *twists*

primigenios: *primal*

querella: *complaint*

rayos: *rays*

castigar: *to punish*

avivan: *revive*

vitrales: *stained glass*

penumbra: *gloom, shadows*

tregua: *truce*

huellas: *footprints*

tejer: *to weave*

PREGUNTAS

a. ¿Cuál es la isla mayor del Caribe?

b. ¿Cuáles son los elementos naturales que más afectan a los habitantes de La Habana?

c. El texto habla sobre la influencia del sol y del viento en los habitantes de La Habana. ¿Qué efecto tiene el sol? ¿Qué tipo de objetos usan los habaneros para protegerse del sol?

d. ¿Cree usted que el sol puede ser violento? ¿Por qué?

e. ¿Cuál estación del año prefiere usted? ¿Por qué?

f. ¿Prefiere el calor o el frío?

g. ¿Cree usted que el clima afecta el comportamiento de las personas? ¿Cómo?

h. Las islas del Caribe están expuestas a fenómenos naturales peligrosos. ¿Cuáles son?

i. ¿Cree usted que los habaneros son más abiertos y optimistas a causa del clima? Explique su respuesta.

VIII. Repaso general

4.12 Use los siguientes elementos para construir frases completas. Conjugue el verbo que está entre paréntesis y agregue la "**a**" personal cuando sea necesario.

a.   (Ser) las ocho de la noche y (tener/nosotros) muchas ganas de (bailar) en la Casa de la música del barrio Miramar.

b.   ¿(Conocer/tú) el barrio el Vedado? ¿(saber) quién es el autor de la novela *El reino de este mundo*? No (conocer) Alejo Carpentier?

c.   El concierto de *Los Van Van* (ser) en la Universidad de La Habana. El grupo (ser) fantástico.

d.   (Ser) importante aprender sobre la revolución cubana. ¿(saber/ustedes) quién (ser) Fidel Castro?

e.   Nosotros (tener) prisa. (ser) las nueve y media y (tener) una cita a las nueve y cuarenta y cinco.

4.13 Camilo le escribe una carta a su amigo César que vive en París. Seleccione un verbo de la lista y llene los espacios en blanco con la conjugación correcta.

Lista de verbos:

ser   estar   saber   conocer   tener   haber   deber

Querido César:

¿Cómo **a.** _____? Hace muchos meses que no **b.** _____ nada de ti y te extraño mucho. ¿**c.** _____ que vivo en la Habana desde hace un año? Trabajo con el ICAIC (Instituto Cubano de Cine y Televisión Cubano). ¿**d.** _____ a los fundadores? Uno de ellos **e.** _____ Santiago Álvarez. **f.** _____ un director de cine muy conocido en Cuba. **g.** _____ que venir a visitarme. Para ti, **h.** _____ ser fácil conseguir una visa para venir a Cuba, **i.** _____ profesor y **j.** _____ mucho sobre los artistas cubanos contemporáneos. Yo **k.** _____ a una persona del instituto que te puede dar una carta de invitación. **l.** _____ muchas ganas de verte. La Habana ha cambiado mucho, ya no **m.** _____ la ciudad sin turismo que conociste en los años ochenta. **n.** _____ que visitar la ciudad en este momento para entender su transformación. Yo **o.** _____ haciendo un documental sobre el fin de la era de los Castro. ¿**p.** _____ que Raúl ya no está en el poder? Me imagino que sí . . . **q** _____ la gran noticia en todos los periódicos del mundo. **r.** _____ un momento de mucha incertidumbre para los cubanos. **s.** _____ mucha suerte de poder **t.** _____ en la Habana en este momento. Bueno amigo, pronto te escribo de nuevo, ahora no **u.** _____ mucho tiempo.

Te abrazo y espero recibir una respuesta tuya pronto,
Camilo

El siguiente dibujo muestra la vida en las calles de Centro Habana, uno de los barrios más poblados de la ciudad. En esta imagen vemos a niños que juegan béisbol, a unas mujeres asomadas en la puerta y en la ventana de dos edificios, a una niña bailando y a una mujer vestida completamente de blanco. En la Santería (religión afrocubana), las personas que están en un proceso de purificación deben llevar ropa blanca durante un año y dieciséis días. Se les llama *Iyawo*.

Centro Habana

4.14 Describa el dibujo usando los siguientes datos de información sobre la hora, el lugar, los nombres de los niños, el deporte que juegan, el tipo de música que baila la niña, la relación entre ellos y la mujer de la puerta, la descripción del apartamento. Escriba diez frases usando los verbos **ser**, **estar**, **conocer**, **saber** y **tener**.

Datos:
-cinco de la tarde
-la madre de los niños
-Julián y René
-la hora del almuerzo
-verano

-el apartamento pequeño
-vacaciones
-béisbol
-Centro Habana
-impaciente
-Hip Hop

4.15 Berta y Alejandro tienen una conversación sobre las obligaciones en el proceso de purificación de acuerdo a las reglas de la santería. Complete el diálogo con preguntas y respuestas.

Datos importantes para completar el ejercicio: la gente debe vestirse de blanco durante el tiempo de purificación. En la santería las deidades son llamadas orishas y las más importantes son Obbatalá, Shangó, Yemayá, Oshún, Elegguá.

Alejandro: ¿Qué color de ropa hay que llevar durante este mes?

a. Berta: _____.

b. Alejandro: ¿_____?
Berta: Sé que el tiempo de purificación es un año y dieciséis días.
Alejandro: ¿Conoces a todos los orishas?

c. Berta: _____.

d. Alejandro: ¿_____?
Berta: Sí, estoy segura de que estoy lista para el proceso de purificación.
Alejandro: Ok, ¿Tienes calor con ese pañuelo en tu cabeza?

e. Berta: _____.

f. Alejandro: ¿_____?
Berta: Sí, necesito un vaso de agua.
Alejandro: ¿Tienes prisa?

g. Berta: _____.

h. Alejandro: ¿_____?
Berta: Sí Alejandro, estoy aprendiendo todas las lecciones de Santería y me gusta mucho el proceso . . .
Alejandro: ¿Crees que soy un buen candidato para el proceso de purificación?

i. Berta: _____.

j. Alejandro: ¿_____?
Berta: Sí, tengo ganas de tomar un café. Te invito.

4.16 En el siguiente ejercicio se incluyen conceptos gramaticales estudiados a través del capítulo. Escriba cinco reacciones para cada una de las siguientes situaciones usando los verbos y los pronombres entre paréntesis:

La temperatura de La Habana está a cien grados Farenheit.
- **a.** La gente (tener) . . .
- **b.** Los turistas (deber) . . .
- **c.** (Haber que) . . .
- **d.** Yo (saber) . . .
- **e.** La situación (ser) . . .

Hoy hay un concierto de los Van Van en la Casa de la Música.
- **f.** Los Van Van (ser) . . .
- **g.** Mis amigos y yo (no-conocer) . . .
- **h.** Tú (tener-que) . . .
- **i.** Los turistas (tener) . . .
- **j.** Yo (estar) . . .

Esta tarde hacemos un recorrido por La Habana Vieja.
- **k.** El guía (deber) . . .
- **l.** (Haber que) . . .
- **m.** Tú (no-saber) . . .
- **n.** Nosotros (estar) . . .
- **o.** Los turistas (tener-que) . . .

4.17 Busque información y una fotografía sobre uno de los siguientes lugares de La Habana y descríbalo usando verbos en el presente, los verbos **ser** y **estar**, las expresiones con el verbo **tener**, los verbos **saber** y **conocer**.

- **a.** La casa del escritor José Lezama Lima
- **b.** Museo Nacional de Bellas Artes
- **c.** Monumento a José Martí
- **d.** La Universidad de La Habana
- **e.** La catedral de La Habana
- **f.** La casa de la escritora Dulce María Loynaz
- **g.** Museo de la Revolución

4.18 En este capítulo hemos recorrido algunos lugares de la ciudad de La Habana teniendo en cuenta su historia, su sistema político y algunas de sus manifestaciones culturales. Regrese al lugar que más le interesó, busque información adicional e imagine que le escribe una postal a un/una amigo/a contándole cómo es el espacio y por qué es emblemático.

4.19 Busque la canción "La Habana no aguanta más" del grupo Los Van Van. Escúchela, lea la letra y prepárese para comentar en clase lo que aprendió sobre la ciudad a partir de la canción.

**Vista panorámica de San José con el Parque Central
y la Catedral Metropolitana en primer plano**

CAPÍTULO CINCO

SAN JOSÉ: ¡PURA VIDA!

Comparatives and Superlatives, *gustar* and Other Similar Verbs,
Numbers over 100, Ordinal Numbers

Introducción

La ciudad de San José, llamada coloquialmente "chepe", es una pequeña joya en América Central. Situada en el centro de Costa Rica, es la capital del país desde el año 1838. Es una ciudad urbana, liberal y culta. En el centro, la arquitectura de su pasado colonial está todavía muy presente; se alzan majestuosas catedrales y exquisitos edificios históricos con detalles muy coquetos. A partir de finales del siglo XVIII Costa Rica empezó a hacer su fortuna con el cultivo del café y del banano; entonces surgió en San José una clase alta con un estilo de vida acomodado y muy avanzado para la época. En 1884 la capital fue la tercera ciudad en el mundo con luz eléctrica, después de Nueva York y París.

Se puede empezar a descubrir San José a partir de la Plaza de la Cultura, situada en el corazón del centro de la ciudad. Desde allí se llega al edificio más emblemático de la capital, el Teatro Nacional. Construido en 1897, su fachada neoclásica y su interior lujoso son un homenaje a la vida cultural de la ciudad. Bajo la Plaza de la Cultura se esconde un tesoro: el Museo de Oro Precolombino. Cuenta con una colección extraordinaria de piezas de oro hechas por artesanos precolombinos, desde joyas y monedas hasta figuras de animales y humanos. El Museo del Jade, situado en la Plaza de la Democracia, conserva la colección más amplia de jade americano, con más de 7.000 piezas representando a dioses, animales y otros testimonios de la rica historia precolombina del país.

Uno de los barrios históricos más visitados en San José es el barrio Amón, cuya creación se debe a un productor de café francés, Amon Fasileau Duplantier. En este primer barrio residencial de la clase alta se construyeron al principio del siglo XX mansiones espectaculares perteneciendo casi todas a los dueños de cafetaleras. Un paseo por las calles del barrio Amón revela algunas de las maravillas arquitectónicas de la ciudad, desde mansiones art-déco hasta casas que mezclan un estilo victoriano con luminosos colores tropicales. Un barrio que se ha puesto de moda es el barrio Escalante; con sus numerosos bares, cafés y restaurantes, es el lugar predilecto de los jóvenes costarricenses que buscan algo nuevo. Allí se pueden tomar también muchas especialidades gastronómicas tradicionales con influencias afrocaribeña, española e indígena. Es popular el gallo pinto, un desayuno nacional hecho a base de arroz y frijoles, y el casado, hecho con tortilla de maíz, carne de pollo o pescado, arroz, frijoles, ensalada y plátano maduro frito. En muchos platos costarricenses abundan las verduras frescas, mientras que las frutas tropicales se utilizan para elaborar deliciosos jugos naturales, como los de piña, papaya, guanábana, guayaba, carambola, granadilla . . .

Como en muchas capitales, los josefinos (habitantes de San José) pasan su tiempo libre en grandes parques. El famoso Parque Nacional está poblado de monumentos que celebran importantes figuras latinoamericanas, como al poeta cubano José Martí y al humanista venezolano Andrés Bello. Cerca del Parque Central se levanta la Catedral Metropolitana, una estructura de estilo renacentista con vidrieras coloridas; a la figura de Cristo acuden regularmente los habitantes de la capital para rezar y dejar pedacitos de papel doblados pidiendo ayuda.

En Costa Rica la cultura del café es una parte fundamental de la identidad del país. En el Valle Central de San José se produce uno de los cafés más exquisitos del mundo, tanto por la altitud como por la tierra volcánica muy fértil de la zona. Desde que se empezó a exportar café a Europa a principios del siglo XIX, la economía del país se transformó para siempre. La forma más tradicional de preparar café es con un *chorreador*, una simple estructura de madera que soporta una tela a través de la cual se filtra el café. En San José se puede degustar una excelente taza de café en cualquier lugar, aunque algunos establecimientos se han hecho más populares. Es el caso del Café del Barista, uno de los cafés independientes más queridos de la ciudad, o de Cafeoteca, donde sirven más de veinte variedades de café.

A diferencia de los demás capítulos en este manual, aquí nos vamos a detener también en otras regiones de Costa Rica, y, en particular, en la gran riqueza natural del país. Costa Rica es un destino para los amantes de la naturaleza, dado sus amplios territorios protegidos con reservas y parques naturales. Ofrece bosques, junglas tropicales, volcanes y playas vírgenes tanto en la costa Pacífica como en la del Caribe. A pesar de ser un país pequeño, contiene alrededor del 6% de la biodiversidad mundial. Es uno de los lugares turísticos predilectos para quienes se interesan en el ecoturismo, el deporte y el contacto con la naturaleza en su estado más puro. De hecho, la expresión "pura vida" se ha convertido en el lema del país: capta perfectamente el optimismo de los costarricenses y su filosofía relajada hacia la vida.

Costa Rica tiene una larga tradición democrática. El país estableció el derecho a la educación gratis en 1869 y disolvió su ejército nacional en 1948. Se reconoce como una nación pacífica y progresista que se preocupa tanto por el bienestar de sus habitantes como por el futuro de su tierra. A los costarricenses se les llama afectuosamente "ticos" por una particularidad lingüística que consiste en añadir el sufijo "-tico" al final de muchas palabras. Se les conoce como gente tranquila, abierta, hospitalaria y sumamente cortés. En este capítulo repasaremos los comparativos y los superlativos, el verbo **gustar** y otros verbos parecidos, los números de 100 en adelante y los números ordinales. Exploraremos el famoso barrio de Amón, el Teatro Nacional, la rica diversidad natural de Costa Rica y la forma de hablar de los *ticos*. ¡Pura vida!

PREGUNTAS DE COMPRENSIÓN

1. ¿Dónde se sitúa San José?

2. ¿Qué ocurrió en Costa Rica a finales del siglo XVIII?

3. ¿Por qué podemos decir que en 1884 San José era una ciudad muy avanzada?

4. ¿Dónde está el Museo de Oro Precolombino? ¿Por qué es tan importante?

5. ¿Quiénes vivían en el Barrio Amón a principios del siglo XX?

6. ¿Qué es el *gallo pinto*? ¿Cuándo se toma?

7. ¿Para qué se utiliza un chorreador?

8. ¿Qué ofrece Costa Rica para los amantes de la naturaleza?

9. ¿Qué se estableció en Costa Rica en el año 1869?

10. ¿Por qué se les llama "ticos" a los costarricenses?

11. ¿Cuál es el significado detrás de la expresión "pura vida"?

12. ¿Sabe lo que es el ecoturismo? ¿Le interesaría hacer esta forma de turismo en Costa Rica? Explique su respuesta.

I. Comparatives and Superlatives / *Comparativos y superlativos*

A. Spanish distinguishes between comparative and superlative by context: *más* means "more" or "most" and *menos* means "less" or "least." Thus *el libro más largo* may mean the longer book (of two) or the longest (of a group). Other examples:

> *Esta casa era más bonita y era la más nueva del barrio.*
> This house used to be prettier, and it was the newest (one) in the neighborhood.

> *Esta lectura es menos interesante y es la más larga de todas.*
> This reading is less interesting, and it's the longest of (them) all.

> *Teníamos el problema más complicado del mundo.*
> We had the most complicated problem in the world.

> *Los cuentos recientes de este escritor muchas veces son los más interesantes.*
> The recent short stories by this author are often the most interesting.

Note the use of *de* after superlatives (*del barrio*, *del mundo*), and the placement of the adjective (*complicado*) after the noun (*el problema*).

PRÁCTICA

5.1 Traduzca las frases siguientes al español:

   a. The longer route to the coast is less boring.

   b. The biggest city in Costa Rica is San José.

   c. The newest bicycle in this store costs 100.000 colones (*currency in Costa Rica*).

   d. Gallo pinto is a less complicated dish than others.

   e. For some Costa Ricans, Corcovado is one of the most beautiful national parks in the country.

   f. Often the most interesting photos are the simplest ones.

   g. This is the cheapest backpack in the store.

B. Irregular Comparatives: *mejor*, *peor*, *mayor*, *menor*

mejor	better, best	*Hablaste mejor que yo.*
peor	worse, worst	*Es el peor sistema que conozco.*
mayor	bigger, biggest	*Ese fue uno de nuestros mayores logros (achievements).*
menor	smaller, smallest	*La inflación fue menor este año.*

These irregular forms do not replace the regular, but rather convey slightly different ideas:

- *mejor/peor* are used just like English **better/worse** to indicate a degree of excellence.

  The less common *más bueno/malo* tend to convey moral qualities:

  Era el hombre más bueno del pueblo.   He was the kindest man in town.

- *mayor/menor* indicate degree of importance, whereas *más grande/pequeño* are preferred for physical size:

  En Costa Rica el turismo es la industria con mayor desarrollo.
  In Costa Rica tourism is the industry with the biggest growth.

  Pidieron el helado más grande de todos.
  They asked for the largest ice cream of all.

  Era solo un problema menor.
  It was only a small (minor) problem.

  Eligieron el perro más pequeño.
  They picked the smallest dog.

- *mayor/menor* also mean **older/younger**, only referring to people (especially family):

Mi hermana mayor es más baja que yo.	My older sister is shorter than I.
El hijo menor vive en San José.	The younger / youngest son lives in San José.

PRÁCTICA

5.2 Complete las frases siguientes con **mejor/es, peor/es, mayor/es, menor/es**:

a. Elena tiene diez años y su hermana Sara tiene seis. Elena es la _____ de los dos.

b. Juan Carlos tiene veinte años y tiene un hermano _____ de quince.

c. Para ir a la playa Punta Uva alquilamos un carro barato de dos puertas, pero al final nos dieron uno mucho _____, con cuatro puertas y un maletero (*trunk*) enorme.

d. El _____ momento del año para viajar a la playa es el mes de agosto; hay demasiados turistas en todas partes.

e. Durante mi visita a una plantación en Monteverde, probé el _____ café de mi vida. ¡Estaba riquísimo!

f. Ayer cuando fuimos de excursión para visitar el volcán Arenal hacía sol; hoy está lloviendo y el tiempo está _____.

g. Alejandro es el mayor de la familia; tiene tres hermanas _____.

h. Las frutas tropicales de América Central son algunas de las _____ en el mundo. Tienen un sabor exquisito.

i. La zona Atlántica de la costa de Costa Rica es el _____ lugar para observar las tortugas marinas. Cada año van miles de turistas a verlas.

j. A veces nos preocupamos por problemas _____, de poca importancia.

k. Rafael es uno de los _____ cocineros que conozco; es un desastre.

l. Para algunas personas el _____ momento del día es la mañana; se encuentran cansados y sin energía.

5.3 Conteste las preguntas siguientes con frases completas:

a. ¿Cuál es su mayor aspiración en la vida?

b. ¿Tiene hermanos o hermanas menores que Ud.? ¿Y mayores?

c. ¿Cuál es el peor día para ir a un restaurante? ¿Por qué?

d. ¿Cuál es la mejor comida que prepara su madre o su padre?

e. ¿Cuál fue el mejor momento de su vida hasta ahora?

f. ¿Cuál es su mayor defecto? ¿Y su mayor calidad?

g. ¿Puede dar el ejemplo de un problema menor que tiene?

h. ¿Cuánto mide Ud.? (*How tall are you?*) ¿Le gustaría ser más grande? ¿Más pequeño/a?

C. More or Less: *más . . .* , *menos . . .*

más . . . que more . . . than *menos . . . que* less . . . than	To compare nouns: *Tengo menos dinero que ellos.* . . . adjectives: *Hoy las máquinas son más rápidas que nunca.* . . . adverbs: *Ella habló más rápido que el profesor.*
más . . . de more . . . than *menos . . . de* less . . . than	*more or less* than a given quantity of something (**numbers**): *Tengo menos <u>de</u> diez mil colones.* *Tomó más <u>de</u> la mitad de mi arroz con leche.* *Más <u>del</u> cincuenta por ciento de mis amigos estudian y trabajan.*

The preposition *de* is also used when the comparison involves a clause (a phrase with a new conjugated verb, usually introduced by *el*, *la(s)*, *lo(s) que*):

Hablas más de lo que debes.	You speak more than (what) you should.
Traje más maletas de las que necesitaba.	I brought more suitcases than (the ones) I needed.
Gastamos más dinero <u>del</u> que ganamos.	We spend more money than we earn.
Hay menos gente de la que creí.	There are fewer people than I thought.
Me divertí más de lo que esperaba.	I had more fun than I expected.

PRÁCTICA

5.4 Complete las frases siguientes con **que**, **de** o **del**:

    a. Curiosamente, la cerveza barata era mejor ____ la cara. Y la barata valía menos ____ dos mil colones.

    b. Más ____ tres millones de turistas visitaron Costa Rica en el año 2018, muchos más ____ en años anteriores.

    c. Hace más ____ media hora que llegamos a la Isla del Coco y afortunadamente hay menos turistas ____ los que esperábamos.

    d. Hacía menos frío en la montaña el mes pasado ____ este, pero cayó más lluvia ____ nunca.

    e. Esta novela de Fernando Contreras es más interesante ____ lo que pensé. Ya leí más ____ la mitad.

    f. Mi amiga costarricense María conoce a más gente en San José ____ yo. Tiene más ____ treinta amigos.

    g. Más ____ cuarenta por ciento de los turistas que viajan a Costa Rica van a ver volcanes y parques naturales.

h. La visita a la plantación de café cerca de San José fue más interesante _____ lo que había pensado.

i. Pasamos más _____ tres horas visitando el Museo de Oro Precolombino.

j. Después de mi estancia en Costa Rica hablo español mucho mejor _____ mis amigos.

Costa Rica fue el primer país en América Central que desarrolló el cultivo del café, y desde finales del siglo XVIII esta industria ha sido muy importante en el desarrollo económico del país. Las tierras altas alrededor de San José ofrecen condiciones ideales para las plantas de café, debido a su suelo fértil, lluvias adecuadas, tierras elevadas y un clima fresco. El café Tarrazú, de especie arábica, es considerado como uno de los mejores cafés del mundo.

El trabajo de los recolectores de café (*coffee pickers*) requiere un gran esfuerzo físico, puesto que los granos de café son recogidos a mano. En la actualidad, varias asociaciones en Costa Rica luchan por mejorar las condiciones laborales de los trabajadores en las plantaciones de café.

Un recolector (*picker*) de café con un típico canasto de bejuco (*woven basket*)

5.5   Complete las frases siguientes con **que**, **de** o **del**:

a.   En Costa Rica la industria del café es más importante _____ la del tabaco.

b.   El país necesita más _____ 70.000 recolectores de café cada año.

c.   Hay más _____ 84.000 hectáreas de cultivos de café.

d.   Algunos recolectores de café trabajan más _____ diez horas al día.

e.   Es mucho más fácil realizar trabajos agrícolas *(agricultural work)* con máquinas _____ a mano.

f.   El trabajo del recolector de café en el dibujo es mucho más difícil _____ lo que uno piensa.

g.   Costa Rica exporta más _____ 85% del café que produce.

h.   A mucha gente le gusta más el café _____ el té.

i.   El café Tarrazú es uno de los mejores cafés _____ mundo.

j.   En los cafés de San José una buena taza de café cuesta menos _____ en los Estados Unidos.

D.   As . . . as: *tan / tanto . . . como*

tan . . . como	as . . . as	To equate adjectives or adverbs: ***Es tan simpática como siempre.*** ***Come tan lentamente como su hermano.***
tanto/a . . . como *tantos/as . . . como*	as much . . . as as many . . . as	Alone or with a noun: ***Yo no estudio tanto como mis amigos.*** ***Los costarricenses comen tanta carne como nosotros.*** ***No hay tantos problemas como antes.***

- Remember that *tanto . . . como* (with no feminine or plural) also means **both . . . and**:

  tanto las ciudades grandes como las pequeñas   both large and small cities

---

as . . . as possible can be expressed in different ways in Spanish. A common equivalent is *lo más . . . posible*:

El examen va a ser lo más fácil posible.   The exam is going to be as easy as possible.

Llegué a la playa lo más pronto posible.   I arrived at the beach as early as possible.

PRÁCTICA

5.6   Complete las frases siguientes con **tan**, **tanto/a/s**, **como** o **de**:

     a.   Mi hermano mayor hizo _____ viajes a América Latina _____ yo. Los dos hicimos más ___ cuatro.

     b.   El hijo menor de Andrés no juega al fútbol con _____ frecuencia _____ el mayor.

     c.   Emilia habla _____ idiomas _____ su hermano menor. Las dos saben más ___ cuatro lenguas.

     d.   Anoche en la fiesta fue maravilloso y nos divertimos _____ _____ esperábamos. Bailamos mucho más ___ lo que siempre bailamos.

     e.   _____ social _____ políticamente, Costa Rica es uno de los países más estables ___ América Latina.

     f.   Nuestro café es _____ sabroso _____ el ___ tu país, pero no producimos _____.

     g.   Las obras del escritor costarricense Fabián Dobles no son _____ sencillas _____ parecen.

     h.   El ecoturismo es mucho más popular _____ lo que la gente piensa.

     i.   En un viaje a Costa Rica, es _____ importante visitar las atracciones culturales en San José _____ hacer excursiones a la selva tropical.

     j.   El Parque Internacional La Amistad fue creado _____ por el gobierno de Costa Rica _____ el de Panamá.

     k.   Mientras viví en San José probé _____ frutas tropicales _____ tipos de café.

En el siguiente ejercicio vamos a explorar "Casa Verde", una de las casas más emblemáticas de San José, situada en el barrio Amón. Este antiguo barrio residencial se hizo famoso a finales del Siglo XIX, cuando inmigrantes adinerados y miembros de la burguesía costarricense se instalaron allí gracias a la fortuna que hicieron con la industria del café, del banano y de la caña de azúcar. Muchas casas en este barrio son un ejemplo de arquitectura "neotropical victoriana", un estilo que mezcla el estilo victoriano europeo con influencias del Caribe. El primer habitante de Casa Verde fue el Sr. Saborío Yglesias, quien vivió allí con su esposa y sus nueve hijos. En el siglo XX, en la década de los años noventa, la casa pasó a ser un hotel. Hoy pertenece al Instituto Tecnológico de Costa Rica.

Casa Verde
Un ejemplo de arquitectura "neotropical victoriana" en el barrio Amón

5.7 Complete las frases siguientes con **mejor/es, más, más de, tan . . . como,** o **tanto . . . como:**

a. Durante el siglo XIX, en el barrio Amón vivían _____ inmigrantes ricos _____ costarricenses de la alta burguesía.

b. Casa Verde es uno de los edificios históricos _____ bonitos del barrio de Amón.

c. Se construyó entre los años 1913-1915, hace _____ cien años.

d. Una de las características _____ sobresalientes (*outstanding*) de esta casa es su color verde, aunque cuando se construyó era azul.

e. Esta casa representa uno de los _____ ejemplos de arquitectura neotropical victoriana en San José.

f. Cada año, _____ los turistas _____ la gente local de San José van a visitarla.

g. Casa Verde es _____ hermosa hoy _____ hace cien años.

E. Common Expressions Using *More, Most, Less*

- **The more . . . the more** has different equivalents in Spanish. A common one, particularly in America, is ***Mientras más . . . más***:

Mientras más estudio, más aprendo.	The more I study, the more I learn.
Mientras menos gastas, mejor vives.	The less you spend, the better you live.

- **Most (of)** is expressed by ***la mayor parte (de)***. An equivalent expression, <u>for countable nouns only</u>, is ***la mayoría de***. These expressions use the verb in the third person singular:

  La mayoría de nosotros conoce la mayor parte del país.
  Most of us know most of the country.

  ¿Conoces a tus compañeros de clase? Conozco a la mayoría.
  Do you know your classmates? I know most of them.

- The best Spanish equivalent for expressions like **better and better** (increasingly better, ever better), is ***cada vez***. (The repetitive ***mejor y mejor*** is mostly colloquial and considered poor style):

cada vez más, cada vez menos	more and more, less and less
cada vez mejor, cada vez peor	better and better, worse and worse
cada vez mayor, cada vez menor	bigger and bigger, smaller and smaller
Viajar es cada vez más fácil.	Traveling is easier and easier.
El tráfico en el centro es cada vez peor.	The traffic downtown is worse and worse.

PRÁCTICA

5.8 Traduzca las frases siguientes al español:

a. We know most of the neighborhoods in San José.

b. My trip to Costa Rica was more and more fun because I made good friends.

c. After six weeks in San José, I'm speaking Spanish better and better. The more I practice, the better I speak.

d. When we went to the bar, most of us had never tried chifrito and empanadas.

e. The more you travel, the more you learn about others (*los demás*).

    f.   The more you learn about others, the more you learn about yourself (*ti mismo*).

    g.   I like this country more and more.

5.9   Construya frases comparativas utilizando las expresiones **más que** o **menos que**:

    Modelo: *La ciudad de San José / con la ciudad de Nueva York*
    *La ciudad de San José es **más pequeña/chiquita que** la ciudad de Nueva York.*

    a.   Su ciudad natal / con San José
    b.   Su niñez / con la niñez de sus padres
    c.   El español / con el inglés
    d.   El café de Costa Rica / con el café de Estados Unidos
    e.   Las playas de Costa Rica / con las playas de Miami
    f.   La arquitectura de San José / con la arquitectura de Nueva York
    g.   El arte / con la ciencia
    h.   Los ordenadores / con los libros

II. *Gustar* and Other Similar Verbs / Gustar *y otros verbos parecidos*

A. *Gustar*

There is a group of verbs that are most frequently used with **indirect objects**. The most common is *gustar*, which is the equivalent of "to like," but functions very differently.

In the English sentence "I like the book," "I" is the **subject** and "the book" is the **object**.

In the Spanish sentence "Me gusta el libro", "the book" is the **subject** of the sentence and "me" is the **indirect object**.

It is as if we were to say in English, "The book is pleasing to me": ***El libro me gusta***. Therefore:

Indirect object	Verb (and adverb)	Subject
Nos	*gusta mucho*	*el arte.*
We like art a lot.		
Me	*gustan*	*las postales.*
I like postcards.		
Nos	*gustó*	*el concierto.*
We liked the concert.		
¿Te	*gusta*	*el café fuerte?*
Do you like strong coffee?		
Me	*gustas*	*tú.*
I like you (romantically).		

- A sentence beginning with "Esteban likes . . . " will have to begin as:

  A Esteban le gusta . . .
  A la mayoría de la gente le gusta viajar.   **Most people** like to travel.

- Where English says **I don't like it** or **I like them**, **"it"** or **"them"** is the subject of the verb that Spanish uses. Spanish omits these subject pronouns:

  ¿Te gustó la comida? Sí, me gustó   Did you like the food? Yes, I liked
  mucho.   it a lot.

Do not try to express "it" or "them" with "gustar." If you must, it will have to be with the appropriate demonstrative pronoun: *Me gusta **eso**, me gusta **esta***.

- Adverbs such as *mucho*, *poco*, and *un poco* are usually placed right next to *gustar* and similar verbs (English prefers them at the end).

  Note the difference in meaning:

  Les gusta mucho tomar jugo   They like drinking papaya juice
  de papaya.   **a lot.**
  Les gusta tomar mucho jugo de   They like drinking **lots** of papaya
  papaya.   juice.

- For clarity or contrast, *a* + prepositional pronoun can be used:

  A ella le gustan los viajes, pero a él no.   She likes trips, but he doesn't.
  A mí me gustó el arroz con frijoles,   I liked the rice and beans, but
  pero a ti no.   you didn't.

- To like better is expressed by *gustar más*:

  Nos gustó más este restaurante que   We liked this restaurant better
  el otro.   than the other.
  Me gusta más el campo que la ciudad.   I like the country better than
                                                 the city.

PRÁCTICA

5.10 Traduzca las frases siguientes al español:

a.   I like guava juice. My (male) friend likes sour (*agrio*) drinks.

b.   We like swimming in the ocean a lot.

c. Did you like the movie? Yes, I liked it better than the other one.

d. Did you like the museums in San José?

e. Costa Ricans like coffee. They like it a lot.

f. We liked the people in San José.

g. I like big cities, but you don't.

B. Other Similar Verbs

Other verbs that express personal reactions and function like ***gustar*** are the following:

caer bien/mal	to (dis)like a person (not romantically)
fascinar	to fascinate
agradar	to like (not romantically)
importar	to care about
disgustar	to annoy, irk
interesar	to interest
doler	to hurt
molestar	to bother
encantar	to like a lot (love)
preocupar	to concern, worry
enojar	to irritate
sorprender	to surprise

Me cae mal este actor.	I don't like this actor.
¿Te agrada la ciudad?	Do you like the city?
A Pedro le disgusta el tráfico.	Traffic annoys Pedro.
Me duele el brazo. Me duele.	My arm hurts (me). It hurts.
Me encanta la selva tropical.	I love the tropical jungle.
Nos fascinan las tortugas verdes.	Green sea turtles fascinate us.
Me importan las noticias.	I care about the news.
No nos interesaba.	We were not interested in it.
¿Te molesta la luz?	Does the light bother you?
No les preocupa tanto el futuro.	They are not too worried about the future.

- The verbs *faltar*, *quedar* and *parecer* are used like **gustar**, but they also appear without an indirect object in impersonal statements:

A este plato le falta más sabor.	This dish is lacking (missing) more flavor.
Falta más educación en la sociedad.	More education is needed in society.
A mí me parece extraña esta costumbre.	This custom seems strange to me.
La costumbre parece extraña.	The custom seems strange.
Te queda poco tiempo para terminar.	You have little time (left) to finish.
Queda poco tiempo para las vacaciones.	There's little time left before vacation.

- A common **idiomatic expression** for "How did you like . . . ." is:

¿Qué les pareció este barrio?	What did you (pl.) think of this neighborhood?
Nos pareció muy interesante.	We found it very interesting.
¿Qué te parecieron los buñuelos?	What did you think of the *buñuelos*? (*light fried pastries*)
Me encantaron.	I loved them.

Costa Rica está situada encima del llamado "Cinturón de Fuego del Pacífico", una zona con varias placas tectónicas en movimiento (*moving tectonic plates*). En la actualidad hay cinco volcanes activos en el país: el Rincón de la Vieja, el Poás, el Irazú, el Turrialba y el Arenal. En el siguiente dibujo vemos el volcán Arenal, el más joven pero también el más activo de todos hasta ahora. Algunas noches se pueden distinguir pequeñas erupciones que iluminan el cielo.

Una caminata al volcán Arenal

PRÁCTICA

5.11   Mire el dibujo e imagine que usted forma parte del grupo de estudiantes que está haciendo una caminata al volcán Arenal. Va a contar su experiencia contestando las preguntas siguientes:

a.   ¿Cómo le pareció la caminata? ¿Le pareció fácil? ¿Difícil? ¿Por qué?

b.   ¿Le cayeron bien todos los estudiantes del grupo?

c.   ¿Le cayó bien el guía? *(tour guide)* ¿Por qué?

d.   ¿Le dolieron las piernas después de caminar tanto?

e.   ¿Qué le sorprendió más de esta experiencia?

f.   ¿Hay algo que le disgustó de la caminata? ¿El calor? ¿La humedad? ¿Los insectos?

5.12   Produzca oraciones utilizando los elementos dados y haciendo los cambios necesarios.

Modelo: *toda la gente / encantar / música* → ***A toda la gente le encanta la música.***

a.   mayoría de la gente / interesar / culturas nuevas
b.   turistas / encantar / playas en Costa Rica
c.   gente / faltar / entender mejor / ecoturismo
d.   estudiantes / importar / mucho / ambiente
e.   tú / quedar / pocos días / San José
f.   tus amigos / parecer / hermoso / volcán Arenal
g.   vosotros / doler / músculos / después de caminar tanto
h.   Valeria / fascinar / música afrocaribeña
i.   yo / molestar / turistas irrespetuosos (*disrespectful*)
j.   costarricenses / fascinar / frutas tropicales

5.13   Conteste las preguntas utilizando pronombres de complemento. Use la información entre paréntesis para añadir un comentario a cada respuesta.

Modelo:
¿Viste la última película de Esteban Ramírez Jiménez? (anoche, interesar, + anterior)
*Sí, la vi **anoche**, y me **interesó** más que la **anterior**.*

a.   ¿Leíste los últimos poemas de Enrique ? (hace una semana, gustar, + primeros)
b.   ¿Viste la exhibición de arte en el Museo Nacional? (ayer, interesar, + anterior)
c.   ¿Conociste al nuevo dueño (*owner*) del café? (esta mañana, agradar, + antiguo)
d.   ¿Probaste el dulce de leche que preparó Antonio? (anoche, gustó + el del restaurante)
e.   ¿Conociste a mi novio? (ayer, caer muy bien)
f.   ¿Visitaste otro parque natural? (la semana pasada, sorprender + primero)

III. Numbers over 100 / *Números de 100 en adelante*

cien / *100*

ciento un dálmatas / *101 dalmatians (masc.)*

ciento setenta y cinco toneladas / *175 tons (fem.)*

doscientos / *200*

doscientas noventa y ocho páginas / *298 pages (fem.)*

trescientos / *300*

cuatrocientos / *400*

quinientos / *500*

quinientas treinta y una libras / *531 pounds (fem.)*

seiscientos / *600*

setecientos / *700*

setecientos uno / *701*

ochocientos / *800*

novecientos / *900*

mil / *1.000*

dos mil / *2.000*

dos mil diecinueve / *2.019*

mil novecientos cuarenta y dos / *1.942*

un millón / *1.000.000 (noun)*

mil millones de colones / *a billion colones*

un billón de habitantes / *a trillion inhabitants*

- **Ciento** (100) shortens to **cien** when it comes directly before a noun and with thousands and millions, but is *ciento* when part of a number including tens or units:

cien veces / *100 times*

cien mil habitantes / *100.000 inhabitants*

ciento siete / *107*

el noventa y nueve por ciento / *99%*

- The conjunction "**y**" only joins tens (*decenas*) and units (*unidades*): **noventa y seis**.

- Only multiples of 100 and the **number one** agree in gender with the noun they qualify:

  quinient**as** tres páginas: 503 pages
  trescient**as** una mujeres: 301 women
  trescient**as** mil doscient**as** treinta y un**a** letras

- Spanish does not use multiples of a hundred **over nine**, i.e. fifteen hundred: mil quinientos, etc.

- Note the **period to mark for thousands**. The comma marks the decimal point: π=3,1416

- The preposition "**de**" is needed to connect nouns with the plural of **mil** and with the word **millón/millones**:

  dos mil personas: 2.000 people (do not use *gente* with numbers)
  miles de personas: thousands of people (not *gente*)
  un millón de turistas: one million tourists
  trece millones de colones: thirteen million colones

PRÁCTICA

5.14 Conteste las preguntas siguientes escribiendo los números en palabras, y luego **pronunciándolos** en voz alta.

    a. ¿En qué año estamos?
    b. ¿En qué año nació usted?
    c. ¿En qué año va a graduarse de la universidad?
    d. ¿Cuántos estudiantes hay en su universidad?
    e. ¿Cuántas habitantes hay en Estados Unidos? ¿Y en el mundo?
    f. ¿Sabe cuántos habitantes hay en Costa Rica?
    g. ¿En qué año se estableció el derecho a la educación gratis en Costa Rica?
    h. ¿Cuánto dinero le gustaría ganar al año después de graduarse?
    i. ¿Cuánto dinero le gustaría ganar en una lotería?
    j. ¿Cuántas páginas hay en este libro?

5.15 Traduzca las expresiones siguientes al español:

    a. one million reasons
    b. thousands of exotic birds
    c. a billion colones
    d. five hundred people
    e. fifty percent of the population
    f. one hundred and fifty guests
    g. twelve hundred students
    h. the year sixteen hundred ninety-five

IV. Ordinal numbers / *Los números ordinales*

primero/a	1º, 1ª	séptimo/a	7º, 7ª
segundo/a	2º, 2ª	octavo/a	8º, 8ª
tercero/a	3º, 3ª	noveno/a	9º, 9ª
cuarto/a	4º, 4ª	décimo/a	10º, 10ª
quinto/a	5º, 5ª	undécimo/a*	11º, 11ª (*rarely used)
sexto/a	6º, 6ª	duodécimo/a*	12º, 12ª (*rarely used)

- Beyond **10th**, cardinal numbers are preferred. Thus, the **fifteenth floor** would be el *piso quince*.

- *Primero* and *tercero* shorten to *primer* and *tercer* before masculine singular nouns:

  el primer capítulo, el tercer hombre BUT *la primera versión, la tercera calle*

- Ordinal numbers are used less frequently in Spanish than in English. For example, as stated before, Spanish uses an ordinal number only for the first of the month, and cardinal numbers after that:
  el primero de mayo, el dos de agosto

- **Roman Numerals:**

I. uno	XI. once
II. dos	XII. doce
III. tres	XIII. trece
IV. cuatro	XIV. catorce
V. cinco	XV. quince
VI. seis	XVI. dieciséis
VII. siete	XVII. diecisiete
VIII. ocho	XVIII. dieciocho
IX. nueve	XIX. diecinueve
X. diez	XX. veinte

- Titles of kings and popes are written in Roman numerals and said in ordinal numbers:

  Isabel I, Carlos III, Juan Pablo II
  (read *Isabel primera, Carlos tercero, Juan Pablo segundo*)
  Notice that no article is used in this context.

- Century numbers are written in **Roman numerals**, but said in cardinal numbers after the tenth century:

  Desde el siglo XV hasta el XIX   (read *quince* and *diecinueve*)
  Desde el siglo VIII hasta el XII   (read *octavo* and *doce*)

PRÁCTICA

5.16 Escriba el nombre de los siguientes siglos:

Modelo: *II / el siglo segundo*

a. IV _____   b. XX _____   c. XXI _____

d. XIX _____   e. VIII _____   f. V _____

g. XVIII _____ h. IX _____   i. XVI _____

j. III _____   k. X _____   l. XIV _____

En el siguiente ejercicio vamos a hablar del Teatro Nacional. Situado en el centro de San José, este edificio histórico es uno de los más bellos de la capital. Cada año los costarricenses acuden a este teatro para asistir a espectáculos de baile, obras de teatro, producciones de ópera y conciertos de la Orquesta Sinfónica Nacional de Costa Rica.

El Teatro Nacional

5.17   Complete las frases siguientes escribiendo el número entre paréntesis:

   a.   En (1890) _____ un grupo de ciudadanos costarricenses propuso un impuesto (*tax*) sobre las exportaciones de café para poder construir un teatro nacional.

   b.   Querían ganar (75.000) _____ pesos para la construcción del edificio.

   c.   Gracias al impuesto sobre el café, en tres años se reunieron más de (130.000) _____ pesos.

   d.   Al final, la construcción del teatro costó más de _____ (3.000.000) de pesos.

   e.   La arquitectura del teatro fue influida por el estilo neoclásico alemán del siglo _____ (XIX).

   f.   Se terminó de construir el teatro en el año _____ (1897).

   g.   En el siglo _____ (XXI), _____ (*thousands*) de personas acuden a este magnífico lugar para asistir a una gran variedad de representaciones culturales.

V. ¿Sabías que . . . ? La utilización del *-tico* en Costa Rica

La **morfología** estudia los **morfemas** o las unidades mínimas de significación. Las palabras pueden tener distintos tipos de morfemas: morfemas "libres" (palabras) y morfemas "ligados", que incluyen "**prefijos**" o "**sufijos**". Los prefijos se sitúan **delante** de la raíz de una palabra (a-, anti-, dis-, endo-, hiper-, homo-, macro-, micro-, etc.); los **sufijos** se ponen **detrás** de la raíz de la palabra (-dad, -ero, -ión, -oso, etc.).

Es muy peculiar el caso de los sufijos que se utilizan para formar **diminutivos** en español. Por ejemplo, para la palabra "poco" existen diferentes tipos de diminutivos según el país o la región: "un poqu**ito** de agua", "un poqu**illo** de pan" o "un poqu**itito** de tiempo". El diminutivo **-ico** se utiliza también para sustituir el –ito, por ejemplo: "paja**rico**" en lugar de "pajarito", "cari**ñico**" en vez de "cariñito". Se escucha este diminutivo en muchas partes del mundo, como en Venezuela, el Caribe, e incluso en Navarra (norte de España); se trata de una forma más cariñosa para referirse a una cosa o una persona.

En Costa Rica se utiliza el sufijo **-tico**. Por eso, a los costarricenses se les llaman afectuosamente "**ticos**". Hay muchas palabras y expresiones populares que utilizan los costarricenses: "Pura Vida", "Mae" (amigo), "tuanis compa" (compañero), "harina" (dinero), "me voy a 'guatear'" (a bañar), "voy a jamar" (a comer), "queque" (torta), "yodo" (café), o "salveque" (mochila). Además, cualquier "tico" reconoce muchas palabras relacionadas a animales, dada la naturaleza y los ecosistemas en el país: "arragre" (un tipo de abeja), "cosorró" (pájaro carpintero), "cuascuasa" (cangrejo), "oropopo" (búho), "purruja" (mosquito), "yerre" (tipo de gallina), "yuré" (paloma).

Finalmente hay algunos topónimos (nombres de lugares) asociados con las lenguas indígenas de Costa Rica, como por ejemplo: "Aserrí", "Escazú", "Guararí", Siquirres", "Tarbaca", "Turrós".

PREGUNTAS

Diga si las siguientes frases son **V**eraderas o **F**alsas. Si son falsas, dé la respuesta correcta:

a. En la palabra "disminuir", **dis-** es un prefijo.

b. En la palabra "generosidad", **-dad** es un prefijo.

c. Se utiliza el diminutivo **-ico** para hablar de las cosas o las personas con más cariño, como por ejemplo en la palabra "bes**ico**" ("beso").

d. El sufijo **–tico** es típico de Costa Rica.

e. A los niños se les llaman "ticos".

f. Los costarricenses utilizan la palabra "yodo" para referirse al dinero.

g. "Pura Vida" es una expresión muy popular en Costa Rica.

VI. En la ciudad: Planeando una excursión en el café El Alma de mi Deseo

La posición geográfica de Costa Rica como un puente entre los hemisferios norte y sur favorece el paso de muchos animales. Hay más de doscientas especies en el país, entre ellas cuatro tipos de tortugas marinas: la baula, la carey, la caguama y la tortuga verde. La migración de las tortugas (*turtle migration*) es un fenómeno natural espectacular. Entre los meses de julio y octubre, las tortugas verdes migran hacia las playas para depositar sus huevos. Después de 45-75 días, los huevos se rompen durante la noche y nacen nuevas tortuguitas.

En este diálogo cuatro amigos ("**maes**") se reúnen en el café El Alma de mi Deseo para hablar de una excursión a la costa donde podrán observar la migración de tortugas en la playa. José Pablo, Valentina y Matías van a llevar de viaje a su amiga americana Sarah, que acaba de pasar un año estudiando español en Madrid.

Lea el siguiente diálogo en voz alta y fíjese en las expresiones coloquiales y en la utilización del sufijo **-tico**.

Mesero: Buenas, ¿Cómo van? ¿Qué les pongo?
José Pablo: ¡**Pura Vida**!
Mesero: ¡**Pura Vida**! ¿Les traigo un buen café?
Valentina: No, por favor, un jugo de **maracuyá**.

Mesero: No tenemos hoy . . . Pero le puedo ofrecer de **carambola, guanábana** y **mora**.

Valentina: Entonces . . . de carambola; muy fresco, por favor.

José Pablo: Para mí, tráigame ese excelente café del que me habla.

Mesero: ¡Excelente!

Sarah: Pues para mí . . . un **café cortado** con dos **terrones de azúcar**.

Mesero: Claro, como se toma en España, aunque ya le digo que nuestro café es mucho más rico. No estamos en Madrid . . . aquí estamos en San José de Costa Rica. ¡Aquí el café es el mejor del mundo!

Matías: A mí me gustaría también un **yodo** . . . un café . . . pero negro, gracias.

Mesero: Entonces . . . son tres cafés y el jugo de carambola. ¿Desean algo de **jamar**? **¿Gallo pinto** con **natilla**? ¿huevos? ¿pan? ¿**plátano maduro**?

Sarah: ¿De jamar? ¡De comer! No, todavía es pronto. En Madrid yo comía mucho más tarde.

Matías: Tráiganos también cuatro vasos de **chan** para refrescarnos. ¡Hace **calorcico**! Gracias.

Mesero. **Con mucho gusto**. Les traigo todo en un **momentico**.

Valentina: Sarah, ¿vas a **guatear** en la playa?

Sarah: ¿Guatear?

Matías: A bañarte . . . en el mar . . . nadar.

Sarah: Ah . . . claro . . . es que vosotros **los ticos** . . . habláis de forma tan linda . . . Pero a veces no les entiendo nada.

José Pablo: Entonces, ¿partimos mañana, **si Dios quiere**? No saben las ganas que tengo de ver las tortugas en la playa.

Matías: Yo mañana tengo que ir al **brete**. Sarah . . . perdona . . . tengo que ir a trabajar.

Sarah: No te preocupes, **Mae** . . . Creo que ya empiezo a entender cómo habláis los ticos cuando estáis con vuestros amigos.

Valentina: Matías, no seas tonto. **Sos** un **aguado** . . . un aburrido. **Tenés** que venir, ¡va a ser **chivísimo**!

Matías: Bueno . . . Intentaré venir, pero voy con ustedes una noche . . . no más.

Sarah: ¡**Vale**!

José Pablo: ¿**Cuánto vale**?

Mesero: Aquí les traigo todo: los cafés, el jugo de papaya . . .

Valentina: ¿De papaya? ¡No! Era de carambola, por favor.

Mesero: Qué diablos, mae . . . Perdón . . . ¿Y la cuenta, para quién?

Matías: Pues yo no tengo **harina** . . .

Sarah: No se preocupen, invito yo. Tengo un "poquitico" de plata.

Todos: ¡**Tuanis**!

VOCABULARIO Y EXPRESIONES COLOQUIALES

Pura vida: *you will hear and see this popular saying written everywhere in Costa Rica. Although its literal translation is "pure life" or "simple life," it is meant to convey the beauty of the country's natural setting and Costa Rican's uplifting attitude towards life.*

maracuyá: *a species of passion fruit*

carambola: *star fruit, a tropical fruit*

guanábana: *soursop, a tropical fruit*

mora: *blackberry*

café cortado: *this expression is used in Spain to refer to an espresso that has been diluted ("cut") with a drop of warm milk.*

terrones de azúcar: *sugar cubes*

yodo: *colloquial expression for "coffee"*

jamar: *colloquial expression meaning "to eat"*

gallo pinto: *a popular Costa Rican dish of rice and beans served all day long, often together with eggs; it literally means "spotted rooster" because of the color of the beans against the rice*

natilla: *similar to sour cream, although not as sour and less thick*

plátano maduro: *sweet plantain*

chan: *a refreshing drink made with chan seeds, a member of the mint family. Once soaked in water, the seeds become gelatinous*

calorcico: *note the use of the suffix –ico, instead of "calor**ito**"*

con mucho gusto: *this expression is used more commonly in Costa Rica instead of "de nada."*

momentico: *note the use of the suffix –ico, instead of "momento" or "moment**ito**"*

guatear: *colloquial expression for "to swim"*

ticos: *Costa Ricans affectionately refer to themselves as "ticos" because of the tendency to add the suffix –**tico** to the end of words*

Si Dios quiere: *God be willing; this expression is often thrown into sentences in many Latin American countries*

brete: *colloquial for "work"*

mae: *colloquial expression, equivalent to "dude"*

Sos: *in Argentina, Uruguay, Costa Rica, and some other parts of Latin American countries, the pronoun "vos" is used instead of "tú." "Sos" (versus "eres") is the conjugation of "ser" in the "vos" form. See chapter seven for more information on the use of "vos."*

aguado: *colloquial for "a bore"*

Tenés: *conjugation of the verb "tener" in the "vos" form (versus "tienes")*

chivísimo: *colloquial for "very cool"*

vale: *common expression used in Spain to say "OK"*

¿Cuánto vale?: *This is a play on words, because the word "vale" also means "to be worth"*

harina: *colloquial expression, equivalent to "cash"*

poquitico: *note the use of the suffix –ico, instead of "poquitito"*

tuanis: *colloquial expression for "cool"*

VII. Lectura: Fragmentos de *Única mirando el mar* (1993)

Fernando Contreras (Alajuela, Costa Rica, 1963) es un escritor y académico costarricense. Hace parte de la llamada "generación del desencanto" formada por algunos de los mejores escritores contemporáneos de Costa Rica. Es profesor de Comunicación y Lenguaje en la Escuela de Estudios Generales de la Universidad de Costa Rica. Estudió filología en la Universidad de Costa Rica y luego obtuvo su maestría en literatura española. Su estilo rompe con el costumbrismo de la novela costarricense de los años cuarenta y con el tema de lo urbano en los años sesenta. Ha recibido el Premio Aquileo J. Echeverría de literatura en dos ocasiones por sus novelas *Los peor*, en 1995 y por *El tibio recinto de la oscuridad* en 2000. Algunas de sus obras han sido traducidas al alemán, al francés y al inglés. *Única mirando el mar* es una lectura recomendada por el sistema educativo costarricense y ha sido llevada al teatro en varias ocasiones.

La novela *Única mirando el mar* nos muestra el problema ambiental que representa la cantidad de basura desechada en una ciudad como San José. El Río Azul se convierte en el lugar donde se bota la basura y allí viven familias e individuos en condiciones insalubres. El mundo marginal de la novela es resultado del crecimiento demográfico y de la inmigración de personas que llegan a la capital en búsqueda de oportunidades. En los siguientes fragmentos se incluyen descripciones del espacio, de las relaciones entre los "**buzos**" (las personas que viven de la basura), y la forma en que son despreciados por los de afuera. Esta parte del capítulo nos permite reflexionar sobre la cantidad de basura que acumulamos en las grandes ciudades y los problemas ambientales que genera el consumo exagerado de bienes.

Todos los fragmentos a continuación se encuentran al comienzo de la novela.

ÚNICA MIRANDO EL MAR

Fragmento #1:

Descripción del **basurero** cuando llegan los tractores llenos de **basura**:

Ninguno entre los miembros de las más de doscientas familias que por aquel entonces resolvían su **día a día** en Río Azul, podía **dar razón** de si hubo o no alguna vez un río en ese lugar; menos aún, de si ese río, en caso de haber corrido por ahí, había sido azul. De todos modos, solo quedaba el mar de **mareas** provocadas por los dos tractores que acomodaban de sol a sol las **toneladas** de basura que la ciudad enviaba en cantidades cada vez más generosas.

VOCABULARIO

basurero: *garbage dump*	dar razón: *to tell, to inform*
basura: *garbage*	mareas: *tides*
día a día: *daily life*	toneladas: *tons*

PREGUNTAS

   a. ¿Cuántas familias viven en el basurero?

   b. ¿Hubo un río allí?

   c. ¿Cómo se llamaba el río? ¿Por qué es irónico este nombre?

   d. ¿Qué cantidad de basura envía la ciudad a este lugar?

Fragmentos #2 y #3:

Descripción de Única, una joven **maestra**, y los personajes principales de la novela:

Con esos materiales de segunda, tercera y más manos, Única Oconitillo había reconstruido el **sentido** de su vida. Ella había **jurado** que del **aula** la sacarían directo al cementerio. Una vez en el basurero, aprendió a no jurar.

Entre varios de los fundadores de la comunidad de **buzos** le dieron la **bienvenida** a la maestra y le ayudaron a levantar su **tugurio**, a veces hasta con piezas donadas de tugurios **vecinos**. Única, que era una optimista **indoblegable**, se sintió feliz y segura en su nueva casa.

. . .

El primer domingo del quinto mes de afincada en el **botadero**, Única perdió su última inocencia cuando el **cura** de la iglesia no la dejó entrar a misa y le pidió que no volviera más mientras no encontrara trabajo y se presentara decentemente a la casa de Dios, y no así, que hasta dejaba **hedionda** la **banca** donde se sentaba.

——Dios no **desprecia** a ninguna de sus criaturas.

——Dios **manda** en el **cielo**, pero aquí mando yo, y a mí no me gusta que la iglesia se llene de **vagabundos**.

VOCABULARIO

maestra: *teacher*	botadero: *dump*
sentido: *meaning*	cura: *priest*
jurado: *from "jurar," to swear, to promise*	hedionda: *stinking*
aula: *classroom*	banca: *bench*
buzos: *people who live off of garbage dumps*	desprecia: *despises*
bienvenida: *welcome*	manda: *gives orders*
tugurio: *slum*	cielo: *heaven*
vecinos: *neighboring*	vagabundos: *homeless people*
indoblegable: *unyielding*	

PREGUNTAS

a. ¿Cómo se llama el personaje principal en este fragmento?

b. ¿Cuál era su profesión antes de llegar al basurero?

c. ¿Quién le ayuda a construir su casa?

　　d.　¿Quién trata mal a Única y por qué no?

　　e.　¿Cómo es el cura de esta iglesia?

Fragmento #4

Única encuentra en el basurero a un niño y decide desempeñar el rol de mamá. Lo llaman el Bacán:

　　Al basurero llegaba material didáctico: libros y periódicos que Única **aprovechaba** para enseñarle a leer al Bacán, que era el único entre los niños del vecindario que **asistía** a sus lecciones **a pesar de** las constantes **burlas** de los demás, para quienes aprender **semejante** cosa no redundaba en beneficio alguno. Única justificaba su **empeño** con argumentos de maestra consecuente:—*Es que en este país la educación es gratuita y obligatoria y hay que **hacer caso*** . . . En la comunidad ya todo el mundo estaba acostumbrado a las ocurrencias de la buena señora.

VOCABULARIO

aprovechaba: *took advantage of*	**semejante:** *similar*
asistía: *attended*	**empeño:** *effort*
a pesar de: *despite*	**hacer caso:** *to pay attention*
burlas: *taunts, sneers*	

PREGUNTAS

　　a　¿Qué tipo de material llegaba al basurero?

　　b.　¿Para qué le servía a Única?

　　c.　¿Asistían todos los niños a las clases de Única?

　　d.　¿Era fácil para Bacán asistir a las clases de Única? ¿Por qué no?

Fragmento #5:

La siguiente es una descripción de un día en que algunos de los personajes salen del basurero y caminan por las calles de la ciudad. Es desde la perspectiva de don Mondolfo, un hombre que es despedido de su trabajo y no tiene opciones de conseguir otro a causa de su edad:

La calle no era la misma. La gente no era la misma, ni los autos ni los edificios de siempre, ni el parque central. La ciudad no era la misma vista desde la perspectiva del buzo en el que **se había convertido** don Mondolfo. La preocupación de que alguien lo reconociera se le disipó **dolorosamente** cuando **se topó** con alguien conocido que no le contestó el saludo tímido que le dirigió. **Sencillamente**, el señor Molla Gallo había desaparecido del mundo de los vivos y a nadie se le había ocurrido **siquiera dar parte** a la policía, ni darlo por **perdido**, ni siquiera antiguos conocidos, o **lejanos parientes**; nadie se percató de su salida al exilio de los **desechos**.

VOCABULARIO

se había convertido: *had become*	**dar parte**: *to inform*
dolorosamente: *painfully*	**perdido**: *lost*
se topó: *bumped into*	**lejanos parientes**: *distant relatives*
sencillamente: *simply*	**desechos**: *waste*
siquiera: *not even*	

PREGUNTAS

a.　¿Cómo percibía la ciudad don Mondolfo?

b.　¿Qué había cambiado, la ciudad o él?

c.　¿Qué le preocupaba al señor Mondolfo?

d.　¿Lo reconoció su amigo?

e.　¿Se preocuparon sus amigos cuando el señor Mondolfo desapareció?

f.　¿Qué nos dice este fragmento sobre la vida marginal de estas personas?

g.　¿Ha pensado alguna vez en las consecuencias de la basura que desechamos diariamente? ¿Cuáles son?

Una vendedora de flores en el centro de San José

VIII. Repaso general

5.18 En este ejercicio vamos a volver a repasar la diferencia entre los verbos **ser** y **estar** (véase el **capítulo 4**). Mire el dibujo y complete el siguiente párrafo:

_____ (ser) viernes y el señor Mora quiere comprar un bonito ramo de flores para su esposa Norma. _____ un día muy especial, porque hace exactamente veintitrés años hoy que se casaron en la Iglesia de la Soledad, que _____ en el centro de San José. Norma _____ argentina, de Buenos Aires. Los dos se conocieron durante un viaje a Chile, y después de dos años decidieron vivir en San José, la ciudad natal del señor Mora. _____ (*use the past tense*) una buena idea porque desde entonces han pasado muchas cosas bonitas en sus vidas. Empezaron a trabajar, compraron una casa y crearon juntos una buena vida en Costa Rica. Ahora todavía _____ muy felices después de veintitrés años juntos. El señor Mora _____ profesor de historia en un colegio y su esposa _____ pediatra. Han tenido dos niños, Antonio y José Enrique; los dos _____ estudiantes en la Universidad de Costa Rica. Antonio _____ en su primer año y José Enrique se gradúa en unos meses. El señor Mora _____ muy orgulloso de sus hijos y piensa que su esposa _____ una mujer maravillosa; _____ creativa, sincera, y siempre _____ ayudando a los demás. Además _____ una madre muy atenta y una pediatra excelente. Hoy el señor Mora quiere elegir un ramo de flores muy especial para expresarle todo su amor. La señora Jiménez _____ también de San José y vende flores en el centro de la capital desde hace diez años. _____ muy buena dando recomendaciones a sus clientes y siempre _____ contenta cuando alguien le pide ayuda. El señor Mora _____ dudando un poco; le gustan las flores que _____ blancas, pero la señora Jiménez le recomienda un ramo con más color y alegría. Al final compra un enorme ramo de margaritas amarillas, rosas, naranjas y rojas. ¡ _____ preciosas! La señora Jiménez _____ segura de que le van a encantar a su esposa.

5.19 Complete las frases siguientes utilizando los verbos entre paréntesis:

a. Al señor Mora le (gustar) _____

b. A la señora Jiménez le (encantar) _____

c. A los "ticos" les (fascinar) _____

d. A los turistas que viajan a Costa Rica les (encantar) _____

e. A mí no me (importar) _____

f. A mí me (caer bien) _____

g. A los niños chiquitos les (interesar) _____

h. A los estudiantes les (molestar) _____

i. A la clase le (importar) mucho _____

j. A los padres les (preocupar) _____

5.20 Nos despedimos de Costa Rica con un pequeño homenaje a su fauna y flora. Complete las frases siguientes escribiendo el número entre paréntesis.

a. A pesar de ser un país pequeño, en Costa Rica hay más de _____ (9.000) especies de plantas.

b. Existen bosques donde uno puede encontrar más de _____ (100) especies de árboles en una sola hectárea.

c. ¿Sabía que existen en el país más de _____ (850) especies de pájaros, _____ (200) tipos de mamíferos y más de _____ (2.000) especies de mariposas?

d. Si le gustan las flores, podrá apreciar la belleza de más de _____ (1.000) tipos de orquídeas (*orchids*).

e. Finalmente, para los más aventureros, en Costa Rica podrán descubrir más de _____ (200) especies de reptiles, como ranas, iguanas, cocodrilos y serpientes.

5.21 Acaba de regresar de un viaje a Costa Rica y quiere organizar una cena en su casa para compartir su experiencia con sus amigos. Prepare un menú con platos típicos costarricenses. Tiene que incluir varios platos principales, el postre y las bebidas.

5.22 En este capítulo hemos hablado de la expresión "pura vida". ¿Qué significan estas palabras para los costarricenses? ¿A usted le atrae este modo de vida? Explique su respuesta en un párrafo con ejemplos precisos.

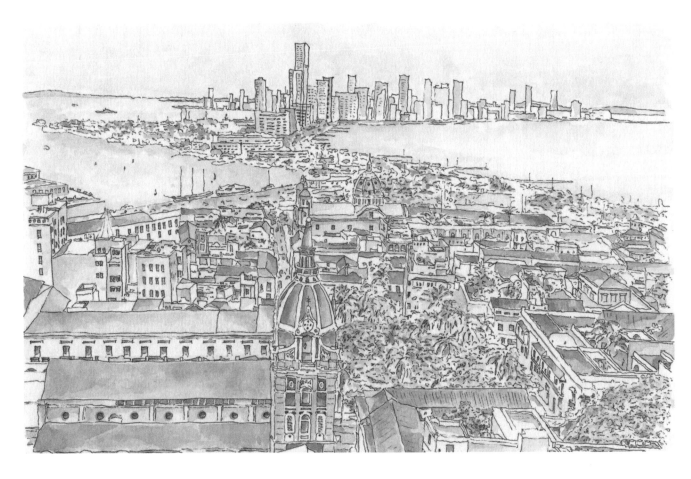

Panorámica de la ciudad con el edificio de la Universidad de Cartagena al frente.
En el fondo se observan los barrios más modernos como Bocagrande, Castillo Grande y El Laguito.

CAPÍTULO SEIS

CARTAGENA: "LA MÁS HERMOSA DEL MUNDO"

Stem-changing Verbs, Past Participle, Gerund and Infinitive, Personal "a", Object Pronouns

Introducción

La heroica, la fantástica, el corralito de piedra, la joya del Caribe, son algunos de los calificativos que se usan para describir Cartagena de Indias. Gabriel García Márquez, premio Nobel de literatura, dijo que era la ciudad más hermosa del mundo y la escogió como el escenario de dos de sus novelas de amor y de muchos de sus cuentos y crónicas periodísticas. Desde su fundación en el siglo XVI, Cartagena ha sido uno de los puertos más atractivos del Caribe.

A partir de la llegada de los españoles, la población aborigen sufrió explotación y exterminio. La ciudad fue invadida y saqueada por piratas como el famoso inglés Sir Francis Drake. Por su posición estratégica, se convirtió en un centro de mercadeo de esclavos en las Américas. Durante más de 200 años se construyeron murallas, fortificaciones, baluartes, catedrales, conventos, casas coloniales y plazas. Fue declarada patrimonio histórico y cultural de la humanidad y hoy en día es uno de los grandes destinos turísticos del Caribe.

La parte moderna de la ciudad se parece a Miami, con hileras interminables de edificios altos y blancos. Allí viven las familias de la alta sociedad cartagenera. Hay otros barrios tradicionales como Manga y El Cabrero, donde se preservan algunas casas que en el pasado fueron las residencias de aristócratas. Cartagena es una ciudad de grandes contrastes sociales. En los barrios ubicados en las afueras de la ciudad hay invasiones de poblaciones pobres y desplazadas que viven en la miseria. Los turistas suben al cerro de la Popa (antiguo convento de los agustinos) por una calle pavimentada, desde donde no se puede ver la pobreza de los barrios ubicados al otro lado de la colina. En la cima de la Popa se obtiene la mejor panorámica de la ciudad y se hacen visibles las casas a medio construir en calles destruidas y polvorientas, donde miles de familias viven en condiciones insalubres.

Hay otro lado de la ciudad que es próspero, mágico, colorido. El recorrido por el casco histórico es un paseo donde la imaginación se puede liberar. Atravesar la torre del reloj es entrar en una cápsula de tiempo donde quedan sombras y ecos de más de quinientos años de historia. Hay algo eterno de la vida colonial en esta parte de Cartagena. Las placas expuestas por toda la ciudad vieja nos hablan sobre el sufrimiento de los esclavos, sobre héroes y villanos, sobre los antiguos habitantes de casas y edificios que hoy son hoteles de cinco estrellas.

Las palenqueras (vendedoras de frutas) recorren las playas de la ciudad y las calles estrechas del centro histórico con una palangana en la cabeza. Los coches con caballos hacen un recorrido turístico al interior de las murallas. El parque Bolívar, al frente del Palacio de la Inquisición, es un sitio de reunión y un atractivo turístico. Hoy en día es difícil reconciliar la arquitectura hermosa con la historia violenta de un lugar donde se torturaba y se mataba a los herejes—aquellos acusados de violar las leyes de la iglesia. Allí, grupos de bailarines hacen demostraciones de danzas folklóricas afrocolombianas e indígenas como el mapalé y la cumbia. Al frente de la iglesia de San Pedro Claver, el apóstol y defensor de los esclavos africanos, se encuentran el Museo de Arte Moderno, una escultura del famoso artista Enrique Grau y una variedad de restaurantes con selecciones de comida típica e internacional.

La cocina cartagenera es conocida como una de las más ricas del país. Los sabores mezclan la influencia africana y la del Medio Oriente. El pescado frito con arroz de coco y patacones (plátanos verdes fritos) es el plato típico del Caribe colombiano. La sopa de mote de queso, la posta (un tipo de carne) cartagenera, el sancocho de pescado, las empanadas árabes con leche cortada, los *kibbehs* libaneses y el arroz de almendras son parte de la gastronomía tradicional. Cartagena es puerto comercial, destino de cruceros y ciudad de festivales que van desde el del frito hasta el de cine internacional.

Sobre su experiencia en la ciudad, el escritor colombiano Gustavo Arango dice: "En Cartagena de Indias encontré la dulzura del Caribe. A la sombra de una arquitectura cargada de historias, respirando un aire que embriagaba, me di a la tarea de encontrar una voz propia. Allí mi lengua se volvió melodía. Con el tiempo he pensado que los casi diez años que viví en Cartagena han sido los más felices de mi vida".

Este capítulo se enfoca en varios temas gramaticales: los verbos con cambio de raíz, el participio, el gerundio y el infinitivo, el uso de la "**a**" personal, las palabras negativas e indefinidas y los pronombres de complemento directo e indirecto.

PREGUNTAS DE COMPRENSIÓN

1. Enumere cinco lugares importantes de la ciudad de Cartagena.

2. ¿Cómo contrasta la parte antigua de la ciudad con la parte moderna?

3. ¿Qué dicen los escritores Gabriel García Márquez y Gustavo Arango sobre la ciudad?

4. ¿Cómo se llama el santo que defendió a los esclavos africanos?

5. Hable sobre la cocina típica cartagenera.

I. Stem-changing Verbs / *Verbos que cambian de raíz*

All Spanish verbs have a stem (***la raíz***) and an ending (**-ar, -er, -ir**): ***pens-ar, volv-er, ped-ir***.

There is a large group of verbs that change their stem in the **present tense** when the stem vowel is stressed. There are three types: those that change **-e-** to **-ie-**, those that change **-o-** to **-ue-** and those that change **-e-** to **-i-**.

to think:	to come back:	to ask (for):
pensar (ie)	***volver (ue)***	***pedir (i)***
pienso	*vuelvo*	*pido*
piensas	*vuelves*	*pides*
piensa	*vuelve*	*pide*
*pensamos**	*volvemos**	*pedimos**
*pensáis**	*volvéis**	*pedís**
piensan	*vuelven*	*piden*

Jugar has a different stem change, from ***u*** to ***ue*** in the same places:
juego, juegas, juega, jugamos*, jugáis*, juegan.

* Note the regular forms for ***nosotros*** and ***vosotros***, because the stem vowel is not stressed.

- *e → ie*:

> *pensar* (*to think*): pienso, piensas, piensa, pensamos, pensáis, piensan
> *comenzar* (*to start, begin*): comienzo, comienzas, comienza, comenzamos, comenzáis, comienzan
> *empezar* (*to start, begin*): empiezo, empiezas, empieza, empezamos, empezáis, empiezan
> *querer* (*to want*): quiero, quieres, quiere, queremos, queréis, quieren
> *sentir* (*to feel*): siento, sientes, siente, sentimos, sentís, sienten
> *sentirse* (*to feel*): me siento, te sientes, se siente, nos sentimos, os sentís, se sienten
>
> **Sentir* is used with nouns (*siento alegría*) and *sentirse* with adjectives (*me siento alegre*).
>
> **Other verbs**: calentar (*to heat*), cerrar (*to close*), convertir (*to transform*), convertirse (*to convert*), defender (*to defend*), despertar (*to wake up*), divertirse (*to have fun*), entender (*to understand*), gobernar (*to govern*), herir (*to hurt*), mentir (*to lie*), negar (*to deny*), perder (*to lose*), preferir (*to prefer*), sugerir (*to suggest*)

PRÁCTICA

6.1   Subraye los verbos con cambio de raíz de *-e-* a *-ie-*.

Impresiones de un turista que viaja a Cartagena:
Me <u>siento</u> muy feliz en esta ciudad. Prefiero la ciudad antigua y me pierdo en las calles estrechas con balcones llenos de flores. Mañana comienzo a explorar otros lugares como Las Islas del Rosario, El Castillo de San Felipe y El Convento de la Popa. García Márquez no miente, Cartagena es la ciudad más hermosa que he conocido. Siempre nos divertimos y aprendemos mucho sobre la historia de este puerto del Caribe.

- *o → ue*:

> *volver* (*to come back*): vuelvo, vuelves, vuelve, volvemos, volvéis, vuelven
> *poder* (*to be able to*): puedo, puedes, puede, podemos, podéis, pueden
> *volar* (*to fly*): vuelo, vuelas, vuela, volamos, voláis, vuelan
> *almorzar* (*to have lunch*): almuerzo, almuerzas, almuerza, almorzamos, almorzáis, almuerzan
>
> **Other verbs**: acordar (*to agree*), colgar (*to hang*), contar (*to count, to tell a story*), costar (*to cost*), devolver (*to give back*), dormir (*to sleep*), encontrar (*to find*), morir (*to die*), mostrar (*to show*), probar (*to taste*), recordar (*to remember*), rogar (*to beg*), soler (*to be in the habit of*), soñar (*to dream*), tostar (*to toast*)

PRÁCTICA

6.2   Subraye los verbos con cambio de raíz de *-o-* a *-ue-*:

Diálogo entre un agente de viajes y un cliente:
Cliente: ¿Cuánto <u>cuesta</u> un boleto de avión a Cartagena de Indias?
Agente: Depende de la época. En este momento puede viajar de Miami a Cartagena por trescientos dólares.
Cliente: Suelo viajar en el verano.
Agente: Perfecto. Si viaja en junio y vuelve en julio es más barato.
Cliente: Sueño con visitar esta ciudad colonial.
Agente: Nosotros podemos ayudarle a cumplir su sueño.

- **e → i:**

    p<u>e</u>dir (*to ask for*): pido, pides, pide, pedimos, pedís, piden
    s<u>e</u>rvir (*to serve*): sirvo, sirves, sirve, servimos, servís, sirven
    rep<u>e</u>tir (*to repeat*): repito, repites, repite, repetimos, repetís, repiten
    comp<u>e</u>tir (*to compete*): compito, compites, compite, competimos, competís, compiten

    Otros verbos: desp<u>e</u>dir (*to fire*), desp<u>e</u>dirse (*to say goodbye*), m<u>e</u>dir (*to measure*), v<u>e</u>stir (*to dress*).

PRÁCTICA

6.3   Transforme las oraciones cambiando el sujeto indicado entre paréntesis y añadiendo "también" o "tampoco":

Modelo: *Nunca pienso en nada (nosotros): Nunca pensamos en nada tampoco.*
Siempre volvemos a tiempo (ustedes): Siempre vuelven a tiempo también.

a. A veces cierran la catedral. (nosotros) **b.** No le mentimos a nadie. (tú) **c.** Vuelvo al centro histórico siempre. (La señora Vélez) **d.** Sonríe por cualquier cosa. (Ella y yo) **e.** Las águilas vuelan muy alto. (El avión) **f.** El día siempre empieza a tiempo. (El concierto) **g.** Nunca encuentras nada. (Tú y yo) **h.** Ni tú ni ella entienden. (ellos ni ustedes) **i.** Pedimos demasiado. (La profesora Pérez) **j.** Nunca elijo los problemas. (Ni ella ni yo) **k.** Nunca seguimos las instrucciones. (él) **l.** Nadie puede jugar hoy. (nosotros)

Las murallas de Cartagena que observan en esta ilustración defendieron a la población de los ataques de piratas ingleses y franceses. La fortificación rodea el centro histórico y desde allí se puede observar el mar y algunos de los edificios más antiguos de la ciudad. En una de las entradas hay un agradable restaurante que ofrece comidas típicas e internacionales. Desde las murallas se pueden ver los atardeceres de la ciudad y muchos enamorados ven desde allí la puesta del sol.

Vista desde las murallas

6.4   Héctor y Violeta son directores de cine que visitan Cartagena y observan los lugares donde van a rodar las escenas principales. En este momento, los actores están al otro lado de la muralla ensayando (*rehearsing*). Conjugue en presente los verbos entre paréntesis en el siguiente diálogo:

Héctor: ¿Qué **a.** _____ (pensar) sobre esta escena, Violeta?

Violeta: No es realista, Héctor. Hay varios problemas. Daniel no **b.** _____ (seguir) las instrucciones. Yo le **c.** _____ (repetir) que él no **d.** _____ (poder) incluir a su perro en la película, pero él insiste. Por otro lado, esta película no es sobre piratas. No **e.** _____ (entender) por qué usamos las murallas. Yo **f.** _____ (preferir) las playas de Marbella o de Bocagrande.

Héctor: No estoy de acuerdo. En mi mente, los piratas aparecen y atacan desde las murallas.

Violeta: ¿Qué? La historia no ocurre en el siglo XVI. La Cartagena de nuestro guión (*script*) es la del siglo XXI. Los piratas no nos **g.** _____(servir). Lo único que hay es una escena donde Ximena le **h.** _____(mostrar) a Daniel la carta a los reyes de España sobre el ataque de Sir Francis Drake, eso es todo.

Héctor: Es un chiste, Violeta. Yo **i.** _____(jugar) todo el tiempo contigo y tú te lo tomas en serio.

Violeta: Es un mal chiste. ¡No **j.** _____(querer) al perro en la escena!

Héctor: De acuerdo, Violeta. En media hora visitamos el segundo lugar del centro de la ciudad. El productor **k.** _____ (volver) a encontrarse (*to meet*) con nosotros a las dos de la tarde. Tú y los actores **l.** _____(almorzar) en el hotel. Yo necesito tomar una siesta (*a nap*).

6.5 Construya frases con los siguientes elementos en el presente del indicativo. En algunas de las oraciones debe incluir el artículo definido o indefinido:

a. Nosotros / querer / probar / arepas de huevo
b. Los bares en / murallas / servir / bebidas típicas de Cartagena
c. Los enamorados / preferir / dar caminatas por / murallas / al atardecer
d. Tú / no entender / acento / de los cartageneros porque hablan rápido
e. La pareja del dibujo / sentirse feliz en / murallas
f. Yo / almorzar / en / restaurante La Cocina de Pepina
g. Ellos / pedir / cazuela de mariscos
h. Violeta / volver / a dar / direcciones para su película
i. Héctor / querer / descansar después de la filmación
j. Los actores / soñar / con / rumba de esta noche

II. Past Participle / *El participio*

> To form the past participle (***participio***) of most verbs, change the infinitive ending:
>
> | | |
> |---|---|
> | from -***ar*** to -***ado***: | from -***er***, -***ir*** to -***ido*** |
> | *terminar* → *termin**ado*** | *comer* → *com**ido*** ; *vivir* → *viv**ido*** |
>
> - -***er*** and -***ir*** verbs whose stems end in a strong vowel (a, e, o) add ído:
>
>   *oír:* **oído** • *creer:* **creído** • *leer:* **leído** • *caer:* **caído** • *traer:* **traído** • *reír:* **reído**
>   BUT: *construir:* **construido** (because the stem ends in a weak vowel, u).
>
> - The following irregular forms exist:
>
> | | |
> |---|---|
> | *abrir:* **abierto** | *poner:* **puesto**; *suponer:* **supuesto** |
> | *cubrir:* **cubierto** | *resolver:* **resuelto** |
> | *decir:* **dicho**; *predecir:* **predicho** | *romper:* **roto** |
> | *escribir:* **escrito**; *describir:* **descrito** | *satisfacer:* **satisfecho** |
> | *hacer:* **hecho** | *ver:* **visto** |
> | *morir:* **muerto** | *volver:* **vuelto**; *devolver:* **devuelto** |
>
>   together with verbs derived from them:
>   *descubrir:* **descubierto**, *componer:* **compuesto**, *absolver:* **absuelto**, *inscribir:* **inscrito**.

The past participle (such as English **known, defeated, written, lost,** etc.) is used:

- with ***haber*** to form compound perfect tenses. The participle is invariable (no feminine or plural) only after ***haber***.

- with ***ser*** to form the passive voice.

- as an adjective:

  Voy a ver unas películas <u>hechas</u> en Cartagena.
  Las circunstancias <u>descritas</u> en el guión son fascinantes.

- with *estar* to describe a condition or state that has resulted from a previous action or event:

La ventana está rota.	The window is broken.
Todavía no estamos preparados.	We're not ready yet.
Las tiendas están cerradas por la noche.	The stores are closed during the night.
Para 1492, la unidad española ya estaba consolidada.	By 1492, the unity of Spain was already consolidated.

PRÁCTICA

6.6 Sustituya los verbos entre paréntesis usando la forma correcta del participio:

El hotel está (a. ubicar) cerca de la Plaza de la Aduana. La playa está (b. llenar) de turistas. El joven está (c. sentar) frente a la casa colonial. La guía turística está (d. abrir) en la página de los restaurantes. La puerta está (e. cerrar), pero las ventanas están (f. abrir). Vamos a leer un poema (g. escribir) por el cartagenero Luis Carlos López. Es sobre la simbología de unos zapatos viejos y de los tiempos (h. olvidar).

6.7 Eduardo y Raquel son compañeros de viaje. Raquel es una viajera muy eficiente mientras que Eduardo pospone todas sus responsabilidades. Ud. tiene la voz de Raquel y replica a las afirmaciones utilizando el pronombre posesivo, y *estar* + participio pasado, como en el modelo.

Modelo: *Voy a escribir mi carta esta noche. / **Oh, la mía ya está escrita.***

a. Voy a escribir las postales para mi familia mañana. **b.** Voy a hacer los planes de compras. **c.** No sé cuándo voy a organizar mi ropa. **d.** Quiero comprar el boleto para ir a las islas del Rosario. **e.** Necesito calcular el dinero que he gastado en estas vacaciones. **f.** Me gustaría hacer una llamada telefónica a Buenos Aires. **g.** Necesito lavar mi ropa. **h.** Quiero terminar mi libro esta noche. **i.** Necesito poner las fotos en la red. **j.** No puedo beber este ron tan fuerte.

III. Gerund (-ing form) and Infinitive / *El gerundio y el infinitivo*

To form the ***gerundio*** (-ing form) of most verbs, change the infinitive ending:

from -***ar*** to -***ando***:   from -***er*** or -***ir*** to -***iendo***:
hablar → *hablando*   *comer* → *comiendo* • *vivir* → *viviendo*

- -***ir*** stem-changing verbs are affected:

  pedir: **p*i*diendo** • *dormir:* **d*u*rmiendo**

- -***ir*** and -***er*** verbs with stems ending in a vowel add -***yendo***:

  traer: **trayendo** • *oír:* **oyendo** • *creer:* **creyendo** • *destruir:* **destruyendo**

  The ***gerundio*** does <u>not</u> change to agree (in gender, number, etc.) with any other word in a sentence.

A. The **GERUNDIO** is used for actions in progress (present participle in English)

- with the appropriate form of ***estar*** (or ***hay***) to form the progressive tenses:

Lisa está estudiando.	***Estamos aprendiendo.***	***No hay nadie hablando.***
Lisa is studying.	We are learning.	There's no one talking.

Note that in Spanish this construction cannot be used to express the future, as it frequently is in English ("I am leaving next week"). The simple present can be used in this sense: ***"Salgo para Cartagena la próxima semana."***

- with the verbs ***seguir*** and ***continuar*** to mean "go on doing something":

  Continuó diciendo.   He went on saying.
  Siguió cantando.   She continued to sing.

→ Note that, unlike English, Spanish does not offer the option of using an infinitive after ***seguir*** or ***continuar***: He went on to say → ***Siguió diciendo.***

- in connection with a main verb, with <u>no preposition</u>, to express "by doing" or "while doing" something:

Vas a mejorar estudiando mucho.	You are going to improve by studying a lot.
Me duermo leyendo esto.	I fall asleep (while) reading this.

→ Spanish does not use the *gerundio* as a noun or as an adjective. Clauses or different expressions have to be used:

la máquina contestadora (el contestador)	the answering machine
un proceso que nunca termina (interminable)	a never-ending process
los pasajeros que llevan una maleta . . .	passengers carrying a suitcase . . .
un comienzo intrigante	an intriguing beginning
un final decepcionante	a disappointing ending

B. The **INFINITIVE** is the verb form that Spanish uses as a noun

- as the subject of a sentence or the object of a verb[*]:

Ver es creer.	Seeing is believing.
No me gusta estudiar.	I don't like studying.
Decidir casi siempre es difícil.	Deciding is difficult most of the time.

- immediately after any preposition:

Voy a salir después de comer.	I am going to leave after eating.
Es su manera de hablar.	It's his/her way of speaking.
Habla sin usar las manos.	He speaks without using his hands.

→ Note that, unlike English, Spanish does not use the *gerundio* after prepositions or as the subject of a sentence. The infinitive <u>must</u> be used in such cases:
the problem of leaving → *el problema **de salir*** • living is good → ***vivir** es bueno*

---

[*] Many verbs require no preposition before the infinitive: *Quiero dormir*. Some, however, require different prepositions: *Sueño <u>con</u> viajar*; *Ayudan <u>a</u> mejorar*; *Tratamos <u>de</u> entender*.

- Two useful idiomatic constructions involving the infinitive:

  Al + **infinitive** indicates two actions occurring at the same time, as English **at,
  on**, **in**, **upon doing**:

Cuidado al cruzar.	Be careful in crossing.
Al entrar, cierra la puerta.	Close the door when entering.
Tuvo suerte al encontrar al policía.	He was lucky in finding the policeman.

  Acabar de + **infinitive** is used to express "having just done something":

Acabo de resolver el problema.	I have just solved the problem.
Acaban de salir.	They have just left.
Esta cuenta acaba de llegar.	This bill has just arrived.

PRÁCTICA

6.8   Exprese en español:

a.   We are considering that option.
b.   We are having a dinner at the restaurant La Cocina de Pepina.
c.   There is no one selling the tickets for the show.
d.   Dancers continue to demonstrate their abilities.
e.   They want to learn to dance by practicing at the nightclubs.
f.   They continue to protest with some disappointing experiences.
g.   We are going to solve this problem using our imagination.
h.   By solving this, we are all going to enjoy our vacation.

Las palenqueras son mujeres afrocolombianas que viajan todos los días desde su pueblo, Palenque de San Basilio, el primer pueblo de esclavos libres en las Américas. Todos los turistas quieren una foto con estas mujeres que llevan vestidos de colores vivos. Dicen que ellas son las que trabajan y las que mandan en sus casas. Pasean por toda la ciudad cantando los nombres de las frutas que llevan en la palangana.

Palenqueras, vendedoras de frutas

6.9　Complete con el infinitivo o el gerundio del verbo según el contexto:

a. _____(viajar) a Cartagena de Indias es un verdadero placer. Hay muchas palenqueras **b.** _____(ofrecer) frutas frescas. Isadora está cansada pero continúa **c.** _____(trabajar) hasta tarde por la noche. Pedro está **d.** _____(hacer) la siesta mientras Tomasa y Celia siguen **e.** _____ (ofrecer) sus papayas, bananos, piñas, mangos verdes y maduros, patillas, nísperos. Ellas están **f.** _____(vender) frutas tropicales deliciosas. **g.** _____ (caminar) con una palangana llena de frutas en la cabeza es un hábito para estas mujeres que vienen de un pueblo de antiguos esclavos llamado Palenque. Las palenqueras trabajan **h.** _____(cantar) y **i.** _____(conversar) con sus clientes.

6.10　Construya frases con los elementos de las columnas A y B:

A	B
Las tres palenqueras están	(comenzar) con las murallas de Cartagena
Seguimos	(pensar) que lo más bonito de la ciudad es el centro histórico
Los turistas hacen su recorrido	(leer) la novela *El amor en los tiempos del cólera* de Gabriel García Márquez
Pedro está	(visitar) el convento de San Pedro Claver, el apóstol de los esclavos negros
Isadora es la palenquera que dice	(descansar) al lado de las palenqueras
Los turistas van a ir a la playa después de	"(vender) frutas tropicales es mi oficio"
Tú acabas de	(llevar) pantalones porque siempre llevan vestidos de colores vivos
Las palenqueras no están acostumbradas a	(salir) del concierto de música clásica en el Teatro Heredia
Yo voy a cenar después de	(organizar) las frutas en el plato que le venden a los turistas

6.11　Complete las oraciones con el artículo apropiado. Después, indique el uso del gerundio o del infinitivo al que corresponde cada oración.

Modelo: *Se reúnen para analizar la situación.* (usar el infinitivo después de preposición).

a. ¿Están mejorando ____ ofertas de comida en el barrio de Manga ? _____ **b.** Un grupo de expertos va a iniciar un congreso sobre ____ turismo. _____ **c.** Están reunidos en Cartagena para aprender sobre ____ ciudad de más contrastes en Colombia. **d.** Cambiar ____ situación de prostitución en esta ciudad no es fácil, pero es posible. _____ **e.** Muchos guías turísticos introducen ____ temas haciendo preguntas. _____ **f.** Hay hoteles que prefieren ofrecer mejores precios a ____ clientes. _____ **g.** ____ gobierno continúa estimulando iniciativas innovadoras. _____ **h.** Ningún cambio va a ser efectivo sin conocer bien a ____ juventud. _____

6.12　Use el infinitivo o el gerundio para completar las siguientes oraciones:

a. Estoy (*writing*) una carta para (*expressing*) lo que estoy (*doing*). **b.** No me gusta (*paying*) cuentas. (*Playing*) la guitarra es preferible. **c.** Hago mi trabajo (*watching*) televisión, porque así es más fácil pensar. **d.** (*Drinking*) es mejor que (*eating*). **e.** (*Learning*) esto es difícil, pero continúo (*studying*). **f.** Antes de (*going*) a Cartagena, estamos (*preparing*) las cosas. **g.** Acabamos de (*calling*) a la policía porque hay unos vecinos (*making*) mucho ruido. **h.** Es posible progresar mucho (*by doing*) los ejercicios. **i.** Es necesario analizar el tema antes de (*taking*) cualquier decisión. Al (*arriving*) a casa, siempre me gusta (*listening*) música para (*resting*).

IV. Personal "a" / *La "a" personal*

In part because of its flexibility in word order, Spanish labels direct objects by putting the preposition "*a*" before them in the following cases:

A. With any definite person who is the direct object of any verb not using other prepositions:

*No conozco **al** presidente de Colombia.*	I don't know the president of Colombia.
*La policía busca **a** la niña perdida.*	The police is looking for the lost child.
*Vamos a visitar **a** mi hermana.*	We're going to visit my sister.

But: *Busco un secretario nuevo.* (indefinite person)
Pienso en mi hermana con frecuencia. (*Pensar* already uses *en*)

B. Before the words *alguien, alguno, nadie, ninguno, cualquiera* and any other pronoun referring to people:

No necesito a nadie. No veo a ninguno de ellos.
I don't need anyone. I don't see any of them.

¿A quiénes invitas? No invito a cualquiera.
Who are you inviting? I don't invite just anyone.

Llame a alguna de ellas. ¿A cuál conoce Ud.?
Call one of them. Which one do you know?

C. When there might be ambiguity about which is the subject and which is the object:

La represión responde a la rebelión.   Repression is responding to rebellion.

The personal "*a*" is normally not used after the verb *tener*, except for emphasis:
Tengo tres hermanos. Siempre tengo a mi madre.

6.13   Complete los espacios con **a**, *al*, o **X** si no es necesaria la "*a*" personal:

a. Admiro ___ las personas que saben viajar. **b.** ¿___ quién vas a llamar? ___ guía turístico. **c.** Necesitamos ___ una buena tienda de esmeraldas. **d.** ¿Conoces ___ Cartagena? Sí, tengo ___ amigos allá. **e.** Nosotros invitamos _____ nuestros amigos al restaurante de mariscos (*seafood*).

V. Object Pronouns / *Los pronombres de complemento*

A.   The part of a sentence that undergoes the action expressed by the verb is called the object (*el objeto* o *complemento*). For example, in "She wrote the letter to Pedro,"

> *the letter* is the **direct object** (what did she write?)
> *Pedro* is the **indirect object** (to whom did she write?)

These objects can be replaced by pronouns ("She wrote *it* to *him*"):

Direct		Indirect
me	me	me
te	you (*tú* form)	te
lo/la	him, her, it, you (*Ud.* form)	le
nos	us	nos
os	you (plural) [in Spain]	os
los/las	them, you (*Uds.* form)	les

Direct objects: *what?* **or** *whom?*		Indirect objects: *to/for whom?*	
I did . . . (what?)	I did **my homework**. I did **it**. *Hice **la tarea**. **La** hice.*	I did (for whom?)	I did her homework for **her**. ***Le** hice la tarea (a ella).*
I saw . . . (whom?)	I saw **the doctor**. I saw **him**. *Vi **al doctor**. **Lo** vi.*	I said (to whom?)	I told that **to Juan**. I told **him**. ***Le** dije eso **a Juan**. **Le** dije.*

- Spanish places object pronouns immediately before a conjugated verb. The object pronoun eliminates the need for the personal "*a*":

> *¿Conoces **al** abogado? Sí, **lo** conozco, pero no **le** debo nada. ¡No **te** creo!*

- When these pronouns are the object of an infinitive or a gerund, they are joined to the end of the verb:

Al verla, supe que la amaba.
Upon seeing her, I realized I loved her.

Escribiéndoles, te entenderán mejor.
By writing to them, they'll understand you better.

- Thus, object pronouns may precede the conjugated verb or be attached at the end of the infinitive or gerund (but they can never come in between):

No me quieres creer.	↔	*No quieres creerme.*
Siguieron buscándolo.	↔	*Lo siguieron buscando.*
Le voy a dar un regalo.	↔	*Voy a darle un regalo.*

PRÁCTICA

6.14 Sustituya los complementos directos por su pronombre correspondiente:

a. Mandó las fotos. **b.** Está leyendo la novela nueva. **c.** Quería ver el programa otra vez. **d.** Va a perder las elecciones. **e.** Pidieron la cuenta. **f.** Sigo dando dinero a los pobres. **g.** Estaban mirando el atardecer. **h.** Continuó escuchando música. **i.** Busco al profesor.

6.15 Responda las siguientes preguntas reemplazando el sustantivo por el pronombre de complemento directo:

    a.   ¿Hablas bien español?
    b.   ¿Visitas las murallas de Cartagena al atardecer?
    c.   ¿Compras frutas tropicales?
    d.   ¿Lees la guía turística?
    e.   ¿Bailas salsa?
    f.   ¿Escribes postales?
    g.   ¿Entiendes el mensaje?
    h.   ¿Conoces a la chica?
    i.   ¿Ves la escultura de Enrique Grau?
    j.   ¿Quieres a tu novia?

6.16 Sustituya los complementos indirectos por su pronombre correspondiente:

    a.   Mandó las fotos a Ud.
    b.   Va a contestar al presidente.
    c.   Está escribiendo a sus familiares.
    d.   Tuvo que vender su coche a sus padres.
    e.   Continué dando dinero a los pobres.

A continuación va a encontrar varios personajes que visitan la plaza San Pedro Claver y conversan sobre temas diferentes. En la plaza se encuentra la iglesia del apóstol de los esclavos y el convento fundado por los jesuitas en el siglo XVII. El monje Pedro Claver vivió y murió en este convento. Recibía a los esclavos que llegaban al puerto enfermos y en muchos casos moribundos. Fue la primera persona canonizada en el nuevo mundo. La plaza es el lugar de reunión para cartageneros y es un espacio agradable para descansar y comer algo.

Plaza San Pedro Claver

6.17   Decida si debe usar el pronombre de complemento directo o indirecto en la siguiente conversación:

Irma: Sonia, ¿**a.** _____ conoces (a ellos)?
Sonia: Conozco a José, pero al otro no **b.** _____ conozco.
Irma: Es un poeta muy conocido de Cartagena. Mi amiga Julia **c.** _____ presta (a mí) libros de él todo el tiempo y me gustan mucho.

Sonia: ¡Ah, sí! Yo **d.** _____ veo en la librería *El Ábaco* con frecuencia.

Irma: ¿Tú **e.** _____ lees poemas a tus nietos?

Sonia: Por supuesto, y a veces **f.** _____ enseño palabras nuevas a través de la poesía.

Irma: ¿Lees los poemas de Raúl Gómez Jattin?

Sonia: Sí, **g.** _____ leo. Sus poemas **h.** _____ sirven (a mí) para entender mejor la influencia libanesa en esta ciudad.

Irma: ¡Oye pero qué experta eres! ¿**i.** _____ puedo pedir (a ti) un favor? ¿**j.** _____ puedes acompañar (a mí) a la conferencia sobre poesía en la universidad de Cartagena?

Sonia: Claro que sí, me encantaría.

6.18   En el siguiente diálogo entre el poeta y su amigo, haga el papel del amigo usando los pronombres de complemento directo e indirecto:

El poeta: Hola, Víctor. ¿Cómo estás?

Víctor: Súper bien, compa. **a.** _____ he estado buscando (a ti) desde hace días.

El poeta: Estaba en Ciudad de México. Es una ciudad magnífica, ¿**b.** _____ conoces?

Víctor: No, pero el próximo año **c.** _____ voy a pedir a Gustavo que vayamos juntos.

El poeta: Cuénta **d.** _____, ¿cómo vas?

Víctor: Bien, disfrutando de esta maravillosa ciudad, no me canso de mirar **e.** _____.

El poeta: Tienes razón. Ahora hay un concierto en la iglesia de San Pedro Claver. ¿Quieres escuchar **f.** _____ conmigo?

Víctor: **g.** _____ voy a preguntar a Gustavo si quiere venir. ¿**h.** _____ puedo llamar (a él) con tu teléfono? Es que no tengo batería.

El poeta: Claro que sí, puedes usar **i.** _____ el tiempo que quieras. Oye, **j.** _____ espero (a Uds.) dentro de la iglesia porque viene mucha gente.

Víctor: Listo, nos vemos adentro.

6.19   El guía del Convento de San Pedro Claver comienza su *tour* con un grupo de turistas de España. Seleccione el pronombre de complemento correcto:

Buenas tardes, **a.** (les, los) doy la bienvenida al Convento de San Pedro Claver. Los Jesuitas **b.** (lo/la) fundaron cuando llegaron a Cartagena en 1604. Primero, **c.** (les, los) invito a pasar al patio. ¿Ven el pozo? Pedro Claver **d.** (le/lo) usaba para bautizar a los esclavos. En el siglo XVII, vivió y murió en este lugar. Protegió a los esclavos y **e.** (los/les) defendió. ¿**f.** (Me/Te) escuchan todos? A Pedro Claver **g.** (lo/le) canonizaron en 1888. **h.** (Los/Les) pido que miren las piezas de arte al interior de los cuartos. Hay pinturas de Haití y máscaras africanas. Si tienen preguntas sobre estas piezas, **i.** (los/las) pueden hacer al final. Vamos al segundo piso. —Joven, ¿**j.** (la/le) puede ayudar a la señora? Gracias—. Este pequeño y humilde cuarto era el de San Pedro Claver. Esa ventana, ¿**k.** (lo/la) ven?, **l.** (le/la) servía al sacerdote para ver los barcos que llegaban llenos de esclavos al puerto. Muchos llegaban enfermos y Pedro Claver **m.** (los/las) traía y **n.** (los/les) curaba. Después del *tour* pueden ver los restos de Pedro Claver en la iglesia. Por supuesto que no **o.** (les/los) pueden tocar.

B. Combining Object Pronouns

- When used together, indirect object pronouns precede direct object pronouns (the exact opposite of the usual English order):

    Nos los entregó a tiempo (los mensajes).
    She delivered them to us on time.

    Quiero mandártelo. / Te lo quiero mandar (el mensaje).
    I want to send it to you.

- When the first pronoun of the two would be *le* or *les*, it changes to *se* (singular or plural):

    Se lo quiero explicar antes de enseñárselo.
    I want to explain it to her before showing it to her.

- As there frequently is ambiguity with the third person, clarify with *a ellas*, *a usted*, etc.:

Ella le escribe a él; yo le escribo a ella.	She is writing to **him**; I am writing to **her**.
No le quiero pedir un favor a usted.	I don't want to ask you a favor.
Se la mandé a él primero.	I sent it to him first.

- Spanish often uses the indirect object pronouns even when the indirect object is mentioned:

<u>*Le*</u> *estoy escribiendo al jefe.*	I am writing to the boss.
¿Por qué no <u>le</u> pides dinero a tu hija?	Why don't you ask your daughter for money?

Note the following verbs, which take certain prepositions in English, but not in Spanish (except for the personal "*a*" when needed):

mirar: look at	***Miré al jugador y miré el campo. Los miré.*** I looked at the player and at the field. I looked at them.
buscar: look for	***Buscan a la abogada. La buscan.*** They're looking for the lawyer. They're looking for her.
escuchar: listen to	***Escuchamos música. La escuchamos.*** We listen to music. We listen to it.
pedir: ask for	***Pedí dos paellas. Se las pedí al mesero.*** I asked for two paellas. I asked the waiter for them.
robar: steal from	***Le robaron el dinero. Se lo robaron.*** They stole her money from her. They stole it from her.

PRÁCTICA

6.20   Sustituya por los pronombres correspondientes y agregue todos los complementos posibles:

a. Está escribiendo la carta a su abogado. **b.** Tiene que vender su coche a sus padres. **c.** Sigo dando dinero a los pobres. **d.** Le están robando el coche. **e.** Le puedo mandar una carta a María el lunes. **f.** Va a contestar el mensaje al presidente. **g.** Mandó las fotos a Ud. **h.** Les pedí un favor a mis vecinos. **i.** Conocimos al poeta.

6.21   Responda las siguientes preguntas sustituyendo los pronombres de complemento directo. Debe tener cuidado con la conjugación verbal:

a.   ¿Me respondes las preguntas?
b.   ¿Le hacen preguntas al guía del convento?
c.   ¿Te ofrecemos mango y papaya?
d.   ¿Les pido información sobre Cartagena a ustedes?
e.   ¿Las palenqueras les venden bebidas a los turistas?
f.   ¿Tú me sirves el jugo de piña?
g.   ¿El guía les cuenta las historias de San Pedro Claver a los turistas?
h.   ¿Le das una propina (*a tip*) al guía?
i.   ¿El poeta le presta el teléfono a su amigo?
j.   ¿Sonia les lee poemas a sus nietos?

6.22   Exprese en español:

- **a.**   We were looking for you when you called us.
- **b.**   We wanted to look at the documents with you, but it wasn't possible.
- **c.**   We used to listen to music together, remember? Now I don't even listen to it.
- **d.**   Why didn't you ask your parents for money on Sunday? What was the problem?
- **e.**   I asked Peter if he knew what Mary's address is, but he didn't know it.
- **f.**   I asked the waiter for two pizzas, but he didn't listen to me.

El barrio de Getsemaní es uno de los más atractivos para tomarse una copa, escuchar música en vivo o comer en uno de los mejores restaurantes de la ciudad. A la Plaza de la Trinidad llegan todos los espectáculos callejeros: el hombre disfrazado de Shakira que mueve sus caderas igual que la cantante, los raperos, los bailarines de hip hop y los artistas de otros países que viajan por el mundo y sobreviven con el dinero que reciben por sus espectáculos. En el siguiente dibujo nos encontramos en uno de los bares donde se puede escuchar la mejor música en vivo, Café Havana. Se usa el nombre de la ciudad del Caribe en inglés puesto que en español se dice La Habana.

Café Havana en el barrio Getsemaní

6.23 Llene los espacios en blanco con el pronombre de complemento directo o indirecto:

a. Federico _____pide a Claudia que bailen. Ella _____dice que más tarde porque no le gusta esta canción. Federico _____pregunta qué tipo de música prefiere.

b. En este lugar venden las mejores piñas coladas. _____preparan con frutas frescas y _____ponen una rama de menta como decoración.

c. Las personas de las fotografías son famosas. ¿_____conoces?

d. Nubia _____ hace preguntas a Ricardo. _____ _____hace mientras bailan. Ricardo no _____responde porque no _____escucha.

e. El barman _____ofrece unas entradas a sus clientes. _____ _____ ofrece y _____dice que están deliciosas.

6.24 Sonia invita a Chucho a tomarse un ron después del trabajo. Ellos trabajan en el periódico *El Universal* y entre los dos planean el trabajo de la próxima semana. Complete el diálogo reemplazando el objeto por el pronombre de complemento directo:

Sonia: ¿Tú le revisas la columna a Beto?
Chucho: **a.** _____
Sonia: Yo busco las fotos para el artículo sobre el festival de cine.
Chucho: ¿Me las muestras primero?
Sonia: **b.** _____
Chucho: ¿Tienes la foto de la entrevista a Susan Sarandon?
Sonia: **c.** _____
Chucho: Chévere, ¿mañana les pedimos recomendaciones a los editores?
Sonia: ¿**d.** _____? ¿Le tienes confianza a Gonzalo, el nuevo editor de la parte cultural?
Chucho: **e.** _____
Sonia: Oye, ¿le pedimos otro ron al barman?
Chucho: ¿Te puedo invitar yo?
Sonia: No, **f.** _____. ¿Me cuentas la historia de la película polaca que presentan mañana?
Chucho: **g.** _____. ¿No la vas a ver?
Sonia: No puedo. El jefe me da mucho trabajo. ¿A ti también te da tanto trabajo?
Chucho: **h.** _____
Sonia: Bueno, hablemos de otra cosa. ¡Me encanta esta canción! ¿Conoces al grupo que toca hoy?
Chucho: **i.** _____. El cantante es cubano. Yo lo conozco personalmente ¿Quieres que te lo presente?
Sonia: **j.** _____

VI. ¿Sabías que . . . ? La diferencia entre "leísmo", "laísmo" y "loísmo"

La gente habla como habla. Se dice que las personas hablan como les han enseñado en la escuela o como han podido aprender por sí mismos según las circunstancias de la vida que han tenido que vivir. Ahora bien, una cosa es hablar y otra es *conocer bien* la lengua que uno habla.

El asunto del **leísmo**, **laísmo** y **loísmo** es un ejemplo de cierta confusión gramatical por parte del hispanohablante. Aunque este fenómeno lingüístico se percibe en algunas zonas geográficas concretas del mundo, la Real Academia Española (RAE) recomienda hacer un buen uso gramatical de la distinción entre el pronombre como objeto de complemento directo e indirecto.

Se denomina **leísmo** al uso inapropiado del pronombre **le(s)** en lugar de **lo(s)** o **la(s)**. Según indica la RAE, una de las causas de la extensión de esta forma de habla puede deberse a la naturaleza del tipo de verbo (de percepción, de influencia o de afección psíquica que afectan estados de ánimo). El **laísmo** se produce cuando usamos inapropiadamente los pronombres **la** o **las** en lugar de **le** o **les**. Llamamos **loísmo** el uso impropio de **lo(s)** en lugar de **le(s)**. Sin embargo, el loísmo es muy poco frecuente en el español escrito, siendo más generalizado en el habla popular.

Denominamos **lo queísmo** el uso popular de la expresión **lo que** sin que sea necesaria, como en la oración: "Primero pinté **lo que es** el muro", cuando debe decirse: "Primero pinté el muro". Por último, existe también el fenómeno llamado **de queísmo** que surge cuando el hablante usa inapropiadamente la expresión **de que**. Mientras que la oración "El profesor espera que Sofía lea un libro de filosofía" es correcta, la oración "Yo espero **de que** Enrique venga al cine mañana" es incorrecta.

Ejemplos de *leísmo*:

Aunque la gente dice "Marta **le** ha visto en la calle (a Julio)", según la regla de la RAE sería: "Marta **lo** ha visto en la calle (a Julio)".

Del mismo modo para la frase "**Le** conozco muy bien (a Lucía)", según la regla sería: "**La** conozco muy bien (a Lucía)".

Ejemplos de *laísmo*:

En el caso de la frase "Yo **la** comenté el problema (a ella)", debería decirse: "Yo **le** comenté el problema (a ella)".

De la misma forma en el ejemplo "A Luisa **la** dolía la espalda", tendría que decirse: "A Luisa **le** dolía la espalda".

Ejemplos de *loísmo*:

Muchos suelen decir: "**Lo** dije algo (a ella)", mientras que se debería decir: "**Le** dije algo (a ella)".

En el caso de "**Lo** pusieron una buena nota en la clase de geografía", según la regla la frase sería: "**Le** pusieron una buena nota en la clase de geografía".

PREGUNTAS

Diga si las siguientes frases son **V**erdaderas o **F**alsas. Si son falsas, dé la respuesta correcta.

a. Todo el mundo conoce muy bien la lengua que habla.

b. El "leísmo" es el uso inapropiado del pronombre **le(s)** en lugar de **lo(s)** / **la(s)**.

c. Esta frase es un ejemplo de "leísmo": "Yo **le** vi trabajar en el café" (a Juan).

d. El "laísmo" se produce cuando usamos correctamente los pronombres **la** o **las**.

e. Esta frase es un ejemplo de "laísmo": "Yo **la** enseñé a nadar" (a ella).

f. El "loísmo" es más frecuente en el habla popular.

g. Esta frase es un ejemplo de "loísmo": "Lo dije la verdad a Juan".

h. El "lo queísmo" es el uso de la expresión **lo que** sin que esta sea necesaria.

i. Esta frase es un ejemplo de "de queísmo": "Espero que puedas venir a mi fiesta".

VII. En la ciudad: Conversación entre dos vendedores de agua de coco

Octavio y Pepe venden agua de coco en el centro de la ciudad amurallada. Son las doce del mediodía y hablan sobre el clima y sobre la hora en que van a terminar de trabajar para regresar al barrio Torices donde van a celebrar el día de la Virgen de la Candelaria.

Octavio: **Oye viejo men**, la **"caloooo"** azota . . . ¿**Tiene** cinco **barras pa** una **fría**?
Pepe: **Estoy limpio**. **Ponte pila** que siempre quieres que te invite.

Octavio: **No ombe qué**. También tengo **tronco de filo**. ¿**Tiene** pasteles en tu carreta?

Pepe: **Cójela suave**, solo tengo uno **pa mí**. ¿**Vamo pal picó**?

Octavio: **Tronco de plan**. ¿Va tu prima?

Pepe: Ella **tiene flojera** . . . es que ayer **le dio la pálida**.

Octavio: ¿Cómo **e la vaina**?

Pepe: Sí, creo que está **enferma**.

Octavio: No **hable** tanta **paja**, ¿en serio?

Pepe: Ajá, **me vale huevo** si no me cree.

Octavio: **Tranqui** viejo men . . .

Pepe: Bueno, ¿me **da el chance** hasta Torices esta tarde?

Octavio: **Va pa esa** . . . **No vemo** a las siete en la torre del **reló**.

In Spanish-speaking Caribbean cities people do not pronounce the "s" at the end of words.

VOCABULARIO Y EXPRESIONES COLOQUIALES

Oye viejo men: *hey pal*

La calooo azota: *It is too hot. Calor is a masculine noun but Cartageneros use the feminine form when talking about heat waves. Cartageneros pronounce the word calor as "caloooo."*

tiene: *the "tú" form should be "tienes" but Cartageneros do not pronounce the "s" at the end of words.*

barras: *pesos, the Colombian currency*

pa: *contraction for "para"*

fría: *a beer*

Estoy limpio: *I don't have any money.*

Ponte pila: *Get your act together.*

No ombe que: *it should be "no hombre que" and it is used when you are not happy about what someone is telling you or you don't believe the person.*

Tronco de filo: *I am very hungry.*

Cógela suave: *Take it easy.*

Vamo: *it should be "vamos," but here again the final "s" is not pronounced.*

Pico: *a party with very loud music*

Tronco de plan: *What a great plan.*

Tiene flojera: *She feels lazy.*

Le dio la pálida: *She didn't feel well.*

E la vaina: *"E" should be "es" and the expression means "What's the deal?"*

No hable paja: *it should be "No hables." "Cut the crap."*

Me vale huevo: *I couldn't care less.*

tranqui: *chill out*

dar el chance: *give someone a ride*

Va pa esa: *Let's do it.*

No vemo: *it should be "nos vemos."*

reló: *it should be "reloj."*

VIII. Lectura: "Un payaso detrás de la puerta" (1980)

Gabriel García Márquez (Colombia 1928–Ciudad de México 2014) es considerado uno de los escritores más importantes a nivel mundial. Nació en 1928, en un pueblo del Caribe colombiano durante la crisis de las bananeras (tema que aparece en varias de sus novelas). Creció con sus abuelos maternos, quienes fueron su principal inspiración. En 1982 ganó el Premio Nobel de Literatura con un reconocimiento especial por su novela *Cien años de soledad*. Es uno de los iniciadores del Boom latinoamericano, un momento en que la literatura latinoamericana comienza a recibir amplio reconocimiento en el mundo. También es conocido por un estilo llamado comúnmente "realismo mágico". Murió en la Ciudad de México en 2014.

UN PAYASO DETRÁS DE LA PUERTA

Hace más de treinta años, la pintora Cecilia Porras pintó un **payaso** de tamaño natural en el **revés** de la puerta de una cantina del barrio de Getsemaní, muy cerca de la calle tormentosa de la Media Luna, en Cartagena de Indias, pintó con la **brocha** gorda y los barnices de colores de los **albañiles** que estaban reparando la casa, y al final hizo algo que pocas veces hacía con sus cuadros: **firmó**. Desde entonces, la casa donde estaba la cantina ha cambiado muchas veces: la he visto convertida en **pensión** de estudiantes con oscuros aposentos divididos con tabiques de cartón, la he visto convertida en **fonda** de chinos, en salón de belleza, en depósito de **víveres**, en oficina de una empresa de autobuses y, por último, en agencia funeraria. Sin embargo, desde la primera vez en que volví a Cartagena al cabo de casi diez años, la puerta había sido sustituida. La busqué en cada viaje, **a sabiendas** de que las puertas de esa ciudad misteriosa no **se acaban** nunca, sino que cambian de lugar, y hace poco la volví a encontrar instalada como en su propia casa en un **burdel** de pobres del barrio de Torices, donde fui con varios de mis hermanos a rescatar nuestras nostalgias de los malos tiempos. En el revés de la puerta estaba el payaso pintado. Como era apenas natural, la compramos como si fuera un puro capricho de borrachos, la **desmontamos** del quicio y la mandamos a casa de nuestros padres en una **camioneta** de alquiler que nunca llegó. Pero no me preocupé demasiado. Sé que la puerta intacta está por ahí, **empotrada** en algún quicio ocasional, y que el día menos pensado volveré a encontrarla. Y otra vez a comprarla.

Eso es lo que más me ha fascinado siempre de Cartagena: el raro destino de sus casas y de sus cosas. Todas parecen tener vida propia, tanto más cuanto más muertas parecen, y van cambiando de forma y de utilidad en el tiempo, mudándose de sitio y de oficio mientras sus dueños **pasan de largo** por la vida sin demasiado ruido.

Es una magia de origen. Nadie se ha sorprendido nunca de que la casa más bella de la ciudad haya sido el tremendo palacio de torturas de la Inquisición, que las cárceles tenebrosas de la colonia estén ahora convertidas en alegres bazares de artesanía, y que haya un restaurante de pescado en la que fuera la mansión de lujo del **marqués de Valdehoyos**. De modo que hay que considerar como la cosa más natural del mundo que el Museo de Arte Moderno—al cabo de innumerables **peripecias** de la casa y de los cuadros—haya encontrado por fin su sitio en las antiguas **bodegas** coloniales del puerto.

Vocabulario

payaso: *clown*

revés: *the opposite side*

brocha: *brush*

albañiles: *workers, masons*

firmó: *(she) signed*

pensión: *boarding house*

fonda: *inn*

víveres: *food*

a sabiendas: *knowing that . . .*

se acaban: *in this context it means that the doors never deteriorate*

burdel: *brothel*

desmontamos: *disassembled*

camioneta: *van*

empotrada: *installed*

pasar de largo: *pass by*

Marqués de Valdehoyos: *the person in charge of importing slaves and flour to the city during the colonial period*

peripecias: *adventures*

bodegas: *cellars*

PREGUNTAS

Trate de usar los pronombres de complemento directo e indirecto cuando sea posible:

a. ¿Quién pintó el payaso?

b. ¿Hace cuánto tiempo se pintó?

c. ¿Dónde pintó el payaso?

d. La pintora hizo algo que pocas veces hacía, ¿qué hizo?

e. ¿En qué se convirtió la cantina donde estaba el payaso?

f. El narrador finalmente encontró la puerta. ¿Dónde la encontró?

g. ¿Qué le fascina al narrador de Cartagena?

h. ¿Cuál es la casa más bella?

i. ¿Dónde hay un restaurante de pescado?

j. ¿Dónde están los alegres bazares de artesanías?

IX. Repaso general

En La Torre del Reloj se encuentra la principal entrada al casco histórico de Cartagena. Desde el lado que observamos en la ilustración se puede ver el muelle de los Pegasos de donde salen los barcos que llevan turistas a las islas del Rosario. Frente al muelle está el Parque Centenario y un poco más allá el centro de convenciones, lugar donde se reúnen expertos y líderes de todas las disciplinas para discutir el futuro de la ciencia, de las artes, de la política. Al cruzar la puerta del reloj observamos el portal de los dulces y una estatua del libertador Simón Bolívar. Es el comienzo del mundo mágico que ofrece Cartagena de Indias.

La Puerta del Reloj, entrada al casco histórico

6.25   El señor con la camisa de cuadros es el escritor Gabriel García Márquez y está pensando en su próxima novela de amor. Conjugue en presente los verbos que están entre paréntesis:

Ahora **a.** _____(pensar) en mis personajes. Al otro lado de La Puerta del Reloj **b.** _____(encontrarse) el portal de los dulces. A ese lugar **c.** _____ (volver) Florentino Ariza para ver si **d.** _____(poder) ver a su gran amor, Fermina Daza. Mientras él **e.** _____(soñar) y **f.** _____ (comenzar) a imaginar su próxima carta de amor, aparece Fermina con su prima Hildebranda. Hildebranda le **g.** _____(repetir) una historia y las dos **h.** _____(reírse). Florentino **i.** _____(querer) saludarla aunque **j.** _____(sentirse) muy nervioso. Fermina lo mira y de repente **k.** _____(perder) todo el interés que tenía. El hombre del que se enamoró por sus cartas, **l.** _____(convertirse) en una persona que no le interesa. Fermina le **m.** _____(pedir) a su prima que tomen un coche y las dos desaparecen. Florentino Ariza **n.** _____(despertarse) de su sueño. El pobre hombre no **o.** _____(entender) lo que acaba de pasar.

6.26   Decida si los verbos que se encuentran entre paréntesis deben estar en el infinitivo o en el gerundio:

   a.   Óscar: (Estar) aquí en Cartagena contigo es un sueño. ¿Estaré (soñar)?
   b.   Elena: Eres un verdadero romántico. Sigue (decir) esas frases maravillosas.
   c.   Óscar: No estoy acostumbrado a (pasar) tiempo contigo en vacaciones.
   d.   Elena: Yo sé, de ahora en adelante vamos a seguir (viajar) juntos a todas partes.
   e.   Óscar: ¿Ves el muelle? Mañana vamos a (tomar) el barco para ir a las islas del Rosario.
   f.   Elena: Yo sigo (pensar) que ese viaje es muy caro, Óscar.
   g.   Óscar: No te preocupes, estamos (gastar) el dinero que ahorramos para este viaje.
   h.   Elena: (Visitar) esta ciudad, como dices tú, es un sueño. No hay mucha gente para (ser) Navidad.
   i.   Óscar: Sí, es mejor (estar) aquí cuando no hay muchos turistas.

6.27   Responda las siguientes preguntas usando los pronombres de complemento directo e indirecto:

   a.   ¿Le dice algo Florentino a Fermina?
   b.   ¿Tú le haces algunas preguntas a tu profesora?
   c.   ¿El guía del convento le pide un favor a un joven?
   d.   ¿San Pedro Claver les pide dinero a los españoles?
   e.   ¿Sir Francis Drake les ofrece monedas de oro a sus compañeros?

6.28 Responda las siguientes preguntas de manera negativa:

    a.   ¿Vas a la playa con frecuencia?

    b.   ¿Lees algunas novelas de García Márquez?

    c.   ¿Ves algo de color rojo en el dibujo?

    d.   ¿A veces comes mariscos?

    e.   No conozco las islas del Rosario, ¿y tú?

    f.   ¿Ves algún turista de la India?

    g.   ¿Piensas en algo?

    h.   ¿Reconoces algún nombre?

    i.   ¿Sabes algo del Castillo de San Felipe?

    j.   ¿Llamas siempre al presidente?

6.29 Seleccione uno de los personajes de las ilustraciones e invente una historia en presente sobre su personalidad, su rutina, su trabajo. Puede ser una palenquera, uno de los turistas que visita la ciudad, un cartagenero que disfruta de un trago en un bar. Use la gramática que ha estudiado hasta ahora.

6.30 En este ejercicio usted es un guía turístico encargado de hablar sobre tres lugares importantes de la ciudad de Cartagena o de pueblos cercanos. Debe venir a clase preparado/a para hablar sobre su importancia en la historia de la ciudad. Estos lugares no están incluidos en este capítulo.

    a.   El pueblo de San Basilio de Palenque (pueblo fundado por esclavos fugados. Allí viven las palenqueras que venden frutas en la ciudad.)

    b.   El famoso hotel Santa Clara (antiguo convento de las monjas clarisas)

    c.   El museo santuario de San Pedro Claver (defensor de los esclavos)

    d.   El Palacio de la Inquisición (lugar donde se torturaba a los herejes)

    e.   La escultura de la gorda de Fernando Botero (en la Plaza Santo Domingo)

    f.   El Portal de los Dulces

    g.   Las Bóvedas, tiendas de artesanías (fueron utilizadas para guardar armas por la corona española y más adelante como prisión)

    h.   Restaurante Árabe Internacional

Vista panorámica de Buenos Aires con la Plaza de Mayo en primer plano

CAPÍTULO SIETE

BUENOS AIRES: LA GRAN URBE DEL SUR

Preterite, Imperfect, Present Perfect,
Hace with Time Expressions

Introducción

Buenos Aires es la ciudad más cosmopolita del Cono Sur y la capital "europea" de América Latina. A comienzos del siglo XX llegaron millones de inmigrantes que huían de las guerras y la pobreza en Europa; entonces se fundaron los mejores colegios y universidades. El escritor argentino Jorge Luis Borges se refería a Buenos Aires como "la tierra de los exiliados".

Marcada por épocas de progreso y de crisis, Buenos Aires ha sido próspera y pobre, violenta y pacífica, moderna y tradicional. La Recoleta se parece a París mientras Once es tan caótico como muchos barrios de otras ciudades latinoamericanas. Desde la avenida Córdoba se pueden ver las villas "miseria" que la rodean y esa misma vía lleva al visitante a los restaurantes y bares más sofisticados en el barrio Palermo. Allí se encuentra el MALBA, Museo de Arte Latinoamericano, que guarda las obras de grandes artistas como Xul Solar, Antonio Berni, Tarsila Do Amaral y Wifredo Lam, entre muchos otros.

La casa de gobierno es rosada y frente a ella, en la Plaza de Mayo, cada jueves se reúnen las madres que reclaman el regreso de sus hijos desaparecidos durante la dictadura militar que comenzó en 1976 y terminó en 1983. Muy cerca, en el mismo sector del centro de la capital argentina, se encuentra el Café Tortoni. Fundado en 1858, fue el lugar de encuentros y conversaciones entre artistas y escritores latinoamericanos.

El tango y el fútbol son las grandes pasiones de los porteños (gentilicio para las personas de Buenos Aires). El tango apareció en el submundo en el siglo XIX; hoy en día se puede apreciar su elegancia en muchos rincones de la ciudad, en las calles Florida y

Corrientes, en San Telmo y en el parque de La Recoleta los domingos de mercado. En el colorido barrio La Boca se pueden escuchar los mejores tangos de Astor Piazzolla y de Carlos Gardel y también los gritos de los hinchas que van al estadio La Bombonera para ver un clásico entre el River Plate y el Boca Juniors, los dos grandes equipos del fútbol argentino.

El acento argentino tiene la armonía del italiano. Se usa el apelativo "che" para el trato amistoso, y el sonido de las letras "y/ll" es mucho más sonoro cuando es un porteño el que las pronuncia. En Buenos Aires no te tratan de "tú" ni de "usted", sino de "vos". En este capítulo realizaremos un recorrido por Buenos Aires, nos detendremos en algunos de sus lugares más emblemáticos, y aprenderemos sobre la gente porteña, su manera de hablar y de relacionarse con el resto de América Latina. También repasaremos el uso del pretérito y el imperfecto, la diferencia entre ambos y el uso del prétérito perfecto.

PREGUNTAS DE COMPRENSIÓN

1. ¿Cuáles son algunas de las características más importantes de Buenos Aires?

2. ¿Cuándo llegaron muchos inmigrantes a la capital?

3. ¿Qué decía el escritor Jorge Luis Borges sobre Buenos Aires?

4. ¿Cómo se llama el barrio que se parece a París?

5. ¿De qué color es la casa de gobierno?

6. ¿Quiénes son las madres de la Plaza de Mayo?

7. ¿Por qué es tan famoso el Café Tortoni?

8. ¿Cuáles son las dos pasiones de los porteños?

9. ¿Qué particularidades tiene el acento argentino?

I. The Preterite Tense / *El tiempo pretérito*

A. Regular and Irregular Preterite Forms

ayudar: ayudé, ayudaste, ayudó, ayudamos, ayudasteis, ayudaron
atender: atendí, atendiste, atendió, atendimos, atendisteis, atendieron
asistir: asistí, asististe, asistió, asistimos, asististeis, asistieron

-*ar* regular verbs

	viajar	comprar	mirar	visitar	cantar
Yo	viajé	compré	miré	visité	canté
Tú	viajaste	compraste	miraste	visitaste	cantaste
Él/ella/usted	viajó	compró	miró	visitó	cantó
Nosotros	viajamos	compramos	miramos	visitamos	cantamos
Vosotros	viajasteis	comprasteis	mirasteis	visitasteis	cantasteis
Ellos/ellas/ustedes	viajaron	compraron	miraron	visitaron	cantaron

-*er* regular verbs

	comer	correr	beber	comprender	aprender
Yo	comí	corrí	bebí	comprendí	aprendí
Tú	comiste	corriste	bebiste	comprendiste	aprendiste
Él/ella/usted	comió	corrió	bebió	comprendió	aprendió
Nosotros	comimos	corrimos	bebimos	comprendimos	aprendimos
Vosotros	comisteis	corristeis	bebisteis	comprendísteis	aprendísteis
Ellos/ellas/ustedes	comieron	corrieron	bebieron	comprendieron	aprendieron

-*ir* regular verbs

	vivir	recibir	abrir	subir	decidir
Yo	viví	recibí	abrí	subí	decidí
Tú	viviste	recibiste	abriste	subiste	decidiste
Él/ella/usted	vivió	recibió	abrió	subió	decidió
Nosotros	vivimos	recibimos	abrimos	subimos	decidimos
Vosotros	vivísteis	recibisteis	abristeis	subisteis	decidisteis
Ellos/ellas/ustedes	vivieron	recibieron	abrieron	subieron	decidieron

-*ar* stem-changing verbs

	cerrar	despertar(se)	empezar	atravesar	acostar(se)
Yo	cerré	(me) desperté	empecé	atravesé	(me) acosté
Tú	cerraste	(te) despertaste	empezaste	atravesaste	(te) acostaste
Él/ella/usted	cerró	(se) despertó	empezó	atravesó	(se) acostó
Nosotros	cerramos	(nos) despertamos	empezamos	atravesamos	(nos) acostamos
Vosotros	cerrasteis	(os) despertasteis	empezasteis	atravesasteis	(os) acostasteis
Ellos/ellas/ustedes	cerraron	(se) despertaron	empezaron	atravesaron	(se) acostaron

-*er* stem-changing verbs

	entender	defender	perder	resolver	volver
Yo	entendí	defendí	perdí	resolví	volví
Tú	entendiste	defendiste	perdiste	resolviste	volviste
Él/ella/usted	entendió	defendió	perdió	resolvió	volvió
Nosotros	entendimos	defendimos	perdimos	resolvimos	volvimos
Vosotros	entendisteis	defendisteis	perdisteis	resolvisteis	volvisteis
Ellos/ellas/ustedes	entendieron	defendieron	perdieron	resolvieron	volvieron

-*ir* stem-changing verbs
(irregular in the third person singular and plural)

	servir	vestir(se)	pedir	dormir(se)	sentir(se)
Yo	serví	(me) vestí	pedí	(me) dormí	(me) sentí
Tú	serviste	(te) vestiste	pediste	(te) dormiste	(te) sentiste
Él/ella/usted	**sirvió**	**(se) vistió**	**pidió**	**(se) durmió**	**(se) sintió**
Nosotros	servimos	(nos) vestimos	pedimos	(nos) dormimos	(nos) sentimos
Vosotros	servisteis	(os) vestisteis	pedisteis	(os) dormisteis	(os) sentisteis
Ellos/ellas/ustedes	**sirvieron**	**(se) vistieron**	**pidieron**	**(se) durmieron**	**(se) sintieron**

B. Most Common Irregular Verbs

dar: ***di, diste, dio, dimos, disteis, dieron***
decir: ***dije, dijiste, dijo, dijimos, dijisteis, dijeron***
estar: ***estuve, estuviste, estuvo, estuvimos, estuvisteis, estuvieron***
hacer: ***hice, hiciste, hizo, hicimos, hicisteis, hicieron***

poder: ***pude, pudiste, pudo, pudimos, pudisteis, pudieron***

poner: ***puse, pusiste, puso, pusimos, pusisteis, pusieron***

querer: ***quise, quisiste, quiso, quisimos, quisisteis, quisieron***

saber: ***supe, supiste, supo, supimos, supisteis, supieron***

ser / ir: ***fui, fuiste, fue, fuimos, fuisteis, fueron***

tener: ***tuve, tuviste, tuvo, tuvimos, tuvisteis, tuvieron***

traer: ***traje, trajiste, trajo, trajimos, trajisteis, trajeron***

venir: ***vine, viniste, vino, vinimos, vinisteis, vinieron***

C.   Important Observations

- The 3rd person plural ending of **decir** and **traer** is **-eron** and not **-ieron**.

- *Ver* is regular, but its stem is only the letter *v*: ***vi, viste, vio, vimos, visteis, vieron***.

- Verbs derived from irregular verbs are like them in every way. For example, the preterite of **obtener** is **obtuve**. Other common examples: **distraer**: *distraje*; **inter***venir*: *intervine*; **pre***decir*: *predije*; **pro***poner*: *propuse*; **satis***facer*: *satisfice*; **sostener**: *sostuve*.

- The 3rd person singular and plural of *-er* and *-ir* verbs whose stems end in a vowel will end in *-yó* and *-yeron*:
  caer: **cayó, cayeron** • construir: **construyó, construyeron** • creer: **creyó, creyeron** • destruir: **destruyó, destruyeron** • influir: **influyó, influyeron** • leer: **leyó, leyeron** • oír: **oyó, oyeron**

- The slightly irregular forms of the preterite of **reír** (and **sonreír**) are as follows: ***reí, reíste, rio, reímos, reísteis, rieron***.

- All *-ir* stem-changing verbs change *-o* to *-u* or *-e* to *-i* in the third person singular and plural of the preterite:
  dormir: *durmió, durmieron* • **repetir**: *repitió, repitieron* • **divertir**: *divirtió, divirtieron*

- Regular verbs ending in *-car, -gar, -guar*, and *-zar* have a spelling change in the first person singular to maintain the pronunciation of the stem according to Spanish phonetics:
  buscar: *busqué* • **llegar**: *llegué* • **averiguar**: *averigüé* • **empezar**: *empecé*

- Verbs ending in *-ducir* (conducir, deducir, inducir):
  produje, produjiste, produjo, produjimos, produjisteis, produjeron

D. Uses of the Preterite Tense

- To express events completed once or several times in the past:
  Llegué a Buenos Aires y busqué un hotel. I arrived in Buenos Aires and looked for a hotel.
  Las personas me dieron direcciones varias veces. People gave me directions several times.
  Por fin, encontré un buen hotel en el centro. Finally, I found a good hotel downtown.
  Dejé las maletas en la habitación y fui a dar un paseo por la ciudad. I left my suitcases in the room and went to take a walk through the city.

- To express actions that have a clear beginning or end (framed within a finite time period, seen as complete):
  Eva Perón, la primera dama de Argentina, nació en 1919 y se mudó a Buenos Aires en 1953. Murió en la capital a los treinta y tres años. En su último discurso, habló por dos horas.
  Eva Perón, the First Lady of Argentina, was born in 1919 and moved to Buenos Aires in 1953. She died in the capital at the age of thirty-three. In her final speech, she spoke for two hours.

PRÁCTICA

7.1 Conjugue los verbos siguientes en la forma del pretérito:

cantar (ustedes) _____

ser (ellos) _____

conocer (tú) _____

estar (nosotros) _____

empezar (yo) _____

producir (Ricardo) _____

vivir (vosotros) _____

descubrir (tú y yo) _____

desayunar (usted) _____

llegar (yo) _____

repetir (ellas) _____

leer (las chicas) _____

soñar (nosotros) _____

ayudar (el profesor) _____

volver (tú) _____

dar (vosotros) _____

mirarse (nosotros) _____

entrar (el turista) _____

comer (tú y yo) _____

admirar (yo) _____

decir (Julieta) _____

hacer (vosotras) _____

planear (ellas) _____

querer (tú) _____

saber (yo) _____

7.2 A continuación tiene ejemplos del uso del pretérito. Cambie la conjugación verbal usando dos pronombres diferentes.

Modelo: *Yo **llegué** a Buenos Aires el 4 de marzo.*
*Tú **llegaste** a Buenos Aires el 4 de marzo.*
*Nosotros **llegamos** a Buenos Aires el 4 de marzo.*

to decide

a. Nosotros decidimos viajar durante la primavera. (*"Decidir" is a verb that is usually conjugated in the preterite as it refers to a precise action.*)

b. Mi padre compró los boletos de avión hace seis meses.

c. Mi hermano y yo leímos sobre los lugares más interesantes de la ciudad.

d. Yo encontré una guía turística excelente. (*Notice that "encontrar" is a stem-changing verb that becomes regular in the preterite. This is the case in all of the -ar and -er stem-changing verbs.*)

e. Mi mamá prefirió leer sobre la historia de Argentina. (*"Preferir" is an -ir stem-changing verb that is irregular in third person, both singular and plural.*)

to discover

f. Ella descubrió varios restaurantes excelentes en la ciudad.

g. Yo conocí a una persona de Buenos Aires antes del viaje. (*In this case I am meeting the person for the first time.*)

fan

h. Mi hermano propuso ir al estadio "La Bombonera" porque es un aficionado al fútbol.

i. Mi papá dijo: "Yo quiero ir al MALBA".

j. Todos planeamos el viaje a Buenos Aires con mucho entusiasmo.

7.3 Conjugue el verbo en la forma correcta del pretérito según el pronombre:

Modelo: *(Viajar/yo) de Miami a Buenos Aires.*
Viajé de Miami a Buenos Aires.

a. (Viajar/nosotros) por Aerolíneas Argentinas el 20 de diciembre. (tomar/nosotros) el avión a las tres y media de la tarde. El vuelo (ser) muy largo.

b. En el avión yo (pedir) pasta y mis padres (pedir) pollo en salsa de champiñones.

c. El auxiliar de vuelo (*flight attendant*) (servir) un vino argentino pero yo no (poder) tomarlo porque solo tengo dieciséis años.

d. (Llenar/nosotros) una forma de inmigración por familia y (poner) la dirección del hotel.

e. En el aeropuerto Ezeiza, (hablar/yo) en español con el oficial de inmigración. Él (hacer) pocas preguntas y (poner) un sello en nuestros pasaportes.

f. Nosotros (pedir) información sobre los medios de transporte y (decidir) tomar un taxi.

g. En el camino hacia el hotel (ver/yo) lugares muy bonitos de la ciudad y (ponerse) muy contenta.

7.4 Cambie al pretérito la siguiente narración en primera persona. Observe los eventos "completos" que describe cada oración:

a. **Voy** a Buenos Aires durante mis vacaciones de primavera. b. **Viajo** con otros quince estudiantes y una profesora. Cuando c. **llego** al aeropuerto, d. **tengo** que explicar la razón de nuestra visita: e. **venimos** a recorrer los sitios más importantes de la ciudad. Al principio no f. **puedo** expresarme bien. El oficial de inmigración g. **sella** mi pasa- ~~to stamp~~ porte, y me h. **da** la bienvenida al país. i. **Voy** a buscar mi maleta y j. **tomamos** un bus que nos k. **lleva** hasta el centro de la ciudad. El guía nos l. **recibe** con mucho entusiasmo. m. **Paso** dos semanas en esta maravillosa ciudad y n. **aprendo** mucho sobre la cultura porteña. Cuando o. **regreso**, le p. **escribo** una carta a mi abuela y le q. **describo** todo lo que r. **aprendo** en Buenos Aires.

- Observe how the one-time (perfective) aspect of the preterite affects the meanings of certain verbs. ***Tuve que***, for example, means both that I had to do something and did it. ***No pude expresarme*** means I wasn't able and in fact didn't express myself well. ***Quise*** means that I wanted-to-at-one-moment and has very nearly the sense of English "I tried to do it." ***No quiso*** is very close to English "He refused to do it."

En los dos siguientes ejercicios nos encontramos en el estadio de fútbol La Bombonera, en el barrio La Boca. El fútbol es el deporte más popular en Argentina, y el país ha tenido jugadores legendarios como Diego Maradona y, más recientemente, Lionel Messi.

Estadio La Bombonera

7.5 A continuación encontrará la descripción en el pasado de un partido de fútbol entre el River Plate y el Boca Juniors, los dos equipos de Buenos Aires. Conjugue en el pretérito los verbos entre paréntesis, según el pronombre indicado.

Un clásico histórico en el estadio La Bombonera
El 9 de septiembre de 2017 los equipos River Plate y Boca Juniors **a.** _____ (jugar) en el estadio La Bombonera. Miles de hinchas de fútbol (*soccer fans*) **b.** _____(llegar) al estadio temprano. Los fanáticos del Boca Juniors **c.** _____(ponerse) su camiseta azul y amarilla. Desde que **d.** _____ (entrar) al estadio, ellos **e.** _____(cantar) y **f.** _____(gritar) para animar a su equipo. El entrenador (*the coach*) del Boca **g.** _____(sentarse) en la banca y **h.** _____(hablar) con sus jugadores sobre las estrategias para el partido. Las personas que no **i.** _____ (poder) comprar los boletos de entrada **j.** _____(mirar) el partido desde

afuera y otros lo **k.** _____(escuchar) por la radio o lo **l.** _____
(ver) por televisión. Sin lugar a dudas, este clásico **m.** _____(ser) increíble
y los hinchas **n.** _____(sufrir) desde el minuto cinco cuando el
River Plate **o.** _____ (marcar) el primer gol del partido. Los hinchas del
River **p.** _____(celebrar) y los del Boca **q.** _____(comenzar)
a inquietarse. El delantero del Boca **r.** _____(querer) marcar al minuto
diez y **s.** _____(llegar) casi solo a la portería pero **t.** _____
(equivocarse) y **u.** _____(perder) una gran oportunidad. Después de
una lucha continua, al final del primer tiempo, el Boca Juniors **v.** _____
(marcar) su primer gol y el estadio **w.** _____(estallar) de emoción. Durante el descanso, los espectadores **x.** _____(comprar) empanadas
y **y.** _____(beber) cerveza Quilmes. Algunos **z.** _____
(quedarse) en sus asientos preocupados por el segundo tiempo. El segundo tiempo
aa. _____(ser) una batalla entre los dos equipos y **bb.**_____(haber) una pelea entre dos jugadores. Uno le **cc.** _____(pegar) al otro y el árbitro
le **dd.** _____(dar) una tarjeta roja a González, el mejor delantero del Boca
Juniors. El equipo **ee.** _____(continuar) con nueve jugadores y el mal
tiempo en el estadio La Bombonera **ff.** _____(hacer) más difícil el partido.
gg. _____(llover) muy fuerte durante quince minutos. En el minuto setenta
y siete, el Boca Juniors **hh.** _____(marcar) el gol que lo **ii.** _____
(hacer) campeón. Los hinchas del Boca Juniors **jj.** _____(salir) del
estadio emocionados y **kk.** _____(ir) a los bares del barrio La Boca para
celebrar el gran triunfo. Los del River Plate **ll.** _____(irse) a sus casas
muy tristes.

7.6 En las siguientes frases los verbos están conjugados en tercera persona del singular.
Escriba la misma frase conjugando los verbos en *tercera persona del plural.*

a. Carlos Tévez salió a la cancha de fútbol con mucho ánimo.
b. El entrenador les dio recomendaciones a los jugadores.
c. El arquero se puso en posición para evitar goles.
d. Mi amiga se sentó en la primera fila en el estadio.
e. El delantero del Boca corrió hacia la portería del River.
f. El defensor del River paró el primer intento de gol.
g. El presentador del partido gritó "goooooool" cuando el Boca marcó el primer gol.
h. El vendedor de cervezas ofreció buenos precios.
i. El niño se emocionó mucho con el segundo gol.
j. Mi hija me pidió dinero para comprar papas fritas.

7.7 Imagine que usted asistió a este partido de fútbol. Escriba siete frases completas en
el pretérito usando los siguientes pronombres y verbos. Recuerde el contexto, no
puede escribir sobre cualquier cosa:

a. Mis amigos y yo (ir)
b. El partido (comenzar)

      c.   La gente en el estadio (gritar)
      d.   Los vendedores de comida (ofrecer)
      e.   Los jugadores (terminar)
      f.   El equipo River Plate (perder)
      g.   Nosotros (celebrar)

II. The Imperfect Tense / *El tiempo imperfecto*

    A. Regular and Irregular Imperfect Forms

> *ayud**ar**: ayud**aba**, ayud**abas**, ayud**aba**, ayud**ábamos**, ayud**abais**, ayud**aban***
> *atend**er**: atend**ía**, atend**ías**, atend**ía**, atend**íamos**, atend**íais**, atend**ían***
> *asist**ir**: asist**ía**, asist**ías**, asist**ía**, asist**íamos**, asist**íais**, asist**ían***

    B. Important Observations

There are only three verbs with irregular forms in the imperfect:

> ***ir: iba, ibas, iba, íbamos, ibais, iban***
> ***ser: era, eras, era, éramos, erais, eran***
> ***ver: veía, veías, veía, veíamos, veíais, veían***

Regular -*ar* Verbs

	hablar	caminar	bailar	visitar	pagar
Yo	habl**aba**	camin**aba**	bail**aba**	visit**aba**	pag**aba**
Tú	habl**abas**	camin**abas**	bail**abas**	visit**abas**	pag**abas**
Él/ella/usted	habl**aba**	camin**aba**	bail**aba**	visit**aba**	pag**aba**
Nosotros	habl**ábamos**	camin**ábamos**	bail**ábamos**	visit**ábamos**	pag**ábamos**
Vosotros	habl**abais**	camin**abais**	bail**abais**	visit**abais**	pag**abais**
Ellos/ellas/ustedes	habl**aban**	camin**aban**	bail**aban**	visit**aban**	pag**aban**

Regular -*er*/-*ir* Verbs

	hacer	tener	correr	escribir	decir	pedir
Yo	hac**ía**	ten**ía**	corr**ía**	escrib**ía**	dec**ía**	ped**ía**
Tú	hac**ías**	ten**ías**	corr**ías**	escrib**ías**	dec**ías**	ped**ías**
Él/ella/usted	hac**ía**	ten**ía**	corr**ía**	escrib**ía**	dec**ía**	ped**ía**
Nosotros	hac**íamos**	ten**íamos**	corr**íamos**	escrib**íamos**	dec**íamos**	ped**íamos**
Vosotros	hac**íais**	ten**íais**	corr**íais**	escrib**íais**	dec**íais**	ped**íais**
Ellos/ellas/ustedes	hac**ían**	ten**ían**	corr**ían**	escrib**ían**	dec**ían**	ped**ían**

C. Uses of the Imperfect Tense

- To describe in the past: the background or setting, situations, conditions, and actions that were in progress ("was/were . . . ing"):

   Era el año 1995. Tenía doce años. Estaba enfermo y leía en cama. Afuera llovía.
   It was the year 1995. I was twelve years old. I was sick and was reading in bed. It was raining outside.

   La abuela de Sonia era una mujer elegante y tenía un ligero acento italiano.
   Sonia's grandmother was an elegant woman and she had a slight Italian accent.

- To describe habitual, customary actions, or things that used to happen in the past without reference to a beginning or end (imperfect, incomplete) (*used to, would*):

   Mis amigos y yo íbamos al cine todos los viernes.
   My friends and I used to go to the movies every Friday.

   Yo iba mucho al parque cuando era joven.
   I used to go the park a lot when I was young.

   Ella estaba informada porque leía mucho.
   She was informed because she read a lot.

This means that time expressions conveying repetition are often clues for selecting the imperfect: ***con frecuencia, cada semana, siempre, a veces,*** etc.

   En verano siempre tomábamos helado en la playa.
   During the summer we always used to have ice cream on the beach.

Tip: Whenever you can say *used to* or *was/were . . . ing* in English, you need the imperfect in Spanish.

PRÁCTICA

7.8   Conjugue la siguiente lista de verbos en la forma del imperfecto:

ser (ustedes)   _____

estar (nosotras)   _____

ver (los chicos)   _____

planear (yo)　　　　＿＿＿＿＿＿＿

ir (tú)　　　　　　＿＿＿＿＿＿＿

visitar (vosotras)　　＿＿＿＿＿＿＿

perder (yo)　　　　＿＿＿＿＿＿＿

querer (Lorenzo)　　＿＿＿＿＿＿＿

ser (nosotras)　　　＿＿＿＿＿＿＿

buscar (Alma)　　　＿＿＿＿＿＿＿

llamar (nosotros)　　＿＿＿＿＿＿＿

ir (ellas)　　　　　＿＿＿＿＿＿＿

preguntar (tú)　　　＿＿＿＿＿＿＿

insistir (los amigos)　＿＿＿＿＿＿＿

ver (yo)　　　　　　＿＿＿＿＿＿＿

esconderse (ellas)　　＿＿＿＿＿＿＿

tener (vosotros)　　　＿＿＿＿＿＿＿

sacar (el vecino)　　＿＿＿＿＿＿＿

interrumpir (yo)　　＿＿＿＿＿＿＿

levantarse (nosotras)　＿＿＿＿＿＿＿

7.9　　A continuación tiene ejemplos del uso del imperfecto. Cambie la conjugación de los verbos usando *dos pronombres diferentes*:

Modelo:
*Durante las vacaciones en Buenos Aires, yo **iba** a un café todas las mañanas.*
*Durante las vacaciones en Buenos Aires, nosotros **íbamos** a un café todas las mañanas.*
*Durante las vacaciones en Buenos Aires, tú **ibas** a un café todas las mañanas.*

a.　Mi mejor amigo argentino vivía en el barrio Palermo.

b.　Los turistas tenían mucho calor durante el mes de diciembre porque en Argentina es un mes caliente.

c.　Yo tenía veinte años cuando viajé a Buenos Aires. *(The first verb is conjugated in the imperfect because it refers to age. The second one is in the preterite because it is talking about an action that began and finished in the past.)*

d.　Cada domingo, comprábamos antigüedades en el mercado de San Telmo. *(This is a repetitive action in the past.)*　↳ antiques

e.　Necesitábamos cambiar dólares por pesos argentinos. *(The verb "necesitar" is usually conjugated in the imperfect as it is not an action.)*

f.　Estabas enferma el primer día de las vacaciones.

g.   Diego estaba nervioso porque no conocía la ciudad de Buenos Aires.

h.   Las madres de los desaparecidos iban a la Plaza de Mayo todos los jueves.

i.   Ustedes querían conocer la casa donde vivía el poeta Juan Gelman. (*The verb "querer" is usually conjugated in the imperfect as its meaning changes when it is conjugated in the preterite.*)

j.   Al final de nuestras vacaciones, estábamos listos para regresar a casa.

7.10   Cambie al pasado la siguiente descripción utilizando el imperfecto:

a. Es el martes doce de noviembre. **b. Son** las seis de la mañana. Poca gente **c. camina** por las calles. Algunos peatones **d. van** hacia el trabajo, todavía medio dormidos. **e. Hace** frío pero no **f. llueve** ni **g. nieva**. **h. Hay** algunos autos, pero el tráfico no **i. es** pesado. Ya **j. estamos** en invierno. Desde mi ventana **k. veo** pasar a la gente. Generalmente, cuando **l. tomo** el café matutino (*morning coffee*) **m. estoy** sereno/a, contento/a, alerta. Nada **n. me molesta**. **o. Hay** magia en el aire fresco. Tanto la gente como la naturaleza **p. parecen** un poco perezosas por las mañanas. El cielo **q. está** gris aunque no **r. siento** melancolía. **s. Estoy** perfectamente feliz.

7.11   Actividad en parejas. Intercambie la siguiente información con un compañero:

¿Cómo era su vida cuando era niño/a? ¿Dónde y con quién vivía? ¿Dónde estudiaba? ¿Cómo era su escuela? ¿Qué hacía todos los días? ¿Cómo se llamaba su mejor amigo/a? ¿Cuál era su juguete preferido? ¿Qué sueños tenía para el futuro? ¿Qué tipo de niño/a era?

Tip: Whenever you <u>can</u> say "used to" or "was/were . . . ing" in English, you <u>need</u> the imperfect in Spanish.

En los dos siguientes ejercicios nos encontramos en el famoso cementerio La Recoleta, donde está enterrada Eva Perón y muchas otras personalidades conocidas. Un recorrido por los mausoleos de este cementerio es una lección en la que se aprende sobre los protagonistas de la historia de Argentina. Este lugar histórico fue inaugurado en 1822 y es uno de los cementerios más importantes del mundo. Inicialmente era solo para católicos, pero en 1863 se firmó un decreto para aceptar practicantes de otras religiones. Este cementerio está localizado en uno de los barrios más elegantes de Buenos Aires.

Cementerio La Recoleta

7.12   Nos encontramos cerca del mausoleo de Eva Perón, uno de los personajes más importantes de la historia política de Argentina. Muchos visitantes van al cementerio La Recoleta y se toman fotografías frente al lugar donde se encuentran los restos de la mujer a quien muchos llamaban "Evita". Llene los espacios en blanco con la conjugación correcta en el imperfecto.

Eva Duarte, antes de su matrimonio con el general Juan Perón, **a.** _____ (ser) una actriz, una joven que **b.** _____ (pertenecer) al círculo de artistas que **c.** _____ (buscar) oportunidades en el teatro, la radio y la televisión. Eva Duarte no **d.** _____ (tener) ni idea de lo que le **e.** _____ (esperar) en su futuro junto a su esposo Juan Perón. En esa época, Eva **f.** _____ (trabajar) en una compañía de comedias y **g.** _____ (actuar) en algunas obras poco conocidas. Después de un grave terremoto en Buenos Aires, Eva y Juan se conocieron en un evento de recaudación de fondos para las víctimas. Desde ese momento, la vida de Eva cambió profundamente. Los argentinos **h.** _____ (amar) el estilo de Evita, la **i.** _____ (escuchar) y **j.** _____ (estar) convencidos de que ella sería la mujer que cambiaría sus vidas. Las mujeres ricas de la sociedad porteña la

k. _____ (detestar) y la **l.** _____ (criticar) por su estilo y por su posición en el gobierno. Para entonces su nombre **m.** _____ (ser) Eva Perón y el pueblo la **n.** _____ (haber) aceptado como una líder de los trabajadores. Ella **o.** _____ (atender) a delegaciones obreras diariamente y **p.** _____ (negociar) con ellos. Juan Perón no **q.** _____ (tener) la sensibilidad y el espíritu de su esposa Eva. A comienzos de los años cincuenta, cuando ya **r.** _____ (sentirse) cansada y enferma, Eva **s.** _____ (tomar) fuerzas y **t.** _____ (salir) junto a su esposo en ocasiones importantes. Eva **u.** _____(tener) cáncer y **v.** _____ (estar) muy débil y enferma. A pesar de todas las contradicciones sobre el hecho que Eva **w.** _____ (manipular) a la gente pobre, muchos **x.** _____ (sentir) una verdadera idolatría por ella. Algunos **y.** _____(decir) que Eva Perón **z.** _____(ser) feminista, pero otros **aa.** _____ (creer) que todo lo **bb.** _____ (hacer) por su amor a Juan Perón. Sin duda alguna, a Eva le **cc.** _____ (gustar) el poder. A sus treinta y tres años, Eva murió mientras el pueblo **dd.** _____(pedir) su presencia al lado del general Perón.

7.13 En el dibujo del cementerio, el hombre que lleva las flores en la mano está visitando a una persona poco famosa pero que tiene una historia muy interesante (tal vez más interesante que la de la misma Evita). Póngale un nombre a este personaje e **invente** su historia teniendo en cuenta las siguientes preguntas:

¿Quién era? ¿De dónde era? ¿Dónde vivía? ¿Cómo murió? ¿Cuántos años tenía cuando murió? ¿Trabajaba? ¿Tenía una familia? ¿Qué tipo de actividades hacía en un día típico? ¿Qué relación tenía con el hombre que le lleva las flores?

III. Preterite and Imperfect Contrasted /
El contraste entre pretérito e imperfecto

A. The preterite is a "perfect" tense because it reports events viewed as completed within a finite time frame. An "imperfect" tense conveys duration, progression, incompleteness.

IMPERFECT (duration)	PRETERITE (completion)
No todos los argentinos querían a Eva Perón. **(for some time)** Not all Argentinians liked *Eva Perón.*	*Algunos nunca la aceptaron.* Some (**definitely**) never accepted her.
El sábado pasado nevaba y hacía frío. Last Saturday it was snowing and it was cold. **(for some time)**	*El sábado pasado paró de nevar a las ocho.* Last Saturday it stopped snowing at eight. **(specific time frame)**

Cuando era joven, yo iba a muchos partidos.	***Anoche fui a un partido en La Bombonera.***
When I was young, I used to go to many games.	Last night I went to a game at the Bombonera.
(often)	**(specific time frame)**

B. For *narration*, each tense has a distinct function.

IMPERFECT (duration)	PRETERITE (completion)
Provides background information, describes what was happening	Reports completed actions, tells what happened
Llovía (o estaba lloviendo) . . .	***cuando me desperté.***
It was raining . . .	when I woke up.
Comíamos (o estábamos comiendo)	***cuando sonó el teléfono.***
We were having dinner . . .	when the phone rang.
Describes a state or condition	Describes a change in condition
Se sentía bien antes del invierno, . . .	***pero en enero se enfermó por el frío.***
She was feeling fine before winter, . . .	but in January she got sick because of the cold.
Agustín estaba feliz en Buenos Aires . . .	***hasta que perdió su trabajo en el museo.***
Agustín was happy in Buenos Aires . . .	until he lost his job at the museum.

PRÁCTICA

7.14 Complete con el pretérito o el imperfecto del verbo entre paréntesis:

a. El sábado, mientras _____ (leer- yo) el periódico tranquila-mente, _____ (sonar) el teléfono.

b. _____ (ser) Paloma, mi vecina. Me _____ (decir-ella) que _____ (necesitar) un favor.

c. Al escuchar su voz, _____ (sentir-yo) impaciencia porque _____ (querer) seguir leyendo. Pero _____ (escuchar-yo) con paciencia su larga historia.

d. Cuando finalmente _____ (colgar-yo) el teléfono, ya _____ (ser) las once de la mañana.

e. Entonces _____ (decidir-yo) dar un paseo, porque _____ (hacer) sol.

f. _____ (caminar) durante casi dos horas y, cuando _____ (volver) a casa, ya _____ (ser) hora del almuerzo.

g.   Por eso no _____ (terminar) el artículo tan interesante
     que _____ (estar) leyendo cuando me _____ (llamar) Paloma,
     la vecina inoportuna.

En esta sección vamos a visitar el Café Tortoni, un café legendario en Buenos Aires. Situado en la Avenida de Mayo, fue inaugurado en el año 1858, inspirado por los cafés de París durante la Belle Époque. Su interior es espectacular, con lámparas antiguas, pequeñas mesas de mármol, espejos, y paredes y columnas de madera. Fue un lugar de encuentro popular entre escritores argentinos como Alfonsina Storni y Jorge Luis Borges, y cantantes de tango como Carlos Gardel. Hoy los *bonaerenses* pasan horas charlando en el Tortoni en cualquier momento del día y de la noche. Buenos Aires es una ciudad llena de bares, cafeterías y cafés, y muchos encuentros sociales y profesionales tienen lugar en estos espacios. La expresión "¿tomamos un cafecito?" se refiere a una costumbre única en Buenos Aires.

Interior del histórico Café Tortoni

7.15 Forme frases con los siguientes elementos y decida si debe conjugar el verbo en el pretérito o en el imperfecto. Recuerde que el pretérito se refiere a acciones que ocurrieron en un momento específico o en un período de tiempo, mientras que el imperfecto se usa para describir o para hablar de acciones repetidas en el pasado.

    a.   **Ser** / las tres de la tarde / cuando / nosotros / **llegar** / al Café Tortoni

    b.   El café / **ser** / más cerca del centro de lo que / nosotros / **pensar**

    c.   El mozo (*waiter*) / **traer** / el menú y yo / **hacerle** / algunas preguntas

    d.   El / **llamarse** / Benjamín / y / **ser** / muy amable   *to offer*

    e.   Nosotros / **pedir** / un café / y / Benjamín / **ofrecer /** postres

    f.   Benjamín / **ir** / a la cocina / y / **regresar** / con un café exquisito

    g.   La mesa nuestra / **estar** / cerca de la entrada / y por la puerta / **entrar** / un viento suave

    h.   Al final, Benjamín / **decirnos** / "hasta pronto" / y / **darnos** / un mapa del barrio

    i.   El café Tortoni / **estar** / cerca de la Casa Rosada

    j.   **Haber** / mucha gente en esta zona   *metro*

    k.   Después del café / nosotros / **tomar** / el subte / y / **regresar** al hotel porque / **estar** / muy cansados   *return turn-base being volver*

    l.   Mientras que nosotros / **dormir** / mi hermano / **dar** una vuelta por el barrio

7.16 Pase la siguiente historia del presente al pasado. Piense que los verbos que se refieren a acciones se conjugan en el pretérito y los verbos que se refieren a descripciones, tiempo o acciones repetidas, en el imperfecto.

Hoy **a. es** sábado. **b. Tienes** ganas de ir a un café tradicional de Buenos Aires y **c. decides** que la mejor opción **d. es** el Café Tortoni. **e. Sabes** que en las mañanas **f. hay** muchos turistas y no **g. quieres** esperar afuera mucho tiempo. **h. Llegas** al café a las dos de la tarde. **i. Hay** una mesa exactamente en el fondo donde **j. puedes** estar tranquila. **k. Pides** un café expreso doble y el mozo te **l. pregunta** si **m. quieres** azúcar. Le **n. dices** que lo **o. prefieres** negro. Mientras **p. bebes** el café **q. piensas** en el libro que **r. estás** escribiendo. La historia de tu novela **s. necesita** más trabajo. No **t. es** suficientemente creativa. Cuando **u. terminas** el café **v. te quedas** en el Tortoni y **w. escribes** en una servilleta las ideas que **x. vienen** a tu mente. A las cuatro de la tarde **y. sales** a la avenida de Mayo, **z. hace** calor y **aa. hay** mucha gente en la calle. **bb. Te vas** a casa para continuar tu historia.

7.17 En el primer plano del dibujo vemos a tres personajes solos. Seleccione a uno de ellos e imagine cómo fue su día antes de llegar al Café Tortoni. Sea creativo/a, piense en situaciones dramáticas. Invente una buena historia para compartir con sus compañeros.

7.18   Traduzca las siguientes frases al español:

a.   My family used to spend one month a year in Buenos Aires when I was young.

b.   My best friend Valentino lived in the Palermo neighborhood.

c.   On Sundays, we used to have breakfast at the Tortoni Cafe.

    d. Last year, I bought a small apartment in Buenos Aires.

    e. One day, while I was taking a walk in the San Telmo neighborhood, I saw Valentino near the museum.

    f. We had coffee and spoke for hours.

7.19 Traduzca las siguientes frases al inglés:

    a. Yo nací en Buenos Aires y viví allí hasta los 15 años. Tenía muchos amigos en el colegio.

    b. Los domingos, me encantaba pasear por los diferentes barrios de la ciudad con mi familia.

    c. Mis abuelos tenían un apartamento en el centro.

    d. Siempre iba al colegio en bicicleta, pero un día decidí tomar el subte *(the subway)* sola.

    e. El año pasado regresé a Buenos Aires para un viaje de negocios y todo me parecía igual.

IV. The Present Perfect / *El pretérito perfecto*

  A. Spanish forms compound tenses with the auxiliary ***haber*** and the past participle in much the same way that English does with "have."

    • Following ***haber***, the past participle is invariable; it always ends in **-o**. (Following ***ser*** or ***estar***, the past participle agrees with the noun in gender and number as an adjective.)

    • Reflexive and object pronouns must precede the conjugated form of ***haber***.

	caminar	**correr**	**vestirse**
Yo	he camin-**ado**	he corr-**ido**	me he vest-**ido**
Tú	has caminado	has corrido	te has vestido
Él/ella/usted	ha caminado	ha corrido	se ha vestido
Nosotros	hemos caminado	hemos corrido	nos hemos vestido
Vosotros	habéis caminado	habéis corrido	os habéis vestido
Ellos/ellas/ustedes	han caminado	han corrido	se han vestido

B. Most Common Irregular Verbs

ver–**visto**	decir–**dicho**	cubrir–**cubierto**	volver–**vuelto**
haber–**hecho**	ser–**sido**	abrir–**abierto**	morir–**muerto**
descubrir–**descubierto**	poner–**puesto**	escribir–**escrito**	
componer–**compuesto**			

*Nunca **hemos estado** en Argentina.*
We have never been to Argentina.
***He estudiado** español desde hace cuatro años.*
I have studied Spanish for four years.
***Has descubierto** obras de arte magníficas en el MALBA.*
You have discovered magnificent works of art at the MALBA.
***Hemos caminado** por la calle Florida y **hemos comprado** objetos de cuero.*
We have walked along Florida Street and have bought leather goods.
***Habéis visto** a muchas parejas bailando tango?*
Have you seen many couples dancing the tango?
*Ellos **han aprendido** mucho sobre la cultura argentina.*
They have learned a lot about Argentinian culture.
*Alicia **se ha puesto** un traje elegante para ir a cenar.*
Alicia has put on an elegant dress to go out to dinner.

PRÁCTICA

7.20 Conjugue la siguiente lista de verbos en la forma del pretérito perfecto:

estar (yo): _____

ver (ellos): _____

descubrir (nosotras): _____

poner (Carlos): _____

sentir (vosotras): _____

escribir (Julio Cortázar): _____

participar (ustedes): _____

componer (Ana): _____

casarse (ellos): _____

apreciar (yo): _____

conducir (nosotros): _____

cocinar (mis padres): _____

pagar (Jorge): _____

examinar (usted):   _____

asistir (los amigos):   _____

traer (el mozo):   _____

poner (yo):   _____

terminar (nosotros):   _____

ser (usted):   _____

sentirse (ellas):   _____

7.21 A continuación encontrará ejemplos del uso del pretérito perfecto. Cambie la conjugación verbal usando dos pronombres diferentes:

Modelo:

> Tú **has vivido** en ese barrio por mucho tiempo.
> **Hemos vivido** en ese barrio por mucho tiempo.
> Ellas **han vivido** en ese barrio por mucho tiempo.

a. Tú has pedido pastelitos.
b. Nosotros hemos ido a varios bares de la ciudad.
c. Carlos y Viviana han estado en el cementerio La Recoleta dos veces.
d. Yo les he escrito varias tarjetas postales a mis amigos.
e. Tú te has puesto ropa de verano porque ha hecho mucho calor.
f. Nosotros nos hemos bañado varias veces hoy.
g. Vosotras habéis tomado unas empanadas de queso excelentes.
h. Yo no he conocido el barrio Belgrano.
i. Nosotros hemos viajado en tren hasta la capital.
j. Tú has probado el té mate y te ha encantado.
k. Ustedes no han comprado regalos en Buenos Aires todavía.

7.22 Traduzca las siguientes frases al español, utilizando el tiempo pretérito perfecto:

a. John, have you been to Buenos Aires?
b. Marcelo has prepared a delicious Argentine meal for us.
c. We have visited the most beautiful places in the city.
d. I have seen many books by the writer Julio Cortázar in the bookstores of Buenos Aires.
e. The students have learned a lot about this wonderful city.

7.23 La familia Rodríguez hace un recuento de su primera semana en Buenos Aires. Cambie las siguientes frases del presente del indicativo al pretérito perfecto:

a. Visitamos los barrios más interesantes de la ciudad.
b. Mis hermanos les escriben correos electrónicos a sus amigos desde el hotel.
c. Voy a los bares de Palermo y pruebo diferentes cervezas locales.
d. Los argentinos son muy amables y nos dan direcciones para llegar a nuestros destinos turísticos.
e. Sentimos mucho calor al mediodía.

Street map

f. Claudia, mi hermana, compra libros antiguos en los mercados <u>callejeros</u>.

g. Mi madre disfruta mucho de las parejas que bailan tango en la calle.

h. Mi padre y mi hermano ven partidos de fútbol en el estadio La Bombonera.

i. Busco objetos de cuero como bolsos y chaquetas. Encuentro diseños muy originales en la Calle Florida.

j. Leo la novela *Santa Evita* del escritor Tomás Eloy Martínez.

En los dos siguientes ejercicios nos encontramos en el mercado de San Telmo, que abrió en el año 1897. Hoy se pueden encontrar muchas cosas maravillosas en este mercado histórico, desde comida hasta juguetes y antigüedades de mucho valor.

Comprador en el mercado de San Telmo

7.24 Conjugue los verbos que están entre paréntesis en el pretérito perfecto:

Sebastián **a.** _____(pasar) toda la tarde en el merca-do de San Telmo. Nunca **b.** _____ (estar) en un lugar como este. **c.** _____(ver) muñecas viejas, teléfonos que ya no se usan, instru-mentos musicales, libros antiguos. Los vendedores le **d.** _____(ofrecer) objetos muy caros, pero Sebastián no **e.** _____(querer) gastar mucho dinero. A pesar de que ya es la última hora de mercado y muchos vendedores **f.** _____(irse), todavía no **g.** _____(escoger) el regalo que le quiere llevar a su mamá que colecciona antigüedades. Solamente quiere llevar una bolsa en el avión, y ya **h.** _____(poner) cinco libros que compró en una librería del centro. En el puesto de ventas que más le **i.** _____(gustar), Sebastián y el vendedor **j.** _____ (conversar) sobre la historia de cada uno de los objetos. El vendedor **k.** _____ (guardar) las herencias de todos los familiares que **l.** _____(morir). El vendedor le dice que **m.** _____ (escribir) la historia de cada uno de los objetos. Hoy no **n.** _____(vender) mucho pero está contento de tener un cliente como Sebastián. Después de media hora Sebastián no **o.** _____(poder) tomar una decisión. Da una última vuelta por los puestos que quedan y regresa para comprar un teléfono antiguo. Sabe que su mamá **p.** _____(buscar) uno de estos en muchos mercados del mundo y cree que este es el más hermoso que **q.** _____(ver). Su día en el mercado de San Telmo **r.** _____(ser) maravilloso. **s.** _____(probar) las empanadas argentinas, **t.** _____(tomar) muchas fotografías, **u.** _____ (escuchar) tangos de Astor Piazzola y de Carlos Gardel.

- The verb **_haber_** is expressed with the auxiliary in the 3rd person singular (**_ha_**) followed by the participle **_habido_**:

No ha habido problemas en el país.	There haven't been any problems in the country.
Esta tarde no ha habido tráfico.	This afternoon there hasn't been any traffic.

V. _Hacer_ with Time Expressions / Hacer _con expresiones de tiempo_

A. **_Hace_** with the preterite tense is equivalent to English "ago":

Llegué hace mucho tiempo.	I arrived a long time ago.

B. **_Hace/Hacía_** used with the present or the imperfect express "have been/ had been doing something for . . .":

Hace dos horas que esperamos.	We <u>have been</u> waiting for two hours.
Hacía dos horas que dormíamos.	We <u>had been</u> sleeping for two hours.

While these word orders are the most frequently used, you will see other usages, notably **_Hace mucho tiempo que llegué_** as a variant of **A.**

- The questions *¿Desde cuándo . . . ?* and *¿Cuánto hace que . . . ?* are common equivalents of "For how long . . . ?"/ "Since when . . . ?" or "How long ago . . . ?"

7.25 Responda a las siguientes preguntas en el presente o en el pasado:

a. *from-since* ¿Desde cuándo vives en esta ciudad?
b. ¿Desde cuándo estudias español?
c. ¿Cuánto tiempo hace que llegaste a Buenos Aires?
d. ¿Cuánto hace que tuviste tus últimas vacaciones?
e. ¿Cuántos años hace que celebraste tu graduación de la escuela secundaria?
f. *decades* ¿Cuántas décadas hace que terminó la Segunda Guerra Mundial (1945)?
g. ¿Cuántos años hacía que los ingleses estaban en Norteamérica cuando los Estados Unidos se independizaron?
h. ¿Cuánto tiempo hacía que John F. Kennedy era presidente cuando murió?

7. 26 Traduzca las siguientes frases al español:

a. We had been waiting at the Café Tortoni for half an hour.
b. I traveled to Buenos Aires two years ago.
c. They have been dancing milonga for half an hour.
d. She visited the MALBA one week ago.
e. Ten years ago, you used to speak Spanish with an Argentine accent.
f. It has been two days since I ate salad for the last time.
g. I have been in Buenos Aires for two weeks.
h. Leonel Messi has not been in Buenos Aires for a long time.
i. The poet Jorge Luis Borges died more than thirty years ago.

VI. ¿Sabías qué . . . ? ¿Qué es el voseo?

De las diferentes zonas geolectales de Hispanoamérica, el habla del **Río de la Plata** ocupa un lugar singular. Los países que incluye el denominado "**rioplatense**" son los tres siguientes: **Argentina**, **Uruguay** y **Paraguay**. Las singularidades de esta variación lingüística hacen que sea reconocida en el resto de América Latina como una de las más peculiares. Debemos además tener en cuenta que Argentina es uno de los países de mayor número de hispanohablantes hoy en día, junto con México, España, Colombia y, recientemente, Estados Unidos.

Algunos vocablos propios del español hablado en Argentina incluyen:

colectivo (*autobús*)	lentes (*gafas*)
vereda (*acera*)	pileta (*piscina*)
saco (*chaqueta*)	pibe/a (*chico/a*)
pancho (*perro caliente*)	guita (*dinero*)

Existen también préstamos o **italianismos** que tienen su procedencia de la lengua italiana de los inmigrantes que llegaron a Argentina en los siglos XIX y XX. Por ejemplo:

laburo (*trabajo*)   gamba (*pierna*)
chau (*hola* o *adiós*)   birra (*cerveza*)
brodo (*caldo*)   crepar (*morir*)

Otros préstamos han dado lugar al **lunfardo**, una modalidad lingüística que surgió en Buenos Aires a finales del siglo XIX entre personas de clase baja. Ejemplos de este modo de hablar incluyen las palabras: **bacán** (*hombre*), **cana** (*policía*) y **menega** (*dinero*).

Por otro lado el llamado **cocoliche**, procedente de la mezcla de lenguas y de los procesos de inmigración, ya casi ha desaparecido; siempre fue asociado con las clases sociales menos educadas o bajas, siendo además desde el punto de vista de la norma culta un uso estereotípicamente cómico de la mezcla de diferentes culturas.

Una de las singularidades más evidentes del habla en Argentina es el "**voseo**", es decir, el uso del "**vos**" como pronombre en lugar del "**tú**". Al conjugar los verbos en el presente del indicativo surgen formas como "tomás" (*tomas*), "comés" (*comes*), o "partís" (*partes*).

Otro de los rasgos diferenciadores característico del habla en Argentina es la famosa **entonación** (o línea melódica); es una forma muy particular de pronunciar las oraciones haciendo del ritmo silábico, esencial y propio del español, toda una variante distintiva de la gente de la ciudad. También podríamos mencionar otras variaciones como **el habla gauchesca** de los gauchos de la Pampa, que tanto se ha recogido en las obras de autores importantes de la literatura argentina. En definitiva, el español actual de Argentina tiende mucho a identificarse con la norma urbana culta de la ciudad de Buenos Aires, quedando desplazado el habla rural frente a la de las grandes urbes del país.

PREGUNTAS

Diga si las siguientes frases son **V**erdaderas o **F**alsas. Si son falsas, dé la respuesta correcta.

a. El rioplatense es una variación lingüística que se encuentra solo en Argentina y en Paraguay.

b. Hay pocos hispanohablantes en Argentina.

c. La palabra "saco", para decir *chaqueta*, es típica de Argentina.

d. La palabra "birra" es un ejemplo de italianismo.

e. Los italianismos han tenido poca influencia en el español hablado en Argentina.

f.   El cocoliche fue asociado con las clases sociales bajas.

g.   En Argentina se utiliza más el pronombre "vos" que el "tú".

h.   Un joven argentino le diría a otro: ¿Vos cómo te llamás?

i.   Los argentinos hablan con poca entonación.

j.   El habla gauchesca proviene de los gauchos de la Pampa.

SUMMARY

"TÚ", "VOS", "USTED"

Tú is the informal singular second person.

Vos is used instead of *tú* in some countries, such as Argentina, Paraguay, Uruguay, Nicaragua, and Costa Rica. In other countries, such as Bolivia, Chile, Honduras, Guatemala, and El Salvador, you may hear both *tú* and *vos*. In countries such as Spain, Mexico, Puerto Rico, Cuba, and the Dominican Republic, you will only hear *tú*.

Usted is the formal singular second person. It can be abbreviated as "Ud." in writing.
In some Latin American countries it is common for children to use the usted form with their parents and grandparents, even as adults. In Spain, however, the use of *tú* is much more common.

VII. En la ciudad: El Estaño 1880

Laura y Stella se conocieron en la Universidad de Buenos Aires, donde las dos estudiaban arquitectura. Después de graduarse, Laura encontró un trabajo como arquitecta en Buenos Aires, mientras que Stella se mudó a Nueva York. Han pasado dos años desde que Stella se fue, y ahora ha vuelto a Buenos Aires para visitar a su familia. En el siguiente diálogo, las dos amigas se encuentran en el famoso bar-restaurante "El Estaño 1880", en el barrio de La Boca.

Lea el siguiente diálogo en voz alta y fíjese en la utilización del **voseo** y de las expresiones típicas de los habitantes de Buenos Aires.

Laura: Stella, ¡qué gusto verte después de tanto tiempo!

Stella: **¿Cómo te va**, Laura? **Tenés** un aspecto **bárbaro**. No cambiaste nada . . . estás igual.

Laura: ¡**Che, vos** tampoco! Qué ganas de verte, **flaca**. ¿Qué tal Nueva York?

Stella: Estoy **recontenta**. Tengo una vida bárbara allá, aunque extraño el café argentino.

Laura: ¡Y **acá** en Buenos Aires tenés el mejor café del mundo!

Mozo: Buenos días.

Laura: Buenos días. ¿Pedimos la **parrillada** con papas para dos personas?

Stella: Sí, **dale**. Y dos cervezas **Quilmes**.

Mozo: Muy bien.

Laura: Che flaca, ¿qué **contás**?

Stella: Tenés que venir a Nueva York. La arquitectura te va a encantar. Mira, te traje este recuerdo. Es una réplica del edificio Chrysler.

Laura: ¡Che qué lindo! ¿Está cerca de tu casa?

Stella: No, vivo en Brooklyn y tomo el **subte** para llegar al trabajo a Manhattan. Cuando gane más **guita** me voy a mudar para estar más cerca.

Laura: ¡**Mira vos**!

Stella: Y vos, ¿**seguís con** Jorge?

Laura: No, ya no estoy con ese **boludo**.

Stella: ¿Boludo? ¿Pero qué pasó?

Laura: Es una larga historia . . . acá llegan las cervezas.

Stella: **Vení**, tenemos mucho de qué hablar y me contás lo de Jorge.

Laura: Dale, el sábado te invito a un **asado** en casa de mis **viejos**.

Stella: ¡Che, **qué buena onda sos**!

VOCABULARIO Y EXPRESIONES COLOQUIALES

¿Cómo te va?: *colloquial expression for "How's it going?"*

tenés: *present tense of the verb "tener" for the "vos" pronoun*

bárbaro: *colloquial for "great," "amazing"*

che: *the use of "che" is very common in Argentina and Uruguay, although it is also heard in parts of Paraguay, Bolivia and Brazil. In Buenos Aires it is used in three ways: as a colloquial expression* for "hey" or "hey you"; as the equivalent for "mate," "dude," or "man"; as an interjection in casual speech.

vos: *second person singular pronoun, used in Argentina instead of "tú"; this process, known as "voseo," is also common in Uruguay, Paraguay, and parts of Bolivia, and Central America.*

flaca: *in Argentina "flaco" or "flaca" are used to address people; here it expresses endearment.*

VOCABULARIO Y EXPRESIONES COLOQUIALES

recontenta: *the prefix re- implies "really," "very"; really happy*

acá: *often used in Argentina instead of "aquí"*

parrillada: *a variety of meats that are grilled (a "parrilla" is an iron grill)*

dale: *colloquial expression used much like English speakers say "OK"*

Quilmes: *"Maltería Quilmes" is an Argentinean brewery.*

contás: *present tense of the verb "contar" for the "vos" pronoun*

subte: *short for "subterráneo"; subway*

guita: *colloquial expression for "money"; "cash"*

¡mira vos!: *colloquial expression for "wow!" Literally it means "look at you!"*

seguís con: *"are you still with . . ." (present tense of the verb "seguir" for the "vos" pronoun; the equivalent is "sigues")*

boludo: *can be used as an insult (calling someone an idiot) or as a term of endearment among close friends.*

vení: *"come" (command form of the verb "venir" for the pronoun "vos"; the equivalent is "ven")*

asado: *different meats cooked on a grill*

viejos: *term of endearment for "parents"*

Qué buena onda sos: *colloquial expression meaning "What an amazing person you are"; literally "buena onda" means "good wave," in the sense of "good vibes."*

VIII. Lectura: Fragmentos de la novela *El cantor de tango* (2004)

Tomás Eloy Martínez (Argentina 1934-2010) fue uno de los escritores y periodistas más importantes de la literatura argentina del siglo veinte y comienzos del veintiuno. También fue guionista de cine y profesor de literatura. Ganó el premio Alfaguara de novela en 2002, El Cóndor de Plata en 2008 y el Ortega y Gasset en 2009. Juan y Eva Perón son protagonistas de dos de sus novelas más conocidas. Su novela *Santa Evita* fue traducida a 32 idiomas. En los últimos años de su vida y enfermo, el escritor creó La Fundación Tomás Eloy Martínez con el objetivo de promover la literatura y el periodismo joven de América Latina.

Tango en el barrio La Boca

Publicada en 2004, esta novela fue una de las últimas que escribió el gran escritor y periodista argentino Tomás Eloy Martínez. La novela trata de un estudiante extranjero que gana una beca Fulbright y viaja a Buenos Aires para buscar a un legendario cantor de tango. En su intento por encontrar a Julio Martel, descubre la ciudad de Buenos Aires, su historia y su presente.

Lea con cuidado los siguientes fragmentos en los que se describen las experiencias del narrador desde su llegada a Buenos Aires. Observe sus descripciones y responda a las preguntas teniendo en cuenta todo lo que ha aprendido sobre la ciudad en este capítulo. Estos fragmentos aparecen en las primeras veinticinco páginas de la novela. Si quiere aprender más sobre Buenos Aires, le recomendamos que lea toda la novela. La traducción en inglés es *The Tango Singer*.

EL CANTOR DE TANGO

Fragmento #1: Descripción del trayecto entre el aeropuerto
Ezeiza y el cuarto que alquila en un barrio de Buenos Aires

A un lado y otro de la autopista que iba hacia la ciudad, el paisaje se transformaba a cada instante. Una suave **neblina** se alzaba, inmóvil, sobre los campos, pero el cielo era transparente y por el aire cruzaban **ráfagas** de perfumes dulces. Vi un templo mormón con la imagen del ángel Moroni en lo alto de la torre; vi edificios altos y horribles, con ventanas de las que **colgaban** ropas de colores, como en Italia; vi una **hondonada** de casas míseras, que tal vez **se derrumbarían** al primer golpe de viento. Después, los suburbios imitaban los de las ciudades europeas: parques vacíos, torres como **pajareras**, iglesias con campanarios coronados por estatuas de la Virgen María, casas con enormes discos de televisión en las **azoteas**. Buenos Aires no **se parecía** a Kuala Lumpur. En verdad, se parecía a casi todo lo que había visto antes; es decir, se parecía a nada (19).

VOCABULARIO

neblina: *fog*	derrumbarse: *to collapse*
ráfagas: *bursts*	pajareras: *aviaries*
colgar: *to hang up*	azoteas: *roofs*
hondonada: *hollow*	parecerse: *to resemble*

PREGUNTAS

a. Busque los adjetivos que describen las imágenes y los olores que percibe el narrador.

b. ¿De qué otros lugares (países, ciudades) habla el narrador? ¿A cuáles se parece Buenos Aires?

c. Haga una breve lista de lugares que describe el narrador.

Fragmento #2: Descripción de su primera noche en Buenos Aires

Cuanto más avanzaba la noche, más se poblaban los cafés. Nunca vi tantos en una ciudad, ni tan hospitalarios. La mayoría de los clientes leía ante una taza **vacía** durante largo tiempo—pasamos más de una vez por los mismos lugares—, sin que los obligaran a pagar la cuenta y **retirarse**, como sucede en Nueva York y en París. Pensé que esos cafés eran perfectos para escribir novelas. Allí la realidad no sabía qué hacer y andaba

suelta, **a caza** de autores que **se atrevieran** a contarla. Todo parecía muy real, tal vez demasiado real, aunque entonces yo no lo veía así. No entendí por qué los argentinos preferían escribir historias fantásticas o **inverosímiles** sobre civilizaciones perdidas o clones humanos u hologramas en islas desiertas cuando la realidad estaba viva y uno la sentía **quemarse**, quemar y lastimar la piel de la gente.

Caminamos mucho, y me pareció que nada estaba en el sitio que le correspondía. El cine donde Juan Perón se había conocido con su primera esposa, en la avenida Santa Fe, era ahora una enorme tienda de discos y video (22).

VOCABULARIO

vacía: *empty*

retirarse: *to back out*

suelta: *loose*

a caza: *hunting*

atreverse: *to dare*

inverosímil: *unbelievable*

quemarse: *to burn*

PREGUNTAS

a. Según el narrador, ¿cómo son los cafés en Buenos Aires?

b. ¿Reconoce a algún personaje en este párrafo? ¿Quién es?

c. Haga una lista de conjugaciones en el imperfecto y explique por qué se usa más el imperfecto que el pretérito en este fragmento.

Fragmento #3: El protagonista narrador llega a un lugar donde podría estar el famoso cantante de tango Julio Martel. Es una librería donde se baila tango.

En el **piso** alto de El Rufián había una práctica de baile. Las mujeres tenían el **talle** esbelto y la **mirada** comprensiva, y los chicos, aunque llevaran **ropa gastada** y noches sin dormir, se movían con maravillosa delicadeza y corregían los errores de sus parejas **hablándoles al oído**. Abajo, la librería estaba llena de gente, como casi todas las librerías que habíamos visto. Treinta años antes, Julio Cortázar y Gabriel García Márquez se habían sorprendido de que las **amas de casa** de Buenos Aires compraran *Rayuela* y *Cien años de soledad* como si fueran **fideos** o plantas de lechuga, y llevaran los libros en **la bolsa de víveres**. Advertí que los porteños seguían leyendo con la misma avidez de aquellas épocas. Sus hábitos, sin embargo, eran otros (23).

VOCABULARIO

piso: *floor*

talle: *waist*

mirada: *look*

ropa gastada: *worn clothes*

hablándoles al oído: *talking into someone's ear*

amas de casa: *housewives*

Rayuela: Hopscotch, a novel written by Julio Cortázar

Cien años de Soledad: One Hundred Years of Solitude, a novel written by Gabriel García Márquez

fideos: *noodles*

bolsa de víveres: *a bag for food*

PREGUNTAS

a. ¿Qué tiene de particular la librería El Rufián?

b. ¿Qué dice este fragmento sobre las amas de casa de Buenos Aires?

c. Hay dos escritores famosos en este párrafo. ¿Quiénes son?

Fragmento #4: En este fragmento se describe el ritual de los bailarines de tango.

Una de las rondas de baile terminó y las parejas **se apartaron**, como si nada tuviera que ver. En algunas películas me había **desconcertado** ese ritual, pero en la realidad era más extraño aún. Entre un tango y otro, los hombres invitaban a bailar a sus elegidas con un cabeceo que parecía indiferente. No lo era. **Fingían desdén** para proteger su **orgullo** de cualquier **desaire**. Si la mujer aceptaba, lo hacía con una sonrisa también distante y **se ponía de pie**, para que el hombre fuera a su encuentro. Cuando la música empezaba, la pareja se quedaba a la espera durante unos segundos, uno frente a otro, sin mirarse y hablando de temas triviales. Luego, la danza comenzaba con un **abrazo** largo y algo brutal. El hombre ceñía la cintura de la mujer y desde ese momento ella empezaba a **retroceder**. Siempre retrocedía. A veces, él curvaba el pecho hacia delante o **se ponía de costado**, **mejilla** a mejilla, mientras las piernas dibujaban cortes y quebradas que la mujer debía repetir, invirtiéndolos. La danza exigía una enorme precisión y, sobre todo, cierto don adivinatorio, porque los **pasos** no seguían un orden previsible sino que estaban **librados** a la improvisación del que guiaba o a una coreografía de combinaciones infinitas.

VOCABULARIO

apartarse: *to move away*

desconcertado: *baffled*

fingir: *to pretend*

desdén: *disdain*

orgullo: *pride*

desaire: *snub*

ponerse de pié: *to stand*

abrazo: *hug*

retroceder: *to back up, go backwards*

ponerse de costado: *to stand sideways*

mejilla: *cheek*

pasos: *steps*

librados: *freed*

PREGUNTAS

a. ¿Se conocen los bailarines de tango?

b. Describa brevemente el ritual del baile.

c. ¿Es un baile en el que se puede improvisar? Explique su respuesta.

IX. Repaso general

7.27   Complete el siguiente párrafo utilizando el pretérito o el imperfecto:

(ser) **a.** _____ las seis y media de la mañana cuando Thomas (llegar) **b.** _____ a Buenos Aires, y (estar) **c.** _____ cansado. El vuelo desde Boston (haber) **d.** _____ durado más de once horas. (querer) **e.** _____ descansar y (tener) **f.** _____ hambre. (Buscar) **g.** _____ sus dos maletas, (comprar) **h.** _____ unas medialunas en la cafetería del aeropuerto y (salir) **i.** _____ a la calle. Afuera le (sorprender) **j.** _____ en seguida el aire frío de la mañana. (ser) **k.** _____ el mes de julio pero en el Cono Sur (ser) **l.** _____ invierno. (Abrocharse) **m.** _____ rápidamente la chaqueta y (buscar) **n.** _____ un taxi. Le (sorprender) **o.** _____ ver que los taxis en Buenos Aires (ser) **p.** _____ negros con el techo amarillo. El taxista lo (saludar) **q.** _____ amablemente con el típico acento porteño y le (preguntar) **r.** _____ dónde (querer) **s.** _____

ir. (ser) **t.** _____ un señor mayor con el pelo blanco y una enorme bufanda de lana roja. El taxi (oler) **u.** _____ a tabaco y a café, y por la radio se (oír) **v.** _____ un tango. Thomas no (poder) **w.** _____ creer que por fin (estar) **x.** _____ en Buenos Aires. Iba a pasar un año en la ciudad tomando clases de español y de cine en la universidad. Desde la ventana del taxi, todo le (parecer) **y.** _____ como en un sueño. A esa hora de la mañana la ciudad (estar) **z.** _____ todavía dormida, pero (tener) **aa.** _____ un encanto especial. Thomas (ver) **bb.** _____ a los primeros trabajadores que (entrar) **cc.** _____ medio dormidos a los cafés, y en ese momento (pensar) **dd.** _____ que a partir de ahora él también (formar) **ee.** _____ parte de esta gran ciudad. Cuando por fin el taxi (pararse) **ff.** _____ delante de un viejo edificio en el Barrio la Boca, Thomas **gg.** _____ (bajarse) del carro y (respirar) **hh.** _____ profundamente el aire fresco de la mañana. (ser) **ii.** _____ el 15 de julio y su aventura ya (haber) **jj.** _____ empezado.

7.28   Elija la respuesta correcta:

El otoño pasado **a.** [estudié / estudiaba] dos meses en Buenos Aires y **b.** [aprendía / aprendí] mucho sobre su gastronomía. La comida argentina siempre **c.** [ha sido / han sido] única porque combina sabores de Europa con una cocina indígena y criolla. Cuando **d.** [llegué / llegaba] a la capital, en seguida **e.** [me di / me daba] cuenta que lo más típico **f.** [fue / era] la carne. Los fines de semana, siempre **g.** [me reunía / me reuní] para comer con amigos y **h.** [fue / era] muy común tomar un asado, que **i.** [consistió / consistía] en diferentes tipos de carnes preparadas lentamente sobre las brasas de una barbacoa. La carne **j.** [se servía / se sirvió] con una salsa verde un poco picante llamada "chimichurri", preparada con aceite, vinagre, perejil, pimiento y otras especias. Me acuerdo también que durante los partidos de fútbol en La Bombonera mis amigos y yo **k.** [compramos / comprábamos] empanadas deliciosas. Las más tradicionales se preparan con carne, maíz, cebolla y queso blanco. En las fiestas, **l.** [eran / fueron] muy populares los sandwiches de miga, **m.** [preparados / preparadas] con pan blanco y **n.** [jamón / jamón], queso, huevos, tomates . . . **o.** [Por/ Para] razones económicas, muchos italianos **p.** [inmigraron / inmigraban] a Argentina durante los siglos XIX y XX, y trajeron con ellos recetas europeas. Hoy Argentina **q.** [está / es] el país latinoamericano que tiene más inmigrantes italianos después de Estados Unidos. Mi profesora en la universidad **r.** [me dijo / me decía] un día que en Buenos Aires **s.** [había / hubo] muchos restaurantes que **t.** [servía / servían] comida italiana de alta calidad, como carne a la milanesa y una variedad de pastas y pizzas. Una noche **u.** [probé / probaba] ñoquis de papa y **v.** [me encantaron / me encantaban]. Definitivamente, los italianos **w.** [ha jugado / han jugado] un papel importante en la vida cultural **x.** [de la / del] país.

¿Y para postre? En Buenos Aires el dulce de leche **y.** [es / está] una especialidad. A mí **z.** [me encantó / me encantaba] tomarlo por las tardes en los pequeños cafés de mi barrio de Belgrado. También **aa.** [servían / sirvieron] galletas muy delicadas llamadas alfajores. ¡Eran tan deliciosas que un día **bb.** [me tomé / me tomaba] seis! Finalmente, el mate es un verdadero símbolo de Argentina. Esta bebida procede de los indios guaraníes, y se prepara con agua caliente y hojas de yerba mate. Como el mate tiene un sabor amargo, yo siempre le **cc.** [añadí / añadía] un poco de azúcar. Un día *añadir - toald* **dd.** [me di / me daba] cuenta que para los argentinos el mate **ee.** [fue / era] mucho más que una bebida: **ff.** [era / fue] una tradición.

Yo **gg.** [aprendí / aprendía] muchísimo durante mi estancia en Buenos Aires: ahora hablo mejor el español, tengo un **hh.** [grande / gran] aprecio por el arte, el cine y la literatura de Agentina, y entiendo más sobre la historia política **ii.** [de la / del] país. Finalmente, sé que, para **jj.** [saber / conocer] una cultura, es importante probar sus platos tradicionales.

7.29 En el cementerio La Recoleta están enterrados algunos de los personajes más importantes de la historia argentina. Seleccione uno de la lista y escriba una biografía usando el pretérito y el imperfecto. Imagine también lo que hizo este personaje el último día de su vida:

a. María Eva Duarte de Perón (Evita, esposa de Juan Perón, actriz y defensora de los derechos de los trabajadores)

b. Silvina Ocampo (escritora)

c. Luis Angel Firpo (boxeador)

d. Domingo Faustino Sarmiento (escritor, presidente entre 1868 y 1874)

e. Rufina Cambaceres (joven de la alta sociedad con una historia peculiar)

f. Ovidio Rebaudi (Químico, escritor, profesor de zoología)

g. Macedonio Fernández (novelista, poeta, filósofo)

h. Adolfo Bioy Casares (escritor)

i. Susana Brunetti (actriz, vedette)

j. Carlos Alberto Menditéguy (piloto automovilístico)

    k. Pía Sebastiani (pianista y compositora)

    l. María Marta García Belsunce (asesinada en octubre de 2002)

7.30 Seleccione una de las ilustraciones del capítulo e imagine que esta escena ocurrió ayer. Narre con detalles lo que observa, describa el lugar y los personajes. Use el pretérito y el imperfecto y demuestre que conoce las diferencias entre estos dos tiempos verbales.

Vista panorámica de La Paz con la iglesia de San Francisco en primer plano

CAPÍTULO OCHO

LA PAZ: EL CORAZÓN DE LOS ANDES

Possessives, Reflexives, Relative Pronouns, Uses of the *se* Pronoun, The Passive Voice

Introducción

La Paz, también conocida como "Nuestra Señora de la Paz" o como "Chuqui Yapu" en lengua aymara (o aimara), es una ciudad legendaria, multiétnica y cosmopolita. Es la capital más alta del mundo, localizada a 3.600 metros sobre el nivel del mar. Su belleza se observa plenamente desde los miradores o las montañas que la rodean. Dicen que la ciudad toca el cielo, que nace en la montaña, que allí se vive de manera vertical y que solo los paceños conocen las estrategias para combatir el soroche, el mal de las alturas.

Para entender la ciudad, el misticismo de sus habitantes y la devoción por la Pachamama (la madre tierra), es necesario tener en cuenta las culturas indígenas milenarias que ocuparon este territorio. A setenta y dos kilómetros de La Paz se encuentra Tiahuanaco, centro arqueológico pre-incaico considerado, por la UNESCO, patrimonio cultural. La civilización de los tiahuanacos se desarrolló entre Bolivia, Perú y Chile cinco siglos antes de la llegada de los incas. El monolito más famoso de Tiahuanaco es la Puerta del Sol (tallado hace casi quince mil años). Allí se llevó a cabo la ceremonia de inauguración del primer presidente indígena de Bolivia, Evo Morales, en 2005.

La desaparición de los tiahuanacos en 1150 dejó como resultado la fragmentación de varias etnias aymaras. Llegaron a la isla del sol donde serían perdonados por todas sus deshonestidades y donde nacería el dios Viracocha (el hacedor del mundo andino). Los aymaras eran conocidos por su reciprocidad y la ausencia de jerarquías. El imperio inca anexó este territorio, pero los aymaras conservaron su lengua. Juan de Saavedra llegó al lago Titicaca y al Valle de La Paz en 1535 y en 1548 el capitán Alonso de Mendoza fundó la ciudad de La Paz. Le dio ese nombre como conmemoración del final de las guerras del virreinato español (entre los bandos de los conquistadores Francisco Pizarro y Diego de Almagro que se disputaban territorios en Perú). A pesar del nombre de la ciudad, los conflictos políticos continuaron durante la colonia y después de la independencia en 1825.

Hay más de treinta lenguas diferentes en Bolivia, y los grupos indígenas más grandes son los aymaras y los quechuas. La Paz es territorio aymara. Hoy en día se realizan eventos culturales para que los jóvenes se reconecten con sus ancestros y aprendan la lengua de sus antepasados. Hay artistas de hip hop aymara que rescatan la identidad cultural y denuncian siglos de opresión. El presidente Evo Morales, a pesar de todas las críticas a su gobierno, es reconocido por reconciliar al país con sus raíces indígenas. Llegó a la presidencia con el apoyo del movimiento cocalero y lo primero que hizo fue nacionalizar las grandes industrias del país.

No se puede hablar de Bolivia ni de Evo Morales sin referirse a la conexión de la hoja de coca con la historia y el presente de los bolivianos. Dicen que la hoja de coca es uno de los mejores alimentos del mundo porque es rica en proteínas y minerales. Está presente en muchos de los rituales y de las celebraciones que se realizan en La Paz. Los colonizadores españoles castigaban a los indígenas que usaban la hoja de coca, hasta que descubrieron que podían trabajar cuarenta y ocho horas sin descanso. Para combatir los efectos de la altura, se les ofrece a los visitantes un té de coca. Es importante aclarar que la coca y la cocaína son dos cosas completamente diferentes. Mientras que la coca es una planta utilizada como estimulante o medicina en su forma natural, la cocaína es una sustancia hecha con la hoja de coca que tiene efectos extremadamente adictivos y afecta el cerebro.

Bolivia es uno de los países con más desigualdad social de América Latina. La geografía de La Paz se conoce por los barrios periféricos pobres localizados en la parte alta de la ciudad. El medio de transporte más común es el teleférico, cuyas primeras líneas fueron construidas en 2014. "Mi teleférico" fue creado para facilitar el transporte de la gente y para evitar los grandes problemas de contaminación que amenazaban la ciudad. Es el más moderno y extenso del mundo. A sus cabinas suben personas de diferentes clases sociales y grupos étnicos.

Algunos de los sitios más visitados y pintorescos de La Paz son la Plaza Murillo, la calle Jaén, el mercado de las brujas, el mirador Killi Killi, el prado paceño y la iglesia de San Francisco. La arquitectura y las prácticas de sus habitantes muestran la coexistencia de la colonización española y los sitios sagrados de los indígenas. En la Plaza Murillo se encuentran los edificios coloniales más representativos, el Museo Nacional de Arte y la catedral de Nuestra Señora de La Paz. En esta plaza se conmemora al prócer de la independencia Pedro Domingo Murillo. Allí se reúnen mujeres aymaras con sus tradicionales sombreros borsalino, sus polleras (faldas) anchas y sus mantas heredadas de los españoles.

Cerca de la Plaza Murillo se encuentra otra huella de la época colonial, la calle Jaén. Es uno de los lugares predilectos de los turistas por su variada oferta de restaurantes, museos, tiendas y bares. Allí se encuentra el Café Soho, visitado por escritores. La iglesia de San Francisco, construida por trabajadores aymaras, reúne símbolos católicos e imágenes del imperio inca.

El lugar ideal para aprender sobre diferentes creencias de los paceños es el mercado de las brujas. En los puestos se pueden encontrar productos que van desde el té verde hasta los fetos de las llamas. Existe la creencia ancestral de que si se entierra un feto de llama bajo una casa que se va a construir, sus habitantes tendrán fortuna. También se venden telas, amuletos, colonias, velas y hierbas usadas para las limpiezas. Es también común encontrar personas que acuden a este lugar en busca de soluciones a sus problemas económicos o amorosos. Allí hay mujeres y hombres que preparan pócimas especiales para ahuyentar los malos espíritus.

Para observar la ciudad desde arriba, los habitantes y los turistas van al mirador Killi Killi, desde donde se ve la sagrada montaña Illimany en todo su esplendor. También se observa la geografía de La Paz y las casas que parecen construidas unas sobre otras en las lomas que rodean la ciudad. Gracias al teleférico, los habitantes de la vecina ciudad de El Alto llegan hasta la capital y hay siete líneas que facilitan el transporte de los paceños. A unos diez kilómetros de La Paz, en las afueras, hay un paisaje lunar que sorprende a los visitantes. La leyenda dice que "El Valle de la Luna" recibió este nombre después de que Neil Armstrong visitara el laberinto de cañones de formas rocosas y se sorprendiera por su parecido con la superficie de la luna.

Algunos de los platos bolivianos conocidos son las salteñas (empanadas de verduras y carne), el chairo (sopa de frijoles, papas y carne de cordero), cuñapé (panes de queso), anticuchos (carne) y ají de lengua. Por las mañanas, para combatir el mal de las alturas que llaman soroche, los paceños toman una bebida de cerveza negra, yema de huevo y leche. Uno de los espectáculos que llaman la atención de los turistas es "las cholitas luchadoras", mujeres que luchan vestidas con trajes típicos.

La Paz es una ciudad que no deja de crecer y que toca el cielo. En este capítulo estudiaremos los pronombres posesivos, los pronombres reflexivos, los pronombres relativos y el "*se*" impersonal, al tiempo que visitamos algunos sitios coloniales de la ciudad y experimentamos las prácticas tradicionales heredadas de culturas milenarias.

PREGUNTAS DE COMPRENSIÓN

1. Describa el pasado indígena de La Paz.

2. ¿Qué es el soroche? ¿Qué se usa para combatir el soroche?

3. ¿Quiénes eran los tiahuanacos?

4. ¿Quién es Evo Morales?

5. ¿Por qué es importante la hoja de coca en la cultura de Bolivia?

6. ¿Cuál es el medio de transporte más común en La Paz?

7. Mencione algunos sitios importantes de la ciudad.

8. ¿Qué tipo de productos se pueden comprar en el mercado de las brujas?

9. ¿Qué hay en la calle Jaén?

10. ¿Cuál es la diferencia entre la hoja de coca y la cocaína?

I. Possessives / *Los posesivos*

Short Form: Adjectives		Long Form: Adjectives and Pronouns	
Singular	Plural	Singular	Plural
mi	mis	mío/a	míos/as
tu	tus	tuyo/a	tuyos/as
su	sus	suyo/a	suyos/as
nuestro/a	nuestros/as	nuestro/a	nuestros/as
vuestro/a	vuestros/as	vuestro/a	vuestros/as
su	sus	suyo/a	suyos/as

- Possessives agree with the noun they qualify in gender and number:

  Tu familia es de Bolivia; la mía, de Chile.
  Your family is from Bolivia; mine, from Chile.

  Nuestros padres conocen a las hijas tuyas.
  Our parents know your daughters.

- Short forms are used more frequently and precede the noun: *tus amigas*.

- Long forms, used for emphasis or contrast, follow the noun, which is preceded by the article:

  Dicen que el amor es solo <u>un sueño nuestro</u>.
  They say love is only a dream of ours.

- The forms *su*, *sus, suyo/a, suyos/as* have multiple meanings. This means that one cannot distinguish except by context between his book, hers or theirs. To clarify the meaning, it is necessary to use phrases such as *el libro de* él, *de ellas*, etc.:

  La familia de él, como la de ustedes, vive en La Paz.
  His family, like yours, lives in La Paz.

- Possessive pronouns replace a possessive adjective + noun: *mi casa* → *la mía*. They use the long forms, and are generally accompanied by the definite article:

  Mi familia visita el lago Titicaca. ¿Y la tuya?
  My family visits Lake Titicaca. And yours?

  La mía vive cerca de la montaña Ilimany.
  Mine lives near the Ilimany mountain.

- The article can be omitted after the verb *ser*:

  Esta pintura es mía. • Esta casa no es nuestra.

PRÁCTICA

8.1 Llene los espacios con el adjetivo posesivo lógico, y termine cada oración con el verbo y el pronombre posesivo adecuados.

Modelo: *Quiero a **mi** familia como casi todos nosotros . . .* ***queremos a la nuestra.***

a. Planeamos _____ viaje y tú también _____.

b. Nadie puede ver _____ futuro, pero yo sí _____.

c. Ella cuida a _____ hijos igual que nosotros _____.

d. Él cuenta _____ historias, y vosotros también _____.

e. Siempre hago _____ trabajo, en cambio tú nunca _____.

f. Resolvemos _____ problemas así como todo el mundo _____.

8.2   Exprese en español, eliminando la ambigüedad:

    a.   I look at her photos.
    b.   Do you solve his problems?
    c.   We do not understand their orders (the ladies').
    d.   They ask for your passport (formal, singular).
    e.   He thinks of your (pl.) relatives.
    f.   Where is his bill (check)?
    g.   I never read her short stories.

8.3   Camilo y sus padres están listos para tomar el avión hacia La Paz desde el aeropuerto John F. Kennedy en Nueva York. Cuando van a subirse al avión, Camilo no encuentra su pasaporte. Complete el diálogo con los pronombres posesivos según el contexto:

Camilo: ¿Dónde está **a.** _____ pasaporte?
Vivian: No sé, este es el **b.** _____
Camilo: ¿Este es el **c.** _____ papá?
César: Sí, es el **d.** _____. ¿Dónde está el **e.** _____? Te dije que tuvieras cuidado.
Vivian: Perdón, señor, mi hijo no encuentra **f.** _____ pasaporte. ¿Puede esperar un momento?
El empleado de Bolivariana de Aviación: Señores, necesitan **g.** _____ pasaportes para poder ingresar al avión
Vivian: Mi esposo y yo tenemos los **h.** _____, pero mi hijo no encuentra el **i.** _____.
Vivian: Mira en **j.** _____ chaqueta, Camilo. Estoy segura que allí está.
Camilo: Ya miré.
Vivian: Dame **k.** _____ chaqueta, quiero buscar de nuevo.
Camilo: Está bien.
Vivian: ¡Aquí está! Vamos, nos va a dejar **l.** _____ vuelo.

II. Reflexives / *Los reflexivos*

A. USE OF REFLEXIVE PRONOUNS

singular:	*me*	*te*	*se*
plural:	*nos*	*os*	*se*

Ella se cuida.   She takes care of herself.

Nos estamos vistiendo.
Estamos vistiéndonos.   } We are dressing (ourselves).

No se quisieron ver.
No quisieron verse. } They refused to see each other (or themselves).

- Reflexives are placed in the same position as other object pronouns: immediately before a conjugated verb, or joined to the end of a gerund or infinitive.

- The plural reflexive pronouns may mean either "themselves" or "each other." Logic will normally indicate which is intended; a sentence such as *Se escriben* is more likely to mean "they write to each other" than "they write to themselves." If it is important to make clear which is meant, insert the adverb *mutuamente* or variations of *entre sí, entre vosotros, entre nosotros, uno al otro, una a la otra, unas a las otras*, etc.:

Se recuerdan a sí mismos.	They remind themselves.
Se recuerdan uno al otro.	They remember one another.
Se recuerdan entre sí.	They remember/remind each other.

- Spanish uses reflexive pronouns quite frequently. Whereas, for example, English says "I dressed," Spanish says "I dressed myself," making it clear that the action of the verb is directed back at the subject. Here is a list of common verbs often used with a reflexive pronoun. Nearly all of these verbs may be used as transitive verbs with other direct objects such as "I dressed the children," "I woke them up," etc., obviously without a reflexive pronoun.

acostarse (ue)	to go to bed, to lie down
casarse (con)	to get married (to)
despertarse (ie)	to wake up
divertirse (ie)	to have fun, enjoy oneself
levantarse	to get up
sentarse (ie)	to sit down
vestirse (i)	to get dressed

Me levanté temprano.
I got up early.

Acosté a los niños a las diez y después me acosté yo.
I put the children to bed at ten and then I went to bed.

Divirtió mucho a sus compañeros; todos se divirtieron.
He amused his classmates a lot; they all enjoyed themselves.

Se bañó y también bañó al perro.
She bathed (herself) and bathed the dog, too.

Verbs with a reflexive pronoun are not to be confused with verbs like **gustar**, which take indirect object pronouns:

Verbs like *gustar* (indirect object pronoun):	**Verbs using reflexive pronouns:**
Me gustó la fiesta.	Me divertí en la fiesta.
Le fascinaban las estrellas.	Se acostaba bajo las estrellas.
Nos encanta la mañana.	Nos levantamos por la mañana.
Les interesa la astronomía.	Se sientan a estudiar astronomía.

PRÁCTICA

8.4   Termine las oraciones con la forma reflexiva, e incluya el pronombre al final para enfatizar el contraste con la primera parte de la oración. Añada también una expresión con **gustar**.

to emphasize

> **Modelo:** *Primero vestía a los niños y después . . .* **se vestía él. No le gustaba vestirse.**

a.   Hoy desperté a mi hermano, pero primero . . .
b.   Las cholitas luchadoras divirtieron al público, pero también . . .
c.   Subió a su hija al teleférico y después . . .
d.   Bañasteis al gato y al mismo tiempo . . .
e.   El ministro casó a su hija hace un mes, y ayer . . .
f.   Acostamos a los niños antes de . . .
g.   Debes sentar primero a los invitados y luego . . .
h.   Nunca acuesto a mis hijos sin . . .
i.   Primero lavo las manos del bebé y después . . .
j.   Ellas acuestan a sus huéspedes con un té de coca y más tarde . . .

B.   VERBS USED REFLEXIVELY

There is a considerable number of verbs whose meanings change when used reflexively, although many can be used as transitive verbs, too. An interesting case is **sentir**, to feel, which takes a reflexive pronoun with adjectives and adverbs (**se siente alegre**), but not otherwise (**siente alegría**).

comunicarse (con)	to communicate (with) (**comunicar**: to communicate something)
dormirse (ue)	to fall asleep (**dormir**: to sleep)
enamorarse (de)	to fall in love (with) (**enamorar**: to seduce)
esforzarse (por) (ue)	to make an effort to (only used reflexively)
irse	to go away, leave (**ir**: to go somewhere)

llevarse	to carry off something (*llevar*: to carry somewhere)
preocuparse (por)	to be worried (about) (*preocupar*: to worry someone)
quedarse	to stay (*quedar*: to remain, to be or have left).
quejarse (de)	to complain (about) (only used reflexively)
reunirse (con)	to get together in a meeting (*reunir*: to gather something)

Se quieren comunicar contigo.	They want to get in touch with you.
¿Vas a irte sin quejarte?	Are you leaving without complaining?
Se enamoraron del perrito.	They fell in love with the little dog.
Nos esforzábamos por entender.	We were making an effort to understand.
Dormí poco esta semana.	I didn't sleep much this week.
Se van a quedar en La Paz porque no les queda tiempo para ir a Sucre.	They are going to stay in La Paz because they don't have any time left to go to Sucre.

PRÁCTICA

8.5 Complete las oraciones con los reflexivos y las terminaciones apropiadas del pretérito o el imperfecto. Escriba X en los espacios que no necesitan nada.

a. En las vacaciones en La Paz, su esposo ___ sent___ cansado con frecuencia porque no ___ pod___ dormir bien, pero ese día ___ sint_____alivio porque ___tom___un té de hierbas especiales.

b. Gloria y Esteban ___ divorci___ hace un año, porque no ___ pod___ comunicar___ bien.

c. Ellos _____fue_____del mercado de las brujas y yo _____qued_____ en una consulta con un chamán.

d. Ustedes _____llevar_____recuerdos muy lindos de La Paz cuando _____ visitar_____a la familia Morales el verano pasado.

e. Ella y yo siempre ____ esforz_____ por resolver___ los problemas pacíficamente.

f. Cuando ___ fui del país, el gobierno continu____ esforzándo___ por encontrar___ soluciones para los problemas del pueblo aymara.

8.6 Exprese en español:

a. He looks at himself while getting dressed. He feels good.

b. They met (each other) a year ago and they immediately fell in love.

c. I never worry about the news. There's nothing new.

d. Complaining about the food in Bolivia was not going to solve anything.

e. He stayed in Cochabamba (for) a few weeks. He left for La Paz on Thursday.

f. She fell asleep quickly and slept very well.

g. People need to communicate more often.

La primera fase de "Mi teleférico" fue inaugurada en 2014 con las líneas roja, amarilla y verde. Para el año 2018 ya se habían inaugurado seis líneas con veinte estaciones que funcionan en el área metropolitana de la ciudad de La Paz. Hay tres líneas que llegan hasta El Alto, ciudad donde viven muchas personas que trabajan en la capital. La vista desde las cabinas del teleférico es asombrosa. Además de las grandes montañas que rodean la ciudad, se observa la forma en que va creciendo. Los paceños se sienten orgullosos de tener el teleférico más largo y moderno del mundo.

En "Mi teleférico"

8.7 La señora Sisa y su hermano Aruni aparecen en un programa de la BBC después de que inauguran el teleférico de La Paz. Sisa comparte con la periodista su rutina diaria y habla sobre la manera en que el teleférico cambió su vida. Seleccione un verbo de la lista y conjúguelo en su forma reflexiva o transitiva según el contexto. Debe estar alerta porque algunos verbos deben conjugarse en el presente y otros en el pasado:

Lista de verbos: quejar(se), poner(se), levantar(se), encontrar(se), preocupar(se), divertir(se), despertar(se), acostumbrar(se), despedir(se), ir(se), desayunar(se), beber(se)

Mire, señor periodista, nosotros vivimos en El Alto y trabajamos en La Paz. Antes, cuando no había teleférico, nosotros **a.** _____ a las cuatro de la mañana y **b.** _____ de la casa a las cuatro y media. Yo **c.** _____ a Aruni porque a él le gusta dormir y después **d.** _____ un té de coca para tener fuerzas. Nosotros **e.** _____ mucho porque los autobuses y los taxis colectivos siempre iban llenos de gente a esa hora de la madrugada. Después de que el presidente Evo Morales inauguró las primeras líneas del teleférico, nosotros ya no **f.** _____ por los trancones de tráfico y el estrés que causa estar apretujado en un autobús. Mire el paisaje, hoy en día mi hermano Aruni y yo **g.** _____ con otros pasajeros que viajan con nosotros y cuentan historias. Cuando llegamos a La Paz **h.** _____ con otras personas del mercado de las brujas para desayunar antes de comenzar a trabajar. No le voy a negar, al comienzo yo **i.** _____ muy nerviosa y no **j.** _____ a viajar por el aire hasta después de varios meses. Yo nunca había tomado un avión. Bueno, señor periodista, nosotros **k.** _____ de usted porque tenemos una cita en la iglesia de San Francisco. Es un placer hablar con usted.

8.8 Sisa y Aruni tienen una conversación mientras se comen unas salteñas. Recuerdan su infancia y su juventud cuando vivían cerca del lago Titicaca. Use los siguientes elementos para construir preguntas y respuestas. Debe conjugar los verbos en el pretérito o en el imperfecto, o dejarlos en el infinitivo:

Sisa: ¿ Acordarse de / cuando / vivir / en Cochabamba?
Aruni: Claro / en esa época / bañarse / en el lago
Sisa: Tú / enamorarse / de Yana / pero / ella / no ponerte / atención
Aruni: Querer / olvidarse / de eso
Sisa: Yana / quedarse / horas / en la casa / y / comer con nosotros
Aruni: Luego / casarse / con / Kinu / y / divorciarse / un año después
Sisa: ¿Acordarse / de / cuando / nuestros padres / mudarse a El Alto?
Aruni: No, / irnos / muy rápido / y / no / despedirme / de mis amigos
Sisa: Tú nunca / acostumbrarse / a / vivir / en El Alto
Aruni: La verdad / ser / que no / pero / no quejarse

C. TO BECOME: HACERSE, PONERSE, VOLVERSE . . .

Verb	Used before	Suggests
hacerse	nouns and adjectives	effort for status or gradual transformation
ponerse	adjectives only	temporary change in emotional or physical state
volverse	adjectives or nouns	a more lasting change in emotional or physical state
convertirse (ie) en *transformarse en*	nouns only	a lasting, objective transformation

Se hizo abogado. Su vida se hizo intensa.	He became a lawyer. His life got intense.
Se pusieron pálidos y furiosos. Me puse triste.	They got pale and angry. I got sad.
El tema se puso / se volvió difícil.	The topic became difficult.
La vida se volvió una pesadilla.	Life turned into a nightmare.
Su casa se convirtió en un hotel.	Their house became a hotel.
Los problemas se convierten en oportunidades.	Problems become opportunities.
El nombre de "Hispania" se transformó en "España".	The name "Hispania" became "España."

- The Spanish equivalent of "to become" or "to get" + *adjective* is often a reflexive verb.

Some common examples:

alegrarse	to become glad, happy
cansarse	to get tired
darse cuenta de	to realize (become aware of)
enojarse	to get angry
enfermar(se)	to get sick
independizarse	to become (get) independent
prepararse	to get prepared, get ready
volverse loco	to go mad / crazy

PRÁCTICA

8.9   Complete las oraciones con el equivalente apropiado de ***become***.

    a.   Esta ciudad está _____ en un centro turístico.

    b.   Después de una dura campaña política, el candidato indígena aymara _____ presidente.

    c.   No fue fácil para mí _____ educado. Tuve que esforzarme mucho.

    d.   La clase _____ una fiesta después de que llegaron los músicos.

    e.   Cuando recibieron la noticia, _____ contentos, pero yo _____ triste.

    f.   Las antiguas colonias en América Latina _____ independientes.

    g.   Las condiciones de vida en El Alto _____ imposibles antes del teleférico.

8.10   Responda las preguntas de manera lógica, traduciendo adecuadamente el verbo entre paréntesis:

    a.   ¿Cómo te pones cuando hace sol en La Paz? (get happy)

    b.   ¿Cómo te sentiste cuando te insultó el mesero? (got angry)

    c.   ¿Por qué Bolivia ya no es parte de España? (became independent)

    d.   ¿Por qué Arturo Borda no siguió escribiendo? (went mad)

    e.   ¿Cómo es que Manuela no vino contigo? (got sick)

    f.   ¿Por qué no siguieron Uds. jugando? (got tired)

    g.   ¿Por qué no te casaste con Pedro? (realized didn't love him)

    h.   ¿Cómo aprobaste el examen de español? (got well prepared)

    i.   ¿Cómo te sientes cuando termina el semestre? (get very happy)

La calle Jaén, localizada en el casco histórico, es uno de los sitios coloniales mejor preservados de La Paz. Allí se encuentran el Museo del Oro, de los Metales Preciosos y de los Instrumentos Musicales, entre otros. Casas de colores vivos y algunos de los mejores restaurantes de la ciudad llaman la atención de los turistas que caminan por esta calle empedrada. Cuenta la leyenda que por las noches llegaban los espíritus. Por esta razón, para espantarlos, los habitantes decidieron poner una cruz verde a la entrada de la calle.

Turistas en la calle Jaén

8.11   Fernando, un guía turístico especializado en historia, lleva a Teresa y a sus dos hijos a la calle Jaén. Construya frases usando la información de las dos columnas. Algunas frases deben estar en el pasado y otras en el presente:

A	**B**
a. Después de graduarse de la universidad,	**a.** Fernando (prepararse) bien
b. Después de subir la calle Jaén,	**b.** Fernando (volverse) guía turístico
c. Cuando escucharon las historias de espíritus	**c.** y por eso (enfermarse)
d. La calle Jaén	**d.** Teresa (cansarse) mucho
e. Pedro y Francisco comieron muchas salteñas	**e.** Teresa (ponerse) nerviosa
f. Cuando los turistas hacen preguntas	**f.** (Darse cuenta) que no tiene dinero para la propina de Fernando

g. Teresa se siente mal porque

h. Antes de esta caminata

g. (convertirse) en un sitio histórico de interés desde hace muchos años

h. Fernando (alegrarse) mucho

8.12 Francisco está muy interesado en la historia de La Paz y le hace preguntas al guía aprovechando que es experto en el tema. Traduzca las preguntas que hace Francisco al español:

a. When did Bolivia get its independence?
b. When did Evo Morales become the president?
c. How did the people feel when Evo Morales was elected?
d. Were the Aymaras happy with his election?
e. When did the cableway become a solution for transportation in La Paz?
f. Did the Aymaras convert to Christianity during the colonial period?
g. When did this house become a museum?
h. How did you realize that you wanted to be a tour guide?
i. When did this street become a tourist destination?

D. REFLEXIVE FOR POSSESSION

- Spanish avoids the use of possessive adjectives with parts of the body, clothing, and personal items. Indirect object pronouns are often used to point in the direction of the person concerned:

Le quitaron la bolsa (a Carmen).	They took her (Carmen's) purse away.
Va a traer el carro. Lo va a traer.	She is bringing her car. She's bringing it.
Le duele la cabeza. Le duele.	Her head hurts. It hurts.

- When the action is directed toward oneself, a reflexive pronoun is used:

Me lavé las manos.	I washed my hands.
Me las lavé hace rato.	I washed them a while ago.
Se golpeó la pierna.	She hit her leg.
Se la golpeó al entrar.	She hit it while entering.
¿Te quitaste los lentes?	Did you take off your eyeglasses?

PRÁCTICA

8.13 Exprese en español:

a. My stomach hurts.
b. He took off his jacket.
c. They stole her heart.
d. They stole it from her.
e. He continues to scratch his (own) head.
f. He continued to scratch her head.

g. He washed his hands.

h. He washed them (his hands) while washing the dishes.

i. I hit my leg and it hurts.

j. His leg hurts because he hit it while entering.

k. He's bringing his wallet.

l. That took away her peace.

III. The Passive Voice / *La voz pasiva*

A. *SER* + PAST PARTICIPLE

The passive voice is formed in Spanish in the same way as in English, with the appropriate form of the verb *ser* and the past participle (which, as an adjective, must agree in gender and number with the subject):

Este libro es leído por todo el mundo.	This book is read by everyone.
Las rosas fueron compradas por la niña.	The roses were bought by the girl.
La ventana fue rota por la policía.	The window was broken by the police.

The agent of the verb, if mentioned, comes after the preposition *por*.

For use of *estar* with past participle (resulting condition), see Chapter 6.

PRÁCTICA

8.14 Complete las oraciones con el verbo **ser** y el participio del verbo entre paréntesis:

a. Nuestra señora de La Paz _____ por Alonso de Mendoza en 1548. (fundar)

b. Este _____ un problema muy _____ el año pasado. (discutir)

c. En aquella época, muchos africanos _____ como esclavos. (vender)

d. El secreto no _____ hasta hace poco tiempo. (revelar)

e. Nuestra casa _____ por un famoso arquitecto boliviano. (construir)

f. Todos nosotros _____ por la policía después del accidente. (interrogar)

g. El teleférico _____ por Evo Morales en 2014. (inaugurar)

h. Las minas de plata de Potosí, en Bolivia, _____ en 1545. (descubrir)

i. Antofagasta _____ por las tropas chilenas en 1876 y Bolivia perdió el acceso al mar. (ocupar)

j. La novela *Norte* _____ por Edmundo Paz Soldán a comienzos del siglo XXI. (escribir)

8.15 Pase las siguientes frases de la voz activa a la pasiva:

a. El guía contó la historia de los espíritus en la calle Jaén.

b. Emilio Villanueva diseñó y construyó el estadio Hernando Siles.

c. Chile ganó la guerra contra Bolivia en 1876.

d. Los grupos indígenas usaron la hoja de coca desde el comienzo de su existencia.

e. Una nevada destruyó la iglesia de San Francisco en 1612.

f. El militar Antonio José de Sucre liberó a Bolivia a comienzos del siglo diecinueve.

g. Ella tradujo el documento.

h. Las mujeres aymaras de El Alto hicieron esos maravillosos textiles.

i. Evo Morales propuso el uso de la bandera wiphala como símbolo de los pueblos andinos.

j. Los aymaras vieron la isla del Sol cerca del lago Titicaca.

B. PASSIVE CONSTRUCTIONS USING *SE*

- Spanish avoids the passive with *ser* when the agent of the action is unknown or irrelevant. The most common way of expressing a passive idea in Spanish (that something happens, but without expressing who in particular does it) is by using *se* with a verb in the third person:

Aquí se habla español.	Spanish is spoken here.
Se necesita tener paciencia.	You need to be patient.
Se come bien en La Paz.	One eats / People eat well in La Paz.
¿Se puede viajar a Bolivia sin visa?	Is it possible to travel to Bolivia without a visa?
Ese modelo ya no se usa.	That model is not used (in use) anymore.

- When the subject ("modelo" in the above example) is plural, the verb must be plural:

Esos modelos ya no se usan.	Those models are not used anymore.
Se venden camisas en esta tienda.	Shirts are sold in this store.
En América no se conocían los caballos.	Horses were not known in America.

- Similar to English, Spanish can also use an impersonal "They . . ." without the subject pronoun:

  Allá no respetan los derechos humanos.
  They don't respect human rights there.
  Firmaron el acuerdo esta mañana.
  They signed the agreement this morning.
  El acuerdo se firmó esta mañana.
  The agreement was signed this morning.

PRÁCTICA

8.16 Complete con *se* y el pretérito (acción completa) o el imperfecto (duración) del verbo indicado:

  a. En la época colonial española no siempre (obedecer) _____ las leyes.

  b. En el siglo XVIII (producir) _____ varios conflictos por esta causa.

  c. Por ejemplo, oficialmente solo (poder) _____ comerciar con Madrid, pero con frecuencia

  d. (traficar) _____ esclavos y productos con los británicos.

  e. Por eso, en la década de 1770, (decidir) _____ liberalizar el comercio.

  f. Así (iniciar) _____ un proceso de más comunicación con Europa.

  g. Pero los conflictos legales no (resolver) _____ en ese momento.

8.17 Narre o invente algunas noticias recientes utilizando expresiones impersonales.

  Modelo: Pronostican un día de sol el sábado. Se aconseja ir a la playa. Se aprobó la ley a favor de los desempleados. Se informó que la gente puede cobrar un seguro de desempleo.

En el siguiente dibujo nos encontramos en el conocido Mercado de las Brujas de La Paz. Los visitantes se sorprenden con el tipo de productos que las personas venden en este mercado.

Mercado de las Brujas

8.18 Observe el dibujo con atención y construya frases que describan el lugar. Use los siguientes verbos y sustantivos para construir diez oraciones:

Lista de verbos: vender, ofrecer, recomendar, comprar, hacer, contar, aprender, descubrir, conocer, encontrar

Lista de sustantivos: té de hierbas, palabras en aymara, fetos de llama, historias de hechicería, remedios para el mal de amores, productos hechos por mujeres indígenas, las tradiciones de los aymaras y los quechuas, velas, productos increíbles

En este puesto del Mercado de las Brujas . . .

1. _____

2. _____

3. _____

4. _____

5. _____

6. _____

7. _____

8. _____

9. _____

10. _____

C. *SE* + INDIRECT OBJECT PRONOUNS (*SE ME, SE LES*, ETC.)

- The passive *se* may be followed by an indirect object pronoun indicating the person who undergoes the action of the verb (*to whom?*):

  Se <u>le</u> mandaron flores (a ella).
  Flowers were sent <u>to her</u>. (*She was sent flowers.*)

  Se <u>les</u> ofreció el trabajo (a ellos).
  The job was offered <u>to them</u>. (*They were offered . . .*)

  No se <u>me</u> dijo eso (a mí).
  That wasn't told <u>to me</u>. (*I wasn't told that.*)

➡   These examples illustrate the common "false passive" in English, that is, a construction that uses the indirect object (*to whom?*) as the subject: "She was sent flowers;" "They were offered the job;" "I was told."

<u>The passive with *ser* won't work for this type of construction</u>. Use *se* and indirect object pronouns instead, being careful to always use the verb in the third person:

  Se nos dieron instrucciones.   We were given directions.
  Se te dijo por qué.   You were told why.

- The combination of *se* + indirect object pronoun (*se me, se te, se le*[*s*], *se nos*, etc.) is also used to express ideas such as "losing," "breaking," "forgetting" and "dropping," when not deliberate, underlying that something happened by accident. The passive *se* indicates that the event was unexpected; the object pronouns *me*, *le*, etc., indicate the person(s) affected by the event; and the verb uses the third person singular or plural to agree with the things lost, broken, forgotten, etc. Examples:

By accident	Somewhat deliberate
Se <u>le</u> rompieron dos costillas.	*Rompió su promesa.*
<u>He</u> broke two ribs (by accident).	He broke his promise.

Se _les_ perdió la llave.
<u>They</u> lost their key.

Perdieron el partido.
They lost the game.

Se _me_ cayó el libro.
<u>I</u> dropped the book.

Caí en una trampa.
I fell into a trap.

Se _te_ olvidó mi dirección.
<u>You</u> forgot my address.

Olvidaste tus malos recuerdos.
You forgot your bad memories.

Se _nos_ acabó la gasolina.
<u>We</u> ran out of gas.

Acabamos el trabajo.
We finished the job.

PRÁCTICA

8.19   Exprese en español:

a.   She wasn't told why.
b.   I was given the necessary directions to go to the witches market.
c.   He broke the cup (by accident).
d.   We forgot to do our homework.
e.   Did you drop your wallet? Yes, and I lost it.
f.   They ran out of time for (*para*) the trip to Moon Valley.
g.   He got angry and broke all of the pictures (intentionally). I forgot why.
h.   As a child, I was told that adults were always right.
i.   They forgot their own names.
j.   I forgot all of the words during the presentation.
k.   He was offered a scholarship.
l.   We were given a second opportunity.

dejar
caer

IV. Relative Pronouns / *Los pronombres relativos*

Relative pronouns link a dependent clause to a main clause, providing a smooth transition from one idea to another. As pronouns, they refer back to a noun in the main clause, called the *antecedent*. In contrast to English, the relative pronoun can never be omitted in Spanish:

Main clause	relative pronoun	Dependent clause
Celebramos la belleza	**que**	**vemos en el mundo.**
We celebrate the beauty	(that)	we see in the world.
beauty is the antecedent in this example		

A. QUE (that, which, who)

The most frequently used relative pronoun is *que,* which can refer to people, places, things, and abstract ideas. If you always used *que,* you would be right most of the time:

Conozco al niño que estudia aquí.	I know the boy who studies here.
Eres la persona que necesito.	You are the person (who) I need.
Me gustan las novelas que escribes.	I like the novels (that) you write.
La gente que habla bien, tiene éxito.	People who speak well, succeed.

8.20 Exprese en español:

a. That is the case I know.
b. The people who practice succeed.
c. I need the book you have.
d. You are the person he needs.
e. They prefer the house we are going to see tomorrow.

B. RELATIVE PRONOUNS USED AFTER PREPOSITIONS

When a preposition is involved (to whom, by which, etc.), the following forms are used:

for people only, after prepositions	for people or things, after prepositions			
	el que forms		*el cual* forms	
quien, quienes	el que	los que	el cual	los cuales
	la que	las que	la cual	las cuales

- *QUIEN/QUIENES* can be used after a preposition only when the antecedent is a <u>person</u>:

Ese es el médico de quien hablo.	That's the doctor I'm talking about.
Son los niños con quienes juego.	They are the children I play with (with whom I play).

- *EL QUE/EL CUAL* forms are used after a preposition for any antecedent (whether a person or not):

Los temas sobre los que hablan son complicados.	The topics they talk *about* are complicated.
Es la dama para la cual trabaja.	It's the lady he works *for.*

El cual forms tend to be more formal, but are basically interchangeable with *el que* forms. Both sets of forms can be used for people or things after a preposition.

- ***QUE*** can be used after the simple prepositions ***de, con, en***, <u>only when the</u> <u>antecedent is not a person</u>:

  La educación es el arma con que creamos la paz.
  Education is the weapon with which we create peace.

- All forms can be used in nonrestrictive clauses set off by a comma and they agree in gender and number with the noun (***quien(es)*** for people only):

  Esta autora, que/quien/la que/la cual vive en Brasil, va a visitar
  nuestra ciudad.
  This author, who lives in Brazil, is going to visit our city.

PRÁCTICA

8.21 Complete las oraciones con las terminaciones correctas y con un pronombre relativo adecuado (Nota: a veces hay varias posibilidades correctas):

   a.   Est__ es la mesa sobre _____ escribo mis trabajos.
   b.   Es___ son los amigos con _____ juego (al) fútbol todos los sábados.
   c.   Est__ es el aula en _____ asisto a algunas de mis clases. (aula es femenina)
   d.   Aquell___ son los profesores _____ leen mis trabajos.
   e.   Est___ es el libro sobre _____ discutimos mucho en la clase de filosofía.
   f.   Est___ son los lápices con _____ hago mis tareas de matemáticas.
   g.   Est__ es la persona sin _____ no puedo vivir.

8.22 Chima trabaja en una tienda en el Mercado de las Brujas. Hoy tiene un cliente que la visita porque va a construir una casa y necesita recomendaciones para tener fortuna en su nuevo hogar. Complete el diálogo con los pronombres relativos ***que, el que, la que, los que, las que, quien*** o ***quienes***:

   José: Hola, señora, esta es la tienda de **a.** _____ todos hablan. Parece que usted tiene los mejores productos.
   Chima: La gente exagera, señor, pero la verdad es que los productos **b.** _____ vendo son muy buenos.
   José: ¿Recuerda a la señora **c.** _____ vino hace un mes porque quería tener un hijo y no podía?
   Chima: Ah, sí. La señora con **d.** _____ hablé se llama Gloria. ¿La conoce?
   José: Sí, es mi esposa y ¡está embarazada! Los ingredientes **e.** _____ usted le preparó, funcionaron.
   Chima: Me alegro. ¿Y qué puedo hacer por usted hoy?
   José: Es que el señor para **f.** _____ trabajo me dio un pedazo de tierra y quiero construir una casa.

Chima: Pues le recomiendo un feto de llama. Las personas **g.** _____ los han
usado lo recomiendan para tener fortuna en sus hogares.

José: Como usted diga, señora. Mi esposa, **h.** _____ tiene mucha fe en usted,
se va a poner muy contenta.

Chima: Dígale que los ingredientes con **i.** _____ le preparé el remedio son
tan populares que se me terminaron.

José: Se lo diré, señora.

Chima: Me da mucho placer trabajar con personas **j.** _____ tienen fe en mi
sabiduría ancestral.

C. CUYO, LO CUAL, LO QUE

- ***CUYO (A, OS, AS)*** is the equivalent of "whose" used as a relative pronoun in
English (not for questions):

Es un autor cuyos libros conozco bien.	It's an author whose books I know well.
BUT: ***¿De quién es esta pluma?***	Whose pen is this?

- Both neuter forms ***LO CUAL*** and ***LO QUE*** are used in clauses, set off by a
comma, referring back to a previously stated idea. In this usage they correspond to the English *which*:

Dicen que soy inteligente, lo cual es cierto.	They say I'm intelligent, which is true.
Hay nubes, lo que indica que puede llover.	There are some clouds, which indicates that it might rain.

  Lo que means "what" in noun clauses:

Esto es lo que contesta.	This is what he answers.
Lo que pensamos no es importante.	What we think is not important.

  TODO LO QUE means *all that* or *everything that*:

Todo lo que escribe es bueno.	Everything (that) she writes is good.
Todo lo que pido es tranquilidad.	All (that) I ask for is tranquility.

PRÁCTICA

8.23 Una las oraciones utilizando correctamente **lo que** o **lo cual**:

Modelo:

Juan dice que no. Estoy de acuerdo con eso. → ***Estoy de acuerdo con lo que dice Juan.***

→ ***Dice que no, con lo cual estoy de acuerdo.***

a. El profesor pide atención. Eso es correcto.

b. La niña contesta que tal vez. Acepto eso.

c. El perro quiere salir. Eso es normal.

d. El vecino dice que sí. Me parece bien eso.

8.24 Complete con un pronombre relativo correcto:

a. Me gusta la gente con _____ trabajo.
b. Soy una persona _____ quiere aprender.
c. Eso es _____ tú piensas.
d. Trabaja mucho, _____ es admirable.
e. Esta es la amiga con _____ voy a Cochabamba.
f. _____ necesitamos es más tiempo en esta ciudad.

En el siguiente dibujo nos encontramos en la Plaza de San Francisco, donde se encuentra la basílica que lleva el mismo nombre. Fue construida en el siglo dieciséis y colapsó en el diecisiete después de una tormenta de nieve. Casi un siglo más tarde, la reconstruyeron con un estilo barroco mestizo: una mezcla de imágenes católicas con el arte nativo indígena. Al interior de la iglesia se encuentran los restos de su fundador, Francisco de los Ángeles Morales. Hay también un museo y una biblioteca con una rica colección de libros antiguos. La iglesia también es símbolo de la historia y la cultura paceña porque los hermanos franciscanos participaron en la independencia de Bolivia.

En la Plaza de San Francisco

8.25 Traduzca las siguientes frases al español. Este ejercicio es especialmente importante porque en español <u>nunca es posible</u> terminar una frase con una preposición, ni a nivel oral ni a nivel escrito (en inglés formal es incorrecto, pero sí es posible y de hecho bastante común en el habla corriente):

a. This is the church that I told you about.

b. That is the entrance that he spoke about.

c. This is the book that I will write in.

d. She is the woman that I talked to.

e. In this church is located the urn of Murillo, for whom independence was an obsession.

f. We walked through the plaza near which there was a good cafe.

g. I enjoy the conversations with all of the people that I talked to.

h. That is the guide that I had the conversation with.

8.26 Ana y Josefa van a la misa del mediodía en la iglesia de San Francisco. Hablan sobre la misa y el nuevo sacerdote. Complete las oraciones con pronombres relativos:

Ana: ¿Recuerdas **a.** _____ te dije sobre el nuevo sacerdote de San Francisco?

Josefa: ¿El sacerdote **b.** _____ llegó hace dos meses a La Paz?

Ana: Sí, él usa unos sermones **c.** _____ palabras me dan mucha tranquilidad.

Josefa: ¿Hablas sobre **d.** _____ dio el domingo pasado?

Ana: Sí, las personas **e.** _____ estaban en la iglesia lloraron con sus palabras.

Josefa: Tienes razón. Luisa, **f.** _____ nunca quiere ir a misa conmigo, ese día estuvo muy atenta.

Ana: Sí, dicen que la comunidad para **g.** _____ trabajaba antes hablaba solamente aymara.

Josefa: Entonces él es bilingüe. El sacerdote **h.** _____ estaba antes no me gustaba mucho porque les decía a las personas que hablaran solamente en español.

Ana: Quiero que él sea el sacerdote para la boda de mi hija. Ella se va a casar con Gustavo, un chico con **i.** _____ estudió en la Universidad Central.

Josefa: ¡Felicidades, Ana! Es muy bueno que ella se case con un hombre **j.** _____ pasiones sean similares a las de ella.

Ana: Sí, estamos muy felices.

8.27 Construya una sola frase usando los pronombres relativos apropiados:

a. Nosotros compramos una tela en el mercado. La tela es roja.

b. Tú bebes té de coca. Los ingredientes son naturales.

c. Ellos cuentan una historia sobre Evo Morales. La historia es interesante.

d. La iglesia está en la plaza. La plaza se llama San Francisco.

e. Los chicos van a la escuela. La escuela se llama Miraflores.

f. Yo trabajo con Pedro. Pedro es historiador.

g. Tú escribes en un diario de viajes. El diario está casi lleno.

h. Me gusta La Paz. Prefiero la calle Jaén.

i. Yo enseño en la universidad. La universidad es privada.

j. Mi amiga es vegetariana. Viajo con mi amiga.

k. Ayer hablé con una mujer. Era mi profesora de sociología.

V. ¿Sabías que . . . ? Lenguas indígenas

El español ha absorbido un gran número de palabras que provienen del contacto con lenguas **indígenas** radicadas en el continente americano mucho antes de la llegada de los españoles. Entre las más conocidas se destacan el guaraní, el aymara (o aimara), el taíno, el mapuche, el quechua, el araucano y el náhuatl. En el caso de Bolivia, se estima que existen hoy unas treinta y nueve etnias indígenas en el país.

Muchas palabras indígenas han pasado a ser préstamos utilizados con gran frecuencia en el español hoy. Palabras como "tomate", "cacao", "chocolate", "chipotle", "guayaba", "tabaco", "mate", "cacahuete", "chicle", "hamaca" y "huracán" nos recuerdan su procedencia de lenguas indígenas. Algunas de estas palabras se encuentran incluso en los diarios de Cristóbal Colón. Los españoles utilizaron muchas palabras indígenas en referencia a la alimentación, la flora y la fauna de América, que obviamente eran muy diferentes a las de España en el siglo XV. Estas palabras, plenamente incorporadas en la lengua española, se llaman **indigenismos**. Es interesante notar que muchos indigenismos proceden de la **fauna** americana:

cocuyo (*fire beetle*)	coyote (*coyote*)
comején (*termite*)	papagayo (*parrot*)
jaiba (*crab*)	alpaca (*alpaca*)
mico (*monkey*)	mapache (*racoon*)
iguana (*iguana*)	guacamaya (*macaw*)

De la lengua **náhuatl** (México), tenemos las palabras: aguacate (*avocado*), camote (*sweet potato*), chayote (*squash*), chile (*chile*), papalote (*kite*), tequila (*tequila*).

Del **quechua** (Argentina, Bolivia, Brasil, Chile, Colombia, Ecuador, Perú): poncho (*poncho*), papa (*potato*), cancha (*court, field*), cóndor (*condor*), llama (*llama*), puma (*puma*).

Del **guaraní** (Argentina, Bolivia, Brasil, Paraguay): ananás (*pineapple*), petunia (*petunia*), tapioca (*tapioca*), tucán (*toucan*), yacaré (*alligator*), jaguar (*jaguar*).

Del **taíno** (Cuba, Haití, Jamaica, Puerto Rico, República Dominicana): barbacoa (*barbecue*), cacique (*chief*), caníbal (*cannibal*), canoa (*canoe*), caoba (*mahogony*), papaya (*papaya*), ají (*chile pepper*).

A pesar de la gran riqueza de las lenguas indígenas, hoy desafortunadamente muchas de ellas están en peligro de extinción debido en parte a la falta de apoyo por parte de los gobiernos. Los pueblos indígenas luchan por mantener su identidad, su lengua, sus costumbres y la historia de sus antepasados.

PREGUNTAS

Diga si las siguientes frases son **Verdaderas** o **Falsas**. Si son falsas dé la respuesta correcta.

a. Las lenguas indígenas han tenido mucha influencia en el español.

Verdad

b. El guaraní y el quechua nacieron con la llegada de los españoles a América.

Falso

c. Los indigenismos son palabras que solamente utilizan los indígenas.

Falso

   d. Muchos indigenismos vienen de la fauna americana.

       Verdad

   e. El náhuatl es una lengua indígena hablada en Perú.

       Falso (en Mexico)

   f. La palabra "tucán" viene del guaraní.

       verdad

   g. El taíno se habla en Cuba.

       verdad

   h. La alimentación que los españoles encontraron en América era muy parecida a la comida que tenían en España.

       Falso

   i. Las lenguas indígenas tienen un futuro seguro.

       Falso

   j. Los pueblos indígenas luchan por mantener su identidad.

       Verdad

VI. En la ciudad: en el Restaurante Gustu

Octavio y Lucía van al restaurante Gustu (en quechua significa sabor). Además de ser un restaurante sofisticado, funciona también como una escuela gastronómica donde se usan productos típicamente bolivianos. Son amigos desde la escuela secundaria y no se habían visto durante muchos años porque Lucía se fue a estudiar a Buenos Aires.

   Octavio: **Wa** Lucía, no has cambiado nada, sigues muy **chura.**

   Lucía: **Acaso** . . . ya no somos los mismos . . . han pasado muchos años.

   Octavio: **Yaaaa**, me imagino que tienes un **cortejo** en Buenos Aires.

   Lucía: **Ya pues** Octavio . . .

   Octavio: Yo en cambio, como ves, sigo igual de **chapi** . . . **qué macana** . . . pero te cuento que tengo una **corteja** muy simpática.

   Lucía: ¡**Qué chala**! ¿Cuándo me la presentas?

   Octavio: Cuando quieras. Oye, ¿finalmente conseguiste **pega** en Buenos Aires? Recuerdo que la última vez que hablamos no tenías ni un **quinto** y estabas buscando algo.

   Lucía: Sí, ahora trabajo en la Biblioteca Nacional, **estoy yesca** porque no pagan mucho, pero feliz.

   Octavio: Bueno, vamos a almorzar. ¿Cómo está tu plato?

   Lucía: Mi comida **está lakh'a**. ¿Crees que me debo quejar?

   Octavio: **Pucha** Lucía, este restaurante es muy caro, llamemos al mesero.

   Lucía: **Wácala**, este pescado no me gusta.

   Octavio: Yaa . . . Perdón caballero, ¿puede venir un momento?

VOCABULARIO Y EXPRESIONES COLOQUIALES

wa: *expression that indicates surprise*

chura: *beautiful*

acaso: *I don't believe you.*

yaaa: *typical expression that paceños use in conversations*

cortejo: *boyfriend*

Ya pues: *Stop it.*

chapi: *ugly*

qué macana: *bad luck*

corteja: *girlfriend*

Qué chala: *That is great.*

pega: *a job*

quinto: *money*

Estoy yesca: *I don't have any money.*

Está lakh'a: *It does not have much taste.*

pucha: *an expression that indicates preoccupation*

wácala: *expression used when something is disgusting*

VIII. Lectura: Fragmento de *Palacio quemado* (2006)

Edmundo Paz Soldán (Bolivia 1967) es escritor y profesor de literatura hispanoamericana en Cornell University. Es miembro del movimiento MacOndo, una nueva tendencia literaria que se aleja del realismo mágico. En su narrativa aparece el tema de la biotecnología y las diferentes ansiedades del hombre del siglo XXI. Recibió el premio Juan Rulfo de cuentos en 1997 y el Nacional de Novela en Bolivia (2002). La cultura popular y los medios de comunicación han influenciado la escritura realista de Paz Soldán. No le tiene miedo al cambio tecnológico y destaca la importancia del blog como medio de comunicación. *Río Fugitivo* es el nombre de su blog.

PALACIO QUEMADO

De La Paz me impresionó el color entre ocre y rojizo de los **cerros**, una conformación caliza que insinuaba que nos encontrábamos en un lugar **poco dado** a las manifestaciones **legañosas** de la rutina, y la nevada majestad del Illimani dominando la ciudad desde la distancia. Me sorprendió el continuo **pulular** de gente en las calles, aparapitas cargando cajas de madera y envases plásticos de aceite, jóvenes de **tez** cobriza y pelo **lacio**, las **mejillas** chaposas por el sol cercano y abrasador del altiplano. **Varitas** de uniforme verde oliva en las esquinas, tiendas que ofrecían platería y **chompas** de alpaca y **poleras** con el rostro del **Che** en sus vitrinas, agencias de turismo que ofertaban un paseo al lago y a Tiwanacu, *cuna de una de las civilizaciones más antiguas de los Andes.* Me dejé **abrumar** por los edificios de paredes espejadas al lado de las iglesias de fachadas barrocas. En la plaza San Francisco me hice tomar una foto por un anciano con su trípode de madera y la cámara oscura **a cuestas**. Las calles de pendientes inclinadas me cortaban la **respiración**, y después de caminar media cuadra **resollaba** como caballo después de una carrera. ¿A quién se le había ocurrido fundar una ciudad a casi cuatro mil metros de altura?

Nunca me terminé de acostumbrar a las dificultades **cotidianas** de mi nueva ciudad: el frío de escándalo en las noches, clima que me recordaba que las **cumbres** nevadas rodeando la topografía de la urbe andina no existían tan sólo para dar más espectacularidad al paisaje; las protestas continuas de grupos **descontentos** con el gobierno—desde maestros de escuela hasta fabriles y universitarios—que paralizaban las calles con facilidad; las tensiones raciales a las que no era **ajeno** el resto del país, pero que aquí **afloraban** a cada paso. Las clases acomodadas se segregaban en Calacoto, San Miguel y el resto de los exclusivos barrios residenciales de la zona sur.

La plaza Murillo era mucho más pequeña que la que conservaba en mis recuerdos; ni los **jubilados** en los bancos ni las **palomas** en torno a la estatua de Murillo se habían movido. Me había olvidado del mausoleo donde **reposaban** los restos del Mariscal Santa Cruz, al lado de la Catedral. En una esquina de la plaza, habían refaccionado la fachada del Museo Nacional de Arte, otrora casona del Oídor **Francisco Tadeo Diez de Medina**, quien, una vez **apresado Túpac Catari** después del sitio de 1781, mandó que su cuerpo fuera desmembrado por cuatro caballos.

Saqué fotos de la fachada color crema del edificio presidencial, con la gran **bandera** de Bolivia yerta en el aire estancado del mediodía, y posé junto a los soldados inmóviles de la guardia del Palacio, **apostados** en la puerta principal con su pantalón blanco de bayeta y su chaquetilla y sombrero rojos, tal como era el uniforme del regimiento Colorados durante la guerra del Pacífico.

Papá me había contado muchas veces de los presidentes muertos en los salones de ese edificio, de los enfrentamientos que marcaban el curso de nuestro destino y que habían terminado **incendiando** alguna vez el Palacio, de las revueltas populares que lo habían invadido y no habían saciado su furia hasta matar a un presidente con una **ráfaga** de disparos, tirar luego su cadáver por el balcón y **colgarlo** de uno de los faroles de la plaza. Sus relatos me habían impresionado tanto que, cuando vivíamos en Arequipa, yo, fanático de los juegos de mesa, decidí crear el mío. Se llamaba *Palacio Quemado* y trataba de una **conjura** para derrocar al presidente; había cuatro momentos históricos para escoger y unas cartas secretas le decían al jugador si le tocaba ser el **golpista** asesino, el ministro traidor o el presidente quizás derrocado o asesinado.

Antes de irnos de la plaza, le saqué una foto al farol donde habían colgado a **Villarroel** en 1946.

VOCABULARIO

cerros: *hills*

poco dado a: *not used to doing something*

legañosas: *bleary*

pulular: *swarm*

tez: *complexion*

lacio: *straight*

mejillas: *cheeks*

varitas: *small rods*

chompas: *sweaters*

poleras: *t-shirts*

Che: *Ernesto Che Guevara, a revolutionary from Argentina*

abrumar: *overwhelm*

a cuestas: *carrying*

respiración: *breathing*

resollar: *to wheeze*

cotidianas: *daily*

cumbres: *summits*

descontentos: *unhappy*

ajeno: *alien*

aflorar: *to emerge*

jubilados: *retired people*

palomas: *pigeons*

reposar: *to rest*

Francisco Tadeo Diez de Medina: *was the mayor of La Paz twice*

apresado: *imprisoned*

Túpac Catari: *an indigenous Aymara leader*

bandera: *flag*

apostados: *standing*

incendiar: *to set on fire*

ráfaga: *burst*

colgar: *to hang*

conjura: *conspiracy*

golpista: *participant of the coup d'etat*

Villarroel: *was a head of state of Bolivia*

PREGUNTAS

a. ¿Qué le impresiona al narrador sobre la ciudad de La Paz?

b. ¿Qué dice sobre la altura de La Paz?

c. ¿Es fácil la vida en La Paz?

d. ¿Qué lugares de la ciudad menciona?

e. ¿Qué tipo de personas van a la Plaza Murillo?

f. ¿Dónde sacó fotos y con quién?

g. ¿Cómo se llama el juego que creó y por qué lo creó?

h. ¿Cuál fue la última foto que tomó?

VIII. Repaso general

8.28 Exprese en plural todos los elementos de las siguientes oraciones. Después, tradúzcalas al inglés:

    a. Este niño, que nunca hace lo que le dicen, tampoco sabe nunca lo que quiere.

    b. Esta legislación sobre la que hablo ahora no va a afectar a ningún ciudadano.

    c. Ese pintor boliviano, cuyo mural muestra la situación del indígena, va a presentar su obra hoy.

    d. No voy a protestar contra una opinión con la cual estoy de acuerdo.

    e. Todo lo que pido es un trabajo en el cual expresar mi talento artístico.

8.29 ¿Qué personas, regiones o cosas curiosas conoce Ud.? Describa varias de ellas usando pronombres relativos.

    Modelo: Conozco una ciudad cuyas calles son de piedra. Conozco a una mujer que solamente duerme tres horas diarias. Etc.

8.30 Exprese en español:

    a. Do you have any questions about what I'm saying? I have no questions at this point.

    b. Some people are afraid of what they do not understand.

    c. This is another problem that I prefer to postpone for next week.

    d. No one ever understands these young men who prefer to listen to noisy music.

    e. Does she know La Paz? No, she knows no Paceños either. But she does know how to speak Aymara.

    f. Neither you nor anybody understands what I am going to do.

    g. What people think is that freedom is essential in life. They are right about that.

    h. I know this situation is difficult. I don't know what to say!

Para terminar el capítulo, vamos a visitar el Valle de la Luna, localizado a diez kilómetros de La Paz. El paisaje es impresionante por su geología. Dicen que hay una energía muy fuerte en el lugar, las rocas tienen formas diversas y los guías cuentan historias sorprendentes como la visita de Neil Armstrong. El valle ha sido creado por la naturaleza y muchos se quejan porque se han hecho muchas construcciones a su alrededor. Hoy hay suficientes esfuerzos para preservar el Valle de la Luna.

En el Valle de la Luna

8.31 Verbos reflexivos. He decidido hacer un resumen de mi viaje al Valle de la Luna usando todos los elementos gramaticales estudiados en este capítulo. Seleccione un verbo de la lista y complete los espacios en blanco:

Lista de verbos:

irse	vestirse	prepararse	darse cuenta
quejarse (2)	alegrarse	enojarse	sentirse

La mujer aymara no **a.** _____ cuando está subiendo las lomas. En cambio, yo **b.** _____ muy cansada. Las mujeres que he visto en La Paz y en el Valle de la Luna **c.** _____ con sombreros borsalinos y polleras muy anchas. Yo **d.** _____ porque todavía tengo tres días para ir al mercado a comprar un hermoso tejido típico de Bolivia. Mis amigos y yo **e.** _____ de La Paz el lunes y **f.** _____ que una semana no es suficiente para conocer esta maravillosa ciudad de los Andes. Cuando le digo a Javier, él **g.** _____ porque dice que yo siempre **h.** _____ porque él no planea bien los viajes. Yo **i.** _____ para mi próximo viaje a Cusco.

8.32 Para practicar el pretérito versus el imperfecto, reescriba la historia anterior con los verbos en el pasado.

8.33 Use el "**se** impersonal" para describir lo que se hace en cada uno de los siguientes lugares de La Paz. Use diferentes verbos:

1. En la calle Jaén:
   a. _____
   b. _____
   c. _____

2. En el Mercado de las Brujas:
   d. _____
   e. _____
   f. _____

3. En la Plaza de San Francisco:
   g. _____
   h. _____
   i. _____

4. En el Valle de la Luna:
   j. _____
   k. _____
   l. _____

8.34 Complete las siguientes oraciones usando pronombres relativos:

a. La línea del teleférico _____ tomo para llegar a El Alto es la azul.
b. Asunta Quispe es la líder aymara con _____ hablé sobre la igualdad de género en Bolivia.
c. La hoja de coca con _____ preparan el té es el mejor remedio para las alturas.
d. Cuenta la leyenda que Neil Armstrong, _____ visitó el Valle de la Luna, se sorprendió con el paisaje lunar.

e. Las personas _____ visitan el mirador Killi Killi pueden sentir soroche porque está aproximadamente a cuatro mil metros de altura.

f. Los textiles _____ compramos en Bolivia tienen colores muy vivos.

g. _____ más me gustó de La Paz fueron sus altas montañas y sus impresionantes carreteras.

h. Te dije _____ sé sobre la historia de la puerta del sol en Tihuanaco.

i. Hay muchas personas _____ son supersticiosas.

j. Las cholitas luchadoras, _____ vestimentas son tradicionales, hacen sus espectáculos en El Alto.

8.35 Imagine que usted visita la ciudad de La Paz durante sus vacaciones de primavera. Es su primer día y debe describir lo que hace desde el momento en que se despierta hasta que regresa al hotel para descansar. Use verbos reflexivos y los pronombres posesivos y relativos cuando sea posible.

8.36 Investigue una práctica tradicional de la cultura aymara y prepárese para hacer una breve presentación en clase.

Vista panorámica de Cusco, Perú, con la Plaza de Armas en primer plano

CAPÍTULO NUEVE

CUSCO: DONDE LAS PIEDRAS HABLAN

Commands, Uses of *por* and *para*, Review of *se debe* and *hay que*, Review of Preterite vs. Imperfect in Narration

Introducción

Caminar por sus calles y ver sus muros es tocar una historia ancestral que sigue viva en su gente y atrae un alto número de visitantes. Por esa razón, la UNESCO la declaró Patrimonio Mundial en 1983. Su nombre parece venir de la antigua frase aymara (o aimara) *qusqu wanka*, que significa "la peña de la lechuza", porque, según la leyenda, un miembro de la familia fundadora de los incas llegó volando allí y se convirtió en roca. Sobre la piedra se construyó la ciudad que más tarde llegó a ser la capital del imperio incaico. En quechua o *runasimi*, el idioma de los incas, se conoce como *Qusqu*. El Inca Garcilaso de la Vega, un famoso cronista local del siglo XVI, indicó que para ellos significaba "el ombligo del mundo", porque ocupaba el centro del vasto territorio incaico. En los textos españoles se transcribió generalmente como "Cuzco", pero casi todos los peruanos prefieren la grafía "Cusco" (como se pronuncia hoy) o "Qosqo", nombre oficial de la ciudad.

Uno de los sitios más antiguos es el recinto de Sacsayhuamán, al norte de la ciudad, erigido inicialmente por el pueblo Kilke alrededor del año 1100 como ciudadela militar y religiosa. Posteriormente, los incas la convirtieron en una fortaleza para proteger su capital. Las ruinas de hoy incluyen una gran plaza y tres murallas construidas con enormes piedras. Estas no necesitaron argamasa ni cemento, pues las rocas están labradas para ensamblar de una manera tan precisa que no se puede introducir ni un alfiler entre ellas. Además, están dispuestas con un ángulo especial para resistir los terremotos, como es típico de la notable arquitectura incaica. Cuando los españoles tomaron control del área, emplearon muchas de estas piedras para construir la catedral y los edificios administrativos de la época colonial.

Los incas llegaron a la región alrededor del siglo XIII y para el año 1500 Cusco se había convertido en la capital de un imperio que se extendía desde el sur de lo que hoy son los Andes al sur de Colombia hasta el norte de Chile. Por eso la ciudad sigue llena de personas, tradiciones, fiestas, nombres, expresiones, símbolos, objetos, comidas, muros y edificios de origen incaico. El más famoso es el Coricancha (del runasimi *quri*, "oro"; *kancha*, "recinto"), un imponente templo dedicado al sol, sobre el cual se construyó un convento católico en la era colonial, produciendo así una fascinante superposición cultural y arquitectónica. También es célebre la calle *Hatun Rumiyuq* ("de la roca mayor"), bordeada por los muros del antiguo palacio del emperador Inca Roca, con piedras cortadas en ángulos para encajar con precisión y solidez. Varios terremotos han destruido edificaciones coloniales y modernas, pero los muros incaicos permanecen intactos.

Las fuerzas españolas tomaron el control en 1534 de la que se llamó "Cuzco, ciudad noble y grande". Así se impusieron el idioma, la religión y numerosos elementos de la sociedad hispánica, mezclados con la arraigada cultura nativa, subyugada pero resiliente. La Plaza de Armas, por ejemplo, que es el corazón de la ciudad, se estableció en el centro administrativo de los incas, que aún hoy los locales llaman *Huacaypata* o "plaza del regocijo", como se le conocía en quechua. Además, muchos de los edificios coloniales, incluyendo su imponente catedral, se construyeron sobre los muros incaicos. Por eso se puede ver y tocar el contraste entre las épocas a través de las diferentes "capas" o niveles de muchas paredes y estructuras. Allí las piedras, como su gente y sus artes, cuentan la historia de cuatro eras: la anterior a los incas, la incaica, la colonial y la republicana hasta el Perú moderno.

Aunque en 1535 se estableció que Lima sería la capital por su cercanía al mar, Cusco continuó siendo un importante foco cultural y comercial. Allí se centró la resistencia de los incas en los siglos XVI y XVII, así como la masiva rebelión liderada por el Inca Túpac Amaru II (José Gabriel Condorcanqui) en 1780, que fue una gran inspiración para los movimientos de lucha por los derechos de los pueblos originarios de América. Su vitalidad cultural y social atrae, desde el siglo XIX, la atención académica nacional e internacional. También cuenta con numerosas universidades e institutos de investigación. De esta vitalidad se han nutrido influyentes escritores peruanos como Clorinda Matto de Turner en el siglo XIX y José María Arguedas en el XX, entre muchos otros. También, en 1911, partió de la ciudad la expedición estadounidense que hizo famosa la *llaqta* (poblado, en quechua) de Machu Picchu. Los millones de turistas que hoy visitan estas ruinas incaicas necesitan pasar por Cusco, no solo por ser la ruta más directa, sino para aclimatarse a la elevada altura de los Andes y, por supuesto, para conocer la vibrante vida cusqueña.

Visitantes y cusqueños por igual pasan horas en las "peñas", un tipo de establecimiento peruano en donde se puede comer y bailar al tiempo que un grupo musical se presenta en vivo, a menudo con instrumentos tradicionales de los Andes como la quena y la zampoña. Allí se puede disfrutar de la gastronomía local, que representa una mixtura única de ingredientes andinos y españoles: la chuño cola, un caldo picante de papa molida (chuño), carne, arroz y garbanzos; el olluquito con charqui, a base de carne de llama (el charqui) y una variedad de papas exclusiva de esa región andina (el olluco); y el kapchi de habas, un plato frío de queso fresco, habas, cebolla, papas, leche y ají; entre muchos otros.

Esta inmensa variedad de ingredientes, así como una rica creatividad artesanal, se encuentra reunida en el Mercado Central de San Pedro. Allí compran los cusqueños, a veces en español y a veces en quechua, toda clase de verduras, legumbres, carnes, quesos y tubérculos de mil colores y sabores. Los pasillos también están llenos de artículos elaborados a mano con materiales y técnicas tradicionales. Muchos de los artesanos viven y trabajan en el barrio de San Blas, donde también ofrecen joyería, pinturas, esculturas y variados objetos en las tiendas y las aceras.

En este capítulo, mientras estudiamos el modo imperativo (los mandatos) así como los usos de las preposiciones **por** y **para**, subimos al barrio de San Blas para conversar con los artesanos, vamos de compras al Mercado de San Pedro, apreciamos los muros de la calle *Hatun Rumiyuq*, visitamos Machu Picchu y pasamos un rato en un restaurante cusqueño. También vamos a repasar algunas maneras de expresar obligación y la narración en pretérito y en imperfecto.

PREGUNTAS DE COMPRENSIÓN

1. ¿Se escribe Cuzco, Cusco, Qosqo o Qusqu? ¿De dónde proviene cada grafía?

2. ¿Cuáles son las dos hipótesis sobre el significado de este nombre?

3. ¿Qué cultura construyó el recinto de Sacsayhuamán? ¿Cómo se empleó?

4. ¿Por cuánto tiempo fue una ciudad de los incas? ¿Qué lugar ocupaba en el imperio?

5. ¿Qué característica única tiene la arquitectura incaica?

6. ¿Qué ocurrió con la ciudad en 1534?

7. ¿Cómo es que en Cusco los muros cuentan la historia de varias épocas?

8. ¿Cuáles son algunos ejemplos de la vitalidad cultural de la ciudad?

9. ¿Cuáles son algunos ejemplos de la mezcla cultural que se vive allí?

10. Mencione algunos lugares de interés para quien quiera visitar Cusco.

I. Commands / *Mandatos*

A.   Affirmative imperative: *tú* and *vosotros*

Commands are part of what is called the imperative mood (***el imperativo***), with specific affirmative forms for *tú* and *vosotros*:

	Afirmativo, regular	Afirmativo, irregular
tú	use 3rd person present indicative ***habla, come, vive***	use 3rd person present indicative ***piensa, juega, oye***
vosotros	*-ad, -ed, -id* ***hablad, comed, vivid,*** ***poned, id, sed***	no irregular forms

- Affirmative ***vosotros*** commands, used only in Spain now, simply change the *–r* from the infinitive to a *–d* ending for the affirmative (***poner*** → ***poned***).

- Affirmative ***tú*** commands use the third person singular of the present indicative, whether regular or irregular: ***ayuda, vuelve, actúa, sigue,*** etc. The following common verbs are exceptions:

decir	→	*di*	*ser*	→	*sé*
hacer	→	*haz*	*tener*	→	*ten*
ir	→	*ve*	*poner*	→	*pon*
salir	→	*sal*	*venir*	→	*ven*

- **Object pronouns** are attached to the end of the affirmative command forms. This often involves the placing of a written accent according to the general rules:

  Escríbenos, cuídate, acuéstate, ponedlo, hazme un favor, dínoslo, informadnos

  The ***vosotros*** form drops the *–d* before the reflexive *os* pronoun (except for the verb *ir: id, idos*):

  Levantaos temprano, reuníos con ellos, esforzaos por entender

PRÁCTICA

9.1 Escriba el imperativo afirmativo de cada verbo para la segunda persona informal del singular (**tú**) y del plural (**vosotros**).

	<u>tú</u>	<u>vosotros</u>
Modelo: *vivir:*	*vive*	*vivid*

a. comprender: _____ _____

b. escribir: _____ _____

c. cantar: _____ _____

d. leer: _____ _____

e. subir: _____ _____

f. buscar: _____ _____

g. tejer: _____ _____

h. abrir: _____ _____

i. entrar: _____ _____

j. responder: _____ _____

k. unir: _____ _____

l. comunicar: _____ _____

9.2 Responda con un mandato afirmativo (**tú** o **vosotros**, según el contexto).

Modelo: *Quiero dormir en Cusco.* → *¡Pues duerme en Cusco!*
Deseamos comer charqui. → ***Entonces, ¡comedlo!***

a. Quiero comer kapchi. → _____

b. Queremos hablar quechua. → _____

c. Deseo salir ahora. → _____

d. Esperamos ser felices. → _____

e. Necesito descansar. → _____

f. Quiero ir a la Plaza de Armas. → _____

g. Nos gusta cocinar con chuño. → _____

h. Me encanta decir tonterías. → _____

i. Tengo que hacerlo todo bien. → _____

j. Queremos comunicarnos mejor. → _____

B. Imperative Forms Borrowed from the Present Subjunctive

Negative commands (i.e. "don't do that!") for **tú** and **vosotros**, as well as all commands for **nosotros** (i.e. "let's do that"), **usted** and **ustedes**, use present subjunctive forms:

	Regular	Irregular
Use present subjunctive forms for both affirmative and negative commands:		
usted	(no) hable, (no) coma, (no) viva	(no) ponga, (no) haga, (no) siga
ustedes	(no) hablen, (no) coman, (no) vivan	(no) pongan, (no) hagan, (no) sigan
nosotros	(no) hablemos, (no) comamos, (no) vivamos	(no) pongamos, (no) hagamos, (no) sigamos
Only negative forms use present subjunctive:		
tú	no hables, no comas, no vivas	no pongas, no hagas, no sigas
vosotros	no habléis, no comáis, no viváis	no pongáis, no hagáis, no sigáis

- In general, for most regular and irregular verbs, start from the first person singular of the present indicative—the *yo* form—and remove the *–o*. Then add endings in *-e* for *-ar* verbs, and endings in *-a* for *-er* and *-ir* verbs.

  To figure out the forms for ***decir***, for example, start from *(yo) **digo**: **diga** usted, **digan** ustedes, **digamos** nosotros, no **digas** tú, no **digáis** vosotros*. This change of vowel may involve some spelling changes:

pag-ø → pague(n), paguemos, no pagues, no paguéis	(to preserve the /g/ sound of ***pagar***)
busc-ø → busque(n), busquemos, no busques, no busquéis	(to preserve the /k/ sound of ***buscar***)
abraz-ø → abrace(n), abracemos, no abraces, no abracéis	(to avoid the **z+e** combination)

- Stem-changing verbs in *-ar* and *-er* change their stems in the same way and in the same cases as in the present indicative:

pensar	→	*piense(n), no pienses, pensemos, no penséis*
volver	→	*vuelva(n), no vuelvas, volvamos, no volváis*

  Stem-changing verbs in *-ir*, whatever the change that occurs in the present indicative, change the stem of the ***nosotros*** and ***vosotros*** forms from *e* to *i* and from *o* to *u*:

dormir	→	*duerma(n), no duermas, durmamos, no durmáis*
sentir	→	*sienta(n), no sientas, sintamos, no sintáis*
pedir	→	*pida(n), no pidas, pidamos, no pidáis*

- The following irregular verbs do not follow the rules above:

---

ir	→	***vaya(n), vayamos o vamos, no vayas, no vayáis***
ser	→	***sea(n), seamos, no seas, no seáis***
estar	→	***esté(n), estemos, no estés, no estéis***
saber	→	***sepa(n), sepamos, no sepas, no sepáis***
dar	→	***dé, den, demos, no des, no deis***

- As explained before, object and reflexive pronouns are attached to the end of the affirmative command forms (often requiring a written accent), and placed immediately before the negative command forms:

escríbale usted	***vete***	***hagámoslo***	***ríanse***	***dormíos***
no le escriba	***no te vayas***	***no lo hagamos***	***no se rían***	***no os durmáis***

  The ***nosotros*** form drops the ***–s*** before the ***se*** and ***nos*** pronouns:

Levantémonos; vámonos de aquí.	Let's get up; let's get out of here.
Digámoselo.	Let's tell it to him.

- For ***usted*** and ***ustedes*** commands, the pronoun is sometimes used as a way of softening the imperative:

Pasen ustedes, por favor.	Please come in.
No sea usted tan difícil.	Please don't be so difficult.

  Ustedes is the only plural form used in America; in Spain it is reserved for formal situations.

- All these forms (which are borrowed from the present subjunctive) are often used for good wishes, either affirmative or negative, instead of commands:

¡Que te diviertas!	Have fun!
Que disfruten (de) la película.	Enjoy the movie (you all).
Que se mejore.	Get better (health).
Que descanséis.	Get some rest (you all).
Que te vaya bien.	May you do well / Be well.
Que no tengas problemas.	May you have no problems.

  But the imperative is common for: ***Cuídate*** (take care).

9.3 Escriba los mandatos para **usted**, **tú** y **nosotros** correspondientes a cada frase, como en los ejemplos a y b. Emplee pronombres de complemento (*object pronouns*) cuando sea posible.

		<u>usted</u>	<u>tú</u>	<u>nosotros</u>
a.	dormirse (no)	*no se duerma*	*no te duermas*	*no nos durmamos*
b.	escribirles la carta (sí)	*escríbasela*	*escríbesela*	*escribámosela*
c.	entrar (no)	_____	_____	_____
d.	hacer la tarea (sí)	_____	_____	_____
e.	ir al mercado (no)	_____	_____	_____
f.	prepararse (sí)	_____	_____	_____
g.	ser egoísta (no)	_____	_____	_____
h.	sentarse (sí)	_____	_____	_____
i.	contarle la noticia (no)	_____	_____	_____
j.	entenderme (sí)	_____	_____	_____
k.	pensar (no)	_____	_____	_____
l.	cuidarse (sí)	_____	_____	_____
m.	cambiarles el billete (sí)	_____	_____	_____
n.	cerrar la puerta (no)	_____	_____	_____
o.	tener la visa (sí)	_____	_____	_____
p.	traer los libros (no)	_____	_____	_____
q.	resolverles el dilema (sí)	_____	_____	_____
r.	pagar la cuenta (no)	_____	_____	_____

Subamos al pintoresco barrio de San Blas, desde donde se puede apreciar la Plaza de Armas. Orgullosos de su herencia incaica, los sambleños preservan vestigios de las antiguas terrazas agrícolas de la zona que los incas llamaban *Tococachi* (cueva de sal). Allí se construyó, alrededor de 1560, la iglesia colonial que da su nombre al barrio y contiene un monumental altar barroco tallado en madera con artísticos motivos católicos y mestizos. Desde fines del siglo XIX, el barrio se convirtió en un centro de carpinteros, herreros, zapateros, ceramistas y tejedores, muchos de gran prestigio durante varias generaciones. Por sus famosas artesanías, San Blas está lleno de tiendas y ventas callejeras donde puede comprarse una multitud de artículos hechos a mano, desde mantas coloridas hasta imágenes de santos tallados. Por una buena compra, muchos vendedores dan un "aumentito" o ñapa, es decir, un pequeño regalo adicional. Hay también varias peñas con músicos locales, donde se puede saborear la cocina cusqueña y tomar chicha (bebida fermentada de maíz o frutas) o té piteado (con pisco, licor peruano).

Mujer vendiendo textiles en las calles de Cusco

9.4   Don José y su hija Carla caminan por su barrio mientras dos turistas, César y Estela, conversan con doña Soledad, una tejedora que vende sus textiles en la calle. Complete las conversaciones con las formas del imperativo indicadas:

Carla: Papi, (ir, nosotros) ___***vamos***___ más despacio, hay mucha gente.
Don José: (caminar, tú) **a.** _____, hija, necesitamos llegar pronto.
Carla: Bueno, pero no (ir, tú) **b.** _____ tan rápido. ¡(mirar, tú)
     c. _____ cuántos turistas hay!
Don José: No (distraerse, tú) **d.** _____, Carla, (seguir, nosotros) **e.** _____.
Carla: (oír, ustedes) **f.** _____, por favor, (abrir, ustedes)
     g. _____ paso.
Don José: ¡No (gritar, tú) **h.** _____! (portarse,
     tú) **i.** _____ bien, mi hijita.

. . .

César: Señora, (perdonar, usted) **j.** _____, ¿le puedo tomar una foto?

Doña Soledad: Sí, (tomar) **k.** _____ usted las que quiera, pero (comprarme, ustedes) **l.** _____ alguna cosa también. Tengo gorros, mochilas, tapetes . . .

Estela: Sí, hay cosas muy bonitas. (mostrarme, usted) **m.** _____ esa manta azul.

Doña Soledad: (mirarla, usted) **n.** _____, mami, es de lana de alpaca, muy suave. El diseño representa nuestras lagunas.

Estela: Me gusta, (dármela, usted) **o.** _____ por favor, pero no (empacármela, usted) **p.** _____, porque me la llevo puesta.

Doña Soledad: Sí, ¡Que no (pasar, usted) **q.** _____ frío! (tener, usted) **r.** _____, aquí se la doy con un gorro de aumentito.

Estela: ¡Muchas gracias! Que (estar, usted) **s.** _____ bien.

César: (venir, tú) **t.** _____, Estela, (entrar, nosotros) **u.** _____ a la iglesia de San Blas.

Estela: (esperarme, tú) **v.** _____ un momento para pagarle a la señora.

César: Bien, pero no (demorarse, tú) **w.** _____, (sacar, nosotros) **x.** _____ buen provecho del día.

II. Uses of *por* and *para* / *Usos de* por *y* para

These prepositions are very common in Spanish and, unfortunately, both often correspond to the English word "for." The following is an attempt to summarize the main uses of the two:

A. PARA (en general indica destino o propósito)

- Direction toward a destination or goal:

Salgo mañana para Cusco.	I am leaving tomorrow for Cusco.
Vamos para la Plaza de Armas.	We're going to (toward) the Plaza de Armas.

- Purpose, use, goal or destination toward a recipient:

taza para café	coffee cup
llantas para la nieve	snow tires
Había espacio para todos.	There was room for everybody.
Estudié medicina para ayudar.	I studied medicine in order to help.
Practican para mejorar.	They practice to improve.
Compró estas artesanías para ti.	He bought these handicrafts for you.
Trabaja para la OTAN.	She works for NATO.

- Time limit or deadline:

  Hay que hacerlo para el lunes.   It needs to be done by/for Monday.

- Comparison against the normal expectation:

  Tiene una gran población para un país tan pequeño.
  It has a large population for such a small country.

  Para ser extranjero, habla muy bien el idioma.
  For a foreigner, he speaks the language very well.

- Opinion (one's perspective): "To me . . . ":

  Para mí, la política es interesante.   To me, politics is interesting.
  La vida es valiosa para cualquiera.   Life is valuable to anyone.

Tip: Use ***para*** in Spanish if you could use "in order to" in English. For example:
(in order) To improve, people have to do this.   ***Para mejorar, hay que hacer esto.***
I do it (in order) to have fun.   ***Lo hago para divertirme.***
I do it to improve.   ***Lo hago para mejorar.***
BUT: It's not easy to improve this.
(you couldn't insert "in order to" here)   ***No es fácil mejorar esto.***

PRÁCTICA

9.5   Identifique el uso de **para** que ilustra cada oración:

Modelo: *San Blas es una maravilla para los cusqueños.*   Opinión (*to me . . .*)

a. Íbamos a salir para la ciudad esa tarde, pero no pudimos. _____
b. Necesitábamos llegar para el anochecer. _____
c. Queríamos ir a la ciudad para conocer Machu Picchu. _____
d. Pero no había condiciones climáticas para un viaje tan
   largo. _____
e. Estaba lloviendo demasiado para ser octubre. _____
f. Cusco era una ciudad muy importante para los incas. _____
g. *Sacsayhuamán* se reformó para defender la capital. _____
h. Van a las peñas para disfrutar de la música andina en
   vivo. _____
i. Para el profesor este tema es muy fácil de entender. _____
j. Estas manos son para darte amor. _____

B. POR (en general indica motivación o sustitución)

- Exchange, substitution, rate, correspondence (*per*):

Danos cinco soles por el libro.	Give us five soles for the book.
Gracias por todo.	Thanks for everything.
No me tomes por idiota.	Don't take me for an idiot.
a veinte kilómetros por hora,	twenty kilometers an hour,
el diez por ciento, $3 por galón	ten percent, $3 per gallon

- Cause, reason, or motive of an action (*because of, to fetch*):

Lo merece por su dedicación.	He deserves it for (because of) his dedication.
Id al mercado por pan.	Go to the store for bread.
Te quería por tu honestidad.	I loved you for your honesty.
No jugaron por la lluvia.	They didn't play because of the rain.

- *On behalf of, for the sake of, in favor of, out of:*

Hazlo por el dinero.	Do it for the money.
No lo hago por ti.	I'm not doing it on your account.
Se preocupan por mí.	They worry about me.
Luchan por la independencia.	They fight for independence.
Trabajemos por la paz mundial.	Let us work for world peace.
A menudo me pregunta por ti.	He often asks about you.

- Duration in time (often omitted):

Estuvo en Perú (por) seis semanas.	He was (stayed) in Peru for six weeks.

- During the morning, evening, or afternoon:

Trabajaba por la mañana.	He used to work in the morning.

- Movement through a place:

Iba por la calle cuando . . .	I was going down the street when . . .
Pasa por mi oficina.	Drop by my office.
Demos un paseo por el parque.	Let's take a walk through/by the park.

- Agent, used in passive phrases (*by*):

Fue escrito por ella.	It was written by her.
Está afectada por la noticia.	She's affected by the news.

- Means of transportation or communication (*by*):

Enviad el paquete por avión.	Send the package by plane.
Llámame por teléfono.	Call me on the telephone.

- In a large number of idiomatic expressions:

por ahora for now, for the moment	*por fin* finally, at last
por aquí around here	*por igual* equally
por casualidad by (any) chance	*por lo menos* at least
por desgracia unfortunately	*por lo tanto* therefore
por ejemplo for example	*por otra parte* on the other hand
por eso that's why	*por primera vez* for the first time
por favor please	*por supuesto* of course

A helpful tip: The questions *¿para qué?* (for what purpose?) and *¿por qué?* (for what reason or motive?) can give you clues on choosing the appropriate preposition. Both prepositions will often be grammatically correct, but they would convey different meanings:

> *Recibimos dinero por la investigación.*
> I got money from the research (done). [exchange]

> *Recibimos dinero para la investigación.*
> I got money for the research (to do). [in order to]

> *Compré esto por ti.*
> I bought this because of you. [motive]

> *Compré esto para ti.*
> I bought this to give it to you. [destination]

PRÁCTICA

9.6   Identifique el uso de **por** en cada oración:

Modelo: *Los visitantes aprecian Cusco por su historia.*   Motivo

a.   San Blas es famoso por sus artesanías. _____

b.   Cusco fue declarada Patrimonio Cultural por la UNESCO. _____

c.   Perú fue parte de España por más de dos siglos y medio. _____

d.   Lima se convirtió en la capital por su cercanía al mar. _____

e.   El pueblo quechua lucha por sus derechos. _____

f.   Hay un médico por cada mil habitantes. _____

g.   Esforcémonos por crear un futuro mejor. _____

h.   No pruebes narcóticos ni por curiosidad. _____

i.   Mándame el mensaje por correo electrónico. _____

j.   No te quejes solo por quejarte, haz algo. _____

9.7   Complete con **por** o **para**:

a.   Voy a comunicarme _____ teléfono _____ informarles qué pasó.

b.   Pude entrar sin problemas porque me tomaron _____ periodista. Asistir a la conferencia fue útil _____ mis estudios. Gracias _____ la información.

c.   El gobierno propuso un plan _____ controlar la inflación. _____ supuesto, el senado lo rechazó.

d.   Gloria no come postres _____ no engordar. Se preocupa _____ su salud.

e.   _____ fin hicieron una fiesta _____ celebrar el cumpleaños de su abuela.

f.   Muchos animales están muriendo _____ la contaminación. _____ lo tanto, hay especies en peligro.

g.   _____ varios años trabajó _____ una corporación multinacional.

h.   _____ mí, lo mejor de ser estudiante son las vacaciones. Hay oportunidades _____ todo.

i.   Muchas ciudades de los Andes han sufrido desastres _____ los terremotos.

j.   Ya no me interesan esos juegos _____ niños. Pero estoy loco _____ los videojuegos.

k.   ¿_____ cuándo es la presentación oral? Es _____ el próximo miércoles.

l.   Preparémonos _____ esa presentación _____ lo menos desde el lunes.

m.   _____ ir a Machu Picchu desde Lima _____ tierra, hay que pasar _____ Cusco.

n.   Estudiando, se preparan _____ el futuro. Y no se desaniman _____ ningún motivo.

o.   _____ una universidad pequeña, hay muchas clases interesantes. _____ eso me gusta.

Visitemos ahora el colorido Mercado Central de San Pedro, localizado a unas cinco cuadras al oeste de la Plaza de Armas. Es un lugar repleto de voces y sonidos locales, donde los cusqueños compran sus víveres, desde maíz de diversos colores y más de tres mil tipos de papa, hasta carnes de res, cerdo, llama (charqui), pollo, pavo e incluso rana. La variedad de jugos, con toda clase de propiedades curativas y revitalizantes, es extraordinaria. Se preparan con cientos de frutas tropicales como el maracuyá y la chirimoya, hierbas estimulantes como la yerbabuena y la coca, y semillas pequeñas como la quinua y la chía. Además de una multitud de artesanías tales como las muñecas pachamama (madre tierra) y las telas de alpaca, es un buen lugar para probar anticuchos de corazón, empanadas y salchipapa. Hay de sobra para estimular todos los sentidos—vista, oído, olfato, tacto y gusto—con muestras ancestrales y modernas de la tremenda diversidad cultural peruana.

Mercado de San Pedro

9.8   Observando la ilustración, complete la siguiente descripción con **por** o **para**, según el contexto. Luego responda brevemente las preguntas:

Don Mario, un hombre de gafas y bigote con unos cincuenta años de edad, ha tenido un puesto de comidas y jugos en el Mercado de San Pedro **a.** _____ más de veinte años. **b.** _____ llegar a su tienda, que es la número 54, hay que pasar **c.** _____ varios pasillos hasta el fondo del edificio. Pero los visitantes siempre regresan **d.** _____ el buen servicio y los excelentes productos del 54. Ofrece bebidas **e.** _____ curar muchos males: el soroche, los dolores de cabeza y, **f.** _____ supuesto, la impotencia sexual. Y todos también preguntan **g.** _____ las deliciosas sopas y comidas famosas, como **h.** _____ ejemplo los anticuchos de corazón, que son la especialidad de la casa. Hoy han venido dos grupos **i.** _____ disfrutar de sus manjares. Primero llegaron los hermanos Castillo: Mariela, de chal y saco azul **j.** _____ protegerse del frío; Rosa, que tiene predilección **k.** _____ el color rosado, como su nombre; y Luis, a quien le encanta su casaca amarilla **l.** _____ la lluvia. Él vino **m.** _____ un extracto de rana **n.** _____ aumentar el vigor en la cama, que don Mario vende **o.** _____ tres soles. Ellas van a compartir un olluquito con charqui **p.** _____ recordar la comida favorita de su madre. Los otros dos señores, al fondo, son turistas de Lima que están pasando **q.** _____ Cusco **r.** _____ llegar a Machu Picchu, y hoy han decidido venir al mercado **s.** _____ la fama del "jugo especial" del puesto 54, que incluye miel, algarrobina y hoja de coca **t.** _____ la energía. Don Mario seguramente les cobrará un poco más **u.** _____ su curiosidad, ya que no parecen preocupados **v.** _____ el dinero. Además, **w.** _____ don Mario es importante el prestigio de su tienda, y **x.** _____ eso se esfuerza mucho **y.** _____ complacer a sus clientes.

a.   ¿Por cuánto tiempo ha tenido don Mario su tienda de comidas?

b.   ¿Cómo se llega al puesto 54?

c.   ¿Para qué se usan algunas de sus bebidas? Por ejemplo, ¿para qué quiere Luis el extracto de rana? ¿Por cuánto se vende el extracto?

d.   ¿Por qué piden las hermanas Castillo un olluquito con charqui?

e.   ¿Para qué están en Cusço los dos turistas limeños?

f.   ¿Por qué motivo vinieron hoy al puesto de don Mario?

g.   ¿Para qué se añade hoja de coca al jugo especial?

III. Review of *se debe* and *hay que* /
Repaso de se debe *y* hay que

As you may remember from Chapter Four, a general sense of obligation is often expressed impersonally ("one ought to," "one should").

- *Hay que* can be used in all tenses, and is always followed by the infinitive:

Hay que estar informado.	One should stay informed.
Había que subir una ladera.	You had to go up a hillside.
Habrá que esperar para ver qué pasa.	We'll have to wait and see what happens.

- Passive or impersonal constructions with *se* are also common:

Se necesita tener paciencia.	You need to be patient.
Se debe presentar la solicitud.	One must submit the application.
Se requieren documentos para ingresar.	Documents are required to enter.

Remember that the passive construction with *se* uses the third person, singular or plural, according to the thing(s) required, needed, etc. (*se requieren documentos*) but will always be singular when followed by the infinitive (*se requiere presentar documentos*).

PRÁCTICA

9.9   Responda con una expresión que indique obligación:

Modelos: *Salgamos ya para llegar a tiempo.* → ***Hay que salir ya.***
Ten paciencia, por favor. → ***Se necesita tener paciencia.***

a.   Id al mercado para conseguir los ollucos. → _____

b.   Hazlo por amor. → _____

c.   Saque el permiso para conducir. → _____

d.   Sean corteses con los visitantes. → _____

e.   Tomad el tren para ir a Machu Picchu. → _____

f.   Luchemos por nuestros derechos. → _____

g.   No te quejes solo por quejarte. → _____

h.   Dad gracias por todo. → _____

Un aspecto cautivante de caminar por muchas calles cusqueñas, y en especial por la *Hatun Rumiyuq* ("de la roca mayor"), es contemplar las diferentes "capas" o niveles de los muros y paredes. En la base están las murallas incas de piedra tallada, ensambladas con precisión y levemente inclinadas para resistir los terremotos. Como dice el novelista José María Arguedas en *Los ríos profundos*, son muros "oscuros, ásperos" (*rough*) que atraen con su "faz recostada" (*leaning side*) y parecen formar caminos o ríos. Sobre ellos descansan las paredes coloniales y modernas, rectas y de color blanco, muchas de las cuales han tenido que ser reconstruidas después de los movimientos de tierra, tan comunes en los Andes. Así conviven en la arquitectura varias épocas y culturas, juntas y en tensión, de manera similar a como se encuentran en la vida social y cultural andina.

El muro inca

9.10 Observe los tres personajes de la ilustración de arriba. El personaje con la camisa azul parece turista y los que están en primer plano pueden ser caminantes cusqueños. ¿Qué pueden estar diciendo o pensando? Escriba tres oraciones para cada uno: una con un imperativo, otra con una frase que emplee **por** o **para**, y otra con una obligación impersonal (**se debe, se necesitó, hay** o **había que** . . .).

La caminante: <u>Paremos</u> un momento <u>para</u> apreciar este muro. <u>Hay que</u> observarlo bien.

_____

_____

_____

_____

_____

El turista: <u>Mira</u> las paredes construidas <u>por</u> los incas. Seguramente <u>se necesita</u> mucho trabajo para mantenerlas.

_____

_____

_____

_____

_____

El niño: <u>Se debe</u> tener paciencia con estos turistas, <u>oigan</u> cómo gritan <u>por</u> las calles.

_____

_____

_____

_____

_____

IV. Review of Preterite vs. Imperfect in Narration / *Repaso del pretérito vs. el imperfecto en la narración*

From Chapter Seven, you may recall that the two simple past tenses in Spanish have specific uses. The preterite (called "***pretérito perfecto simple***") is a "perfect" tense because it reports events viewed as completed within a finite time frame. An "imperfect" tense conveys duration, progression, incompleteness.

IMPERFECT (duration)	PRETERITE (completion)
<u>describes</u> habitual actions, things that <u>used to</u> happen:	<u>reports</u> actions that have clear beginnings or ends (framed within a finite time period):
They talked every Friday for an hour. *Conversaban una hora todos los viernes.*	But they talked all day this Friday. *Pero este viernes conversaron todo el día.*
describes what <u>was</u> happen<u>ing</u> (background information going on):	reports completed actions, tells what happened at a given point:
It was raining . . . *Llovía (o Estaba lloviendo) . . .*	when I woke up. *cuando me desperté.*
describes a state or condition:	reports a change in condition:
He was fine before the winter, . . . *Estaba bien antes del invierno, . . .*	but in January he got sick because of the cold. *pero en enero se enfermó por el frío.*

- When telling what someone said, the preterite indicates the action of saying or telling, and the imperfect is used to report on stated ongoing conditions, description of circumstances, intentions, habits, or actions in progress:

  *Me <u>contó</u> que **vivía** (ongoing condition) en un pueblo pequeño y que **quería** (intention) estudiar en una gran ciudad. <u>Dijo</u> que por eso siempre **estudiaba** (habit) mucho, porque **se estaba preparando** (action in progress) para un ambiente competitivo.*

  He told me that he lived in a small town and that he wanted to study in a large city. He said that for that reason he always studied a lot, because he was preparing for a competitive environment.

- Remember that whenever you could say "used to" or "was/were . . . ing" in English, you need the imperfect in Spanish.

- Keep in mind that a few verbs have slightly different meanings, following the general idea of duration for the imperfect and of completeness for the preterite:

	Imperfect	Preterite
poder	could, had the ability to	managed to (or failed to, if negative)
querer	wanted, had the intention to	tried to (or refused to, if negative)
conocer	previously knew for some time	met, got to know for the first time
saber	had knowledge for some time	learned, found out at a specific point

Los conocía antes de viajar.
I knew them before traveling.

Los conocí al viajar.
I met them while traveling.

No sabía que eras cusqueña.	***Ayer supe que eras de Cusco.***
I did not know you were Cusquean.	Yesterday I learned you were from Cusco.
De niño podía jugar todo el día.	***También pude hacer muchos amigos.***
As a child, I could play all day.	I also managed to make many friends.
***Como no podíamos salir,* . . .**	***no pudimos ver los fuegos artificiales.***
Since we couldn't go out, . . .	we were unable to see the fireworks.
***Queríamos ir de compras,* . . .**	***pero mi madre no quiso darnos dinero.***
We wanted to go shopping, . . .	but my mother refused to give us some money.

9.11 Explique brevemente por qué se usa el pretérito o el imperfecto en cada caso.

Pretérito: qué pasó en un momento dado; la acción comienza o termina; cambio de condición.

Imperfecto: hábito; acción en proceso; descripción de circunstancias, escenario o estado.

a. El sábado, mientras **caminaba** yo por el Coricancha, **comenzó** a llover.
caminaba: *acción en proceso, descripción de las circunstancias.*
comenzó: *la acción comienza, qué pasó en un momento dado.*

b. **Era** una lluvia suave, pero **hacía** frío y **tuve** que ponerme la casaca.

era: _____

hacía: _____

tuve que: _____

c. En ese momento **sentí** impaciencia, porque **quería** seguir caminando.

sentí: _____

quería: _____

d. Pero **decidí** pararme debajo de un árbol y ver cómo **se mojaban** los muros de piedra.

decidí: _____

se mojaban: _____

e. Cada gota **parecía** una estrella que **llenaba** de luz las rocas.

parecía: _____

llenaba: _____

f.   Cuando finalmente **dejó** de llover, ya **eran** las seis de la tarde.

dejó: _____

eran: _____

g.   Cuando **llegué** a casa, después de caminar por la ciudad, **me sentía** cansado, pero feliz por esa bella experiencia.

llegué: _____

me sentía: _____

Se calcula que el famoso *llaqta* de Machu Picchu (en runasimi, *machu* significa "antiguo" y *pikchu*, "montaña o pico"), una joya de la arquitectura incaica, probablemente se construyó como residencia imperial del Inca Pachacuti (1438-1472). Fue declarado Patrimonio Mundial por la UNESCO en 1983. Está en una majestuosa cumbre (*summit*) rocosa de los Andes peruanos, a la que se puede llegar a pie por antiguos caminos para caballos, o por una carretera que comienza en la estación de tren de Puente Ruinas, en la base del cañón. Generalmente, quienes viajan en avión vuelan hasta Cusco, donde hay que tomar el tren o seguir en helicóptero.

Machu Picchu

9.12 La ilustración muestra al señor Campbell, el turista inglés de sombrero, mientras visitaba Machu Picchu con su guía José, de poncho, y su llama Laurita. Lea la narración del señor Campbell sobre su visita y complete con el pretérito o el imperfecto del verbo entre paréntesis.

El día en que **a.** _____ (llegar-yo) a Perú, yo ya **b.** _____ (saber) que la legendaria Machu Picchu **c.** _____ (ser) una pequeña ciudad de mil habitantes o menos. Los incas posiblemente la **d.** _____ (construir) en 1440, como residencia para un emperador y para ceremonias religiosas, pero posteriormente **e.** _____ (ser) abandonada unos años después de la invasión española. Parece que allá **f.** _____ (vivir) algunos sacerdotes y los sirvientes del Inca. En fin, **g.** _____ (viajar-yo) desde Lima y **h.** _____ (quedarse-yo) una noche en Cusco. Al día siguiente **i.** _____ (tomar-yo) el tren hasta Puente Ruinas. Allí **j.** _____ (conocer-yo) a José, quien me **k.** _____ (decir-él) que él **l.** _____ (trabajar) como guía y que **m.** _____ (ser) un experto en la zona, entonces lo **n.** _____ (contratar-yo) por un día. Mientras **o.** _____ (ir-nosotros) andando por un camino hermoso, me **p.** _____ (contar-él) la historia de cómo desde el siglo XIX **q.** _____ (empezar-ellos) a llegar exploradores extranjeros y de cómo, finalmente, el norteamericano Hiram Bingham **r.** _____ (hacer) famosa la ciudad mundialmente en 1911. **s.** _____ (estar-nosotros) repitiendo el viaje de Bingham guiado por los campesinos de la región! **t.** _____ (subir-nosotros) a la cima de una montaña vecina y desde allí **u.** _____ (ver-nosotros) todo el panorama. ¡El sitio **v.** _____ (ser) extraordinario, **w.** _____ (parecer) sagrado! En ese momento **x.** _____ (sentir-yo) la fuerza del lugar donde las piedras hablan. Por fin llegamos a la *llaqta* (así se dice "poblado" en quechua) y José me **y.** _____ (mostrar) cada muro y cada cancha o plaza, mientras me **z.** _____ (explicar) todos los detalles de la arquitectura y la historia. Primero **aa.** _____ (ver-nosotros) la residencia donde **bb.** _____ (vivir) los amautas (poetas y sabios) y después **cc.** _____ (recorrer-nosotros) el recinto real, donde el emperador **dd.** _____ (pasar) algunas temporadas. También **ee.** _____ (tener-yo) el placer de sentarme en una de las casas donde **ff.** _____ (habitar) la gente común, en la parte baja de la ciudad. José realmente **gg.** _____ (saber) mucho y **hh.** _____ (tener) una conversación muy agradable. **ii.** _____ (ser) un día inolvidable para mí.

V. ¿Sabías que . . . ? Americanismos

La situación lingüística del Perú es compleja debido a la diversidad de más de cuarenta lenguas indígenas que todavía se hablan en muchos lugares del país, aunque el español es la lengua más extendida. El español **andino**, hablado en la sierra, se distingue por su ritmo particular y tiempo lento, el asibilamiento de los sonidos /rr/ y /r/, la duplicación de los posesivos, el uso de los diminutivos **–ito** e **–ita**, y el uso de "no más" y "pues" después del verbo. El español **limeño** es hablado por la gente de la capital y se considera el español peruano normativo. El español **amazónico** se habla en la Amazonía; se caracteriza principalmente por la influencia de lenguas **indígenas** amazónicas. Algunos peruanismos populares son los siguientes: "achorado" (*persona hostil*), "bacán" (*bonito*), "cana" (*cárcel*), "chamba" (*empleo*), "chibolo" (*niño*), "florear" (*adular*).

Los **americanismos** son palabras del español que solamente se utilizan en países de América. Palabras como "guagua" incluso pueden tener distinto significado, puesto que para unos se refiere a un autobús o camión, mientras que para otros se refiere a un niño pequeño. El léxico del español a través del mundo es amplio, diverso y muy específico según el país, la ciudad o el lugar. En muchas zonas de Latinoamérica se siguen conservando palabras del **castellano antiguo** que ya han desaparecido en España, o se consideran **arcaísmos** empleados únicamente en contextos de habla muy limitados. Por ejemplo: "aburrición" (*aburrimiento*), "amarrar" (*atar*), "balde" (*cubo de agua*), "chícharo" (*guisante*), "frijoles" (*judías* o *habichuelas*), "reburujar" (*tapar*) o "zonzo" (*tonto*).

PREGUNTAS

Diga si las siguientes frases son **V**erdaderas o **F**alsas. Si son falsas, dé la respuesta correcta.

a. La situación lingüística del Perú es bastante sencilla.

b. Existen más de cuarenta lenguas indígenas que todavía se hablan en Perú.

c. El español andino se habla en la costa.

d. La siguiente frase se podría oír en Perú: "Vamos a cenar con la familia, pues".

e. El español limeño se habla en Cusco, la capital de Perú.

f. El español amazónico se caracteriza por la influencia de lenguas indígenas.

g. Los americanismos solo se utilizan en los países de habla hispana en América.

h. La palabra "guagua" tiene el mismo significado en todos los países de América Latina.

i. El español tiene un léxico bastante limitado.

j. En América Latina se utilizan palabras que ya han desaparecido en España.

VI. En la ciudad: una charla entre artesanos

Milagros, Asunción y Manuel son tres artesanos que venden sus artículos en las aceras de Cusco. Lea el siguiente diálogo en voz alta y fíjese en la utilización de expresiones coloquiales:

Asunción: ¡**Alaláu**! Siéntate más cerca, **cuñadita**, que hoy hace frío, pues.

Milagros: Ponte un **mantoncito**, no seas floja, **mamacita.**

Manuel: Oigan, miren a esos turistas chequeando, por si acaso hay que mostrarles lo que tenemos aquí.

Asunción: No, **Manuecha**, si yo le conozco al **chibolo** ese y no es ningún turista. El otro día lo vi por **ahicito** buscando **chamba** en la peña, pues.

Manuel: **Ya**, pero la **señito** de **chompa** que está con él me ha comprado un **chullo** la otra vez.

Asunción: Mejor vámonos a comer **alguito**, que este frío me dio **hambrecita**. Ojalá me encuentre una laguita de chuño bien calientita **aquicito no más** en el **agachado** y ojalá con su **motecito**.

Milagros: Anda tú solita no más, mamacita. Ahorita no estamos con hambre el Manuel y yo.

Manuel: **Aguanta**, aguanta, no hables por mí. Yo también voy contigo Asunción, me tengo que regresar rapidito no más. En la tarde tengo un **santoyo** aquí arribita.

Milagros: Bueno, vayan y guárdenme **motecito** que al ratito voy.

Asunción: Hasta lueguito, pues, véndelo todo, mientras.

VOCABULARIO Y EXPRESIONES COLOQUIALES

alaláu: *a Peruvian interjection to indicate one is cold*

cuñadita: *"little sister-in-law," an affectionate form of address*

mantoncito: *mantón in diminutive*

mamacita: *"mommy," an affectionate form of address*

Manuecha: *"my dear Manuel": affectionately, people in Cusco add the ending –cha to the name of family and friends, and –chay denotes "my."*

chibolo: *child*

ahicito: *right over there*

chamba: *work*

ya: *a common way to say "yes" or "I see"*

señito: *a lady*

chompa: *sweater*

chullo: *a kind of wool hat*

alguito: *a little something*

hambrecita: *a little hunger*

aquicito no más: *very close*

agachado: *a place to buy street food*

motecito: *drink made of corn*

Aguanta: *wait*

santoyo: *birthday*

VII. Lectura: Fragmentos de la novela *Los ríos profundos* (1958)

José María Arguedas nació en Andahuaylas, en la zona sur de los Andes peruanos, de padres mestizos. Por la muerte de su madre en la infancia y la ausencia frecuente de su padre, que trabajaba viajando, Arguedas pasó mucho tiempo de su niñez en compañía de los trabajadores indígenas, familiarizándose con su lengua y tradiciones. Estudió literatura en Lima y comenzó a escribir cuentos y novelas desde los años 1940, esforzándose por presentar una percepción más compleja sobre los pueblos andinos originarios. Se convirtió también en un profundo analista de la etnología andina. Sus cuatro novelas, *Yawar Fiesta* (1941), *Los ríos profundos* (1958), *Todas las sangres* (1964) y *El zorro de arriba y el zorro de abajo* (inconclusa, 1969) se cuentan entre las más notables de la literatura latinoamericana del siglo XX.

A continuación se incluyen fragmentos de la novela *Los ríos profundos* del peruano José María Arguedas (1911-1969), uno de los escritores más reconocidos de la literatura indigenista en Perú. Su narrativa capta desde dentro aspectos claves de la visión quechua del mundo. En esta selección, que proviene del primer capítulo, un joven de catorce años llamado Ernesto narra en primera persona su experiencia de visitar Cusco por primera vez con su padre. El joven está ansioso por conocer esta ciudad, que para él es extraordinaria, no solo porque allí nació su padre, sino porque contiene la historia de sus ancestros incas.

LOS RIOS PROFUNDOS

Fragmento #1

Entramos al Cuzco de noche. La estación del ferrocarril y la ancha avenida por la que **avanzábamos** lentamente, a pie, me sorprendieron. El **alumbrado** eléctrico era más débil que el de algunos pueblos pequeños que conocía. **Verjas** de madera o de acero defendían jardines y casas modernas. El Cuzco de mi padre, el que me había descrito quizá mil veces, no podía ser ese.

[...]

Aparecieron los balcones **tallados**, las **portadas** imponentes y armoniosas, la perspectiva de las calles **ondulantes**, en la **ladera** de la montaña. Pero ¡ni un muro antiguo! Esos balcones **salientes**, las portadas de piedra y los **zaguanes** tallados, los grandes patios con arcos, los conocía. Los había visto bajo el sol de **Huamanga**. Yo **escudriñaba** las calles buscando muros incaicos.

—¡Mira al frente! —me dijo mi padre—. Fue el palacio de un Inca.

Cuando mi padre **señaló** el muro, me **detuve**. Era oscuro, **áspero**; atraía con su **faz recostada**. La pared blanca del segundo piso empezaba en línea **recta** sobre el muro.

[...]

Corrí a ver el muro.

Formaba esquina. Avanzaba a lo largo de una calle **ancha** y continuaba en otra **angosta** y más oscura, que olía a **orines**. Esa angosta calle **escalaba** la ladera. Caminé frente al muro, piedra tras piedra. Me **alejaba** unos pasos, lo contemplaba y **volvía a**

acercarme. Toqué las piedras con mis manos; seguí la línea ondulante, **imprevisible**, como la de los ríos, en que **se juntan** los bloques de roca. En la oscura calle, en el silencio, el muro parecía vivo; sobre la palma de mis manos **llameaba** la **juntura** de las piedras que había tocado.

Vocabulario

avanzar: *to move forward*

alumbrado: *streetlights*

verja: *railings, fence*

tallado: *carved*

portada: *façade*

ondulante: *wave-like, undulating*

ladera: *hillside, slope*

saliente: *protruding, overhanging*

zaguán: *entryway, hallway*

Huamanga: *Andean province in southern Peru, just north of Cusco*

escudriñar: *scrutinize, inspect*

señalar: *to point at*

detenerse: *to stop*

áspero: *rough*

faz: *face, visage*

recostado: *leaning*

recto: *straight*

ancho: *wide*

angosto: *narrow*

orines: *urine*

escalar: *to climb*

alejarse: *to move away*

volver a: *(to do) again*

acercarse: *to move closer*

imprevisible: *unpredictable*

juntarse: *to join*

llamear: *to flame*

juntura: *joint*

PREGUNTAS

a.   ¿Qué impresión de Cusco tiene Ernesto inicialmente? ¿Por qué?

b.   ¿Cómo eran las calles y las casas? ¿Qué clase de muro buscaba Ernesto?

c.   ¿Cómo descubrió Ernesto el muro inca? ¿Cómo lo describe?

d.   ¿Qué hizo Ernesto para conocer el muro más profundamente?

e.   ¿Por qué "parecía vivo" el muro?

f.   ¿Qué indica este pasaje sobre Ernesto y su relación con el mundo incaico? ¿Y sobre la superposición de culturas y épocas en la arquitectura cusqueña?

Fragmento #2

Mi padre me había hablado de su ciudad nativa, de los palacios y templos, y de las plazas, durante los viajes que hicimos, cruzando el Perú de los Andes, de oriente a occidente y de sur a norte. Yo había crecido en esos viajes.

Cuando mi padre **hacía frente** a sus enemigos, y más, cuando contemplaba de pie las montañas, desde las plazas de los pueblos, y parecía que de sus ojos azules iban a **brotar** ríos de **lágrimas** que él **contenía** siempre, como con una máscara, yo meditaba en el Cuzco. Sabía que al fin llegaríamos a la gran ciudad. "¡Será para un bien eterno!" exclamó mi padre una tarde, en **Pampas**, donde estuvimos **cercados** por el odio.

Eran más grandes y extrañas **de cuanto** había imaginado **las piedras** del muro incaico; **bullían** bajo el segundo piso **encalado**, que por el lado de la calle angosta, era ciego. Me acordé, entonces, de las canciones quechuas que repiten una frase patética constante: "*yawar mayu*", río de sangre; "*yawar unu*", agua sangrienta; "*puk-tik' yawar k'ocha*", lago de sangre que **hierve**; "*yawar wek'e*", lágrimas de sangre. ¿**Acaso** no podría decirse "*yawar rumi*", piedra de sangre, o "*puk'tik yawar rumi*", piedra de sangre hirviente? Era estático el muro, pero hervía por todas sus líneas y la superficie era cambiante, como la de los ríos en el verano, que tienen una **cima** así, hacia el centro del **caudal**, que es la zona **temible**, la más poderosa. Los indios llaman "*yawar mayu*" a esos ríos **turbios**, porque muestran con el sol un **brillo en movimiento, semejante** al de la sangre. También llaman "*yawar mayu*" al tiempo violento de las danzas **guerreras**, al momento en que los **bailarines** luchan.

—¡*Puk'tik, yawar rumi!* —exclamé frente al muro, **en voz alta. Y, como** la calle seguía en silencio, repetí la frase varias veces.

VOCABULARIO

hacer frente: *to face, to stand up to*

brotar: *arouse, break out, emerge*

lágrimas: *tears*

contener: *to restrain*

Pampas: *a city in the central Andean region of Peru*

cercado: *fenced in, corralled*

Eran . . . las piedras: *the stones were . . . (placing the subject at the end is common in Andean Spanish under Quechua influence)*

más . . . de cuanto: *more . . . than (what)*

bullir: *to be swarming, to bustle*

encalado: *whitewashed*

hervir: *to boil*

acaso: *perhaps, by any chance*

cima: *summit, top*

caudal: *flow, volume of water*

temible: *fearsome, frightening*

turbio: *turbid, muddy*

brillo: *shine*

en movimiento: *moving*

semejante: *similar*

guerrero: *warrior*

bailarín: *dancer*

en voz alta: *out loud*

Y, como . . . : *And, since . . .*

PREGUNTAS:

a. ¿Cuándo le había hablado el padre a Ernesto sobre Cusco?

b. ¿Qué representaba la ciudad para él, especialmente en momentos difíciles?

c. Para Ernesto, ¿las piedras del muro incaico eran iguales o diferentes a como las había imaginado? Explique un poco.

d. ¿Por qué recordó las canciones quechuas que repiten frases como "agua sangrienta"? Para Ernesto, ¿el muro era estático o se movía?

e. ¿Cómo se relaciona este pasaje con el título de la novela? ¿Y con la historia de opresión de los pueblos originarios y su lucha por la dignidad y la autonomía?

VIII. Repaso general

9.13 Produzca dos mandatos por cada elemento, como en el modelo. Para los negativos, recuerde usar términos como **nada**, **nadie**, **ninguna**, etc.

Modelo: *darme algo (tú): 1) Dame algo. 2) No me des nada.*

a. traerme algo (tú): _____

b. escuchar a alguien (vosotros): _____

c. decírselo a alguien (tú): _____

d. enamorarse de alguien (Ud.): _____

e. llevárselas (las cosas) (Uds.): _____

f. seguir quejándose de algo (tú): _____

g. escoger algunas clases (tú): _____

h. preocuparse por algo (Ud.): _____

i. entenderlo (el problema) (tú): _____

j. comunicarse con alguien (Uds.): _____

Restaurante (peña) en Cusco

9.14 En un restaurante cusqueño

Dos profesores de historia de la Universidad Nacional de San Antonio Abad del Cusco se han encontrado para almorzar: Ricardo Quispe (de camisa a cuadros) y Alberto Ramos (canoso, de gafas). Complete la conversación eligiendo entre **por** o **para** y escribiendo el imperativo de las formas indicadas entre paréntesis.

Quispe: Hola, Alberto, ¡qué gusto verte **a.** *por / para* aquí! ¿Qué vas a pedir **b.** *por / para* el almuerzo?

Ramos: Sí, igualmente, Ricardo. (mirar, tú) **c.** _____, no sé, **d.** *por / para* alguna razón ya no tengo hambre después de esta canchita (maíz tostado) que me han servido **e.** *por / para* comenzar.

Quispe: Pues (decidirse, tú) **f.** _____ pronto, porque yo sí tengo hambre y estoy aquí **g.** *por / para* comer. Voy a pedir una chuño cola **h.** *por / para* este frío.

Ramos: Bueno, pero no (presionarme, tú) **i.** _____, (tenerme, tú) **j.** _____ paciencia . . . (esperar, tú) **k.** _____, ¡ya sé! (pedir, nosotros) **l.** _____ un kapchi de habas **m.** *por / para* compartir. Hoy lo venden **n.** *por / para* solo tres soles.

Quispe: Bien, (pedirlo, nosotros) **o.** _____ **p.** *por / para* ahora, pero también quiero el caldo **q.** *por / para* más tarde.

Ramos: ¡Señora, (traernos, usted) **r.** _____ **s.** *por / para* favor un kapchi **t.** *por / para* dos! Gracias **u.** *por / para* su ayuda.

Quispe: (oír, tú) **v.** _____, ¿escuchaste la conferencia sobre la conexión entre Arguedas y Condorcanqui? Fue ofrecida **w.** *por / para* una famosa catedrática.

Ramos: Sí, me pareció interesante **x.** *por / para* mi clase sobre la época colonial. Pero invité a mis estudiantes y ninguno fue. Al día siguiente les dije: ¡No (ser, ustedes) **y.** _____ perezosos, no (esforzarse, ustedes) **z.** _____ tanto!

Quispe: ¡No me (decir, tú) **aa.** _____, qué raro! Ellos son muy activistas y Condorcanqui fue una gran inspiración **bb.** *por / para* los movimientos de lucha **cc.** *por / para* los derechos de los pueblos originarios.

Ramos: ¡(imaginarse, tú) **dd.** _____! Y Arguedas aún más, **ee.** *por / para* el tema andino de sus novelas. He estudiado su obra **ff.** *por / para* muchos años. Pero, en fin, (entender, nosotros) **gg.** _____ que hay qué motivar a los alumnos **hh.** *por / para* el trabajo fuera de clase.

Quispe: **ii.** *Por / Para* supuesto! Pero la conferencia se dio **jj.** *por / para* la mañana, ¿verdad? No (olvidar, tú) **kk.** _____ que muchos estudiantes trabajan durante el día. Se debe pensar más en ellos.

Ramos: Fue **ll.** *por / para* esa razón que les dije a los organizadores: ¡(hacerla, ustedes) **mm.** _____ **nn.** *por / para* la noche! Pero no me hicieron caso.

Quispe: Bueno, ¡(olvidarlo, tú) **oo.** _____! (concentrarse, nosotros) **pp.** _____ en comer. Tengo demasiada hambre **qq.** *por / para* pensar ahora en el trabajo.

Ramos: ¡Huy, (disculparme, tú) **rr.** _____! Eso me recordó que tengo que pasar ahora mismo **ss.** *por / para* la oficina del decano **tt.** *por / para* programar la próxima conferencia. Hay que hacerlo **uu.** *por / para* el viernes. (perdonarme, tú) **vv.** _____ **ww.** *por / para* dejarte solo . . . Señora, (darme, usted) **xx.** _____ la cuenta, por favor. Que disfrutes tu almuerzo, Ricardo.

Quispe: Vale, ¡(irte, tú) **yy.** _____! (dejarme, tú) **zz.** _____ aquí triste comiendo todo lo que pagaste, ja, ja. Que te vaya bien.

9.15   Una las frases con **por** o **para** de una manera lógica. Hay múltiples opciones correctas.

> **Modelo:** *Estas llantas son **para** la nieve. Los caminos están bloqueados **por** la nieve.*

Llevemos paraguas		la lluvia
El pavimento está mojado		el futuro
Se debe ahorrar dinero	por *(because of)*	la sequía
Hay que ahorrar agua	para *(for the purpose of)*	cuidar tu salud
No bebas demasiado		aprender
Te ves excelente		necesidad
Estudio		si acaso

9.16   Exprese en español:

a.   Send him a message via e-mail and tell him one should fight for freedom.

b.   Ask him for money to stay for one more week. Don't worry; he's going to say yes.

c.   Let's ask him where he is going tonight. He didn't tell us and one ought to know those things.

d.   We were sent a letter; let's answer it. They told us it was important for us.

e.   Let's sit down and wait for her until 9:45, which seems logical to me.

f.   The rebellion led by Condorcanqui was an inspiration for indigenous movements.

g.   One can arrive in Machu Picchu on foot through old paths for horses, or by road.

h.   I knew them before travelling, but I got to know them better during our trip.

i.   One ought to pass through Cusco in order to get acclimated to the Andes height.

j.   It needs to be done by Monday, but do it now. It's better for you that way. Have fun!

9.17   Escriba un párrafo expresando sus impresiones sobre Cusco. Trate de utilizar información, vocabulario y elementos gramaticales estudiados en este capítulo. Por ejemplo: "Cusco parece una buena ciudad *para* visitar *por* su *cercanía* a Machu Picchu y *por* ser Patrimonio Mundial. *Hay que* probar los anticuchos de corazón. No *sabía* que San Blas *tenía* tantos artesanos. Voy a decirles a mis amigos: ¡*Vengan* conmigo a conocer el Mercado de San Pedro!"

9.18   Usted le va a dar recomendaciones a unos turistas que quieren visitar Cusco. Muchos turistas viajan sin tener en cuenta a los habitantes del lugar, les piden rebajas a los artesanos, piensan que las personas del lugar deben comprender su idioma, tiran basura, etc. Debe explicarles cómo ser un turista respetuoso de la cultura y las tradiciones cusqueñas. Use el imperativo y las preposiciones **por** y **para**.

Vista panorámica con el Palacio de Bellas Artes al frente. El edificio alto es la Torre Latinoamericana. Muy cerca se encuentra el zócalo, el centro de la Ciudad de México.

CAPÍTULO DIEZ

LA CIUDAD DE MÉXICO: TENOCHTITLÁN REENCARNADA

Forms of the Present Subjunctive, The Present Subjunctive in Noun Clauses, Adjective Clauses, and Adverbial Clauses

Introducción

Dice la leyenda náhuatl que, por órdenes de Huitzilopochtli, dios de la guerra y del sol, los pobladores de Aztlán debían dirigirse al sur y buscar un águila devorando una serpiente sobre un nopal para allí fundar la tierra prometida por los dioses. La señal la encontraron sobre el lago de Texcoco y en ese sitio construyeron Tenochtitlán. Durante doscientos años se estableció como capital del imperio azteca, el más extenso de Mesoamérica.

Las pirámides, los templos, los acueductos, los canales y los mercados sorprendieron por su esplendor al conquistador Hernán Cortés y a sus hombres cuando llegaron en 1519. El emperador Moctezuma los recibió con joyas de oro y plata y con espléndidas piezas de algodón. Dos años después, los españoles derrotaron a los aztecas y, sobre las ruinas de Tenochtitlán, fundaron la capital del virreinato de la Nueva España, que hoy conocemos como la Ciudad de México. Desde entonces, el pasado prehispánico y el mestizaje han marcado la identidad mexicana.

Uno de los íconos de la pluralidad cultural es Guadalupe, virgen con rasgos mestizos. El escritor Octavio Paz decía que cuando los mexicanos no creían en nada, mantenían su fe en dos cosas: la lotería y la Virgen de Guadalupe. Su santuario es un sitio de peregrinaje latinoamericano donde llegan a diario miles y miles de personas en penitencia y algunos hacen bailes prehispánicos. En la tradición católica mexicana, Nuestra

Señora de Guadalupe ocupa un lugar privilegiado como símbolo de la mexicanidad y vehículo de protección divina. Es también el talismán de la buena suerte para muchos de quienes cruzan la frontera hacia Estados Unidos.

La tradición mestiza y el deseo de cambio están plasmados en los murales de artistas tan reconocidos como Diego Rivera, José Clemente Orozco y David Alfaro Siqueiros, entre otros. A través de ellos se puede estudiar una historia de México que enfatiza la grandeza prehispánica, los aspectos opresivos de la conquista, la resistencia de los pueblos indígenas y la gran esperanza de la revolución social que ocurrió a comienzos del siglo XX. Muchos de estos murales están ubicados en edificios históricos, en el Palacio de Bellas Artes, en museos y en bibliotecas como la de la Universidad Nacional Autónoma de México. En el Cárcamo de los Dolores, antiguo acueducto del parque de Chapultepec, está el mural "Agua, el origen de la vida", realizado por Rivera.

El zócalo, cuyo nombre oficial es la Plaza de la Constitución, es el lugar más emblemático de la ciudad por la multitud de razas y de gente que circula. Conserva en sus cuatro costados la arquitectura de la colonia y del siglo XIX. En uno de los costados se encuentra el Templo Mayor, designado por la UNESCO como patrimonio de la humanidad. Era el gran templo de la capital azteca de Tenochtitlán. Allí se realizaban rituales y celebraciones. El zócalo es el símbolo de lo que es México, el submundo pasado, una historia de mestizaje viva y la promesa de progreso.

Ciudad de México es la capital más cosmopolita de Hispanoamérica. Ha sido el destino de grandes artistas y escritores españoles y latinoamericanos exiliados. Muchos se quedaron y algunos encontraron su madurez artística allí. Es el caso de pintoras como Remedios Varo y Leonora Carrington, y de escritores como Gabriel García Márquez y Roberto Bolaño. El director de cine español Luis Buñuel, atraído por la industria cinematográfica mexicana, realizó *Los olvidados* en 1950. Desde la edad de oro de los años treinta se han hecho en México algunas de las mejores películas latinoamericanas. Dos personajes inolvidables son María Félix y Cantinflas.

La Ciudad de México de hoy es un lugar que se explora a través de los sentidos. Sus olores son exóticos. En los mercados huele a una gran variedad de chiles y de moles, a tortillas recién horneadas, a cilantro y a jitomates. En esos maravillosos espacios llenos de recovecos, se observa una gama infinita de colores ocre. Salta a la vista el contraste entre los colores primarios brillantes de tejidos hechos a mano. Los diseños de flores bordados en camisas, faldas, manteles y colchas de cama vienen de la tradición maya, y son tan variados y sofisticados como las diferentes culturas y poblaciones del país. México se resume en sus mercados.

Hay mercados en casi todos los barrios de la ciudad. Detrás de la plaza de Coyoacán se encuentra uno de los mejores mercados de comida popular. Allí se pueden degustar las quesadillas de flor de calabaza o de huitlacoche (hechas con el hongo del maíz). La cocina mexicana, una de las más reconocidas a nivel internacional, se distingue por su riqueza de sabores y por el uso de ingredientes poco usuales como los gusanos del maguey (*cactus*) y los chapulines (pequeños grillos fritos con sabor a chile).

En las noches se dan cita los mariachis, el público y los turistas en la Plaza Garibaldi. Delante de murales donde se encuentran imágenes de cantantes como Chavela Vargas y Pedro Infante, los grupos de músicos esperan ser contratados para llevar serenatas a quinceañeras, a recién casados o a enamoradas. Las rancheras son la música popular mexicana, cuyo nombre proviene de las zonas rurales. Durante la revolución mexicana, estas canciones comenzaron a hacer parte de la identidad nacional. En México también han surgido algunos de los mejores grupos de rock en español como Maldita Vecindad y Café Tacuba. A los chilangos, nombre con el que se les conoce a los mexicanos de la capital, también les apasiona el fútbol y la lucha libre. El espectáculo de la lucha es una parte fundamental de la cultura popular: las máscaras ocultan la identidad del luchador y de acuerdo con la tradición se la tienen que quitar si pierden la pelea.

A pesar de los altos niveles de contaminación, de caos, de los problemas de violencia y de corrupción política, Ciudad de México es un universo donde tiempos distintos y culturas diversas conviven y se enriquecen mutuamente. En este capítulo estudiaremos el presente del subjuntivo en las cláusulas sustantivas, adjetivales y adverbiales.

PREGUNTAS DE COMPRENSIÓN

1. ¿Cómo se llamaba la Ciudad de México antes de que llegaran los conquistadores y cuál es la leyenda sobre su fundación?

2. ¿Qué tipo de productos se pueden comprar en los mercados?

3. ¿Cuál es el lugar más emblemático de la ciudad y por qué?

4. ¿Cuáles son los temas de los murales de Rivera, Orozco y Siqueiros?

5. ¿Qué pasa al final de los espectáculos de lucha libre?

I. The Forms of the Present Subjunctive / *Las formas del presente del subjuntivo*

	present indicative	→	PRESENT SUBJUNCTIVE
ayudar	*yo **ayud**-ø*	→	*ayude, ayudes, ayude, ayudemos, ayudéis, ayuden*
poner	*yo **pong**-ø*	→	*ponga, pongas, ponga, pongamos, pongáis, pongan*
seguir	*yo **sig**-ø*	→	*siga, sigas, siga, sigamos, sigáis, sigan*

In order to form the present subjunctive, use the first person singular of the present indicative (the **yo** form), remove the **-o**, and add endings in **-e** for **-ar** verbs, and endings in **-a** for **-er** and **-ir** verbs.

- This change of vowel may involve some spelling changes:

  pag-ø → pague　　　*busc-ø → busque*　　　*empiez-ø → empiece*

- Stem-changing verbs in *-ar* and *-er* change their stems in the same way and in the same cases as in the present indicative:

piense	*pienses*	*piense*	*pensemos*	*penséis*	*piensen*
vuelva	*vuelvas*	*vuelva*	*volvamos*	*volváis*	*vuelvan*

- Stem-changing verbs in *-ir*, whatever the change that occurs in the present indicative, change the stem of the *nosotros* and *vosotros* forms of the present subjunctive from *e* to *i* and from *o* to *u*.

muera	*mueras*	*muera*	*muramos*	*muráis*	*mueran*
sienta	*sientas*	*sienta*	*sintamos*	*sintáis*	*sientan*
pida	*pidas*	*pida*	*pidamos*	*pidáis*	*pidan*

Only six verbs do not follow the rules above to form the present subjunctive:

ir	→	*vaya, vayas, vaya, vayamos, vayáis, vayan*
ser	→	*sea, seas, sea, seamos, seáis, sean*
estar	→	*esté, estés, esté, estemos, estéis, estén*
saber	→	*sepa, sepas, sepa, sepamos, sepáis, sepan*
haber	→	*haya, hayas, haya, hayamos, hayáis, hayan* (subjunctive for *hay*)
dar	→	*dé, des, dé, demos, deis, den*

All the verbs we have studied so far have been in the indicative mood because they indicate states or actions that are presented as factual. The subjunctive mood is used, mostly in dependent clauses, after verbs that suggest non-factual events, such as indirect commands, doubts, etc. Compare the following two groups of sentences:

Presented as factual (indicative):	Desired, doubted (subjunctive):
Insisto en que <u>está</u> aquí. I insist that he <u>is</u> here.	*Insisto en que <u>esté</u> aquí.* I insist that he <u>be</u> here.
Creo que lo hizo. I believe he <u>did</u> it.	*Exijo que lo haga.* I demand that he <u>do</u> it.
Sé que está aquí. I know he <u>is</u> here.	*Dudo que esté aquí.* I doubt he <u>is</u> here.

PRÁCTICA:

10.1   Conjugue los verbos en presente del subjuntivo:

a.   ellos/saber   _____

b.   nosotros/conocer   _____

c.   yo/pagar   _____

d.   tú/tener   _____

e.   ustedes/ir   _____

f.   vosotros/caminar   _____

g.   ellas/vivir   _____

h.   el guía/explicar   _____

i.   yo/buscar   _____

j.   nosotros/escribir   _____

k.   usted/hacer   _____

l.   tú/decir   _____

m.   el profesor/dar   _____

n.   los estudiantes/ser   _____

o.   vosotros/comer   _____

p.   nosotros/leer   _____

q.   ellos/servir   _____

r.   los turistas/entender   _____

s.   yo/beber   _____

t.   tú/ver   _____

u.   yo/llamar   _____

v.   ellos/comenzar   _____

w.   Elizabeth/querer   _____

x.   la clase/estar   _____

y.   ustedes/viajar   _____

z.   mis padres/mirar   _____

10.2   Exprese qué quieren o dudan los otros. Cambie los complementos por pronombres:

Modelo: *¿estudias?* **Quieren que estudies.**

¿pedimos un favor? **Dudan que lo pidamos.**

a.   ¿conoces Ciudad de México?

b.   ¿visitas el zócalo?

c.   ¿vuelves?

d.   ¿comes tamales?

e.   ¿pensamos?

f.   ¿bebemos cerveza Corona?

g.   ¿vamos al Museo de Antropología?

h.   ¿te gusta el picante?

i.   ¿sabes quién es Moctezuma?

j.   ¿nos comunicamos?

k.   ¿te vas?

l.   ¿eres artista?

m.   ¿bailamos danzón?

n.   ¿hay algo sin picante en el menú?

o.   ¿duermes bien?

p.   ¿dices mentiras?

q.   ¿vuelves al Palacio de Bellas Artes?

r.   ¿oyes música ranchera?

s.   ¿jugamos?

t.   ¿estás enfermo por la comida de la calle?

u.   ¿seguimos nuestro recorrido por la Ciudad de México?

v.   ¿me das agua de botella?

w.   ¿traemos al niño?

x.   ¿nos quejamos por el servicio?

y.   ¿tienes paciencia?

z.   ¿perdemos el metro?

aa.   ¿pides tacos?

II. Subjunctive in Noun Clauses /
El subjuntivo en cláusulas sustantivas

A noun clause is a group of words (containing a verb), which is the subject or object of the verb of the main clause:

I *demand*   **that he be here**.

[*main verb*]   **[noun clause]**

The phrase "that he be here" is the noun clause, object of the main verb "demand."

> The subjunctive is used in a noun clause when the main verb expresses **influence (an indirect command)**, **emotion**, **doubt**, **disbelief** or **denial**.

Influence:	*Sugiero que lo hagas ahora.*	I suggest that you do it now.
	Insisto en que esté presente.	I insist that he be present.
Emotion:	*Me sorprende que Ud. no lo sepa.*	It surprises me that you do not know it.
	Es triste que no haga sol.	It's sad that the sun isn't shining.
	Siento que no te conozcan.	I am sorry (that) they don't know you.
Doubt:	*No es posible que sean tan malos.*	It's not possible that they are so bad.
Disbelief:	*Dudo/no creo que sea verdad.*	I doubt/don't believe that it is true.
	Es increíble que te vayas ya.	It's hard to believe you're leaving already.
Denial:	*No digo que sea tonto.*	I am not saying (that) he is stupid.
	Es falso que me moleste el ruido.	It is false that noise disturbs me.
	No es cierto que haya marcianos.	It's not true that there are Martians.

• English frequently uses a phrase with the infinitive to express indirect commands: "I want him to go."

Spanish must use the subjunctive: **Quiero que vaya.**

• With verbs of influence and emotion, use the infinitive if there is only one subject:

Quiero ir.	I want to go.
Estoy feliz de trabajar aquí.	I'm glad to work here.
Siento molestar.	I'm sorry to disturb.
But: **Estoy feliz de que trabajes aquí.**	I'm glad <u>you</u> work here.

- If the main clause simply reports a situation (usually with **decir**) perceived as real, use the indicative:

  Les digo que está lloviendo.   I tell them / you that it is raining.

- Spanish frequently uses the present subjunctive with a future meaning:[*]

  Dudamos que diga que no.   We doubt he'll say no.
  Me alegra que haya clase mañana.   I'm glad there will be class tomorrow.

- Spanish may not omit the relative **que** as English often omits "that":

  No creo que llegue a tiempo.   I don't think (that) I'll arrive on time.

- In general, **creer, no dudar, ser verdad,** and other expressions of belief or certainty are not followed by the subjunctive, while **no creer, dudar, no ser cierto,** etc., are:

  Creo que va a llover but **No creo que llueva.**

  In questions, the clause may or may not involve a subjunctive, depending on the doubt in the mind of the speaker:

  ¿Crees que va a llover? or **¿Crees que llueva?**

- Some common verbs and expressions of influence (indirect commands):
  **aconsejar, esperar, evitar, exigir, hacer, lograr,
  mandar, preferir, prohibir, recomendar,
  es esencial que, es importante que, es mejor que,
  es necesario que, es urgente que**

- Some common verbs and expressions implying emotion (subjective attitudes):
  **enojar, gustar, molestar, sorprender, alegrar,
  interesar, importar, lamentar, tener miedo,
  parecer raro / bonito / interesante que,
  ser bueno / natural / curioso / increíble que**

Ojalá, whose form is invariable, meant originally something like "si dios (Allah) quiere" and it is used to express a general wish or hope. It is always followed by the subjunctive:
Ojalá (que) vengan mañana.   I hope they come tomorrow.
Ojalá no llueva.   Hopefully it won't rain.

Ojalá may be used with or without **que**.

---

[*] There is no longer a future subjunctive in daily use.

> ***Tal vez**, **quizás**, **quizá**,* which all mean "perhaps," are followed by the subjunctive if the speaker wants to convey a considerable degree of doubt (***que*** is not used here):
> ***Tal vez llegue pronto.***   Perhaps he will arrive soon. (probably not)
> ***Quizás vamos al cine.***   Maybe we'll go to the movies. (very possible)

En los siguientes ejercicios nos encontramos en la Basílica de Guadalupe, uno de los santuarios más visitados en Hispanoamérica. La versión moderna fue construida entre 1974 y 1976 por el arquitecto Pedro Ramírez Vázquez. Cada doce de diciembre, aproximadamente veinte millones de personas visitan la basílica para celebrar el día de la Virgen. Muchos llegan arrodillados hasta el altar.

Basílica de Guadalupe

PRÁCTICA

10.3 Francisco, el hombre de sombrero y camisa azul que lleva la imagen de la Virgen en la espalda, vino desde la ciudad de Puebla con su primo Armando. Su propósito específico es pedirle a la Virgen que su mamá se recupere de una enfermedad. Francisco entra a la basílica, se arrodilla y le habla a la Virgen. Conjugue los verbos en el presente del indicativo o en el presente del subjuntivo de acuerdo con el contexto:

Virgencita querida, sabes que mi mamá **a.** _____ (estar) muy enferma. Armando y yo esperamos que **b.** _____ (poder/tú) ayudarnos. Creo que mamá **c.** _____ (tener) una enfermedad grave. Armando piensa que no **d.** _____ (ser) nada grave, pero pienso que ella **e.** _____ (tener) menos energía que antes. Me da pena que **f.** _____ (levantarse) todos los días con dolor y cansancio. Mis hermanos y yo dudamos que ella nos **g.** _____ (decir) cómo se siente realmente. Virgencita de Guadalupe, creo que **h.** _____ (ser) la única que puede ayudarnos en estos momentos difíciles. Ojalá que mi mamá **i.** _____ (recuperarse) pronto. Eres la patrona de todos los mexicanos y sé que me **j.** _____ (escuchar).

10.4 Complete las siguientes frases con el infinitivo, el presente del subjuntivo o el presente del indicativo según el contexto:

  a. Es verdad que la Virgen de Guadalupe . . .
  b. Dudo que los turistas . . .
  c. Es importante que los peregrinos . . .
  d. Es necesario que la gente . . .
  e. Los peregrinos esperan que la Virgen . . .
  f. No hay duda que la Basílica . . .
  g. Los peregrinos le piden a la Virgen que . . .
  h. Creo que los mexicanos . . .
  i. Espero que la clase . . .
  j. Los mexicanos piensan que la Virgen de Guadalupe . . .

III. Subjunctive in Adjective Clauses / *El subjuntivo en cláusulas adjetivales*

An adjective clause is a group of words (containing a verb) that tells something about a noun. This noun to which the clause refers is called its antecedent:

I admire *those women* **who stand up for their rights**.
antecedent   **adjective clause**

> The subjunctive is used in an adjective clause when the antecedent is someone or something whose existence is unknown, hypothetical or uncertain to the speaker.

Necesito un libro que explique esto.	I need a (some) book that explains this.
¿Hay alguien que viva cerca?	Is there anyone who may live nearby?
Escoge la clase que más te guste.	Choose whichever class you like best.
Busco un secretario que sepa francés.	I am looking for a secretary who knows French.

(no personal "*a*": it's not a definite person)

- If the antecedent is known to exist, the indicative is used:

Busco <u>al</u> secretario que sabe francés.	I am looking for <u>the</u> secretary who knows French.

- When the antecedent is not mentioned, adjective clauses are introduced by *lo que* (what):

Haz lo que quieras.	Do anything you want.
Haces solo lo que quieres.	You do only what (that thing) you want.
No me importa lo que digan.	I do not care what they (may) say.
No me importa lo que dicen.	I do not care about what they're saying.

If the antecedent is unknown (subjunctive needed), English uses different ways to convey the vagueness of the antecedent, often translating *lo que* as "anything that, whatever."

- Indefiniteness or lack of restriction is often stressed by repeating the verb in subjunctive:

digan lo que digan	no matter what (whatever) they say
hagas lo que hagas	no matter what (whatever) you do

PRÁCTICA

10.5 Elija la opción que mejor complete cada oración:

a. Me divierto en México gracias a la gente que me (ayuda / ayude).

b. Voy a encontrar la dirección del zócalo si encuentro gente que me la (indica / indique).

c. Necesitamos guías de viaje que (explican / expliquen) el significado de los murales.

d. Tenemos amigos que (conocen / conozcan) la historia de Tenochtitlán.

e. Busca una persona que te (puede / pueda) ayudar.

f. Conozco a una persona que te (puede / pueda) ayudar.

g. ¿Hay algún restaurante que (sirve / sirva) comida típica de la Ciudad de México?

h.   Queremos un restaurante que (sirve / sirva) los mejores tacos de la ciudad.

i.   Queremos una casa que (tiene / tenga) vista al zócalo.

j.   Vivimos en una casa que (tiene / tenga) vista al zócalo.

10.6   Exprese en español:

a.   Do what (ever) you want.

b.   Choose any clothes you like.

c.   They're going to do it, whatever you say.

d.   She doesn't care what (ever) they do.

e.   Eat what (ever) you like.

f.   No matter what we do, he doesn't like it.

En el siguiente dibujo aparece una vendedora de diferentes tipos de chiles en el mercado de Coyoacán. En este barrio se encuentra la casa museo de la pintora Frida Kahlo, el lugar donde vivió con el muralista Diego Rivera. El mercado de artesanías se encuentra al lado del parque y el de comida, detrás de la iglesia. Los mexicanos le ponen chile a todo. En las calles de la ciudad hay ventas de frutas frescas con chile, en platos de restaurantes ponen jalapeños enteros, en fin, es difícil encontrar comida sin picante en la cocina mexicana.

Vendedora de chiles, mercado de Coyoacán

10.7 Doña Clara tiene mucho trabajo y necesita un ayudante. Quiere poner el siguiente anuncio en el mercado y en algunos otros lugares del barrio para encontrar a la persona ideal que le pueda ayudar con los clientes y con la selección de los mejores chiles para exhibir en su puesto del mercado. Conjugue los verbos en presente del indicativo o del subjuntivo según el contexto:

Busco una persona que **a.** _____(saber) de chiles, que **b.** _____(entender) la diferencia entre un chile habanero, un jalapeño, un serrano y un pasilla, y que **c.** _____(tener) experiencia en ventas. En el mercado no hay nadie que **d.** _____(vender) la misma variedad de chiles que vendo yo. No hay chiles que **e.** _____(ser) tan exquisitos como los míos. ¿Hay alguien que **f.** _____(poder) trabajar desde las cuatro de la mañana hasta el mediodía? Busca una persona ideal que **g.** _____(estar) dispuesta a colaborar conmigo y que me **h.** _____(reemplazar) los viernes en la mañana. Tengo un ayudante que **i.** _____(trabajar) en las tardes, pero necesito una persona que **j.** _____(estar) disponible por las mañanas. Ofrezco un buen salario. Si está interesado/a, búsqueme en el puesto número 18 del mercado.

10.8 Doña Clara tiene una conversación con un chef famoso de uno de los mejores restaurantes de la Ciudad de México. Viene al mercado para buscar diferentes tipos de chiles que ofrezcan sabores únicos a sus platos. El chef es el dueño del restaurante El Cardenal, localizado en la Colonia San Ángel. Conjugue los verbos en presente del indicativo o del subjuntivo según el contexto:

El Chef: Buenos días, señora, busco el chile seco del que **a.** _____(hablar) todas las nuevas revistas de gastronomía mexicana.

Doña Clara: Buenos días, señor, tengo varios tipos de chile seco que **b.** _____ (aparecer) en muchas revistas.

El Chef: Necesito un chile que **c.** _____(combinar) bien con diferentes tipos de pescados.

Doña Clara: Ay, señor, yo conozco los platos que **d.** _____(hacer/nosotros) las personas humildes, pero creo que usted **e.** _____(ofrecer) platos muy sofisticados.

El Chef: Sí, señora, soy el chef de un restaurante que **f.** _____(estar) ubicado en la colonia San Ángel, se llama El Cardenal.

Doña Clara: Órale, no lo conozco pero me lo imagino. Mire, aquí está el chile más suave que **g.** _____(vender/yo). Usted busca un chile que no le **h.** _____(quitar) el sabor sutil del pescado, ¿verdad?

El Chef: Exactamente, doña. ¿Hay un chile que le **i.** _____(dar) un toque mexicano original al pescado?

Doña Clara: ¿Mande?

El Chef: No se preocupe, prefiero este chile seco de la primera fila. La felicito, usted tiene una variedad de chiles que **j.** _____(sorprender).

IV. Subjunctive in Adverb Clauses /
El subjuntivo en cláusulas adverbiales

Adverb clauses modify the verb in the main clauses. They say something about how, when, where, or why that action occurs, and are always introduced by a conjunction:

(indicative)		*(indicative or subjunctive)*
main clause	conjunction	adverbial clause
Siempre me siento feliz	***cuando***	***me llamas***.
I always feel happy	when	you call me.

> The subjunctive is used in adverb clauses when the action described in the clause is **anticipated or hypothetical** (a reservation, a condition not yet met, a mere intention).

Here's a list of common conjunctions:

Conjunction		Subjunctive?	
a menos que	unless	always followed by the subjunctive	P r o v i s i o n
*antes (de) que** *con tal (de) que** *en caso de que** *para que** *sin que**	before provided that in case so that, in order that without	always followed by the subjunctive*	
después (de) que *hasta que* *tan pronto como /en cuanto* *mientras (que)* *siempre que* *cuando*	after until as soon as while, as long as whenever, as long as when	use the subjunctive for anticipated circumstances (a future occurrence not yet met)	T i m e
aunque *a pesar de que* *como, según,* *donde*	although, even if in spite of, despite that as, in any way where, wherever	use the subjunctive for anticipated, hypothetical, or irrelevant circumstances (unknown at the moment)	C o n d i t i o n

* With these conjunctions, use the infinitive if there's only one subject (**que** is not used):
*Voy a comer **antes de salir**.*   I'm eating before leaving (I eat, I leave).

*No puedes ganar **a menos que te apoyen**.*	You can't win unless they support you.
*Se fue **antes de que yo hablara** con ella.*	She went away before I (could talk) talked to her.
*Traje sombrero **en caso de que haga** sol.*	I brought a hat in case it is sunny.
*Trabaja **para que** su hijo **pueda** viajar.*	She works so that her son can travel.
*No puedes irte **sin que hablemos** primero.*	You cannot leave without us talking first.
*Cierre la puerta **después de que salga**.*	Close the door after you leave.
*No quería esperar **hasta que terminaras**.*	He didn't want to wait until you were done.
*Voy a regresar **en cuanto caiga** la noche.*	I am going to come back as soon as night falls.
***Cuando llegues**, vas a sentirte mejor.*	When you arrive, you'll feel better.
*Vamos a pescar **aunque llueva** mañana.*	We're going fishing even if it may rain tomorrow.
*Hazlo **como quieras**.*	Do it any way you want (as you please).

- Note that the conjunctions ***cuando***, ***como*** and ***donde***, unlike question words, do not have accents.

- ***Sin que*** and a clause must be used in Spanish where English often uses a phrase such as "without us seeing him." Spanish must say: "***sin que lo veamos / viéramos.***"

- ***De la manera que***, ***del modo que***, are common equivalents of ***como***, especially in writing: ***Hazlo de la manera que te indiqué, o del modo que quieras.***

- ***Para que*** has a variety of equivalent expressions that convey the idea of "so that," "in order that": ***a fin de que, con el objeto/propósito de que, con la intención de que.***

- Use the indicative if time conjunctions do not refer to the future (actions in the past or in progress, known facts, habits):

***Cuando llegaste**, ¿**te sentiste** mejor?*	When you arrived, did you feel better? (past)
*Esperó **hasta que terminaste**.*	He waited until you were done. (past)
*Nos llama **siempre que se siente** solo.*	He calls us every time he feels lonely. (known fact)
***Está viendo** la película **mientras comemos**.*	He is watching the movie while we eat. (in progress)

- The indicative follows ***aunque***, ***como***, ***según***, and ***donde*** to acknowledge a known fact:

*Vamos a pescar **aunque está** lloviendo.*	We're going fishing even though it's raining.
*Hazlo **como te indiqué**.*	Do it the (specific) way I showed you.
*Lo hice **según indican** las instrucciones.*	I did it according to what the directions indicate.
*Vimos el campo **donde luchó** Bolívar.*	We saw the field where Bolívar fought.

PRÁCTICA

10.9 Complete con el subjuntivo o el infinitivo según el contexto:

a. (organizar) Nos vamos a reunir para _____ una excursión sorpresa a las pirámides de Teotihuacán.

b. (estar) Voy a estar en la casa azul de Frida Kahlo con tal de que _____ abierta.

c. (saber) Queremos invitarla al restaurante sin que ella lo _____.

d. (llenarse) Vamos a llegar al mercado antes de que _____ de turistas.

e. (ir) Pero no vamos a tener nada a menos que _____ de compras pronto.

f. (necesitar) Tenemos que llevar la tarjeta de crédito en caso de _____la.

10.10 Complete con el subjuntivo o el indicativo según el contexto:

a. (terminar) Jorge y Gloria piensan ir al espectáculo de lucha libre cuando _____ de ver las ruinas del Templo Mayor.

b. (mirar) Pedro, el vendedor de máscaras, les habla a los turistas de sus piezas mientras ellos las _____.

c. (llegar) Quiero acostarme tan pronto como _____ al hotel.

d. (observar) De hecho, me sorprendo siempre que _____ los murales de Siqueiros.

e. (encontrar) Al salir, Pedro va a seguirlos hasta que _____ el Palacio de Bellas Artes.

f. (hacer) Deseamos viajar aunque no _____ buen tiempo durante toda la semana.

g. (entrar) Pedro los perdió después de que ellos _____ a la autopista.

h. (estar) Por favor llámame, aunque _____ dentro del museo.

10.11 Dé respuestas abiertas con la conjunción y el verbo entre paréntesis:

Modelo: *¿Salimos ahora o más tarde? (cuando / tú / decidir)* ***Cuando tú decidas.***

a. ¿Nos reunimos hoy o mañana? (cuando / el guía / decirnos)

b. ¿Nos vemos en mi cuarto de hotel o en el tuyo? (donde / tú / preferir)

   c.   ¿Te llamo por el celular o por el teléfono fijo? (según / serte conveniente)

   d.   ¿Esperamos a Luisa o vamos sin ella? (como / ustedes / querer)

   e.   ¿Les escribo las direcciones por texto o por correo electrónico? (donde / ellos / recibirlas más rápido)

   f.   ¿Cómo hago la agenda del día? (de la manera / parecerte mejor)

En el siguiente dibujo nos encontramos en el Cárcamo de los Dolores, acueducto por donde entra el río Lerma. Un cárcamo es un lugar donde llega el agua para luego distribuirla a distintos lugares. Observamos la parte superior del mural subacuático "Agua, origen de la vida", realizado por Diego Rivera entre 1946 y 1951. La idea era crear una obra artística que conviviera con el agua. En 1992, el Instituto de Bellas Artes restauró la obra para que se volvieran a apreciar todos los detalles de la naturaleza submarina pintados por el muralista. Este mural tiene mucha vigencia hoy en día porque recuerda la importancia de preservar el agua. En el parque de Chapultepec también se pueden visitar el Museo Nacional de Antropología y el Museo de Historia Natural. Allí también se encuentra el Castillo de Chapultepec, último hogar del emperador Maximiliano.

Cárcamo de los Dolores, parque de Chapultepec

10.12 En la ilustración vemos a una mujer. Ella es una experta que lleva al lugar a muchas personas y les explica la importancia del mural. En este caso imagine que ella habla con un niño. Decida cuál cláusula de la columna B completa mejor la cláusula de la columna A.

Columna A	**Columna B**
a. Vas a ver el interior del mural en cuanto	. . . no entiendas algo
b. Diego Rivera pintó este mural cuando	. . . esté completamente satisfecho
c. Quiero que lo mires bien para que	. . . estemos más cerca del cárcamo
d. No nos vamos a ir sin que	. . . tenía sesenta años
e. El muralista no termina una obra a menos que	. . . recuerdes los detalles
f. Regresaremos a casa antes de que	. . . mires el mundo subacuático del interior
g. Te voy a contar la historia de Diego y de Frida con tal de que	. . . dejes de comer dulces
h. No te voy a hacer tus tacos al carbón a menos que	. . . caiga el sol
i. Hazme preguntas cuando	. . . me escuches
j. Vamos a llamar a tus padres después de	. . . visitar el Museo de Historia Natural

10.13 Al frente del mural hay un hombre que se llama Roberto. No había visitado el lugar desde que lo restauraron. Después de una caminata, se sienta en una banca del parque y le escribe un correo electrónico a su hija Manuela que vive en Holanda. Escriba los verbos en presente del subjuntivo o el infinitivo según el contexto.

Hola, Manuela, te cuento que estoy en el parque de Chapultepec. No te puedes imaginar todas las cosas que han restaurado y los árboles que han sembrado. Antes de **a.** _____(visitar) el Cárcamo de los Dolores, pasé por el Museo de Antropología. Me quedé solamente una hora para no **b.** _____(cansarse). No quiero regresar sin que tú **c.** _____(venir) conmigo, es realmente una experiencia mágica. Yo te pago los boletos de avión con tal de que **d.** _____(estar) una semana y visitemos juntos la Ciudad de México. Quiero caminar contigo por la Colonia Condesa, voy a llevarte a la avenida Amsterdam para que **e.** _____ (ver) la cantidad de restaurantes, de tiendas y de bares. Yo me beberé unos tequilitas contigo a condición de que me **f.** _____(controlar), ya sabes cuánto me gusta el tequila reposado. También podremos salir de la ciudad y visitar Xochimilco. Allá nos podemos quedar hasta que **g.** _____(caer) el sol montado en las barquitas de colores mientras **h.** _____(escuchar) la música de los mariachis. Te extraño y quiero hablar contigo en cuanto **i.** _____(ser) posible. Sé que estás trabajando mucho para **j.** _____(terminar) tu proyecto cultural en la embajada mexicana de La Haya.

Te quiero, hija.

Tu papá

La lucha libre es un deporte muy popular en México. Los visitantes pueden disfrutar de un trago de mezcal y de unas tortillas de maíz con guacamole al tiempo que aprenden sobre la historia y las leyendas de la lucha libre. El Santo, Rodolfo Guzmán Huerta, actor y una figura legendaria, es recordado en México como el personaje que popularizó el deporte en el país y en el mundo. Cuenta la leyenda que nunca se quitó la máscara, ni siquiera cuando estaba en su casa. Era un símbolo de poder y de heroísmo. La lucha libre es una institución cultural en la Ciudad de México.

Espectáculo de lucha libre

10.14 Julio Muñoz, el hombre de camiseta amarilla, lentes y bigote, es un gran aficionado a la lucha libre y no se pierde un solo espectáculo cuando participa su luchador favorito, Último Guerrero. Imagine lo que Julio le dice a su luchador para animarlo. Complete las oraciones usando el presente del indicativo, el presente del subjuntivo o el infinitivo.

    a.   Vamos mi Guerrero, sé que . . .

    b.   No creo que . . .

    c.   No hay en el mundo un luchador que . . .

d.   Dudo que tu contrincante . . .
e.   Ojalá que . . .
f.   Tienes una fuerza que . . .
g.   Acábalo antes de que él . . .
h.   Resiste hasta que . . .
i.   Aquí estoy, al lado tuyo, para . . .
j.   No me voy sin . . .

10.15 Traduzca las siguientes oraciones. Este ejercicio le ayudará a comprender que el subjuntivo se usa con mucha frecuencia en español. No necesita el subjuntivo en todas las frases:

a.   I hope that the wrestler with the blue mask wins this fight.
b.   I am looking for the wrestler that is very famous in Mexico City.
c.   Is there something to eat here?
d.   I want you to observe his movements.
e.   The public animates the wrestler so that he goes on until the end.
f.   I will not leave until I see who is the winner.
g.   I don't believe that the wrestler with the white mask is the best.
h.   He will not finish the fight unless a miracle happens.
i.   What are we going to do when this show ends?
j.   The guide recommends that we eat at the terrace next to the cathedral in the Zócalo.

V. ¿Sabías que . . . ? Préstamos lingüísticos

El uso de una lengua depende fundamentalmente de la velocidad, del cuidado, de la clase social y del nivel de educación. Según la sociolingüística, denominamos **sociolectos** a las variaciones de habla desde un punto de vista social; muchos sociolectos están atribuidos a grupos reducidos en ciudades o relativos a gremios profesionales (los pilotos de avión, los abogados, los médicos, los arquitectos, etc.). Decimos que un **idiolecto** es el modo de hablar de un individuo; esto se refiere a la forma concreta en la que utiliza las palabras y su estilo singular. Los **generolectos** son variaciones de habla que se estudian en relación al género de un hablante; es común estudiar, por ejemplo, cómo hablan los hombres en comparación con las mujeres cuando están en situaciones diarias o profesionales. Finalmente, los **etnolectos** estudian la lengua desde el punto de vista de la etnia o la raza; en el caso del español, hay una gran diversidad étnica en los países de habla hispana.

A veces no sabemos muy bien de dónde vienen las palabras aunque las utilizamos frecuentemente en nuestra vida diaria. En español hay palabras que proceden de otros idiomas y que se han incorporado totalmente a la lengua. Estos **préstamos** o **extranjerismos** son muchísimos, y a veces no nos damos cuenta que habían pertenecido a otra lengua en el pasado.

De los **íberos** y **celtíberos** tenemos palabras como:
caballo, carro, flecha, cerveza, vasallo, gato.

Del **griego clásico** hemos incorporado **grecismos**:
idea, filosofía, matemática, filología, lógica, epistemología, astronomía, gramática, fonología, drama.

Del **latín** surgen **latinismos**:
estatus, estándar, currículum vitae, alma mater, alter ego, campus, incógnito, post data, referéndum, homo sapiens.

Del **italiano** provienen **italianismos**:
andante, adagio, alegro, ópera, piano, ejemplos aquí que proceden todas de la música clásica.

Del **francés** tenemos numerosos **galicismos**:
déjá vu, hotel, pan, restaurante, ballet, chófer, cliché, champiñón, bufete, filete, amateur, boulevard, boutique.

Incluso del **alemán** han surgido muchos **germanismos**:
brindis, álbum, vals, kirsch, acordeón, cobalto, blanco, y muchas otras palabras procedentes de las ciencias sociales y humanas.

En la últimas décadas, el español ha sido también muy influido por el **inglés**, sobre todo en términos ligados a las finanzas, los deportes, la moda, la cultura popular y la música:
fútbol, voleibol, gol, jersey, bóxer, cash flow, marketing, briefing, vídeo, remix.

Por último, se utilizan **tecnicismos**, o términos relacionados con las ciencias y la tecnología que vamos incorporando poco a poco a nuestro uso diario sin darnos cuenta. Algunos tecnicismos que fueron recientemente aceptados por la Real Academia Española son:
hacker, computador, internet, chat, escanear, tableta, tuit, tuitear, wifi.

PREGUNTAS

Diga si las frases siguientes son **V**erdaderas o **F**alsas. Si son falsas, dé la respuesta correcta.

a. Muchos sociolectos se asocian con gremios profesionales.

b. Un idiolecto es la forma concreta en la que un hablante utiliza las palabras.

c. Los generolectos son variaciones de habla en relación al nivel de educación de una persona.

d. Se habla de etnolectos en referencia a la etnia o la raza.

e. Siempre sabemos de dónde vienen las palabras que utilizamos.

f. Los préstamos son palabras que provienen de otras lenguas.

g. La palabra "filosofía" es un ejemplo de italianismo.

h. La palabra "alter ego" viene del latín.

i. Las palabras "boutique" y "cliché" vienen del árabe.

j. La palabra "vals" es un ejemplo de germanismo.

k. El español tiene muy pocas palabras influidas por el inglés.

l. Se utilizan muchos tecnicismos en el mundo de la ciencia y la tecnología.

m. Esta frase se diría hoy en España o América Latina: "Tengo que escanear este documento."

n. La palabra "tuitear" (*to tweet*) no ha sido aceptada por la Real Academia Española.

VI. En la ciudad: Comprando artesanías en la plaza de Coyoacán

Renata, Paulina y Armando se reúnen en la plaza de Coyoacán para comprar unas artesanías, ir después al mercado de comida detrás de la iglesia, y finalmente tomarse un tequila con sangrita en un bar. Conversan sobre lo que compran, lo que comen y lo que beben.

Renata: ¿**Qué onda guey**?
Armando: Por acá buscando el regalo para **mi jefa**.
Paulina: Mira este **rebozo**, está bien **chido.**
Armando: ¿**Mande**?

Paulina: Digo que el rebozo está **chingón**.

Armando: ¡**A huevo**! Pero no tengo suficiente **lana**.

Renata: No seas payaso.

Armando: **Checa** mi cartera, solamente tengo cincuenta pesos.

Renata: ¿**Qué onda**? Vamos al mercado de comida.

Armando: **Aguanta, ahorita**.

Renata: Lo van a cerrar y quiero unas quesadillas de huitlacoche.

Paulina: Espero que tengan de flor de calabaza.

Armando: ¡**Aguas**! Casi mojas el rebozo con tu café.

Renata: **Órale**, vámonos.

Armando: **Ay nos vidrios**, yo me quedo en "El hijo del cuervo" **echándome** un tequila con **sangrita**.

Paulina: Entonces ahorita nos vemos.

Renata: No te vayas a **chorear** la vendedora del rebozo.

Armando: **No friegues, llégale**.

VOCABULARIO Y EXPRESIONES COLOQUIALES

Qué onda guey?: *This expression is used in different contexts. In this dialogue it is used the first time to express "What's up, pal?" and the second to imply "What's going on?"*

Mi jefa: *my boss, my mom*

rebozo: *a wrap*

chido: *nice*

mande: *it is used when people did not understand what you said*

chingón: *it is used in several contexts. It is a vulgar way of saying something is very nice.*

A huevo: *of course*

lana: *money*

checa: *check*

aguanta, ahorita: *wait, in a bit*

aguas: *be careful*

órale: *super*

Ay nos vidrios: *I will see you later.*

echándome: *drinking*

sangrita: *a traditional Mexican drink served as a chaser to tequilas*

chorear: *tell a long story*

no friegues, llégale: *leave me alone*

VII. Lectura. Fragmentos de *Los rituales del caos* (1995)

Carlos Monsiváis (México 1938-2010) estudió en la Escuela de Economía y en la Facultad de Filosofía y Letras, de la Universidad Nacional Autónoma de México. Posteriormente, trabajó en esta universidad como catedrático en diversas materias. Es uno de los cronistas que mejor ha captado la realidad mexicana contemporánea, sus prácticas cotidianas, sus contradicciones y su riqueza cultural. Fundó y dirigió destacados periódicos mexicanos. Ganó varios premios nacionales e internacionales por sus ensayos y crónicas. Se le llama "el cronista de los cronistas de lo mexicano" y "el padre de la crónica moderna de México".

LOS RITUALES DEL CAOS
"La hora de Robinson Crusoe: sobre el metro las coronas"

Fragmento #1

Con frecuencia, en el metro de la Ciudad de México me siento atrapado, **al borde** de la angustia. No me refiero sólo o principalmente a los **apretujones** sino al **temor** "metafísico", el de perder para siempre el gusto por el espacio, y ya nunca más sentirme **a mis anchas**. Esto, mientras se me revela con estruendo mi inhabilidad para abrirme paso entre los **agolpamientos** de seres y camisetas y bolsas y preocupaciones laborales congeladas en gestos distantes. ¡Ay, profeta Moisés! No se han de **apartar** en mi beneficio las aguas del Mar Rojo. ¡Quién tuviera un cuerpo para la vida cotidiana y otro, más flexible y elástico, solo para el metro! Sin la posesión de dos entidades corporales incursionar en el metro en las **horas pico** (casi todas) es nocivo para los ideales del avance personal en tiempos de crisis . . . .

Fragmento #2

¿Quién es, ante el espejo de la identidad colectiva, el usuario del metro? Alguien invadido por presiones múltiples pero ninguna de ellas vinculada al **afán** de singularidad. Esta sería su reflexión: "Soy único porque soy igual a todos. No **me parezco** a nadie". Si el usuario del metro **se aferra** a su identidad consagrada, tendrá que tomar un taxi.

Fragmento #3

Vivir el metro es pasear de modo un tanto tumultuoso en el espacio de los grandes cambios urbanos. El metro es, de modo simultáneo, la sociedad del presente y la del **porvenir**, la que hoy renuncia a costumbres y tradiciones y la que ya transita por las tradiciones y las costumbres que se reconocerán con la gratitud de la despedida dentro de veinte o treinta años.

A ver, cuénteme de algunas tradiciones nuevas. Bueno, por ejemplo, la sensación de que estar solo es, simplemente, no estar acompañado.

Fragmento #4

El metro es la Ciudad . . . Casi **al pie de la letra**. Es la vida de todos atrapada en una sola gran vertiente, es la riqueza fisionómica, es el **extravío** en el laberinto de las emociones suprimidas o emitidas como **descargas** viscerales . . .

VOCABULARIO

al borde: *at the edge*

apretujones: *squeezes*

temor: *fear*

a mis anchas: *at ease*

agolpamientos: *crowds*

apartar: *set aside*

horas pico: *rush hours*

afán: *eagerness*

parecerse: *to resemble*

aferrarse: *to hang on*

porvenir: *future*

al pie de la letra: *very precisely*

extravío: *loss*

descargas: *shocks*

PREGUNTAS

a. ¿Hay un metro en el lugar donde usted vive? ¿Cómo es?

b. Seleccione la mejor descripción del metro de la Ciudad de México.

c. El narrador dice en un fragmento que le gustaría tener dos cuerpos. ¿Por qué?

d. ¿Es el metro de la Ciudad de México un reflejo de la ciudad? Explique su respuesta.

e. ¿Se siente cómodo el narrador en el metro? ¿Qué sensaciones tiene?

f. ¿Quiénes toman el metro en la Ciudad de México?

g. Busque una imagen del metro de la Ciudad de México y descríbala.

VIII. Repaso general

10.16 Visita al zócalo en el centro de la Ciudad de México. Complete las oraciones con la forma verbal apropiada para el infinitivo que se da entre paréntesis, añadiendo **que** cuando sea necesario:

Modelo: *Hay varias reglas importantes para una excursión (funcionar).*
   Hay varias reglas importantes para que una excursión funcione.

a. Busca direcciones antes de (salir) del hotel.

b. No tomes un autobús a menos (saber) la dirección correcta.

c. Recuerda que en el zócalo hay muchos restaurantes. No pagues mucho dinero a menos (ser) un restaurante que te recomienden.

d. Observa las danzas prehispánicas siempre (poder).

e. No compres nada sin (discutir) el precio.

f. Visita Xochimilco para (ver) los jardines flotantes.

g. Vamos al restaurante en la Roma con tal de (tú/dejarme) pagar a mí.

h. Entiendo que tomaremos el autobús hacia Teotihuacán después de (desayunar).

i. Pide los chiles rellenos y pruébalos sin (pensar) en el picante.

j. Escucha "La cucaracha" para (entender) la letra de una de las famosas canciones de la Revolución Mexicana.

La Plaza Garibaldi es el lugar en el que puedes contratar a un grupo de mariachis a cualquier hora de la tarde o de la noche. Llevan vestimentas negras con dorado o plateado, botas tejanas y anchos sombreros. Los guitarristas templan sus instrumentos, los trompetistas tocan algunas notas y los cantantes tararean boleros para llamar la atención del público. En la plaza se encuentra el Museo del Tequila y el Mezcal, donde se explican los procesos y la producción de las bebidas de agave.

Mariachis en la Plaza de Garibaldi

10.17 Mientras Cuauhtémoc toca algunas notas en el acordeón, José Alfredo entona un fragmento de una canción y la interrumpe para darles indicaciones a los otros músicos. Complete con el verbo en el presente del indicativo, el presente del subjuntivo o el infinitivo:

"Para que no te **a.** _____(olvidar), ni siguiera un momento, y **b.** _____ (seguir) unidos los dos, gracias a los recuerdos". ¡Ándale, manito! Esa sí me salió buena. Oye, Pedro, espera hasta que Cuauhtémoc **c.** _____(tocar) las primeras notas con su acordeón. No podemos cantar sin que el público **d.** _____(decir) cuál es su canción preferida. "Y te voy a enseñar a querer, porque tú no has querido, ya verás cómo vas a aprender cuando **e.** _____ (vivir) conmigo". Esa la podemos tocar con tal de que Julio **f.** _____ (aprenderse) bien la letra. Uy, ese güey viene a pedirnos que **g.** _____(tocar / nosotros) la misma canción de siempre. Dudo que nos **h.** _____(pagar / él) si nos contrata. Mejor vámonos antes de que **i.** _____(llegar / él). Cómo no, Simón, ese además viene borracho y no nos va a dejar sin que le **j.** _____(cantar / nosotros) "María Bonita".

10.18 Imagine lo que dicen los músicos y complete las frases con el presente del subjuntivo, el presente del indicativo o el infinitivo:

   a. El público quiere . . .
   b. José Alfredo, te pido que . . .
   c. Está bien, pero dudo que . . .
   d. ¿Hay alguien aquí que . . . ?
   e. No hay nada que . . .
   f. Tengo la nota de la canción que . . .
   g. En la Plaza Garibaldi hay mucha gente que . . .
   h. No voy a parar de tocar hasta que tú . . .
   i. Busco la letra de la canción que . . .
   j. Busco una canción que . . .
   k. Ojalá que esa pareja . . .
   l. Creo que el público de hoy . . .
   m. No creo que el público de hoy . . .
   n. Es verdad que nuestro grupo . . .
   o. No es verdad que nuestro grupo . . .

10.19 Exprese en español:

   a. He is studying Spanish so that he can look for a better job.
   b. I am going to buy another house provided that the bank approves the loan.
   c. Without him knowing it, we want to plan a party for his birthday.
   d. Before he gets here, let's start singing. After he goes away, we can have fun.
   e. As soon as you get there, call me. I really want you to call me.
   f. Even though he is lying to her, and she knows it, she still likes him.
   g. Even if he continues to travel all night, he will not arrive on time.

h.   I don't mind staying here until it stops raining.

i.   One has the right to do whatever is needed in order to be happy.

j.   I don't care how you do it, but do it any way you can.

10.20   En este capítulo usted ha conocido a diferentes personajes conectados con la cultura mexicana. Imagine que hay un evento internacional sobre la cultura mexicana al que deben asistir cinco de las siguientes personalidades. Haga su selección y explique las razones por las que deben asistir estas personas (algunos no son mencionados en el capítulo pero son muy importantes en la historia de México). Use el subjuntivo para explicar su selección y venga preparado/a a clase para discutir con sus compañeros y explicar por qué sus personajes son más importantes que los de otros compañeros de su clase:

a.   Un mariachi que toca todas las noches en la Plaza Garibaldi

b.   Frida Kahlo

c.   La vendedora de chiles del mercado de Coyoacán

d.   Carlos Monsiváis

e.   Un luchador famoso

f.   Diego Rivera

g.   Un peregrino que asiste a la Basílica de Guadalupe todos los años para celebrar el día de la Virgen de Guadalupe

h.   La poeta Sor Juana Inés de la Cruz

i.   Moctezuma

j.   Hernán Cortés

k.   La fotógrafa Lola Álvarez Bravo

l.   La periodista Carmen Aristegui

10.21   En grupos de tres seleccionen una de las siguientes opciones para escribir un breve drama y luego representarlo en clase. Debe obtener información antes de escribir el diálogo. Usen el subjuntivo cuando sea apropiado:

a.   Un par de amigos van a México para hacer un tour gastronómico. Se encuentran con un experto en comida mexicana que les da recomendaciones.

b.   Tres expertos en arte discuten sobre los muralistas mexicanos más importantes. Uno prefiere a Diego Rivera, otro a David Alfaro Siqueiros y el último a José Clemente Orozco. Cada uno piensa que su artista es el mejor.

c.   Usted va a visitar la Ciudad de México con su familia. No se pueden poner de acuerdo sobre los lugares que deben visitar. Discuten sobre las opciones; cada persona expresa sus opiniones sobre los lugares más representativos de la ciudad.

d.   Usted quiere llevarle una serenata a su novia. Va a la Plaza Garibaldi y habla con dos músicos que le ofrecen precios y opciones.

e.   Invente su propio drama.

Panorámica de San Juan con el barrio La Perla en primer plano

CAPÍTULO ONCE

SAN JUAN: UN PARAÍSO EN EL TRÓPICO

Review of the Present Subjunctive, The Past Subjunctive in Noun Clauses, Adjective Clauses and Adverbial Clauses, Conjunctions

Introducción

Un fresco batido de papaya, de piña o de guayaba es el mejor remedio para soportar el calor de una ciudad húmeda donde la temperatura casi nunca baja de los ochenta grados Farenheit. Borinquen, como la llamaban los taínos, es la isla de la salsa, la bomba, la plena y la música jíbara. La influencia africana está presente en estos ritmos que llegaron con los esclavos y que se han ido transformando y adaptando a través de los años.

"En mi viejo San Juan", una canción que es símbolo de Puerto Rico, fue compuesta hace cerca de ochenta años por Noel Estrada y sigue expresando la nostalgia de quienes no pueden regresar para vivir en su "diosa del mar", en su "Borinquen querida". La diáspora puertorriqueña extraña la exuberancia del paisaje y de su gente, la manera jocosa de hablar, el mar que nunca se pierde de vista, el optimismo con el que se soportan las circunstancias más difíciles, el canto del coquí (el ruido que producen las ranas) en los atardeceres, el baile y la música. Casi todas las familias puertorriqueñas tienen a un pariente que ha emigrado. El número de personas que se ha establecido en los Estados Unidos (especialmente en Nueva York y Miami) se ha incrementado de manera dramática después de desastres naturales como el huracán María.

Aunque es la isla más pequeña de las Antillas Mayores, Puerto Rico tiene una gran riqueza geográfica y ha sido el puerto más importante en el comercio transatlántico. En su segundo viaje a las Américas, y todavía convencido de que se encontraba en las islas orientales, Cristóbal Colón llegó en 1493 al territorio que nombró "San Juan Bautista". Los taínos y los caribes, pueblos que migraban entre las islas de las Antillas y que se extinguieron casi totalmente a causa de las enfermedades que trajeron los españoles, le habían dado el nombre de Borinquen (gente valiente) a lo que hoy es Puerto Rico. San Juan fue fundada por Ponce de León en 1521. Por su posición estratégica y por los vientos que ayudaban a los colonizadores españoles a entrar al territorio americano, Puerto Rico fue un enclave militar muy importante para la Corona española durante su expansión en América. El Castillo del Morro de San Felipe fue un baluarte de gran importancia para la defensa del territorio antillano.

A pesar de la semejanza de su arquitectura y su geografía con las de La Habana y Cartagena de Indias, la ciudad de San Juan y la isla de Puerto Rico, en general, han tenido una historia de colonización más larga y compleja. Además de llamarla "la isla del encanto", también se conoce como "la colonia más antigua del mundo". Después de ganar la guerra contra España en 1898, Puerto Rico pasó de las manos de los españoles a las de los norteamericanos. En 1917, los puertorriqueños recibieron la ciudadanía norteamericana pero nunca han tenido representación en el gobierno de los Estados Unidos ni pueden participar en las elecciones. A partir de 1952 Puerto Rico ha sido Estado Libre Asociado. La posibilidad de ser independientes o de convertirse en un estado más de los Estados Unidos continúa siendo un debate álgido para muchos puertorriqueños. Ha habido cinco plebiscitos en los que se intenta definir el futuro político de la isla, pero es el congreso de los Estados Unidos el que finalmente define si quiere sumar una estrella a su bandera.

La identidad cultural boricua es una mezcla de la herencia indígena (taína), africana y española. La arquitectura de San Juan está marcada por la colonia; además del Castillo de San Felipe del Morro, hay más de cuatrocientos edificios coloniales restaurados. Entre las construcciones más importantes de la ciudad se encuentran el Palacio de Santa Catalina, el Castillo de San Cristóbal, la Catedral de San Juan, la alcaldía, el casino y el Teatro Tapia.

A solo siete calles del puerto se encuentra el viejo San Juan, la parte histórica de la ciudad donde se pueden visitar museos, plazas, iglesias, restaurantes y el mercado central de "Santurce". Los habitantes de la ciudad encuentran gran variedad de frutas tropicales y de verduras en Santurce. Allí compran los ingredientes frescos que usan para sus recetas típicas como el mofongo (un tipo de puré de plátano verde) con chicharrón frito, el sancocho (sopa con carne y verduras) y el arroz con gandules. El sofrito (mezcla de cebolla, ajo y pimiento rojo) es la base de cualquier plato puertorriqueño.

En el casco histórico de la ciudad está la iglesia de San José, la segunda más antigua del hemisferio occidental. En el centro de la plaza que lleva el mismo nombre hay una estatua de Ponce de León. Dos plazas que le hacen homenaje a la época de la colonia son la Plaza Colón y la Plaza de Armas, lugar de adiestramiento militar. Hay plazas más modernas como la del Quinto Centenario, una de las preferidas de los sanjuaneros de hoy por sus fuentes y su vista, y la Plaza de la Rogativa. En esta última, una escultura cuenta la historia de mujeres que en 1797 hicieron una procesión y rezaron para evitar un ataque inglés. Puesto que las mujeres llevaban antorchas encendidas, los atacantes se retiraron pensando que eran soldados españoles que habían recibido refuerzos.

El Paseo de la Princesa es el lugar ideal para caminar al atardecer y observar la bahía de San Juan y las fortificaciones. Es una caminata histórica que incluye la Fuente de las Raíces y la puerta de San Juan. Hay vendedores que ofrecen artesanías y las famosas piraguas hechas con hielo raspado y sabores a frutas tropicales. El paseo llega hasta el Castillo del Morro, lugar desde el que se ve el famoso barrio de la Perla y el cementerio de Santa María Magdalena, donde están enterrados próceres, artistas y personalidades del país. La comunidad de La Perla, protagonista de una de las canciones del grupo Calle Trece, es un lugar ubicado al lado del mar y expuesto constantemente a los desastres naturales que tanto han afectado a la isla en los últimos años. Si antes era el lugar donde vivían los esclavos liberados y los sirvientes, hoy en día sigue siendo un barrio popular a donde no siempre llegan los turistas.

Algunos poetas y escritores son Luis Palés Matos, Julia de Burgos, Manuel Ramos Otero, Mayra Santos-Febres, Luis Rafael Sánchez, Rosario Ferré y Ana Lydia Vega. La mayoría de ellos vivieron en los Estados Unidos o escribieron sobre la compleja relación entre la isla y dicho país. Una de las obras más conocidas de Luis Rafael Sánchez es *La guagua aérea*, novela en la que se refiere al avión que va de San Juan a Nueva York como un autobús donde la gente hace fiestas y comparte los pasteles que traen de la isla. "Pollito Chicken" de Ana Lydia Vega es un cuento bilingüe cuyo tema principal es la doble identidad y los constantes cuestionamientos de los que se fueron de la isla y regresan de vacaciones.

En este capítulo asistimos a una boda en el Castillo de San Felipe del Morro, visitamos una de las playas de la isla, observamos las fiestas de la estrecha y colorida Calle San Sebastián, bajamos al barrio La Perla para descubrir los escenarios de famosas canciones como "Despacito" de Luis Fonsi y "La Perla" de Calle Trece, y visitamos la Plaza de la Rogativa al tiempo que repasamos el presente del subjuntivo en todos sus usos y estudiamos el imperfecto del subjuntivo.

PREGUNTAS DE COMPRENSIÓN

1. ¿Qué nombres ha tenido la isla a través de su historia?

2. ¿Por qué fue tan importante Puerto Rico en la época de la colonia?

3. Describa la relación que tiene Puerto Rico con los Estados Unidos.

4. ¿Qué ocurrió en 1917?

5. ¿Son los puertorriqueños ciudadanos de Estados Unidos? ¿Pueden participar en las elecciones presidenciales?

6. ¿Qué se puede comprar en el mercado de Santurce?

7. ¿Qué lugares se ven cuando uno camina por el Paseo de La Princesa?

8. ¿Qué animal produce el canto del coquí?

9. ¿Qué extrañan los puertorriqueños que viven en Estados Unidos?

10. ¿Qué le recomienda a una persona que va por primera vez a San Juan?

I. Review of the Present Subjunctive / *Repaso del presente del subjuntivo*

As you saw in Chapter 10, one of the most challenging grammar concepts in Spanish is the use of the subjunctive. In the process of learning a language, it is common to translate directly from the native language. In the case of the subjunctive, English speakers at the elementary level would translate sentences like "I want you to come with me to San Juan" using the infinitive instead of the subjunctive. The correct translation of that sentence is "Yo quiero que **vengas** a San Juan conmigo." As human beings, we frequently want others to do something for us, we give recommendations and look for things even though they may not exist. As such, we have to think about the importance of getting used to using the subjunctive.

The following examples illustrate the different uses of the subjunctive mood in noun and adjective clauses:*

*Es importante que siempre **uses** protector solar.*	It is important that you always use sunscreen.
*Te recomiendo que **visites** el Castillo del Morro.*	I recommend that you visit the Morro Castle.
*Está buscando un hotel que **quede** en el Viejo San Juan.*	She is looking for a hotel situated in Old San Juan.
*Ellos quieren que **probemos** el mofongo.*	They want us to try the mofongo.
*Me alegra que **viajes** con nosotros.*	I am glad you are travelling with us.
*¿Conoces a alguien que **viva** en Puerto Rico?*	Do you know anyone who lives in Puerto Rico?
*Dudamos que **te aburras** en San Juan.*	We doubt that you will get bored in San Juan.

*Notice that in these sentences there are two clauses connected with the word "que."

In **adverbial clauses**, there are words or expressions that use the subjunctive when the action is a possibility in the future. Some of them (the ones related to time) will only use the subjunctive when the action takes place in the future:

*Iré a la playa **cuando esté** en San Juan* (**this is a plan**).	I will go to the beach when I am in San Juan.
*Voy a la playa **cuando estoy** en San Juan* (**this is a habit**).	I go to the beach when I am in San Juan.
*Fui a la playa **cuando estaba** en San Juan* (**both actions took place in the past**).	I went to the beach when I was in San Juan.

- Other adverbial clauses that work in a similar way are: ***tan pronto como, hasta que, en cuanto, mientras que, después de que***.

  *María llamará tan pronto como **llegue** al aeropuerto.*
  Maria will call as soon as she gets to the airport.

  *Tú vas a caminar en el Paseo de la Princesa mientras que nosotros **estemos** en La Perla.*
  You will walk in the Paseo de la Princesa while we are at La Perla.

  *Me voy a quedar en el Mercado de Santurce hasta que **encuentre** buenos aguacates.*
  I will stay in the Santurce Market until I find good avocados.

  *Tomó una siesta después de que **tomó** una clase de salsa.*
  She took a nap after she took a salsa lesson.

  *Como mientras **puedo**.*
  I eat while I can.

- Other adverbial expressions that do not refer to time use the subjunctive <u>all the time</u>: ***para que, a menos que, sin que, con tal de que, a condición de que***:

  *Pedro Luis no toma el bus a menos que no **tenga** prisa.*
  Pedro Luis doesn't take the bus unless he is not in a hurry.

  *Pedro Luis no tomará el bus a menos que no **tenga** prisa.*
  Pedro Luis will not take the bus unless he is not in a hurry.

  *Pedro Luis no tomaba el bus a menos que no **tuviera** prisa* (imperfect subjunctive).
  Pedro Luis did not take the bus unless he was not in a hurry.

SUMMARY OF SUBJUNCTIVE USES IN NOUN AND ADJECTIVE CLAUSES

- Use the subjunctive in noun clauses preceded by:

1. an expression of INFLUENCE (indirect command):	*Quieren que funcione.*
2. an expression of EMOTION:	*Es bueno que funcione.*
3. an expression of DOUBT or DISBELIEF:	*No creen que funcione.*
4. an expression of DENIAL:	*No es verdad que funcione.*
5. *Ojalá (que)*, *no hay* +nada/nadie/ningún+ *que* ("No hay nada que funcione.")	

Influence and emotion verbs take the infinitive when there is only one subject:

> ***Se alegran de terminar.***   They're glad they finished.

- Use the subjunctive in adjective clauses preceded by:

hypothetical or nonexistent person or thing (introduced by *lo que* when not mentioned):	*Buscan un programa que funcione.* *Usarán lo que funcione.*

IN SUM, USE THE SUBJUNCTIVE IN CLAUSES PRECEDED BY:

1. an expression of INFLUENCE (indirect command):*	*Quieren que funcione.**	
2. an expression of EMOTION:*	*Es bueno que funcione.** *No creen que funcione.*	Noun clauses
3. an expression of DOUBT or DISBELIEF:		
4. an expression of DENIAL:	*No es verdad que funcione.*	
5. a hypothetical or nonexistent person or thing (or *lo que* if the thing is not mentioned):	*Buscan un programa que funcione.* *Usarán lo que funcione.*	▶ Adjective clauses
6. a conjunction presenting a hypothetical or anticipated event:*	*Lo usarán cuando funcione.* *No lo usarán hasta* que *funcione.*	▶ Adverb clauses
7. after *Ojalá (que), a menos que, no hay* +nada/nadie/ningún+ *que* ("No hay nada que funcione".)		

* In these cases the infinitive is used when there is only one subject: ***Esperan hasta terminar.*** (They wait until they finish.)

Nos encontramos en el Castillo San Felipe del Morro. Recibió su nombre como honor al Rey Felipe II de España. Se comenzó a construir en 1540 y se terminó en 1589. Tiene laberintos, túneles, rampas, cuarteles y mazmorras. Es la fortificación más grande del Caribe. Les sirvió a los españoles para defenderse de las invasiones francesas, inglesas y holandesas. Hoy en día es visitado por miles de turistas que llegan a San Juan en avión o en cruceros. Es un lugar ideal para conciertos, bodas y otros eventos sociales y artísticos.

Robert y Sandra celebran su boda en el Castillo del Morro. Robert es de Nueva York, pero su futura esposa es de San Juan. Deciden celebrar su boda en la isla para poder invitar a todos los tíos y primos de Sandra que son muchos. A la ceremonia en el Castillo van unos pocos familiares de los novios, pero invitaron a 500 personas a la fiesta que tendrá lugar en Centro de Convenciones El Señorial.

Boda en el Castillo de San Felipe del Morro

PRÁCTICA

11.1 Conjugue los verbos que están entre paréntesis en el presente del subjuntivo o del indicativo, o déjelos en el infinitivo:

Sandra piensa:

Espero que Robert **a.** _____(llegar) a tiempo porque tiene la mala costumbre de **b.** _____(esperar) hasta el último segundo y dudo que mis padres **c.** _____(poder) comprender que es solo un mal hábito. Antes de **d.** _____(viajar) a San Juan le advertí que en mi familia no hay nadie que **e.** _____(ser) incumplido. Increíble, el hombre al que **f.** _____(amar) solo tiene ese defecto porque él **g.** _____(ser) muy dulce y **h.** _____ (tener) un gran sentido del humor. Esta boda va a ser muy especial porque los padres de Robert no **i.** _____(hablar) nada de español ni los míos inglés. Pero es mejor porque mi padre siempre busca amigos que **j.** _____(escuchar) todas sus historias sobre su participación en la defensa de la independencia de Puerto Rico. Me alegra que ellos no **k.** _____(entender) una sola palabra de español para que no **l.** _____(haber) malentendidos.

Robert piensa:

¡Ay! son las cuatro de la tarde y la boda es a las cuatro y media. Espero que no **m.** _____(haber) mucho tráfico porque no quiero que Sandra **n.** _____(ponerse) furiosa como ayer cuando llegué al aeropuerto una hora antes del vuelo. No sé por qué **o.** _____(tener-yo) esa mala costumbre. Si llego tarde voy a disculparme en público antes de que **p.** _____ (comenzar) la ceremonia, pero no creo que esto **q.** _____(solucionar) nada. ¿Habrá taxis que me **r.** _____(llevar) al Morro en media hora? No conozco a nadie en San Juan que **s.** _____(tener) un automóvil y nosotros estamos en Condado, un barrio moderno de la ciudad. En este punto creo que lo mejor **t.** _____(ser) correr aunque **u.** _____(llegar) todo sudado a la ceremonia. La verdad es que no voy a llegar a tiempo a menos que **v.** _____(ocurrir) un milagro.

11.2 Complete las frases con el presente del subjuntivo, el presente del indicativo o el infinitivo:

Dice la madre de Sandra:

a. Espero que mi hija . . .
b. No hay duda que Robert . . .
c. Sandra se irá a vivir a Nueva York después de . . .
d. Sandra tiene un trabajo muy bueno que . . .
e. No conozco a nadie en la familia de Robert que . . .
f. Me da pena que mi hija . . .

g.   Yo no iré a la casa de los padres de Robert a menos que . . .

h.   Me pondré a llorar tan pronto como . . .

i.   En el Castillo del Morro hay muchos lugares que . . .

j.   Espero que Robert . . .

Dice el padre de Sandra:

k.   Voy a extrañar mucho a Sandra cuando . . .

l.   En la familia de Robert no hay nadie que . . .

m.   Voy a pagar esta boda después de que . . .

n.   Mi esposa quiere que yo . . .

o.   Yo me pongo este traje tan caliente para que mi esposa y mi hija . . .

p.   Voy a seguir siendo independentista a pesar de que mi hija . . .

q.   Nosotros practicamos inglés en casa para . . .

r.   Dudo que los padres de Robert . . .

s.   Vamos a bailar toda la noche a menos que . . .

t.   Yo les recomiendo a Robert y a Sandra que . . .

II. The Past Subjunctive in Noun Clauses, Adjective Clauses, and Adverbial Clauses / *El imperfecto del subjuntivo en cláusulas sustantivas, adjetivales y adverbiales*

	ellos preterite	→	-ra: PAST SUBJUNCTIVE
soñar	*soñaron*	→	*soñara, soñaras, soñara, soñáramos, soñarais, soñaran*
ver	*vieron*	→	*viera, vieras, viera, viéramos, vierais, vieran*
oír	*oyeron*	→	*oyera, oyeras, oyera, oyéramos, oyerais, oyeran*

The past subjunctive of all verbs is formed by changing the ending of the third person plural (***ellos***) of the preterite from -***ron*** to –***ra***.[*]

→ Note that the ***nosotros*** form gets an accent mark.

Since the third person of the preterite of -***ir*** stem-changing verbs has a stem change, all forms of the past subjunctive have this change: ***durmiera, sintieras, pidiéramos***, etc.

- The imperfect subjunctive is used in subordinate clauses referring to past events in the cases mentioned in the previous chapter:

     Influence: ***Me pidió que fuera a visitarlo.***

                           He asked me to go visit him. (indirect command)

[*] Past subjunctive forms ending in -*se* exist, but are not frequently used (change –**ron** to –*se*: *soñase, viese, oyese, durmiese*).

Attitude: ***Nos gustaba que viniera.***
We liked that he would come.

Doubt or denial: ***No es que estuviera triste.***
It's not that I was sad.

Uncertain antecedent: ***Quería un libro que le ayudara.***
He wanted a book that would help him.

- Following ***ojalá***, the past subjunctive signals a hypothetical situation contrary to current facts:

  Ojalá (que) tuviera un millón de dólares.
  I wish I had a million dollars.

- Similar conjectures introduced with "It would be . . . " may use the past subjunctive:

  Sería bueno que llegaras a tiempo.   It would be good for you to arrive on time.

  Sería deseable que evitaran la inflación.   It would be desirable if they could avoid inflation.

PRÁCTICA

11.3   Ejercicio de conjugación. Conjugue el verbo en el imperfecto del subjuntivo de acuerdo a cada pronombre:

    a.   nosotros/querer   _____

    b.   ellos/servir   _____

    c.   tú/ir   _____

    d.   la profesora/enseñar   _____

    e.   los estudiantes/participar   _____

    f.   ella/trabajar   _____

    g.   los boricuas/bailar   _____

    h.   nosotros/hacer   _____

    i.   Luis y Marta/decir   _____

    j.   yo/traducir   _____

    k.   mis amigas/ver   _____

l. tú/viajar _____

m. nosotros/vestirse _____

n. ella/dormirse _____

o. yo/bañarse _____

p. tú/pagar _____

q. vosotros/escribir _____

r. usted/preocuparse _____

s. ustedes/comer _____

t. yo/leer _____

11.4 Complete las oraciones:

a. Los puertorriqueños querían un gobierno que . . .
b. Yo les sugerí que . . .
c. Sería bueno que el servicio de buses en San Juan . . .
d. Nos gustaba que el guía turístico . . .
e. Necesitaba un libro sobre San Juan que . . .
f. La profesora nos pidió que . . .
g. Ojalá que la situación en Puerto Rico . . .

11.5 Exprese en español:

a. It's not that he didn't have any options.
b. It's not that fighting solved anything.
c. It would be convenient for us to live here.
d. I wish we could live without eating.
e. It would be wonderful if you could go away.
f. I wish everybody understood me.

Ocean Park y Condado son dos de las playas más populares de San Juan. Mientras que la playa de Condado es más exclusiva para los turistas, la de Ocean Park es más popular entre los habitantes de San Juan. A los jóvenes les encanta por el ambiente festivo. Allí pueden jugar fútbol en la playa, tomar el sol, nadar en el océano, comprar piraguas, surfear. En la imagen nos encontramos en la playa Ocean Park, muy cerca del parque Barbosa. El nombre de la playa se debe a que allí se encontraba la última estación del tranvía.

Playa de Ocean Park en el barrio Condado

11.6   Maritza y Eugenia son hermanas y van a la playa durante el fin de semana. Cuando llegan, se dan cuenta de que no tienen dinero para comprar nada, ni siquiera para regresar en autobús a su casa en Trujillo Alto. Conjugue los verbos en el imperfecto del subjuntivo:

Maritza: ¡No lo puedo creer! Te dije que **a.** _____(traer) tu cartera porque yo no tengo ni un chavo. La verdad es que no pensaba que **b.** _____(ser/tú) tan desmemoriada.

Eugenia: Cálmate chica, ya le pedí a nuestra prima que cuando **c.** _____ (venir) le **d.** _____(decir) a mi mamá que le **e.** _____ (dar) mi bolso.

Maritza: ¿A qué hora llega ella? Nos vamos a morir de la sed, sería bueno que la **f.** _____(llamar) para que **g.** _____ (llegar) antes de la una . . .

Eugenia: ¡Qué fresca eres! Nunca me dijiste que te **h.** _____(prestar) dinero. ¿Vinimos a la playa juntas para que te **i.** _____(invitar) a todo?

La semana pasada me dio pena que no **j.** _____(tener/tú) dinero para salir de casa y te dije que **k.** _____(ir) juntas al Viejo San Juan pero esto no se puede volver una costumbre. ¿No le pediste a tu jefe que te **l.** _____(pagar) los dos meses que te debe?

Maritza: Perdona, Euge, no quería que **m.** _____(ponerse) furiosa conmigo, pero la verdad es que no me han pagado nada. Esperaba que mi jefe me **n.** _____(explicar) lo que pasa, pero él se fue antes que yo y no me dijo nada.

Eugenia: Bueno, pero sería importante que **o.** _____(preguntar) de nuevo mañana y te recomendaría que **p.** _____(renunciar) a ese trabajo si no te pagan.

11.7   La familia Smith está pasando una semana de vacaciones en San Juan. Hoy están pasando el día en la playa. Hablan sobre su experiencia en la isla. Complete las frases con el infinitivo, el imperfecto del subjuntivo o el pretérito (recuerde que no se usa el imperfecto del subjuntivo con las cláusulas adverbiales de tiempo, con la excepción de "antes de que"):

a.   Era importante que . . .
b.   ¿Había alguien en el hotel que . . .
c.   Nosotros dudábamos que el clima . . .
d.   A mi mamá le alegró que . . .
e.   Tomamos el autobús después de . . .
f.   Anoche mi papá se acostó tan pronto como . . .
g.   La recepcionista del hotel nos pidió que . . .
h.   Esta mañana bajamos a desayunar cuando . . .
i.   Mi amiga Donna me pidió que . . .
j.   Tomamos una siesta tan pronto como . . .

Las fiestas de San Sebastián se celebran en San Juan entre el 19 y el 22 de enero como una manera de cerrar la Navidad. El centro de las festividades es la calle de San Sebastián, en honor al santo católico. El evento de inauguración es el desfile de los cabezudos: la gente se disfraza y se pone cabezas de personajes históricos o folclóricos. Durante estos días hay música en vivo, actividades para las familias, ventas de artesanías, exhibiciones y otras representaciones artísticas.

Fiestas en la calle San Sebastián

11.8 Forme frases con los siguientes elementos. Conjugue el verbo de la primera cláusula en el imperfecto o el pretérito del indicativo y decida si el segundo debe ser conjugado en el pretérito del indicativo o el imperfecto del subjuntivo.

a. Yo (decirle) que (ponerse) la cabeza de Eugenio María de Hostos, el que luchó por la independencia de la isla.

b. No (pensar-nosotros) que (haber) tanta gente en esta calle tan estrecha.

c. Ellos (dudar) que la fiesta (terminar) temprano.

d. (Estar-yo) en la calle San Sebastián hasta que (tocar) mi banda de músicos preferida.

e. No (ir-tú) a las fiestas sin que tu amigo (acompañarte).

f. ¿(Haber) alguien que no (tener) disfraz?

g. Los músicos (llegar) cuando la gente (irse).

h. No (creer-yo) que mi amiga (estar) borracha.

i. Ojalá que todos (poder) tener esta experiencia.

j. (Buscar-ellos) comida que no (ser) tan cara.

11.9 Traduzca las siguientes frases al español:

a. I danced until I got tired.
b. We arrived before the parade started.
c. I didn't want to go unless my friends would also go.
d. My mother told me to be careful.
e. She asked me to wait for her.
f. I looked for the character that had Obama's head.
g. She was happy that I invited her.
h. It was important to participate in the parade.
i. I hoped that they would play my song.
j. You stayed until the party ended.

III. Conjunctions: *Pero, sino, no solo . . . sino / Conjunciones: pero, sino, no solo . . . sino*

- When **but** follows a negation and means something like "but on the contrary" or "but rather," use *sino*:

No use "pero" sino "sino".	Don't use *pero* but *sino*.
No es tonto, sino demasiado inteligente.	He is not stupid, but too intelligent.

  If "but on the contrary" separates two conjugated verbs, *sino que* must be used:

  No <u>salí</u>, sino que <u>me quedé</u> en casa leyendo.
  I did not go out, but (instead) I stayed home, reading.

  When the second phrase does not exclude the first, *pero* is used:

  No es alemán, pero habla bien el idioma.
  He is not German, but he speaks the language well.

Note that a comma is generally used *before* (not after) *pero* or *sino*.

- The Spanish equivalent of "not only . . . but (also)" is *no solo . . . sino (también)*. The relative *que* must be used when *sino* introduces a clause with a conjugated verb. Observe some optional variations of this construction in the following examples:

El sistema no solo es eficaz, sino también agradable.
The system is not only efficient, but also nice.

No solamente oyeron música, sino que además bailaron.
Not only did they listen to music, but they also danced.

No querían únicamente la independencia política, sino también la económica.
They wanted not just political independence, but also economic independence.

Manejo un automóvil no solo por comodidad, sino por necesidad.
I drive a car not only for comfort, but also out of necessity.

También and *además* can be used interchangeably for this construction, and both of them can be omitted. The adverbs *solo*, *solamente* and únicamente are also synonyms in this context.

PRÁCTICA:

11.10 Complete con **pero**, **sino**, o **sino que**:

a. No te dije que trajeras las frutas aquí _____ las llevaras a la casa de María.

b. Trabajar puede ser bueno para la salud _____ prefiero dormir.

c. No les molesta que cantes _____ escuches música tan ruidosa.

d. Puerto Rico era importante para España no solo política _____ económicamente.

e. No les gusta ir al gimnasio _____ tienen que hacerlo por su salud.

f. No creíamos que pudiera llegar a tiempo _____ esperábamos pacientemente.

g. No es que gane poco dinero _____ tengo muchos gastos.

h. No es que saliera todos los días _____ sí le gustaba salir.

i. Tampoco es que estuviera triste _____ estaba cortando una cebolla.

j. No dije que hubiera más _____ menos de doce millones de habitantes en Uruguay.

11.11 Traduzca las siguientes frases al español:

a. She does not like mofongo but loves all of the tropical fruits.

b. We don't go to the concert but (instead) walk through el Paseo de la Princesa.

c. They are not from Puerto Rico but they use all of the colloquial expressions.

d. She is not upset at me but rather she is in a bad mood because of the heat.

e. I waited for the bus but it never came.

f. Blanca does not like bachata but she listens to it all of the time because her roommate is from the Dominican Republic.

g. She recommended me to go to La Perla but to go with someone.
h. You don't like reggaeton but rather salsa.
i. I am leaving San Juan tomorrow but I had a great time.
j. My mother does not drink coffee but (instead) tea.

IV. ¿Sabías que . . . ? Lengua e identidad cultural

Se dice comúnmente que un hablante es **bilingüe** cuando puede hablar o dominar dos lenguas. Hay diferentes tipos de hablantes bilingües; algunos son totalmente "equilibrados" en ambas lenguas, mientras que otros no lo son, puesto que una de ellas predomina o se impone a la otra. El **bilingüismo** está directamente asociado con la cultura. Los hablantes bilingües pueden ser -a su vez- totalmente **biculturales** o conservar solamente una cultura. En el caso de que no acepten ninguna de las dos culturas procedentes de sus países de origen, entonces se produce un fenómeno llamado **aculturación**. Algunos países, por razones políticas o debido a su propia historia, han mantenido una posición muy singular en referencia a la lengua o cultura de sus habitantes.

En el caso de Puerto Rico, su relación con el español y el inglés es compleja dada la influencia de España y de los Estados Unidos en la isla. El país fue una colonia española desde 1493 hasta 1898, y, posteriormente, pasó a ser parte de Estados Unidos en calidad de **Estado Libre Asociado** en 1952. Aunque por razones de política lingüística el inglés es una clase obligatoria en las escuelas, en la mayoría de las escuelas públicas se utiliza el español como lengua de enseñanza. Muchos puertorriqueños han debido emigrar por motivos económicos o familiares a ciudades como Nueva York, siendo casi tantos los millones que viven en la isla como en el continente. A los descendientes de puertorriqueños nacidos en Nueva York se les llama afectuosamente "**nuyoricans**". En Estados Unidos las familias puertorriqueñas deciden cuándo hablar el español entre ellos, en el ámbito familiar o social. El español es entonces una lengua residual que pasa de generación en generación, frente al inglés, que funciona como lengua de contacto. El caso de los puertorriqueños que viven en los Estados Unidos es un buen ejemplo de la convivencia de dos lenguas y culturas. Llamamos a esta relación particular entre las lenguas **diglosia**, es decir, cuando en una comunidad lingüística **coexisten dos lenguas distintas**.

PREGUNTAS

Diga si las frases siguientes son **V**erdaderas o **F**alsas. Si son falsas, dé la respuesta correcta.

a. Todos los individuos bilingües son iguales.

b. El bilingüismo está directamente relacionado con la cultura.

c. Algunos países tienen una posición particular en cuanto a la lengua o la cultura de sus habitantes.

d. La relación que tiene Puerto Rico con el inglés y el español es sencilla.

e. Puerto Rico forma parte de Estados Unidos como Estado Libre Asociado.

f. Es obligatorio enseñar el inglés en las escuelas puertorriqueñas.

g. Los "nuyoricans" viven en Puerto Rico.

h. La diglosia es la existencia de una sola lengua en una comunidad.

V. En la ciudad: Esperando la guagua

Julia está esperando la **guagua** (*el autobús*) en el Viejo San Juan y necesita llegar rápido a su casa en Río Piedras porque su mamá viene a visitarla y su casa está muy desordenada. Lleva veinte minutos esperando cuando su amiga Lucy pasa delante de la parada del autobús con su carro y ofrece llevarla.

Lucy: ¡Julia! ¿Qué haces ahí?

Julia: **Diablos**, me asustaste . . . Aquí estoy esperando la guagua, pero no llega.

Lucy: ¿Quieres que **te dé pon**? ¿A dónde vas?

Julia: A Río Piedras. **Ay**, mil gracias, mi mamá llega en media hora y en mi apartamento hay un **revolú** total.

Lucy: **¡Qué chavienda!** Julia, parece que hay un **tapón** terrible aquí en la salida del Viejo San Juan . . . Yo también **estoy en un rush** terrible porque tengo clase en la universidad a las seis.

Julia: Está imposible . . . Que bueno que me vine contigo porque si no, no iba a llegar nunca.

Lucy: Bueno. ¿Cómo va todo?

Julia: Ya tú sabes, aquí **en la lucha**. Terminé con Pedro esta mañana.

Lucy: **Ay bendito**, me imaginaba que esto iba a pasar.

Julia: Discutimos por una **tontería** pero al final me dijo que era una **embustera.**

Lucy: ¿Por qué? ¿Qué pasó?

Julia: Por que no lo llamé **pa'tras** ayer y le dije que me había quedado dormida.

Lucy: ¿Y cómo te sientes?

Julia: Mira, **ni fu ni fa** . . . creo que ya no lo quiero.

Lucy: Me parece que ese Pedro **vive del cuento**, tú siempre pagas cuando **jangueamos** juntos.

Julia: No voy a perder más tiempo con ese **tipo**. Yo siempre **me abochorno** porque él nunca pone ni un centavo.

Lucy: Pues, mejor sola que mal acompañada.

Julia: Oye, **vas a las millas . . .**

Lucy: Es pa' llegar más rápido porque tu mamá se va a poner más nerviosa si no estás cuando ella llegue.

Julia: Tienes razón, qué **brutal**, ya estamos llegando. ¡Gracias Lucy!

VOCABULARIO

guagua: *bus*

diablos: *expression of surprise*

dar pon: *to give a ride*

Ay: *a common exclamation used in Latin America and Spain*

revolú: *a mess, a disaster (can also be used to describe a "messed up" situation)*

Qué chavienda: *How terrible.*

tapón: *traffic jam*

estar en un rush: *to be in a rush*

estar en la lucha: *to be in the struggle of everyday life*

Ay bendito: *expression of sympathy. This is one of the most used colloquial expressions in Puerto Rico.*

tontería: *without importance*

embustera: *liar*

pa'tras: *back. This is a direct translation from English.*

ni fu ni fa: *to not care about something*

vivir del cuento: *to live off of other people*

janguear (or "hanguear"): *from the English "to hang out"*

tipo: *a nobody*

abochornarse: *to feel ashamed*

vas a las millas: *You are going too fast.*

brutal: *great*

VI. Lectura: Fragmentos de *Sirena Selena vestida de pena* (2000)

Mayra Santos Febres (Puerto Rico, 1966). Nació en Carolina, Puerto Rico. Estudió en la Universidad de Puerto Rico e hizo una maestría y un doctorado en la Universidad de Cornell. Ha sido profesora visitante en las universidades de Harvard y Cornell. Actualmente es catedrática y dirige el taller de narrativa de la Universidad de Puerto Rico. Sus poemas, cuentos y novelas se enfocan en los temas de la diáspora puertorriqueña, la sexualidad femenina, la fluidez de género, la identidad afro, el deseo y el poder. También ha escrito libros para niños. Ha ganado varios premios por su producción literaria, entre ellos el Letras de Oro en 1994 y el Juan Rulfo del cuento en 1996. Muchas de sus obras han sido traducidas al francés, inglés, alemán e italiano.

SIRENA SELENA VESTIDA DE PENA

En esta selección Selena tiene una conversación con su abuela, quien limpia casas para personas ricas en San Juan. Más adelante en la historia, cuando su abuela muere, el joven con una voz maravillosa comenzará su transformación en Sirena Selena, se dedicará a los espectáculos de *Drag Queen* y buscará suerte en la República Dominicana.

Fragmento #1

¿Qué es eso de **Campo Alegre**, Abuela? La **barriada** que queda por la Plaza del Mercado. ¿Pero eso no se llama la Parada 19? Así se llamará ahora, pero cuando nosotros llegamos, se llamaba Campo Alegre. Allí **iban a parar** todos los **jíbaros** que llegábamos del campo, porque, fíjate, como muchos iban a vender sus **viandas** a la plaza, ya quedaba la constancia. Además, en la plaza tenía puesto un señor de lo más **buenagente**, don Chago, se llamaba. Ayudaba mucho a los agricultores **recién** llegados. Nos compraba **justo**, nos decía lo que valían las cosas para que no nos pudieran **engañar** y hasta ayudó a Papá a que encontráramos casa y trabajo.

VOCABULARIO

Campo Alegre: *a neighborhood in San Juan*
barriada: *shanty town*
iban a parar: *would end up*
jíbaros: *peasants*
viandas: *food*

buenagente: *nice person*
recién: *newly*
justo: *fairly*
engañar: *trick, deceive*

PREGUNTAS

a.   ¿Qué es Campo Alegre?

b.   ¿A dónde llegaban los jíbaros?

c.   ¿Qué vendían y dónde?

d.   ¿Quién les ayudaba?

Fragmento #2

A mí me encantaba vivir en Campo Alegre. La escuela quedaba cerca. Y todas las tiendas **de lujo** se estiraban a lo largo de la avenida, a la que podíamos llegar a pie, caminando suave por **la sombrita**. Casa Cuesta, Padín, La Giralda . . . Yo llegué a comprarme mis **telitas** en aquellos almacenes y me hacía unos **trajes** que eran un **primor**. ¿Cómo eran, Abuela? ¿Los trajes? Eran **entalladitos** arriba, con **cuello** redondo y de faldas amplias con **enaguas** cancán o de algodón almidonado para que le abrieran el vuelo. Parecía una **reina** cuando me los ponía. Como siempre fui flaquita, tenía una cintura de avispa bombón. No te rías. Yo era tremenda **polla**. Me ponía esos trajes los domingos y, con el permiso de Papá, nos íbamos de paseo en *trolley*. Crucita, Angelita, los nenes, Fina y yo paseábamos a veces hasta el Viejo San Juan. Por aquella época, San Juan era un **arrabal**, no como ahora que parece un **bizcocho** de bodas, con todos sus edificios coloniales restaurados. Pero nosotras nos bajábamos del *trolley* en la Plaza de Armas y allí nos sentábamos un rato a ver gente. **Mijo**, la buena vida. No como en **Caimito**, que no había nada que hacer después que caía el sol.

VOCABULARIO

de lujo: *luxurious*

la sombrita: *the diminutive for shadow*

telitas: *the diminutive for fabric*

trajes: *dresses, suits, outfits*

primor: *beautiful*

entalladitos: *the diminutive for fitted around the waist*

cuello: *collar*

enaguas: *underskirts*

reina: *queen*

polla: *a great chick*

arrabal: *slum*

bizcocho: *sponge cake*

mijo: *contraction for "mi hijo," this is a slang term used affectionately*

Caimito: *a neighborhood in San Juan*

PREGUNTAS

a. ¿Cómo describe la abuela Campo Alegre?

b. ¿Cómo se sentía ella cuando se ponía sus trajes?

c. ¿Cómo era San Juan en esa época y cómo es hoy?

d. ¿Qué hacía para divertirse cuando vivía en Campo Alegre?

e. ¿Cuáles diminutivos usa la abuela?

Fragmento #3

¿Y qué pasó después, Abuela? Que no se podía bajar a la plaza en **paz**, sin que a una la confundieran con una **mujer de esas**. Pero con todo y más, a mí me encantaba vivir en Campo Alegre. **Sobre todo**, cuando llegaba algún **barco** al puerto de San Juan y le daban licencia a los marinos. **Toditos** venían a visitar los bares de la **calle Duffaut**, y a bailar con sus **queridas**. El barrio se llenaba de marinos. **Vestiditos** de blanco, parecían **palomas** en medio de la calle, porque los marinos nunca caminaban por la **acera**, vaya Dios a saber por qué. Si tú los vieras, Junior, todos de punta en blanco, como unos **señoritos**.

VOCABULARIO

paz: *peace*

mujer de esas: *she is refering to prostitutes*

sobre todo: *especially*

barco: *ship*

toditos: *diminutive for "all of them"*

Calle Duffaut: *a fancy street in San Juan today*

queridas: *lovers, sweethearts*

vestiditos: *diminutive for "dressed up"*

palomas: *pigeons*

acera: *sidewalk*

señoritos: *diminutive for young men; in general it is more common to use this noun when referring to women.*

PREGUNTAS

a. De acuerdo a estos fragmentos, ¿cómo describiría la relación que tienen la abuela y el nieto?

b. ¿Sobre qué habla la abuela en esta parte?

c. ¿Qué dice sobre los marineros norteamericanos?

d. ¿Cómo se imagina la vida del personaje después de la muerte de su abuela cuando lo abandona su madre?

VII. Repaso general

11.12 Aclaraciones. Describa las situaciones como en cada modelo:

Modelo 1: *señor Gómez / importar / autos / costar mucho / ser confiable*
Al señor Gómez no le importaba que los autos costaran mucho sino que fueran confiables.

a. el jefe / importar / empleados / tener mucha experiencia / ser listo
b. yo / agradar / clases / ser difícil / activo e interesante
c. la gente / preocupar / políticos / decir estupideces / destruir el país
d. nosotros / interesar / personas / saber mucho / ser comprensivo y estimulante

    e.   esos individuos / parecer bien / trabajos / exigir mucho tiempo / producir dinero

    f.   ministro de economía / doler / gente / estar en problemas / criticarlo

Modelo 2: *conocer / nadie / ser millonario / alguien / saber vivir bien*
No conocía a nadie que fuera millonario, pero sí a alguien que sabía vivir bien.

    g.   hablar con gente / ver mucha televisión / personas / leer bastante

    h.   conocer / nadie / hablar otros idiomas / alguien / comunicarse bien

    i.   soñar con escenas / tener mucha acción / situaciones / relacionarse con su vida diaria

    j.   asistir / conferencias / ser muy largo / presentaciones / ofrecer información útil

11.13 Exprese en español:

    a.   Is there anyone here who knows her better? I don't know.

    b.   No, there is nobody who lives with her or near her house, which is sad.

    c.   There was no book in his library that was not boring. What a pity!

    d.   They told me to leave, but I refused. I didn't care what they might say.

    e.   It is true that it was raining that afternoon when we met.

    f.   It was not cold but hot. Not only was it hot, but also humid.

    g.   Evita wanted Argentina to love her, whatever she did.

    h.   What did you think of the movie I recommended? It was silly, but funny.

    i.   My boss demanded that we wash our hands before returning to work.

    j.   It would be silly for us to get angry with him before knowing what's happening.

El barrio La Perla se encuentra al lado de la bahía y muy cerca del cementerio y del Castillo de San Felipe del Morro. Sus casas de colores son pequeñas y algunas se encuentran en condiciones bastante deterioradas. Por las calles empinadas de La Perla pasan niños corriendo, gallinas, gatos, mujeres y hombres que no quieren dejar su barrio a pesar de que ha habido propuestas de desarrollo turístico y urbano. Por muchos años ha sido un barrio marginal que en el pasado era conocido por su alta tasa de homicidios. Todavía existe el estigma a pesar de que en los últimos años se han grabado vídeos musicales como el de Luis Fonsi, "Despacito". En el barrio hay una gran cancha de baloncesto y un estanque que se usa como pista de patinaje o como piscina. La Perla ha inspirado a grandes músicos puertorriqueños como Ismael Rivera, Héctor Lavoe y Calle 13.

Barrio La Perla de San Juan

11.14 Complete las siguientes frases con el presente, el pretérito o el imperfecto del indicativo; el presente o el imperfecto del subjuntivo, o el infinitivo:

a. Es importante que . . .

b. Voy a ir a La Perla cuando . . .

c. Dudo que en La Perla . . .

d. Regresaré al hotel antes de . . .

e. René Pérez, el cantante de Calle 13, vivió en La Perla hasta que . . .

f. En las calles del barrio había niños que . . .

g. Compré un café en una tienda del barrio para . . .

h. Los jóvenes jugaron baloncesto hasta que . . .

i. La gente sufrió mucho cuando . . .

j. No iré a La Perla a menos que . . .

k. Ojalá que los habitantes de La Perla . . .

l. Calle 13 esperaba que los habitantes del barrio . . .

m. La gente tenía casas que . . .

n. Sería bueno que . . .

o. No tengo ninguna duda que . . .

11.15 Pase las siguientes frases del presente al pasado. En algunas tendrá que usar el imperfecto del subjuntivo en la segunda cláusula, en otras el pretérito o el imperfecto.

    a.   Juego baloncesto cuando voy a La Perla.

    b.   El grupo Calle 13 habla con los habitantes para que participen en el vídeo.

    c.   No hay nadie que quiera irse del barrio.

    d.   Espero que puedan reconstruir las casas destruidas por el huracán.

    e.   Dudas que haya restaurantes caros en La Perla.

    f.   Se oye música tan pronto como sale el sol.

    g.   Busco habitantes de La Perla que me cuenten la historia del barrio.

    h.   Los habitantes de La Perla creen que su barrio es el mejor.

    i.   ¿Hay alguien que conozca la canción "Despacito"?

    j.   No voy a bañarme en el mar a menos que alguien venga conmigo.

11.16 Construya frases con los elementos de la columna A y la columna B. Conjugue los verbos de la columna B:

A	B
a. Luis Fonsi se hizo famoso tan pronto como . . .	**a.** (preocuparse) por La Perla
b. Cuando pasó el huracán María . . .	**b.** (conocer) el barrio
c. Ellos caminaron desde la Perla hasta el Castillo después de que . . .	**c.** (ir) a La Perla
d. Es importante que . . .	**d.** (participar) en el vídeo
e. Busqué a gente que . . .	**e.** (ser) muy atractivo
f. Ella no iba a La Perla sin que . . .	**f.** (saber) la historia de La Perla
g. Iremos a La Perla para que tú . . .	**g.** (destruirse) las casas
h. Ellos me piden que . . .	**h.** (componer) la canción "Despacito"
i. Creo que el barrio . . .	**i.** (visitar) lugares menos turísticos
j. No creo que el gobernador de Puerto Rico . . .	**j.** (acompañarla)

Cuenta la leyenda que en 1797 los españoles no estaban preparados militarmente para confrontar la invasión de los ingleses. Tres mujeres, en esa época confinadas al espacio del hogar y agotadas por los continuos ataques de extranjeros, encontraron una estrategia que funcionó. Primero visitaron al obispo, quien no les dio mucha esperanza. Luego se fueron a buscar (de puerta en puerta) a otras mujeres que quisieran participar en una rogativa (rezo). Caminaban desde el Morro hasta la catedral de San Juan con antorchas prendidas cuando los ingleses que se acercaban al puerto vieron la imagen y creyeron que los españoles habían pedido refuerzos. Los invasores se retiraron y el evento quedó registrado en la historia de la isla como un milagro.

Turistas en la Plaza de la Rogativa

11.17 Charlie y Juan pasan una semana en San Juan. Llene los espacios con **por** o **para** en el siguiente diálogo:

Charlie: ¿**a.** _____ dónde llegamos más fácil a la plaza de mercado?

Juan: ¿Para qué quieres ir a Santurce?

Charlie: **b.** _____ comprar unas frutas. Allí encontramos mangos deliciosos **c.** _____ menos de un dólar. **d.** _____ nosotros que vivimos en Nueva York eso no es nada.

Juan: Tienes razón. Podemos caminar **e.** _____ veinte minutos. Son las seis de la tarde y cierran a las siete. **f.** _____ la hora en que lleguemos estará abierto.

Charlie: Gracias **g.** _____ invitarme a San Juan, realmente es una ciudad encantadora. Es una ventaja que tú trabajes **h.** _____ una agencia de viajes y puedas viajar **i.** _____ todas las islas del Caribe.

Juan: **j.** _____ suerte puedo regresar a mi ciudad frecuentemente.

11.18 Llene los espacios con los pronombres relativos **que, lo que, quien, quienes, los que, las que**:

a. _____más me gusta de la Plaza de la Rogativa es la leyenda.

b. Las mujeres, _____estaban cansadas de los conflictos militares, encontraron una solución.

c. Los turistas _____visitan San Juan no siempre tienen la oportunidad de escuchar la historia.

d. La escultura _____ves representa al obispo y a las mujeres que evitaron la invasión de los ingleses.

e. Las antorchas con _____marcharon en 1798 asustaron a los invasores.

f. No sé si la leyenda sobre _____hablan los guías turísticos haya ocurrido tal cual pero me parece una historia genial.

g. Ya sabes _____las mujeres lograron en una época en _____tenían papeles muy limitados.

h. Las personas con _____viajamos me preguntaron sobre la leyenda.

i. Estas son las tres mujeres _____comenzaron la rogativa.

11.19 Escriba la primera parte de las siguientes frases. Use la información que está entre paréntesis y conjugue el verbo en el presente, en el futuro o en el pasado de acuerdo a la segunda parte de la frase:

a. (Tú / llamar / a nosotros)_____tan pronto como llegues a la Plaza de la Rogativa.

b. (Yo / sentarse)_____cuando llegué a la Plaza de la Rogativa.

c. (El profesor / darte / un libro) _____para que conocieras la historia de la plaza.

d. (El guía / esperar)_____te guste la escultura.

e. (Yo / no visitar / la plaza)_____sin que vayas conmigo.

f. (Mi amiga puertorriqueña / no conocer / a nadie) _____que no sepa la historia de la invasión inglesa.

g. (La gente / no creer)_____que los españoles estuvieran preparados para la invasión.

h. (Las mujeres / ir / al puerto) _____con tal de que el obispo las acompañara hasta el puerto.

i. (Yo / conocer / a alguien) _____que me podía dar todos los detalles sobre la leyenda de la plaza.

j. (Ser / verdad)_____que había una escultura muy imponente.

11.20 Escriba un párrafo sobre lo que, en su opinión, es necesario que ocurra en Puerto Rico después del paso del Huracán María. ¿Qué tipo de personas y/o acciones se necesitan? ¿Qué sería deseable que hicieran los políticos, la gente común, las compañías, etc.? ¿Cómo sería posible que la ciudad de San Juan volviera a ser la misma, que se lograra un mejor futuro? Incluya en su párrafo:

- por lo menos una frase con **lo que**
- por lo menos una frase con **por** y otra con **para**
- por lo menos una frase con **sino**, otra con **pero**, y otra con **no solo . . . sino**

11.21 En 2017 pasó por Puerto Rico el huracán María, el peor desastre natural registrado en la historia de la isla. En este ejercicio hay varios personajes imaginados y reales que hablan sobre lo que esperaban después del paso del huracán. Cada estudiante de la clase va a representar a uno de estos personajes y van a hablar sobre su situación. Deben usar el imperfecto del subjuntivo cuando sea posible.

Personajes:
a. la alcaldesa de San Juan en 2017, Carmen Yulín
b. una mujer de setenta años que perdió todo
c. la escritora Mayra Santos-Febres
d. un profesor de la Universidad de Río Piedras que no pudo enseñar durante meses
e. la hija de un padre que murió como consecuencia del huracán
f. un joven que tuvo que emigrar hacia la Florida a causa del huracán
g. un soldado de la marina estadounidense que ayudó en las operaciones de rescate
h. un hombre que se dedicó a rescatar animales
i. el dramaturgo y actor de origen puertorriqueño Lin-Manuel Miranda que ayudó a recaudar fondos y criticó el papel del gobierno de los Estados Unidos
j. una persona que vivió en un albergue durante más de un año

11.22 Investigue uno de los siguientes temas y venga preparado/a para hacer una breve presentación en clase:

a. la esclavitud en Puerto Rico
b. la relación entre Puerto Rico y los Estados Unidos
c. la presencia puertorriqueña en Nueva York
d. la comida tradicional
e. las fiestas más importantes
f. la música, especialmente la salsa

Vista panorámica de la isla de Manhattan, con el edificio Empire State en el centro

CAPÍTULO DOCE

NUEVA YORK: LA CIUDAD DE TODOS

Future, Conditional, Review of the Present and Past Subjunctive, *If* Clauses

Introducción

En Nueva York nadie es extranjero. La "Gran Manzana" nunca deja de sorprender a sus habitantes porque siempre se renueva. Es la ciudad de todos, de los que han nacido en ella y de los que acaban de llegar de cualquier parte del mundo, con documentos o sin ellos. En Nueva York se hablan más de setecientas lenguas, algunas de ellas en peligro de extinción. Solo hay que dar unos pasos para viajar de un continente a otro y visitar comunidades donde las personas hablan su propio idioma, ofrecen sus productos y su comida típica, y viven su cotidianidad como si nunca hubieran salido de sus lugares de origen.

Nueva York es la capital del arte, de la moda, de las finanzas, del entretenimiento, de la cocina internacional. Los museos son una síntesis de la diversidad de la ciudad: el Metropolitano es como una enciclopedia de la historia del arte, el MoMA y el Guggenheim nos dejan ver lo mejor del arte contemporáneo. En el Tenement aprendemos sobre historias de inmigrantes y en el Museo del Barrio sobre artistas caribeños y latinoamericanos. En los cinco condados de la ciudad hay cerca de cien museos, galerías, salas de conciertos y de cine, espacios culturales y bibliotecas que reúnen al público con artistas plásticos, músicos, diseñadores, bailarines, directores de cine y escritores de todos los rincones del mundo. En el verano y en el otoño se realizan desfiles que celebran el Día de Acción de Gracias, el orgullo gay, el Día de la Hispanidad, el desfile nacional de Puerto Rico y de la República Dominicana, entre muchos otros.

Además de los dos grandes pulmones de la ciudad, el Parque Central en Manhattan y el Prospect en Brooklyn, en la mayoría de los barrios hay espacios verdes donde las diferentes comunidades pueden reunirse, hacer asados, celebrar fechas importantes. Durante los fines de semana del verano, Coney Island, península localizada al extremo sur de Brooklyn, ofrece espectáculos para todos los gustos, desde los más extravagantes hasta los más tradicionales. Allí es posible transportarse a otra época, como subirse a la montaña rusa más antigua de la ciudad o a una rueda de Chicago construida en 1920. El barrio de Brighton Beach es conocido como la pequeña Odesa porque muchos de sus habitantes son de origen ruso.

Las líneas del metro nos llevan a la China, a Italia, a Israel, a las islas del Caribe, a la India, a Rusia, a México, a Colombia, a países del Medio Oriente, a Senegal, a Nigeria— la lista es interminable. La línea 7 es un ejemplo perfecto de un tren multicultural. Se extiende entre el corazón turístico de Manhattan en Times Square y Flushing, uno de los barrios chinos de la ciudad. Allí van pasajeros leyendo periódicos o mensajes de texto en español, en mandarín, en hindi, en bengalí, en griego y en inglés. Algunos estudian o rezan con el Corán, la Biblia o la Torá. El torneo abierto de tenis en Flushing Meadows es el evento deportivo que más atención despierta a nivel mundial.

Nueva York es una ciudad ideal para jóvenes estudiantes y profesionales. El parque de Washington Square, la zona verde del campus de la Universidad de Nueva York (NYU), es un espacio perfecto para renovar energías, ver espectáculos callejeros o partidas de ajedrez. Bajo el árbol más viejo de Manhattan, los jóvenes estudiantes hacen picnics, estudian o toman siestas. Este parque también es conocido por las manifestaciones políticas. Al Washington Square lo llaman el corazón de Greenwich Village.

Cerramos nuestro recorrido por las ciudades del mundo hispanoamericano en Nueva York, un lugar donde diferentes generaciones de familias de habla hispana encuentran un espacio en el que pueden preservar sus tradiciones y abrirse a nuevas formas de hablar, de pensar y de actuar. Los puertorriqueños llegaron al Barrio, localizado en la parte este de Harlem, durante los años cincuenta. Grandes músicos del jazz latino contemporáneo, como Tito Puente y Machito, nacieron en el Harlem hispano. La revolución musical de la salsa ocurrió en el Barrio durante los años sesenta cuando surgieron las mejores bandas de la historia de la música latina. A pesar de que los altos precios de las viviendas han desplazado a muchos habitantes del Harlem hispano, todavía es posible visitar una botánica donde se venden productos para quienes practican la santería, probar platos afrocaribeños en la marqueta, tomar un cóctel *Morir soñando*, comprar víveres en una bodega dominicana y observar las marcas de la historia del barrio a través de sus grafitis. En el bajo Manhattan todavía quedan huellas de lo que fue Loisaida, un vecindario vibrante donde la mayoría de los habitantes eran puertorriqueños en los años setentas y ochentas.

En las dos últimas décadas del siglo veinte aumentó la llegada de inmigrantes mexicanos que inicialmente se establecieron en Brooklyn y en Queens. A diferencia de los puertorriqueños, que son ciudadanos estadounidenses, muchos mexicanos cruzaron la frontera sin documentos o llegaron con una visa temporal y se quedaron en los Estados Unidos. La ciudad de Nueva York, por su diversidad étnica y cultural, se convirtió en un destino apetecido para los vecinos del sur. Casi medio millón de personas pertenecientes a diferentes grupos étnicos de México se han establecido en comunidades como Sunset Park (Brooklyn), en Jackson Heights y Corona (Queens), en el Barrio (Manhattan) y también en los condados del Bronx y Staten Island. En muchos restaurantes de la Gran Manzana hay cocineros mexicanos que pueden hacer platos de cualquier lugar del mundo. En parques como Flushing Corona de Queens y el Prospect en Brooklyn se practica fútbol y se hacen asados los domingos. Los jornaleros que trabajan en construcción son los primeros en hacerse voluntarios cuando hay desastres naturales. Hay muchas asociaciones cívicas que defienden los derechos de los trabajadores mexicanos y centroamericanos en Nueva York.

Además de los puertorriqueños, los dominicanos y los mexicanos, hay otros vecindarios que se caracterizan por la presencia de inmigrantes de todos los países de habla hispana. El condado más diverso de Nueva York es Queens. Para experimentar el multiculturalismo en su expresión máxima, se puede caminar a través de la avenida Roosevelt a cualquier hora del día o de la noche. En la calle se pueden comprar tacos mexicanos, chicharrones colombianos, mangos y otras frutas con chile. Hay barberías donde los hombres debaten sobre política, bares para bailar cumbia, bachata, salsa o merengue, y tiendas donde se consiguen las camisetas de cualquier equipo de fútbol.

En cualquiera de los cinco condados es posible encontrar restaurantes donde se pueden degustar platos auténticos hispanoamericanos, como la carne asada y las empanadas argentinas, la paella española, las arepas colombianas y venezolanas, las quesadillas y los tacos mexicanos, las pupusas salvadoreñas, el ceviche peruano y ecuatoriano, la ropa vieja cubana, los cuchifritos puertorriqueños y muchos más.

La ciudad de Nueva York no sería la misma sin los millones de latinoamericanos que se despiertan en la madrugada para abrir y atender negocios donde es posible tomarse un café fresco, sin los caribeños que nos muestran cómo mover las caderas al ritmo de la salsa, sin los intelectuales exiliados que han producido sus mejores obras artísticas y literarias en la Gran Manzana.

En este capítulo estudiaremos el condicional y el futuro y haremos un repaso general del subjuntivo al tiempo que nos subimos al metro, nos sentamos rodeados de estudiantes en el parque Washington Square, observamos un mural donde se representa la historia de la comunidad puertorriqueña en el Barrio, caminamos por la avenida Roosevelt y compramos algún producto en una bodega dominicana.

PREGUNTAS DE COMPRENSIÓN

1. ¿Cuáles son las tres comunidades hispanoamericanas más grandes de la ciudad de Nueva York?

2. ¿Qué género musical latino surgió en Nueva York? ¿En qué época?

3. ¿Cuál es una de las líneas de metro más diversas de la ciudad?

4. Nueva York es una ciudad que satisface los gustos de muchas personas, desde los apasionados por el arte y la cultura hasta los que prefieren asistir a un evento deportivo. ¿Qué lugares de Nueva York recomienda usted y por qué?

5. ¿Por qué es una ciudad ideal para jóvenes estudiantes?

6. ¿Cuáles son algunos de los barrios latinos más importantes de la ciudad?

7. Mencione algunos platos de las diferentes cocinas hispanoamericanas que se encuentran en la ciudad de Nueva York.

I. The Future and Conditional Tenses / *Los tiempos futuro y condicional*

Future (will)			Conditional (would)		
hablar**é**	comer**é**	vivir**é**	estudiar**ía**	ir**ía**	ser**ía**
hablar**ás**	comer**ás**	vivir**ás**	estudiar**ías**	ir**ías**	ser**ías**
hablar**á**	comer**á**	vivir**á**	estudiar**ía**	ir**ía**	ser**ía**
hablar**emos**	comer**emos**	vivir**emos**	estudiar**íamos**	ir**íamos**	ser**íamos**
hablar**éis**	comer**éis**	vivir**éis**	estudiar**íais**	ir**íais**	ser**íais**
hablar**án**	comer**án**	vivir**án**	estudiar**ían**	ir**ían**	ser**ían**

- The future and conditional have the **same endings** for all verbs.

- The stem is generally the infinitive, but some verbs (and their compounds) differ slightly:

decir: **diré, dirías**	poder: **podremos, podría**	salir: **saldrá, saldríais**
caber: **cabrá, cabrían**	poner: **pondrá, pondría**	tener: **tendré, tendría**
haber: **habrá, habría**	querer: **querrás, querríais**	valer: **valdrá, valdrían**
hacer: **harás, haría**	saber: **sabrás, sabría**	venir: **vendrá, vendríamos**

PRÁCTICA:

12.1 Conjugue los verbos siguientes en el futuro y el condicional. ¡Cuidado con los acentos!

estar (yo)   _____   _____

ser (vosotros)   _____   _____

escribir (nosotros)   _____   _____

hacer (tú)   _____   _____

pagar (ellos)   _____   _____

ir (usted)   _____   _____

querer (yo)   _____   _____

beber (tú y yo)   _____   _____

saber (la señora)   _____   _____

venir (vosotras)   _____   _____

perder (ustedes)   _____   _____

salir (nosotras)   _____   _____

viajar (yo)   _____   _____

poder (Óscar)   _____   _____

seguir (tú)   _____   _____

poner (Ingrid)   _____   _____

caber (las maletas)   _____   _____

pedir (yo)   _____   _____

contar (ellas)   _____   _____

haber (nosotros)   _____   _____

descubrir (vosotros)   _____   _____

inventar (tú y yo)   _____   _____

abrazar (los padres)   _____   _____

tener (él)   _____   _____

resistir (yo)   _____   _____

A. The FUTURE tense is used as it is in English

> ***Esta noche comeremos tacos mexicanos en Brooklyn.***
> Tonight we'll eat Mexican tacos in Brooklyn.

> ***No habrá tráfico en Washington Heights a las tres de la mañana.***
> There won't be any traffic in Washington Heights at three in the morning.

Jugaremos al ping pong en Bryant Park este domingo.
We'll play ping pong in Bryant Park this Sunday.

¿Nos mandarás una postal desde Nueva York?
Will you send us a postcard from New York?

Tomaré el ferry para ir a Staten Island. Pasaré por la Estatua de la Libertad.
I'll take the ferry to go to Staten Island. I will pass in front of the Statue of Liberty.

- Spanish also uses the future to express some conjectures (*conjeturas*):

Miguel no contesta al teléfono. ¿Estará almorzando?
Miguel doesn't answer the phone. Perhaps he is having lunch?

¿Qué tiempo hará mañana en Manhattan?
(I wonder) What will the weather be like tomorrow in Manhattan?

Sonia parece preocupada ¿Le pasará algo?
Sonia seems preoccupied. Maybe something is wrong with her?

- Sometimes, English "will" or "won't" does not refer to the future but rather implies want, in which case it must be expressed with the appropriate verb (usually *querer*) in Spanish:

No quieren hablar con nosotros.
They won't speak to us.

- Remember that the **present subjunctive** is used to express future, hypothetical events in subordinate clauses (as seen in Chapters 10 and 11).
No creo que llegues a tiempo al concierto desde Queens.
I don't think you'll arrive on time for the concert from Queens.

¡Ojalá que no llueva mañana para el Desfile Nacional de Puerto Rico!
Let's hope it won't rain tomorrow for National Puerto Rican Day Parade!

PRÁCTICA

12.2 Ponga las siguientes frases en el futuro, según el modelo:

Modelo: *Cenar con sus amigos caribeños (Caribbean)*
María Luisa **cenará** *con sus amigos caribeños.*

a. Tomar el metro para llegar al Jardín Botánico en Brooklyn.
Nosotros . . .

b. Ver las últimas tendencias de la moda en las pequeñas tiendas del barrio SoHo (**South of Ho**uston Street)
Vosotros . . .

c. Visitar la Estatua de la Libertad con su clase.
Simón . . .

d. Dar un largo paseo por Central Park.
Yo . . .

e. Pasar la tarde mirando las obras de Pablo Picasso en el Museo Metropolitano.
Ellos . . .

f. Tomar chicharrón de pollo y tostones con tu amiga dominicana en Washington Heights (*Manhattan*).
Tú . . .

g. Probar un restaurante peruano típico en Jackson Heights (*Queens*) para mi cumpleaños.
Mis amigos y yo . . .

h. Hacer planes divertidos con mi familia puertorriqueña en Loisaida (*Manhattan*).
Yo . . .

i. Tomar fotos de los grafitis coloridos en Bushwick (*Brooklyn*).
Yarelis y sus amigos . . .

j. Ir a un partido de béisbol entre los Yanquis y los Mets.
Mi novio y yo . . .

k. Disfrutar de un excelente concierto de jazz en Greenwich Village.
Tú . . .

l. Hacer una foto de grupo en el puente Brooklyn.
Teresa y sus amigos . . .

m. Tener una tarde maravillosa con mis compañeros de clase en Williamsburg (*Brooklyn*).
Yo . . .

n. Utilizar mucho su español en Nueva York.
Los estudiantes . . .

o. Volver pronto a Nueva York para explorar más barrios latinos.
Yo . . .

12.3 Imagine que acaba de llegar a Nueva York. Va a pasar un día en la ciudad y tiene cien dólares en el bolsillo. Conteste las preguntas siguientes con frases completas:

a. ¿Cómo se desplazará por la ciudad? ¿Tomará taxis, el metro, un *Citi Bike* o irá a pie?

b. ¿En qué tipo de restaurante comerá?

c. ¿Comprará algo? ¿Qué?

d. ¿Irá a ver monumentos famosos? ¿Cuáles?

e. ¿Hablará inglés o español con la gente de Nueva York?

f. ¿Irá a un barrio latino? ¿Cuál? ¿Qué comerá allí?

g. ¿Tomará muchas fotos? ¿Qué tipo de fotos tomará? ¿De personas? ¿De edificios?

12.4 Complete las siguientes frases utilizando el **futuro** o el **presente del subjuntivo**:

a. (tener) Tú no crees que David _____ problemas en Nueva York. Yo creo que sí los _____ porque no le gusta probar cosas nuevas.

b. (llevar) Ojalá que ellos _____ un poco de dinero para hacer compras. Sé que lo _____ porque han ahorrado (*saved*) mucho para el viaje.

c. (decir) Quiero que tú me _____ qué debo hacer en Nueva York. Sí, prometo que te lo _____ en un email esta noche.

d. (querer) Para la fiesta ofreceré jugos en caso de que los invitados no _____ cerveza. Algunos no _____ tomar alcohol.

e. (ponerse) Te compraré una deliciosa arepa en la calle para que no _____ triste. ¡Oh, ahora yo _____ feliz!

f. Es normal que ellos _____ (tener) miedo de perderse en el metro al principio, y seguramente _____ (perderse) algunas veces.

g. Mañana nosotros (ir) _____ al Museo del Barrio, a menos que (estar) _____ cerrado. Entonces (ir) _____ a la Colección Frick.

h. (querer) Me alegra de que tus padres _____ venir con nosotros a Brooklyn y seguro que _____ pasear por Prospect Park.

En el siguiente ejercicio nos encontramos en Washington Square Park, un parque de apenas diez hectáreas situado en el barrio Greenwich Village. El gran arco blanco, una réplica del famoso Arco de Triunfo en París, fue inaugurado en 1895 en homenaje al presidente George Washington. Hoy este parque es uno de los espacios públicos más transitados de la ciudad y un lugar de encuentro popular para turistas, gente local y estudiantes de la Universidad de Nueva York.

Parque Washington Square cerca de la Universidad de Nueva York

12.5 En este dibujo se ven grupos de estudiantes charlando. Conteste las preguntas con frases completas imaginando cómo será su futuro. ¡Utilice su imaginación y sea original!

    a. En su opinión, ¿qué harán estos estudiantes después de graduarse de la universidad? ¿Buscarán un trabajo en seguida? ¿Viajarán por el mundo? ¿Seguirán estudiando más? ¿Volverán a vivir con sus padres?

    b. ¿Tendrán una buena vida en el futuro? ¿Se preocuparán más por el dinero o por su calidad de vida? ¿Tendrán un ritmo de vida estresado o relajado?

    c. ¿Se quedarán a vivir en Nueva York o se mudarán a otra ciudad? ¿Cree que algunos lucharán por causas humanitarias? ¿Cuáles, por ejemplo?

    d. ¿Serán felices en el futuro? Explique su respuesta.

    e. ¿Cómo imagina su propia vida en diez años? ¿Dónde vivirá? ¿Qué tipo de profesión tendrá? ¿Habrá cumplido algunas de sus metas *(goals)* personales?

B. THE CONDITIONAL tense is used as it is in English

    ¡Yo pasaría toda mi vida en Nueva York!
    I would spend my whole life in New York!

    No me molestaría visitar el puerto de Nueva York.
    I wouldn't mind visiting the New York harbor.

    Sería maravilloso descubrir un barrio internacional.
    It would be wonderful to discover an international neighborhood.

    Me encantaría explorar una universidad en Nueva York.
    I would love to explore a university in New York.

    ¿Cuánto tiempo pasarías en el Museo Guggenheim?
    How much time would you spend at the Guggenheim Museum?

    • Spanish also uses the conditional to express conjectures about past situations:

    Max no vino ayer. Estaría enfermo.
    Max didn't come yesterday. He was probably sick.

    ¿Se le olvidaría la cita?
    Maybe he/she forgot about the appointment?

- English frequently uses the word "would" to express past habitual actions. Spanish does not use the conditional, but rather the **imperfect** in such cases:
  De adolescente, <u>iba</u> al cine en el Angelika Film Center, en SoHo.
  As a teenager, I <u>would go</u> to the movies at the Angelika Film Center, in SoHo.

  Mis padres <u>escuchaban</u> New York Public Radio en el carro.
  My parents <u>would listen</u> de New York Public Radio in the car.

PRÁCTICA

12.6 Conteste las siguientes preguntas utilizando el condicional:

¿Qué haría en Nueva York?
Modelo: *¿(vestirse) de forma elegante o relajada?* ***Me vestiría de forma muy relajada.***

   a. ¿(comer) un perro caliente en un puesto callejero (*street vendor*) o comida dominicana en Washington Heights?

   b. ¿(Ir) a un ballet clásico en Lincoln Center o a un partido de baloncesto en Madison Square Garden?

   c. ¿(comprar) una camiseta (*T-shirt*) que dice "I Love New York" o un libro sobre la arquitectura de la ciudad?

   d. ¿(pasar) tiempo en museos o caminando por las calles?

   e. ¿(sacar) fotos de edificios o de personas?

   f. ¿(cruzar) el puente Brooklyn en bicicleta o a pie?

   g. ¿(tomar) un "selfie" delante de la Estatua de la Libertad o del edificio Empire State?

   h. ¿(buscar) libros en Barnes & Noble o en una pequeña librería de Greenwich Village?

   i. ¿(sacar) entradas (*tickets*) para una obra de teatro en Broadway o un concierto clásico en Carnegie Hall?

   j. ¿(entrar) a la Catedral de San Patricio en la Quinta Avenida o (ir) a una misa gospel en Harlem?

C. FOR POLITE REQUESTS

- ***Quisiera*** is often used for "I would like" instead of the conditional (***querría*** is generally avoided).

¿Quisieras acompañarme al concierto?	Would you like (want) to go with me to the concert?
Quisiera visitar Nueva York algún día.	I would like to visit New
Me gustaría visitar Nueva York.	York someday.

- "Would you . . . ?", "Could you . . . ?" involve either the conditional or the past subjunctive of ***poder***:

¿Me pudiera Ud. dar información? (formal)	Could/Would you give me
¿Me podrías dar información? (informal)	some information?

PRÁCTICA

12.7   Traduzca las frases siguientes al español:

a.   Would you like (want) to have dinner with me tonight?

b.   I would love it. Where would we be going?

c.   We could go to Queens for Peruvian food.

d.   Would we take the subway?

e.   Yes, but we would take a cab back to the university.

f.   I would love to go with you.

El metro de Nueva York es famoso. Desde el año 1904, es la manera más rápida para moverse por la ciudad. Se estima que cada año más de cinco millones de neoyorquinos toman el metro para ir al trabajo, a la escuela o para desplazarse entre diferentes barrios. Es el lugar ideal para observar a la gente y entender cómo es el día a día de los habitantes de esta metrópolis.

12.8 Mire el dibujo y conteste las preguntas con frases completas:

Una escena del metro de Nueva York

a. ¿Se conocerán las personas en el dibujo?

b. ¿Tomarán el metro todos los días o solo de vez en cuando?

c. ¿Adónde irá el chico con la camiseta verde con la flor?

d. ¿Adónde irá el señor con el traje negro en el fondo? ¿Cuál será su profesión?

e. ¿Qué libro estará leyendo la chica con el suéter negro?

f. ¿En qué estará pensando el señor de la camiseta azul? ¿Dónde trabajará?

g. Si usted viviera en Nueva York, ¿le gustaría tomar el metro todos los días para ir al trabajo o a la escuela? ¿Qué haría en el metro para pasar el tiempo?

h. ¿Cree que más personas tomarán transporte público en el futuro? ¿Por qué?

II. Review of the Present and Past Subjunctive /
Repaso del presente y del imperfecto del subjuntivo

In previous chapters you have studied the subjunctive in noun, adjective and adverbial clauses. In this chapter you will practice the subjunctive both in the present and in the imperfect. There are mechanical exercises in which you will be asked to conjugate the verb in the appropriate tense and others in which you will complete sentences or create your own sentences based on specific situations.

PRÁCTICA

En todos los condados de Nueva York (Manhattan, Queens, Brooklyn, Bronx y Staten Island) hay bodegas. Las bodegas son tiendas donde se puede conseguir una infinidad de productos desde verduras y frutas hasta un tiquete de lotería o una vela con una imagen de la Virgen de Guadalupe. Muchas de ellas están abiertas las veinticuatro horas del día. Aunque hay bodegas atendidas por personas de diferentes nacionalidades, la cultura de la bodega surgió en los años cincuenta y los dueños eran dominicanos en su mayoría. En el siguiente dibujo están los hermanos Merquis y Rafael García, quienes atienden el negocio familiar y se sienten orgullosos porque proveen una diversidad de productos para la comunidad hispana.

Bodega en Brooklyn

12.9 Forme frases con los siguientes elementos. Debe conjugar el verbo de la segunda cláusula en el presente del indicativo, el presente del subjuntivo o dejarlo en su forma del infinitivo. Hay cláusulas sustantivas, adjetivales y adverbiales:

a. No haber duda / que / los hermanos García / conocer / a sus clientes

b. En la bodega no haber / ningún producto / que / ser / caro

c. Merquis y Rafael / trabajar / para / seguir / la tradición familiar

d. Dudar / que / la bodega / tener / muchos productos orgánicos

e. El padre de los hermanos García / pedirles / a sus hijos / que / cuidar el negocio

f. Merquis y Rafael no / ir a vender el negocio / a menos que / regresar a República Dominicana

g. A Rafael / alegrarle / que / Merquis / trabajar con él

h. Merquis / buscar / productos / que / la comunidad / necesitar

i. Yo / querer / que / los hermanos García / tener éxito

j. Merquis / tener / una familia / que / vivir en el barrio de Bushwick

k. Rafael / atender / a los clientes / mientras que / Merquis / organizar los productos

l. Nosotros / comprar / café fresco / antes de / ir a trabajar

m. Ser verdad / que / la bodega / ofrecer / una gran variedad de productos

n. Ser importante / que / nosotros / apoyar / los pequeños negocios

o. Merquis / esperar / que / su hermano / cerrar / la bodega hoy

12.10 Complete las siguientes oraciones con el presente del indicativo, el presente del subjuntivo o el infinitivo:

a. En la bodega hay productos que . . .

b. Es necesario que los hermanos . . .

c. Los clientes quieren que los hermanos . . .

d. Compraré aguacates cuando . . .

e. Los hermanos García abren la bodega antes de que los clientes . . .

f. Rafael no toma decisiones importantes sin que Melquis . . .

g. Ellos no se van del barrio a pesar de que . . .

h. Melquis busca el producto mexicano que . . .

i. ¿Hay alguien en la bodega que . . .

j. Invitaremos a los hermanos a la fiesta para que ellos . . .

En el siguiente dibujo nos encontramos en Harlem del este, el Spanish Harlem o el Barrio de la ciudad de Nueva York. A comienzos del siglo veinte la mayoría de los habitantes eran de origen italiano. A partir de 1930 comenzaron a llegar familias puertorriqueñas y hoy en día es uno de los barrios latinos más importantes de la ciudad. Allí está localizado el Museo del Barrio donde se pueden visitar salas con colecciones permanentes de arte pre-colombino y con grandes obras de artistas caribeños y latinoamericanos. También se pueden comprar productos típicos de la cocina hispanoamericana en *La Marqueta* y asistir a eventos especiales durante los fines de semana. Los murales de arte cuentan la historia de la presencia latina en el barrio. En la calle 104 con la avenida

Lexington se puede apreciar *The Spirit of East Harlem*, mural hecho en 1978 por el artista Hank Prussing.

El Barrio en East Harlem

PRÁCTICA

12.11 Pase las siguientes frases del presente al pasado:

  a. No hay mucha gente que sepa el nombre del artista de este mural.
  b. Tito compra la bandera de Puerto Rico antes de que empiece el desfile nacional puertorriqueño.
  c. Yarelis le pide a Julio que vaya con ella a La Marqueta.
  d. Heriberto quiere llegar a casa después de que la comida esté lista.
  e. Nosotros esperamos que la comida de El Paso sea deliciosa.
  f. Es importante que vayamos al desfile.
  g. No creo que Julio pueda ir a La Marqueta hoy.
  h. Yo pienso que toda la historia del Barrio está en el mural.

    i.   En el mural los hombres juegan dominó mientras conversan sobre la vida en Puerto Rico.

    j.   Los turistas le piden al guía turístico que les cuente la historia del mural.

12.12 Complete las siguientes frases con el imperfecto del subjuntivo, el pretérito o el infinitivo:

    a.   Tito esperaba que el desfile . . .

    b.   Yarelis fue a la tienda para . . .

    c.   Julio no quería que Yarelis . . .

    d.   Heriberto jugó dominó con sus amigos hasta que . . .

    e.   Yo fui al Barrio antes de que . . .

    f.   El guía habla sobre la historia de Spanish Harlem para que los turistas . . .

    g.   Era importante que Tito . . .

    h.   Heriberto llamó a su mamá después de que . . .

    i.   A Julio le alegraba que Yarelis . . .

    j.   En este barrio no había nadie que . . .

III. *If* Clauses / *Frases con* si

A. USE THE INDICATIVE

    •   For events likely to take place:

Si suben *el precio, no lo* ***compraremos.***	If the price goes up, we won't buy it.
No ***tienes*** *que hacerlo* ***si no hay*** *tiempo*	You don't have to do it if there's no time.
No sé ***si él está*** *en casa o no.*	I don't know if (whether) he is home or not.

    •   After ***por si (acaso)*** . . . / *just in case*:

Traigo paraguas ***por si acaso llueve.***	I'm bringing an umbrella just in case it rains.
Llevó el celular ***por si se perdía.***	He took his cell phone in case he got lost.

B. USE THE PAST SUBJUNCTIVE

    •   For unlikely or contrary-to-fact events, the "if" clause is in the past subjunctive, and the result clause in the conditional:

Si tuviera *un millón de dólares,* ***sería*** *rico.*	If he had a million dollars, he'd be rich.
No ***haría*** *eso* ***si fuera*** *tú.*	I wouldn't do that if I were you.

- After **como si . . .** / *as if*:

  *Me trataba **como si yo fuera** una niña.*   He treated me as if I were a child.
  *Siempre actúa **como si no pasara** nada.*   She always acts as if nothing were the matter.

- After **ojalá** and **aunque**, when they refer to **conditions contrary to fact**:

  ***Ojalá hubiera arepas** en el restaurante.*   If only there were arepas at the restaurant.
  ***Iría** a la playa de Coney Island **aunque nevara** en verano.*   I'd go to the beach in Coney Island even if it snowed in summer.

- When "whether . . . or (not)" conveys a hypothesis, Spanish uses subjunctive constructions (not "if" clauses):

  Nos casaremos (sea que) les guste o no.   We'll get married whether they like it or not.

> The present subjunctive is never used in "if" clauses.

PRÁCTICA

12.13 Sustituya las siguientes condiciones hipotéticas por posibilidades reales:

Modelo: *Si vinieras, me pondría contento.* → ***Si vienes, me pondré contento.***

- **a.** Si (yo) comprara aguacates, haría guacamole.
- **b.** Si se quitara el sombrero, podríamos verle la cara.
- **c.** Si quisiera conocer una botánica, iría al Barrio.
- **d.** Si aprendiera a bailar salsa, iría a un club en Manhattan.
- **e.** Te visitaría en Loisaida si tuviera tiempo.
- **f.** Me haría empleado público si el gobierno pagara mejor.

12.14 Termine las oraciones de manera lógica:

- **a.** Me pondría contento si . . .
- **b.** Si los hermanos García suben los precios . . .
- **c.** Iré a Coney Island si . . .
- **d.** Si todo fuera perfecto . . .
- **e.** Se nos olvidarían los problemas si . . .
- **f.** Mis padres se enojarán si . . .
- **g.** Ojalá todo . . .

h. Viviría en Brooklyn aunque (*even if*) . . .

i. Se puso ropa de invierno por si . . .

j. El chef mexicano cocina comida francesa como si . . .

La avenida Roosevelt es una de las más diversas de la ciudad de Nueva York. Dicen que es un verdadero ejemplo del "*melting pot*" por la cantidad de personas de diferentes partes del mundo que recorren la avenida a diario. En Corona, Queens, hay familias inmigrantes europeas, asiáticas y latinoamericanas, entre otras. En el siguiente dibujo se observa esta diversidad tanto en sus personajes como en las tiendas que ofrecen servicios y productos en varios idiomas.

Avenida Roosevelt en Queens

12.15 Felix y Servando paran a conversar un rato después de trabajar largas horas en construcción. Felix le habla a Servando sobre sus sueños y sus deseos. Construya frases con los elementos de las dos columnas. Use las cláusulas con "si" y el condicional en este ejercicio:

	A	**B**
a.	Si (tener) hambre	si (tener) tiempo
b.	(Ir) a la fiesta	(pedir) unas quesadillas en el restaurante
c.	Si mi familia (estar) aquí	si (poder)
d.	(Regresar) a Puebla	la vida (ser) más fácil
e.	Si (ganar) un mejor salario	si tú (acompañarme)
f.	(Trabajar) el domingo	(caminar) hasta mi casa
g.	Si no (estar) tan cansado	si el jefe (necesitarme)
h.	(Pintar) mi casa	(vivir) en un mejor apartamento
i.	Si mi jefe (pagarme) más	si no (haber) tantos problemas con la línea 7
j.	(Tomar) el metro	si (encontrar) el color perfecto

12.16 Jovita vende los mejores elotes (maíz) de Queens y sus clientes siempre pasan un rato conversando con ella. Complete las frases de la conversación con el condicional, el imperfecto del subjuntivo, el presente o el futuro:

Jovita: Si pruebas el elote con crema y chile . . .
María: Lo probaría si . . .
Jovita: Ah, no sabía que no te gusta el picante. Te prepararé un elote especial si . . .
María: ¿Qué dices, Julián? ¿Tienes cuatro dólares para los dos elotes?
Julián: Si tuviera dinero . . .
Jovita: No se preocupen. Si me pagan mañana, yo . . .
María: Gracias Jovita. Si no fuera por personas como tú, este barrio . . .
Julián: ¿Y tu familia, cómo está Jovita? ¿Cuándo vuelve tu mamá de Guerrero?
Jovita: Si Dios quiere, ella . . .
María: Yo regresaría a mi pueblo si . . .
Julián: Ay, no te quejes. Si no fuera por esta ciudad . . .
María: No me quejo pero la verdad es que si estuviera con mi familia . . .
Jovita: Bueno, aquí tienen sus elotes deliciosos, ¡buen provecho!

12.17 Comente los problemas con tres posibilidades hipotéticas como en el modelo.

Modelo: *Se me acaba la energía.*   ***Sería mejor si no se te acabara.***
Vivirás mejor si no se te acaba.
Todo será más fácil cuando no se te acabe.

a. Se me olvidan las fechas.
b. Se me pierden las cosas.
c. Se me olvida comer.
d. Se me acaba el dinero. *(I run out of money)*

12.18 Termine las oraciones de una manera gramaticalmente correcta:

    a. Me pondré feliz cuando . . .
    b. Los inmigrantes en Nueva York tendrán un mejor futuro después de que . . .
    c. Me volvería loco si . . .
    d. Mis padres se pondrán contentos cuando . . .
    e. La gente visita Corona si . . .
    f. No habrá igualdad de derechos a menos que . . .

12.19 Exprese en español:

    a. I wish it were true; I'd like it a lot. But I don't think it will be possible.

    b. He will be given the necessary instructions, even if he doesn't need them.

    c. I wish we didn't have another exam for this class; it would be great.

    d. Although it's raining today, I still want to go to Prospect Park. I'll take an umbrella just in case.

    e. Could you lend me $10 just in case I run out of money?

    f. If they are having fun, why ask them to do something else?

    g. There are people who act as if they were going to die tomorrow.

    h. Actually, I would help her if she realized she needs help.

    i. If the government invested more in education, there would be less crime.

    j. I'd like us to communicate (be in touch) more often.

    k. There will be fewer problems if we help each other.

    l. If only there were peace on this planet. We could create better solutions.

12.20 Nora es una estudiante de Santiago de Chile que está en Nueva York durante un semestre para aprender inglés. Ella describe algunas de sus experiencias en un diario. Conjugue los verbos en el presente, el futuro, el presente del subjuntivo, el imperfecto del subjuntivo, el pretérito, el imperfecto o el condicional:

Sábado 5 de mayo
Hoy visité varios barrios en Brooklyn. Crucé el puente Brooklyn a las seis de la tarde desde el sur de Manhattan hasta el centro de Brooklyn. Había mucha gente que **a.** _____(tomar) fotos del atardecer. Si **b.** _____(tener) mi cámara conmigo, tomaría fotos más profesionales del atardecer. Es increíble que **c.** _____(poder) atravesar un puente caminando y que **d.** _____(tener) la posibilidad de

ver los rascacielos del sur de Manhattan. Viviría en Dumbo, en Park Slope o en Williamsburg si los precios de los apartamentos no **e.** _____(ser) tan altos. En estos barrios no hay nadie que **f.** _____ (aburrirse) porque siempre hay algo que hacer.

Domingo 6 de mayo
Espero que hoy **g.** _____(hacer) buen tiempo porque tengo muchos planes con compañeros de Hunter College, la universidad donde asisto a clases de inglés. Estoy escribiendo antes de que ellos **h.** _____ (llegar). **i.** _____ (hacer/ nosotros) un picnic en el Parque Central a menos que **j.** _____(llover). Luego **k.** _____ (ver) la colección impresionista en el Metropolitano y espero que ellos **l.** _____ (estar) dispuestos a pasar un buen rato en esta sala. Es posible que **m.** _____ (visitar) el Guggenheim después. Si **n.** _____ (vivir) en Nueva York, iría a una galería de arte diferente cada fin de semana. Mi amiga Rosa quiere que **o.** _____ (acompañarla) a un musical de Broadway pero yo prefiero ir a escuchar una ópera en el Lincoln Center. Dudo que **p.** _____ (ponerse-nosotros) de acuerdo.

Lunes 7 de mayo
Finalmente tomamos el *ferry* a Staten Island después de que **q.** _____(visitar) el Metropolitano. Pasamos frente a la estatua de la libertad y regresamos a Manhattan antes de que **r.** _____(anochecer). En el *ferry* hablé con una familia de mexicanos que **s.** _____(vivir) en la isla. Ellos me recomendaron que **t.** _____(ir) a la isla para que **u.** _____(conocer) a las diferentes comunidades de inmigrantes que viven allí. No pensaba que **v.** _____ (haber) tanta diversidad en Staten Island. Cuando regresamos a Manhattan, **w.** _____(tomar) el metro hasta Times Square. Había muchos turistas que **x.** _____(tomarse) fotos con todos los avisos luminosos a sus espaldas.

IV. ¿Sabías que . . . ? El *spanglish* y el futuro del español en los Estados Unidos

La presencia del español en el norte del continente americano es mucho más antigua de lo que parece. La historia nos muestra que desde el siglo XVI el reino de España sufragó numerosos viajes por la costa sur de los Estados Unidos, y durante más de 400 años los españoles exploraron la mayor parte de las costas del norte de América. Son conocidas las expediciones de Ponce de León en 1513 y Hernando de Soto (entre 1539-1543) en Florida; en 1524, Esteban Gómez recorrió la isla de Nantucket en Massachusetts y el río Hudson en Nueva York; en 1528 Núñez Cabeza de Vaca recorrió la Florida, Alabama, Arizona, el norte de México y California. En 1540, Vázquez de Coronado recorrió Arizona, Nuevo México, Kansas y Nebraska. Juan de Oñate fundó la primera ciudad de Nuevo México en 1598. Juan Francisco de la Bodega y Quadra llegó hasta Alaska en 1775. Galiano y Valdés llegaron hasta Vancouver, en Canadá, en 1792. Como resultado de estas expediciones, hay estados, ciudades, ríos y montañas en los Estados Unidos que llevan nombres españoles: California, Nevada, Colorado, Montana, Arizona, Nuevo México, Texas, Florida, San Francisco, Los Ángeles, Las Vegas, Sacramento, Monterey, Río Grande, Río Rojo, Sierra Nevada, Sierra Madre . . .

La lengua española ha crecido muchísimo en los Estados Unidos. Se habla tanto en la costa oeste como en la costa este, en el norte como en el sur. Hacia el año 2060 se espera que el **26,6%** de la población estadounidense hable español. A partir del siglo XX la emigración procedente de países hispanos vecinos ocurre por razones muy diferentes, tanto políticas como económicas. En Florida, la inmigración es fundamentalmente cubana; en los estados de California, Texas y Arizona, es mayoritariamente de origen mexicano y también centroamericano; en el noreste del país, muchos hispanohablantes proceden de las islas del Caribe, de Centroamérica y de México.

La mayoría de los hispanos que viven en los Estados Unidos emplean indistintamente el inglés y el español en sus vidas diarias: en casa con sus familiares, en el trabajo y hasta en la escuela. Este fenómeno de **contacto** entre ambas lenguas ha producido la creación de numerosas palabras (inventadas quizás por necesidad o confusión) que llamamos **espanglicismos**. El fenómeno del *spanglish* en Estados Unidos comprende en la actualidad más o menos unas **4.000 palabras**, siendo muchas relacionadas con el ámbito de la tecnología y de los medios de comunicación ("ciber-*spanglish*"). También ha dado lugar a mucha creatividad en la lengua, sobre todo en la literatura y la música popular.

En realidad, el *spanglish* afecta mucho más al inglés que al español, porque es todavía la lengua mayoritaria de Estados Unidos—por el momento. Aunque lo ideal sería que los hablantes fueran totalmente bilingües, equilibrados en las dos lenguas, la realidad es que a veces se cruzan las lenguas, se mezclan las frases y finalmente se acaban creando expresiones nuevas y creativas para resolver la inmediatez de la comunicación entre las personas.

Algunos ejemplos de *spanglish* son:

bloque (*manzana / street block*)

boila (*caldera / boiler*)

rufo (*techo / roof*)

bil (*factura / bill*)

estraique (*huelga / strike*)

rentar (*alquilar / to rent*)

aiscrím (*helado / ice cream*)

bisquete (*galleta / cookie*)

janguear/hanguear (*pasar tiempo junto / to hang out*)

guachar (*vigilar / to watch*)

parquear (*estacionar / to park*)

lonchear (*almorzar / to have lunch*)

aplicación (*solicitud / job application*)

dropear (*abandonar algo [como por ejemplo una clase]) / to drop (a class*)

taipear (*escribir a máquina / to type*)

chatear (*conversar / to chat*)

cliquear (*oprimir / to click*)

linquear (*hacer un enlace / to link*)

mandar un mail (*mandar un correo electrónico / to send an email*)

mouse (*ratón / computer mouse*)

**También existen muchas expresiones que son calcos (*borrowed expressions*)
de la expresión inglesa:**

Te llamo para atrás. (*Te devuelvo la llamada. /
I'll call you back.*)

retornar (*devolver / to return*)

correr por oficina (*participar en unas
elecciones / to run for office*)

tienda de grocerías (*tienda de comestibles /
grocery store*)

la cuerda de la luz (*el cable eléctrico /
the electric cord*)

En estos casos vemos la diferencia entre el uso **normativo** de la lengua y otro uso
que no lo es, con palabras tomadas al oído del inglés y *castellanizadas* con mucha creatividad y flexibilidad según las reglas fonéticas del español. Dada la presencia cada vez
mayor de la comunidad hispanohablante en los Estados Unidos, la lengua española seguirá sin duda creciendo y aportando riqueza en expresiones y formas de comunicación.

PREGUNTAS

Diga si las siguientes frases son **V**erdaderas o **F**alsas. Si son falsas, dé la respuesta
correcta.

a. La presencia del español en los Estados Unidos es relativamente nueva.

b. Los españoles solo exploraron la costa sur del país.

c. Muchas ciudades americanas tienen un nombre de origen español.

d. A partir del siglo XX la inmigración de hispanos a los Estados Unidos ocurre
   solamente por razones económicas.

e. La inmigración hispana a la Florida es principalmente cubana.

f. Los hispanos que viven en los Estados Unidos utilizan solamente el español
   en sus vidas diarias.

g. El *spanglish* es el resultado del contacto entre el español y el inglés.

h. "Chatear" es una palabra española.

i. La expresión "te llamo para atrás" es un calco.

j. En el futuro la lengua española seguirá creciendo en los Estados Unidos.

V. En la ciudad: Un sábado en Washington Heights

Washington Heights es el hogar de miles de inmigrantes que se han establecido allí desde comienzos del siglo veinte. Después de la Segunda Guerra Mundial y del triunfo de la revolución cubana, comenzaron a llegar los puertorriqueños y los cubanos a Washington Heights. Durante los años sesenta llegaron los dominicanos que escapaban de la crisis a causa de la dictadura y del asesinato de Rafael Trujillo. El vecindario ofrecía buenas condiciones para inmigrantes que llegaban a Nueva York buscando oportunidades de trabajo. Al igual que en otros barrios de Nueva York, es posible vivir en Washington Heights sin hablar inglés.

Lea el siguiente diálogo entre amigos dominicanos en voz alta y fíjese en la utilización del *spanglish*.

Larissa: ¡Hola Zuileyka!

Zuileyka: **¡Mi amor! ¿Qué lo que?**

Larissa: ¿Vienes del trabajo?

Zuileyka: No, me fui a comer un **sancochito** al **Malecón** con mis papás. ¿Y tú?

Larissa: Vengo de la **marqueta**. Mañana hay una fiesta en casa de Franklyn y tengo que cocinar algo.

Zuileyka: **¡Qué loco! Dame date** . . . ¿Y quién va pa'allá?

Larissa: Los de siempre . . . **Maikol, Brayan, Yajaira, Yesenia** . . .

Zuileyka: **Hevi nais** . . . ¿Y qué tú vas a preparar?

Larissa: Mi especialidad: **plátanos pasados por paila.**

Zuileyka: Ah . . . Mira, allí viene Mani . . . y Edwin en la **guagua**. ¡Van **apachurraos** como sardinas!

Larissa y Zuileyka: ¡Qué lo que!

Mani: **Tranqui, tranqui** . . .

Edwin: Qué **tapón** en la Broadway . . .

Larissa: **¡Anja!** ¿Y ese **poloché** verde?

Mani: **Toy adelante.**

Edwin: **Manin**, hace calor. ¿Tomamos algo? ¿Quieren **janguear** un rato?

Zuileyka: Tengo unas **Presidentes** friitas en la casa.

Todos: ¡Jevi!

Larissa: **Wait**, dame un **chin** de tiempo que voy a llevar la comida pa'casa.

Zuileyka: OK, te vemos ahorita. ¡Tengo **pilas** de cosas que decirte!

Vocabulario y expresiones coloquiales

¡Mi amor!: *an affectionate way to say hello to someone you know, used in many Latin American countries; notice that the speaker pronounces the final /r/ phoneme as an /l/*

¿Qué lo que?: *equivalent of How are you? or What's up? This is a typical greeting among Dominicans that translates literally as What is what? The text message abbreviations for this expression are K lo K or KLK.*

sancochito: *a diminutive for "sancocho," this is a traditional soup served in many Latin American countries. The Dominican sancocho is made with a long list of ingredients, including a variety of meats and vegetables. This is a dish that is usually enjoyed on special occasions since its preparation is quite long.*

El Malecón: *a well-known Dominican restaurant in Washington Heights*

marqueta: *Spanglish for supermarket*

¡Qué loco!: *colloquial Dominican expression meaning "cool," "great"*

Dame date . . . : *colloquial Dominican expression meaning "Tell me all about it." It literally means "Give me some information."*

Maikol, Brayan, Yajaira, Yesenia: *Dominican parents are known for their choice of unique and creative names when it comes to their children. Names like Zuileyka (fair, brilliant and lovely) and Yesenia (flower) come from Arabic. Yajaira (precious) comes from Hebrew. Sometimes parents give their children English names with different spelling, such as Maikol (Michael), Brayant (Brian) or Mayerlín (Marilyn).*

hevi nais: *anglicism (a word borrowed from English into a foreign language) from "very nice": it is used as an affirmation or a form of approval*

plátanos pasados por paila: *also referred to as "plátanos al caldero." This is a typical Dominican dessert made with ripe plantains, spices, brown sugar, and rum. Other popular Dominican dishes made with plantains include mangú (mashed plantains), tostones (twice-fried mashed plantains) and aguají (garlicky plantain broth).*

guagua: *bus. This term is also used in other Spanish-speaking countries, including Cuba, Puerto Rico and Spain's Canary Islands.*

apachurraos: *colloquial Dominican expression meaning to be packed (like sardines). Note that a "d" between vowels is often barely pronounced, and sometimes not at all. For example, the ending "-ado" is often pronounced "ao."*

tranqui, tranqui: *colloquial Dominican expression meaning "chillin', chillin'"*

tapón: *colloquial Dominican expression meaning "traffic"*

anja: *colloquial Dominican expression meaning "what?," "wow!"*

poloché: *anglicism from the word "polo shirt"*

Toy adelante: *from "Estoy adelante" (literally, I'm ahead), this colloquial expression means "I'm stylish" or "I'm trendy."*

manin: *a diminutive for the word man, this is a colloquial Dominican expression meaning "hey," "man."*

janguear: *also spelled "hanguear." Spanglish for "to hang out"*

Presidente: *a favorite among Dominicans, this beer is produced in Santo Domingo and exported to many countries across the world.*

wait: *among younger Dominican generations, it is common to use Spanish and English words interchangeably.*

chin: *a colloquial Dominican expression meaning "just a bit" or "a small piece of"*

pilas: *a colloquial Dominican expression meaning "tons"*

VI. Lectura I: "Buscando al Maestro de Linares" (2018)

Mario Valero es licenciado en economía por la Universidad de Carabobo en Valencia, Venezuela. Obtuvo un masters en el Fashion Institute of Technology en filosofía y prácticas en el Mercado del Arte y un doctorado de la Universidad de Columbia en culturas ibéricas y latinoamericanas. A Valero le interesa como investigador la intersección entre diversos géneros literarios y otros regímenes discursivos, tales como el ensayo científico social o las artes visuales. Se enfoca particularmente en trabajos producidos desde el cambio del siglo XX hasta la fecha. Actualmente escribe sobre la construcción de categorías de identidad nacional en la fotografía y el cine usando nuevos discursos narrativos cinematográficos. Vive en la ciudad de Nueva York.

BUSCANDO AL MAESTRO DE LINARES

En el cuento "Buscando al Maestro de Linares", seguimos los pasos de un periodista que se aventura por los barrios de Nueva York en búsqueda de un viejo **guitarrista** español. Este cuento nos invita a reflexionar sobre la vida de los inmigrantes en las grandes ciudades y sobre el peso del pasado y de las memorias. Al principio del cuento el periodista se reúne con dos **gallegos** (españoles provenientes de la comunidad autónoma de Galicia) para intentar obtener información sobre el guitarrista.

Fragmento #1

Desde la primera vez que lo vi supe enseguida que era gallego. Era robusto sin ser obeso, con unos **mofletes** que le prestaban a su cara una **benevolencia** reticente que, por otra parte, delataba la impostura. Tenía sin lugar a dudas un temperamento inquieto, sanguíneo. Era probablemente hijo o nieto de **labradores** o de **parsimoniosos pescadores**. Estaba sentado en la **barra** de **La Nacional** junto a su mujer, igualmente **corpulenta**, aunque su cara mostraba una expresión más confiada que la del marido, ofrecía una sonrisa fácil y parecía nunca querer acabar la conversación. Había quedado con mi **informante** allí para hablar de un guitarrista de **Linares** que, según decían, se paseaba por los restaurantes españoles de esa zona del West Village tocando versiones bastante libres de **Andrés Segovia** y lo hacía, según los que lo habían oído tocar, **con mucho duende**. "En sus **años mozos** fue guitarrista de **Carmen Amaya**" comentó en algún momento la mujer del gallego. Desde que había tenido noticia de él quise saber más sobre las **peripecias** de esta especie de **prodigio** desconocido que había sobrevivido a varias generaciones de inmigrantes españoles en la ciudad. El problema era que me había recorrido de arriba a abajo aquel viejo barrio de marineros y **estibadores** ibéricos sin poder **dar con** él y aquella búsqueda infructuosa no hacía más que **acicatear** más mi curiosidad. La Nacional era el último bastión de aquel antiguo enclave gallego y **asturiano**. Antigua sociedad de beneficencia convertida en **taberna** de ocasión para ver el partido de fútbol los domingos por la tarde.

El aroma **punzante** y untuoso del **ajo** quemado competía con el olor astringente del vino y del copioso sudor de los clientes habituales del bar. Se sentía ya el calor y la humedad del verano, aunque el aire acondicionado no funcionaba aún. Poco pude averiguar sobre el guitarrista de Linares, ya sabía por lo menos de dónde provenía y había obtenido una vaga descripción de su apariencia. Era un viejo de voz **gangosa** que vestía un **deshilachado traje cruzado**, azul marino, de rayas, cargando siempre el **estuche** gastado de su guitarra, lo que le haría parecer un **sicario** arruinado recorriendo la ciudad con su arma a cuestas. La mujer del gallego alcanzó a decir que algunas veces se aparecía en una **barbería** dominicana que estaba por los lados de Corona, en Queens, sabría Dios por qué, agregó concluyente. Según parecía el viejo guitarrista tocaba un par de canciones a los que se afeitaban y se marchaba enseguida, algunas veces ni **propina** le dejaban por sus interpretaciones, pero él parecía obstinado en perpetuar aquella derrota cotidiana. Decidí aventurarme entonces hasta la barbería Los Primos para buscar más información sobre el misterioso guitarrista.

VOCABULARIO

guitarrista: *guitar player*

gallego/a: *a person from Galicia, an autonomous community in the northwest region of Spain; this region shares a border with Portugal.*

mofletes: *chubby cheeks*

benevolencia: *benevolence, kindness*

labrador: *farmer*

parsimonioso: *frugal*

pescador: *fisherman*

barra: *bar*

La Nacional: *founded in 1868, this is one of the oldest cultural centers in New York City. It was originally created to offer food and shelter to newly arrived Spanish immigrants. Today there is a restaurant on the ground floor serving authentic Spanish cuisine.*

corpulento/a: *heavy built*

informante: *informant*

Linares: *city located in Andalucía, in the south of Spain*

Andrés Segovia: *Spanish guitarist, one of the best in music history*

con mucho duende: *with a lot of magic*

años mozos: *youthful years*

Carmen Amaya: *one of Spain's best flamenco dancers*

peripecia: *incident, adventure*

prodigio: *prodigy*

estibadores: *dock workers*

dar con (alguien): *to come across someone*

acicatear: *to ignite, fire*

asturiano/a: *a person from Asturias, an autonomous community in the northwest region of Spain*

taberna: *bar, pub*

punzante: *strong, heavy*

ajo: *garlic*

gangoso/a: *nasal*

deshilachado: *worn at the edge*

traje cruzado: *double-breasted suit*

estuche: *case*

sicario: *hitman*

barbería: *barber shop*

propina: *tip*

PREGUNTAS

Diga si las siguientes preguntas son **V**erdaderas o **F**alsas. Si son falsas, dé la respuesta correcta:

a. El cuento está narrado en primera persona.

b. El narrador es periodista.

c. Al principio de la historia, el periodista se reúne con una pareja (*couple*) gallega en el Bar Miramar.

d. Quiere información sobre un guitarrista portugués de Linares.

e. Cuando era joven, había sido el guitarrista de Carmen Amaya.

f. Muchos inmigrantes españoles iban a La Nacional los domingos para ver partidos de tenis en la televisión.

g. El bar olía a vino y ajo.

h. El guitarrista vestía con un traje nuevo muy caro.

i. Recorría las calles de Nueva York con su guitarra.

j. La mujer del gallego le dijo al periodista que a veces el guitarrista iba a una barbería colombiana, en Queens.

k. Los clientes de la barbería siempre le daban una buena propina por sus canciones.

l. Al final del primer fragmento, el periodista decide ir a buscar al guitarrista en la barbería Los Tíos.

m. Piensa que el guitarrista es una persona misteriosa.

Fragmento #2

Sí, claro que conozco a Paquito, el musiquito que viene de por allá, de Andalucía. Claro, pero si ese venía por aquí a cada rato a tocarle a los clientes, pero no lo he visto por aquí últimamente, no. Quizás le pasaría algo al viejito o estará metido en algún **brete**, usted sabe cómo les gusta el **can** a esos artistas **bohemios**. ¡Eso es que una dominicana le dio tres vueltas!, exclamó un barbero que a nuestro lado le estaba terminando de cortar el pelo a un negro corpulento que se le había quedado dormido. Sí, esa le andará **sacando los cuartos** al guitarrista, pero vaya uno a saber, sentenció resuelto mi barbero de turno. Pero, dígame amigo, se va a **pelar** o solo le interesa lo que le pasa al musiquito ese. Usted de por sí tiene poco pelo, pero si quiere le hago el **cerquillo** y lo dejo como nuevo. El reclamo del barbero me regresó a la realidad de aquella barbería repleta de hombres de todas las edades que se gritaban los unos a los otros en un **enredo** tal de lenguas que probablemente nadie entendía, solo por el gusto de escucharse hablar **enardecidamente**.

Localicé a la **fulana** dominicana trabajando en una **panadería** de Queens, en la Pequeña Colombia, cerca de la 37 avenida. Era **enjuta**, de grandes ojos **renegridos** y una piel morena brillante y tensa. Había sido guapa, sin duda, pero los años no perdonan. No, hombre qué va, me respondió con un respingo, no diga **caballadas**, que el viejo Paquito puede ser el padre mío. Yo le **alquilaba** un cuartito allá en la casita que tengo en Woodside. Mantenía a duras penas una sincopada conversación con la mujer en medio del **bullicio** de clientes exigiéndole **carimañolas** calienticas, **pasteles de yuca** recién hechos o **buñuelos** azucarados servidos con un café con leche que me supo a gloria. Gloria precisamente me dijo que se llamaba y que nada sabía de las **andanzas** del español.

Encontrar a Paquito Linares no sería tarea fácil. Sí, ya le había impuesto nombre y **apellido** a nuestro guitarrista, pero este bautizo se había revelado como un mal **presagio**. El sujeto parecía haber desaparecido de la faz de la tierra. El olvido es imprescindible para la preservación de la memoria, eso lo sabemos todos. Alguien me dijo una vez que la ciudad de Nueva York era como un **archipiélago** de islas que no se comunicaban y que apenas se toleraban. Así que si al tal Paquito se le había ocurrido mudarse de barrio probablemente jamás me **toparía** con él. Es tan fácil olvidarse de todo en esta ciudad portátil. Pasaron los meses sin demora mientras yo hacía de periodista a destajo para ganarme el **sustento**. Me asignaron un artículo que versara sobre unos artefactos **emplumados** fabricados por los indígenas del Orinoco que se encontraba en la colección del Museo de Historia Natural entre leones **disecados** y **osamenta** de dinosaurios. Parece que les gustó mi artículo sobre el museo porque enseguida me asignaron un reportaje sobre un artista **uruguayo** que había vivido en Nueva York en los años 20 del siglo pasado y había escrito numerosos apuntes sobre la ciudad y el Nuevo Arte.

VOCABULARIO

brete: *predicament, difficulty*

can: *colloquial Dominican expression meaning "party"*

bohemios: *bohemian*

sacar los cuartos: *to steal from someone*

pelarse: *colloquial for "to get a haircut"*

cerquillo: *bangs*

enredo: *confusion*

enardecidamente: *insistently, passionately*

fulano/a: *colloquial expression to refer to a person, "so-and-so"*

panadería: *bakery*

enjuto/a: *scrawny*

renegrido/a: *very black, dark*

Vocabulario

caballada: *stupidity*

alquilar: *to rent*

bullicio: *bustle*

carimañola: *yucca fritter stuffed with meat or cheese; often had for breakfast in Colombia and Panama*

pastel de yuca: *similar to the carimañola, but stuffed with rice*

buñuelo: *cheese puff with a hint of sweetness; this typical Colombian dish is popular at Christmas but also had year round, especially for breakfast.*

andanzas: *wanderings*

apellido: *last name*

presagio: *omen*

archipiélago: *archipelago, a group of islands*

topar (con alguien): *to bump into someone*

sustento: *livelihood*

emplumado/a: *feathered*

disecado/a: *stuffed*

osamenta: *bone*

uruguayo/a: *from Uruguay*

PREGUNTAS

Diga si las siguientes preguntas son **V**erdaderas o **F**alsas. Si son falsas, dé la respuesta correcta:

a. Al principio del segundo fragmento, el periodista aprende que el guitarrista se llama Tomás y que viene de Barcelona.

b. El barbero dice que no lo ha visto últimamente.

c. Piensa que quizás tuvo algún problema.

d. El barbero cuenta que Paquito estuvo con una mujer venezolana.

e. Todos los clientes de la barbería hablaban en inglés.

f. El periodista busca a la mujer dominicana en una panadería de Queens.

g. La dominicana le había alquilado una casa enorme a Paquito.

h. En la panadería se vendían tartas de manzana americanas.

i. Gloria, la panadera, no sabía nada acerca del guitarrista.

j. El periodista piensa que será muy fácil encontrar a Paquito.

k. Piensa que Nueva York es una ciudad donde la gente puede desaparecer fácilmente.

l. Pasaron varios meses y mientras tanto el periodista escribió un artículo sobre el Museo Metropolitano de Arte.

Fragmento #3

Mientras estaba en estos asuntos fue que por pura **casualidad** volví a saber de Paquito Linares. Todos sabemos ya que esto de las casualidades no es más que una convención arbitraria para darle un nombre a lo innombrable, por decirlo de algún modo. Cansado ya de dormitar en la biblioteca del **MoMA** decidí distraerme un poco y escuchar una charla acerca de un movimiento artístico denominado **Fluxus**. Seguramente era un movimiento de **vanguardia** porque el conferencista insistía en recordar el **performance** de una mujer desnuda a la que un fulano intentaba sacarle notas como a un violín, habló también de un piano destruido a martillazos entre los estruendosos aplausos del público. El conferenciante aseguraba que **Nam June Paik**, el artista **sudcoreano** que hacía esculturas con televisores y notable miembro de Fluxus, había recurrido para uno de sus performances a los servicios de un guitarrista español de reconocido talento y procedió a mostrarnos un viejo video del evento. En la copia bastante deteriorada aparecía un viejo patético y **esperpéntico rasgando** las cuerdas de su guitarra mientras Nam June Paik amagaba pasos de flamenco dando **saltitos** por el estrecho escenario. En algún momento le pedía al guitarrista su instrumento, pero este se negaba con un gesto rotundo, ambos **forcejeaban** y finalmente el músico salía dando gritos del escenario, con la guitarra en la mano. No quedaba muy claro lo que había ocurrido porque el video **carecía** de sonido, pero allí había estado Paquito tocando su guitarra como si le rasgara las cuerdas a la mismísima Carmen Amaya. Cómo olvidar aquella escena, las caras desfiguradas del músico furioso y del artista sorprendido. Entonces, sí que era cierto, existía el tal Paquito Linares, aunque lo hiciese flotando en aquel limbo vanguardista de Fluxus, pero, eso sí, dándole rienda suelta a ese duende que gritaba en sordina la magia negra gitana. ¡Qué tenga oídos el que quiera oír!, debió de gritarle Paquito a Nam June Paik y al **bochornoso** público que lo aplaudía a rabiar sin entender **ni un quinto**.

Hay algo de parroquial y de utópico en esta ciudad gris y sepia que nos obliga a ser habitantes de un minúsculo entorno imaginario que nos transforma en ciudadanos del mundo. Da igual que seamos ricos o pobres, en Nueva York todos vivimos en guetos: Quisqueya Heights, la Pequeña Colombia, Tribeca o Sutton Place. Aquí, el olvido es imprescindible para seguir adelante porque la novedad lo devora todo. De vez en cuando Paquito se aparecía en mis sueños, entonces podía escucharle en paz tocar esa guitarra que hacía volar a Carmen Amaya por los aires. Lamentablemente olvidaba el sueño al amanecer y lo que quedaba era ese regusto amargo que deja el **cante jondo**. Al principio lo perseguí con obstinación, pero cuando estaba a punto de **alcanzarlo** me encontraba con que o acababa de irse o no se aparecía, como si intuyera una **emboscada**. Una vez unas chicas vestidas de **lunares** y **faralaos** me aseguraron que justo en aquel momento el guitarrista se había **esfumado** y las había dejado bailando solas a mitad de una canción. Una vez capturé con mi cámara una gigantesca sombra encorvada bajando sigilosamente las escaleras del Miramar, ese **cuchitril** ubicado entre hediondos galpones de **almacenamiento** de carne, pero cuando retiré el ojo del visor ya se había esfumado. Cuando me aventuraba a sugerir que quizás el tal Paquito Linares no fuera más que una **leyenda urbana**, se cruzaban miradas de extrañeza y luego las dirigían a mí con poca disimulada pena. ¿Y a qué vienes tú con eso?, alcanzaba a decir compungida alguna **bailaora**. Por mucho tiempo supe que tenía entre manos una historia perfecta, una biografía o incluso una saga de los inmigrantes en Nueva York. La historia de un viejo parsimonioso y obsesivo al que lo único que le interesaba era imaginarse lo que iba a comer más tarde y tocar su guitarra, y que jamás se había **enterado** de quién era Nam June Paik o **Andy Warhol**, porque probablemente le daba igual la gente, la ciudad, aquella trashumancia interminable de bar en bar, entre **grasientos comensales** que ni idea del duende tenían, entre **jazzistas** mundialmente reconocidos que le daban una palmadita en el hombro para compensar su desprecio. Sí, sería una saga con la que ganaría mucho dinero y que serviría para librarme de las **escaramuzas** detectivescas y de las bibliotecas de los museos y dedicarme, por fin, a lo que verdaderamente me gusta que es caminar con mi guitarra por Nueva York, beberme unos **chinchones** para despertar al duende y sentarme a rasgar mis cuerdas en cualquier bar, pero ¡eso sí!, saber escaparme a tiempo para que algún impaciente escritor se siente y lo escriba para que perdure el mito.

Vocabulario

casualidad: *coincidence, chance*

MoMA: *stands for Museum of Modern Art, one of the world's most famous museums devoted to modern and contemporary art*

Fluxus: *Avant-garde artistic movement founded in the 1960s*

vanguardia: *vanguard, cutting edge*

performance: *A non-traditional art form in which the artist usually uses his/her own body as part of a presentation*

Nam June Paik: *Korean-American artist known for his video art*

sudcoreano/a: *South Korean*

esperpéntico/a: *in the style of a caricature*

rasgando: *strumming (a guitar)*

saltitos: *little jumps*

forcejear: *to argue, to struggle*

carecer: *to lack*

bochornoso/a: *shameful*

ni un quinto: *colloquial expression meaning "nothing at all"*

cante jondo: *a variety of flamenco music, it literally means "deep song."*

alcanzar (a una persona): *to catch up with someone*

emboscada: *ambush*

lunar: *polka dot*

faralao: *frill*

esfumarse: *to vanish*

cuchitril: *a small, dirty place; "hole-in-the-wall"*

VOCABULARIO

almacenamiento: *storage*

leyenda urbana: *urban legend, myth*

bailaora: *flamenco dancer*

enterarse: *to find out*

Andy Warhol: *American artist, one of the leading figures of the Pop art movement*

grasiento: *greasy*

comensal: *restaurant, diner*

jazzista: *jazz musician*

escaramuza: *battle*

chinchón: *alcoholic beverage made with anise, a licorice-flavored plant*

PREGUNTAS

Diga si las siguientes preguntas son **V**erdaderas o **F**alsas. Si son falsas, dé la respuesta correcta:

a. El periodista volvió a saber de Paquito Linares por pura casualidad.

b. Mientras estaba en el MoMA, escuchó una charla sobre un movimiento artístico llamado Arte Pop.

c. El Fluxus era un movimiento basado en el arte del siglo XIX.

d. El periodista aprendió que el artista Nam June Paik había incorporado a un guitarrista español en uno de sus performances.

e. En el video del evento aparecía Paquito tocando la guitarra.

f. En algún momento, Paquito le dio su guitarra a Nam June Paik.

g. El narrador dice que Nueva York es una ciudad llena de colores brillantes.

h. Piensa que en Nueva York lo nuevo tiene más importancia que lo antiguo.

i. El viejo guitarrista se convirtió en una obsesión para el periodista; hasta soñaba con él.

j. Paquito Linares se interesaba mucho en los artistas famosos de Nueva York, como Andy Warhol.

k. El periodista piensa que le gustaría ser un guitarrista bohemio como Paquito.

l. Al final del cuento, por fin encuentra a Paquito.

PREGUNTAS FINALES

Conteste las siguientes preguntas con frases completas:

a. ¿Qué otro título le daría a este cuento?

b. ¿Piensa que el periodista admira a Paquito Linares? ¿Por qué?

c. ¿Cree Ud. que el guitarrista tuvo una vida feliz en Nueva York? Justifique su respuesta.

d. ¿Se ha interesado alguna vez por la vida de una persona misteriosa? ¿Quién fue?

e. ¿Piensa que en el futuro alguien se interesará por la vida de Ud? ¿Por qué? Justifique su respuesta.

Lectura II. "Mami Works" (2018)

Elizabeth Acevedo es una escritora y *performer* afrodominicana. Nació en Nueva York y es hija de inmigrantes dominicanos. Estudió en George Washington University e hizo estudios posgraduados en escritura creativa en la Universidad de Maryland. Su novela *Poet X* apareció entre los libros más vendidos en el *New York Times*. En 2018 recibió el premio del Boston Globe Horn Book Award por sus libros para niños. Dice que ha hecho un compromiso para que las historias de su mamá no mueran con ella. Vive en la ciudad de Washington.

"MAMI WORKS"

Cleaning an office building in Queens.
Rides two trains in the early morning
so she can arrive at the office by eight.
She works at sweeping, and mopping,
emptying trash bins, and being invisible.
Her hands never stop moving, she says.
Her fingers rubbing the material of plastic gloves
like the pages of her well-worn Bible.

Mami rides the train in the afternoon,
another hour and some change to get to Harlem.
She says she spends her time reading verses,
getting ready for the evening Mass,
and I know she ain't lying, but if it were me
I'd prop my head against the metal train wall,
hold my purse tight in my lap, close my eyes
against the rocking, and try my best to dream.

PREGUNTAS

a. Describa la rutina de la mamá en este poema.

b. ¿Por qué dice la hija que su madre es "invisible" en el trabajo?

c. ¿Cree Ud. que este poema habla de las vidas de muchas mujeres latinas de Nueva York?

d. La madre y la hija intentan evadir la realidad. ¿Cómo lo hace cada una? ¿Por qué lo hacen?

e. La hija dice que, si fuera la madre, intentaría soñar al tomar el tren de regreso a casa. En su opinión, ¿con qué soñaría? ¿Es posible soñar en estas circunstancias? ¿Existe el sueño americano para estas mujeres?

f. Este capítulo habla de la presencia de los inmigrantes en la ciudad de Nueva York. ¿Qué aprendió sobre sus contribuciones y su riqueza cultural y lingüística?

VII. Repaso general

12.21 En el siguiente ejercicio Marelis le deja un mensaje a su amiga Lupe. Ellas debían encontrarse a las dos de la tarde en Coney Island para ver el desfile de las sirenas. Son las dos y media, hay muchísima gente y Marelis no puede encontrar a su amiga. Conjugue los verbos en el futuro, el condicional, el presente del subjuntivo o el imperfecto del subjuntivo:

Aló Lupe. Espero que no **a.** _____(estar) perdida. Pensé que
b. _____ (encontrarse/nosotros) en Nathans. Hace una hora que estoy
aquí. Te dije que **c.** _____(bajarse) en la última estación del tren F. No
imaginaba que **d.** _____(haber) tanta gente. Si no **e.** _____
(ser) por nuestra cita, ya estaría en la playa disfrutando del agua helada. Es importan-

te que me **f.** _____(responder) pronto y me **g.** _____(decir) dónde estás. Insisto, si no llegas rápido, no **h.** _____(ver) nada del desfile de las sirenas. Tranquila, no me iré a menos que **i.** _____(llegar / tú) en media hora. Voy a esperarte hasta que **j.** _____(terminar) el desfile.

12.22 Complete las siguientes frases con el futuro, el condicional, el presente del subjuntivo, el imperfecto del subjuntivo o el infinitivo:

    a.   Para escuchar música latina en Nueva York, te recomiendo que . . .
    b.   Nuestro guía me dice que mañana . . .
    c.   Dudo que los inmigrantes que viven en Nueva York . . .
    d.   La revista *Time Out* ofrece alternativas para que todos los visitantes . . .
    e.   Si yo viviera en Brooklyn, . . .
    f.   Yo probaría el ceviche peruano si . . .
    g.   Te esperaré en el Parque Central hasta que . . .
    h.   El próximo fin de semana mis amigas y yo . . .
    i.   Si bajaran un poco el precio de este musical de Broadway, nosotros . . .
    j.   Si no fuera por el trabajo de los inmigrantes, . . .

12.23 Traduzca las siguientes frases al español:

    a.   I want you to come with me to the Hispanic Society Museum.
    b.   If I had time, I would run in Prospect Park today.
    c.   He expects me to go with him to the Village.
    d.   I think you will enjoy your vacation in New York City.
    e.   You told me to visit Harlem.
    f.   I told you that I would be in Times Square at six in the evening.
    g.   You guys will take the ferry to Staten Island before we visit Battery Park.
    h.   I will see the exhibit at the MoMA when it opens next week.
    i.   You would love to experience the diversity on Roosevelt Avenue.
    j.   If you are in Brooklyn during the summer, take a walk along the promenade by the water.
    k.   I will buy my vegetables at the market in Union Square on Saturday.
    l.   She won't take the subway unless you give her the exact instructions.

12.24 Nueva York es una ciudad con muchísimos lugares de interés que no han sido incluidos en este capítulo. Seleccione un museo, un parque, un estadio, un restaurante, un café, una calle o cualquier sitio turístico para ampliar el recorrido por la Gran Manzana. Explíquele a la clase las razones por las que este lugar debe ser incluído en este capítulo, use el subjuntivo en todas sus formas (puede dar recomendaciones y al igual construir frases como "Yo esperaba que en este capítulo se hablara del Parque Highland"). Use también el futuro y el condicional.

12.25 Escoja seis personajes de diferentes capítulos y escriba un diálogo en el que hablen sobre sus ciudades y sus culturas. Use los elementos gramaticales explicados en los últimos capítulos del libro. Sea creativo/a.

GRAMMATICAL TERMS

Adjectives [adjetivos]: Words to describe nouns: **good** movie, **several** pets, **one** flower.

Adverbs [adverbios]: Words that provide information about verbs, adjectives, or other adverbs: She speaks **well**. It's **very** good. They performed **incredibly well**.

Articles [artículos]: Definite: **the** (*el, la, los, las*); indefinite: **a, an** (*un, una*).

Clause [cláusula]: A part of a sentence including an additional verb (with its own subject):

They hope that you go.

They hope (main clause), that (conjunction) you go (subordinate clause).

Within a sentence, clauses may serve the function of a noun (noun clause), an adjective (adjective clause), or an adverb (adverb clause). For example, in the sentence "Her books are good," *books* is the subject (a function of a noun). If, instead of "her books," the subject is another sentence such as "what she writes," this sentence will be a noun clause: What she writes is good.
▲ [noun clause] ▲

Conjunctions [conjunciones]: Words that connect two other words or phrases: **and**, **or**, **however**, **although** → *y, o, sin embargo, aunque*.

Demonstratives [demostrativos]: **this, that, these, those**.

Gender [género]: This term is used to indicate if a word is masculine or feminine in Spanish. The gender of *el libro* is masculine, the gender of *la carta* is feminine.

Gerund [gerundio]: The verbal ending in **-ing** (eating → comiendo) that English uses as a noun: I like the book (noun) → I like studying (noun).

BUT Spanish uses the infinitive in this role: *Me gusta el libro.* → *Me gusta estudiar.* The **–ing** form is used for actions in progress both in English (called present participle) and Spanish (called *gerundio*): She's speaking now. → *Está hablando ahora.*

Imperative Mood [modo imperativo]: The form of the verb used for commands:
Come! (*ven, venga, vengan, venid*)

Indicative Mood [modo indicativo]: Verb tenses that present actions or occurrences as factual: I lived here. He won't go.

Infinitive [infinitivo]: The basic form of the verb, as found in the dictionary: **to speak** (*hablar*), **to eat** (*comer*), **to live** (*vivir*).

The infinitive is often used as the object of another verb: I hate to fry. *Odio freír.*

Nouns [sustantivos]: Words to name things or people: **book** (*libro*), **liberty** (*libertad*), **author** (*autor*).

In sentences, nouns are generally the subject or the object of a verb:

Authors write books.

Number [número]: This term is used to indicate whether something is singular or plural: house / *casa* (singular); houses / *casas* (plural)

Object [objeto o complemento]: Part of the sentence that undergoes the action expressed by the verb. Examples:

He wrote a letter to Ana.

The letter is the direct object (what did he write?)
Ana is the indirect object (to whom did he write?)

She told him the secret.

The secret is the direct object (what?)
Him is the indirect object (to whom?)

Past Participle [participio]: The verb form used either as an adjective or in compound tenses after the verb **have** (*haber*):

As an adjective: He is **lost**, she was **needed**.

In compound tenses with **to have**:

He **had lost** the game.
She **hasn't needed** anything.

Person [persona]: In English, **I** is the first person singular, **he/she/it** are the third person singular, **we** is the first person plural, **they** is the third person plural, **you** is the second person singular or plural.

Phrase [frase]: Any group of words that make sense together:
the big city, things generally kept in the refrigerator.

Possessives [posesivos]: Words indicating ownership, such as **my** (*mi*), **yours** (*tuyo*), **our** (*nuestro*).

Prepositions [preposiciones]: Words that convey a sense of position (spatial or conceptual): **with** (*con*), **to** (*a, para*), **in**, **on**, **at** (*en*), etc.

Pronouns [pronombres]: Words that stand in place of nouns or noun phrases already mentioned: **she**, **it**, **him**, etc. Natalia loves her city. **She** loves **it**.

Reflexive [reflexivo]: A pronoun that indicates actions performed on oneself, in which the subject and the object of the verb are one and the same (*me, te, se, nos, os, se*): We see **ourselves** clearly. I washed **myself**.

Sentence [oración]: A group of words including at least one (conjugated) verb and conveying a complete thought (subject, verb, object): Natalia loves the city.

Subject [sujeto]: Generally, the person or thing that performs the action in a sentence.

For example:
Mexico City grew rapidly. <u>Mexico City</u> (*who* grew?) is the subject.

Subjunctive Mood [modo subjuntivo]: Verb tenses that indicate non-factual actions or occurrences. In the sentences "If I were you," or "I insist that he be here," the verb **to be** is in the subjunctive mood.

Tenses [tiempos]: Forms of the verb that indicate aspects of time, e.g., past, present, future.

A **perfect tense** conveys a completed action: I will have written the letter by tomorrow.

An **imperfect tense** describes ongoing actions: I was studying.

Verbs [verbos]: Generally, words that convey actions, such as **to go** (*ir*), **to work** (*trabajar*).

Verbs that may take a direct object are called **transitive**: Juan Pablo wrote the postcards; he communicated the news to his family.
<u>Postcards</u> and <u>the news</u> are the direct objects of the transitive verbs "to write" and "to communicate".

Verbs that may not take a direct object are called **intransitive**: Laura works hard and communicates effectively.

The verbs <u>to work</u> and <u>to communicate</u> are intransitive in this sentence because it would be illogical for them to take a direct object.

TEXT CREDITS